I0759592

Ken Wilber

En busca de la totalidad

Una visión más allá de la religión

Traducción del inglés
de David González Raga

Título original: FINDING RADICAL WHOLENESS: *The Integral Path to Unity, Growth, and Delight*

© 2024 by Ken Wilber
Published by arrangement with Shambhala Publications Inc.

© de la presente edición en castellano:
2025 by Editorial Kairós, S.A.
www.editorialkairos.com

© de la traducción del inglés al castellano: David González Raga
Revisión: Amelia Padilla

Fotocomposición: Grafime. 08027 Barcelona
Diseño cubierta: Katrien van Steen
Impresión y encuadernación: Romanyà-Valls. 08786 Capellades

Primera edición: Febrero 2025
ISBN: 978-84-1121-339-4
Depósito legal: B 1.171-2025

Todos los derechos reservados.
Cualquier forma de reproducción, distribución, comunicación pública o transformación de esta obra solo puede ser realizada con la autorización de sus titulares, salvo excepción prevista por la ley. Diríjase a CEDRO (Centro Español de Derechos Reprográficos, www.cedro.org) si necesita algún fragmento de esta obra.

Este libro ha sido impreso con papel que proviene de fuentes respetuosas con la sociedad y el medio ambiente y cuenta con los requisitos necesarios para ser considerado un «libro amigo de los bosques».

Sumario

En busca de la totalidad

Introducción

Este libro versa sobre la Totalidad, una expresión que escribo en mayúsculas porque se trata, en mi opinión, de algo muy importante. También procuraré demostrar que la verdadera espiritualidad consiste en el descubrimiento de una Totalidad que puede llenar tu vida de sentido y objetivo. Pero debes saber también que, cuando hablo de espiritualidad, no me refiero a una espiritualidad teísta, a una espiritualidad mítica, a una espiritualidad que se limite a la aceptación de un determinado sistema de creencias o a una espiritualidad que postule la existencia de un ser superior, de una deidad suprema o de una realidad trascendente a la que debamos rendir culto. Pues, por más que todas esas cosas estén muy bien, este libro no trata de eso. También es posible creer en todas esas cosas y carecer –o gozar– de una auténtica totalidad. La verdadera espiritualidad consiste precisamente en el descubrimiento de esa totalidad y te aseguro que este libro no solo te enseñará formas de descubrirla, sino que acabará convenciéndote de su importancia para tu ser y para tu conciencia.

Aunque probablemente no sea esta la primera vez que hayas oído la frase «espiritual pero no religioso», debes saber que esa es una frase que define a la perfección el contenido de este libro. Su enfoque es fundamentalmente espiritual, en el sentido de que te ayuda a descubrir de primera mano aquí y ahora, en tu vida una auténtica totalidad –es decir, una auténtica espiritualidad– sin que tengas que creer en las historias mágicas o míticas o en los milagros a los que son tan aficionadas las religiones institucionales. Esta visión de la espiritualidad como una gran Totalidad elude las creencias mágicas y míticas que impregnan la mayoría de las religiones del mundo y explica que la consideremos «espiritual pero no religiosa». No encontrarás aquí creencias como las que afirman que «Moisés separó las aguas del mar Rojo», que «Mahoma cabalgó hasta la Luna en su caballo y, desenvainando su cimitarra, la partió en dos», o que «Lao Tzu tenía novecientos años en el momento en que nació». Esos relatos míticos configuran la piedra angular de la mayoría –si no de todas– las grandes religiones que suelen afirmar que, para ser un buen prosélito, basta con aceptar y creer literalmente esos cuentos. No es que me parezca mal creer en esas cosas, pero debes saber, desde el mismo comienzo, que este libro no te pedirá tal cosa. En lugar de ello presentaremos una nueva visión de la espiritualidad (una espiritualidad que apunta al descubrimiento de una gran Totalidad) y proporcionaremos ejercicios concretos que te ayudarán a experimentar de manera directa e inmediata la Totalidad que ya impregna tu vida. Entonces podrás decir de verdad «soy espiritual, pero no religioso» (y no está de más recordar, en este punto, que la revista *Time* publicó recientemente los resultados de una encuesta según la cual más del 70 % de los *mileniales* afirman ser «espirituales pero no religiosos», razón por la que hay una audiencia considerable dispuesta a asumir este tipo de enfoque).

Immanuel Kant dijo, en 1793, que, en el mundo moderno, la persona que fuese descubierta rezando arrodillada en el banco de una iglesia se sentiría profundamente avergonzada. Son muchas, en nuestro mundo, las personas –sobre todo las que han alcanzado un alto nivel educativo– que consideran increíbles los relatos mágicos y míticos de los que hablan las grandes religiones, y es evidente que se avergonzarían también de que alguien las descubriera creyendo esos cuentos. Pero no creo que haya nadie –por más ilustrado que esté– que pueda avergonzarse del tipo de espiritualidad del que hablamos en este libro. Esta visión te ayudará sencillamente a descubrir la unidad y totalidad verdaderas que se encuentran en tu ser y en tu conciencia y los extraordinarios beneficios (profesionales, laborales, interpersonales, lúdicos y que afectan incluso al parentaje) que de este descubrimiento se derivan.

No voy a pedirte, pues, que creas en los cuentos mágicos o míticos ni en los milagros de los que hablan las religiones tradicionales. Tampoco trataré de convencerte de que Jesucristo fue el hijo de una virgen (aunque lo realmente curioso es que María lograra convencer a su esposo José de que el padre de su hijo no era de este mundo). Esos son, en concreto, los cuentos que, parafraseando a Kant, harían sonrojar a cualquier persona moderna a la que se descubriera creyéndoselos.

Debemos ser *muy* cuidadosos en este punto, porque en modo alguno quiero decir, con ello, que el cristianismo (o cualquier otra religión) carezca de todo sentido. En la mayoría de las grandes religiones hay un núcleo –no, por pequeño, menos importante– realmente «espiritual» en el sentido en que estamos empleando aquí ese término. Dicho en otras palabras, el núcleo –aunque solo el núcleo– de la mayoría de las religiones tradicionales es «espiritual pero no religioso» y hay, en él, aspectos que pueden ayudarnos a descubrir la auténtica Totalidad.

Es cierto que el cristianismo pide a sus seguidores que asuman las creencias expuestas en el Credo de Nicea y el Credo de los Apóstoles, versiones ambas del mito del hijo biológico del Uno y Único creador del universo que murió por tus pecados y que te resucitará el día del Juicio Final para tu gloria eterna, creencias hoy en día inaceptables para cualquier persona educada. Pero también hay que decir que, sobre todo en sus comienzos, la oferta del cristianismo iba mucho más allá y apuntaba a despertar a una conciencia completa a través de un camino meditativo o contemplativo. San Pablo, por ejemplo, dice: «Deja que haya en ti la misma conciencia que estuvo en Cristo Jesús para que todos seamos uno». La búsqueda de la Unidad y el impulso hacia la Totalidad ha sido uno de los elementos fundamentales del cristianismo y de otras grandes tradiciones de sabiduría (como el hinduismo, el budismo y el sufismo). Y lo más importante es que esa Totalidad es completamente independiente de las creencias mágicas y míticas de las que nos hablan tratados religiosos como la Biblia.

Esas creencias son vestigios de los estadios mágicos y míticos de la evolución y el desarrollo que han quedado, en gran medida, obsoletos (y, en consecuencia, hoy resultan «increíbles»).

Del mismo modo que las experiencias cercanas a la muerte (ECM) no tienen nada que ver con el hecho de que uno sea materialista, idealista, nihilista o creyente, el descubrimiento de una verdadera Totalidad tampoco depende de asumir un determinado sistema de creencias mágico o mítico (ni, para el caso, racional). Junto a los relatos míticos del cristianismo hay escuelas contemplativas, meditativas o místicas que apuntan abiertamente a una experiencia directa de la totalidad como ilustra, por ejemplo, el enfoque asumido por textos como *La nube del no saber* (un «no saber» que se refiere a la renuncia a todo mito para adentrarnos en los dominios de una conciencia despierta que trasciende toda creencia). La experiencia de esta totalidad es completamente ajena a la aceptación de las creencias mágicas y míticas que suelen acompañar a la conversión al cristianismo. Son muy pocos los místicos cristianos que conozco (es decir, las personas que han tenido alguna que otra experiencia espiritual directa de esta Totalidad) que crean en los mitos centrales y en los milagros sobrenaturales de los que habla el cristianismo (desde el nacimiento virginal hasta la resurrección del cuerpo físico).

Una cosa es decir que, al ser cristiano, has descubierto tu propia conciencia crística –es decir, que has descubierto tu Yo real y la Totalidad que sirve de fundamento al universo («para que todos seamos uno»)– y otra muy distinta afirmar que «Creo en el Padre, el Hijo y el Espíritu Santo; que el Hijo nació de una virgen y fue crucificado, murió, resucitó, ascendió a los cielos y me ofrece ahora la salvación del pecado original». Esas son dos cosas muy diferentes, una estrictamente religiosa y la otra netamente espiritual.

El obispo John Shelby Spong ha escrito muchos libros, entre los cuales destacamos el último, titulado *Unbelievable*, en los que subraya cuestiones muy parecidas a estas sobre el cristianismo. Spong empieza señalando, con toda claridad, la gran diferencia existente entre *explicación* y *experiencia* (a las que nosotros solemos llamar, respectivamente, «conocimiento por descripción» y «conocimiento por familiaridad»). En este libro vamos a centrarnos sobre todo en la *experiencia* directa de la totalidad y, aunque esta conciencia última de Unidad se vea luego descrita (es decir, *explicada*), solo sabrás exactamente lo que significa si la experimentas de manera directa (para lo cual, como ya hemos dicho, presentaremos una serie de ejercicios). El verdadero cristianismo, en opinión de Spong, tiene que ver con una *experiencia* directa de una Unidad que se vio históricamente secuestrada y sepultada bajo *explicaciones* procedentes de mitos del siglo I y de la filosofía bizantina del siglo IV. Rechazando la realidad de los mitos y milagros de los que habla la Biblia y afirmando que no cree en ninguna de las creencias mágico-míticas del cristianismo (como la idea de que Jesús murió por tus pecados, la noción de su nacimiento virginal y su ascensión física, la separación de Moisés de las aguas del mar Rojo o el ascenso de Elías a los cielos en un carro de fuego), Spong refuta sistemáticamente en una decena de libros los mitos, milagros y acontecimientos sobrenaturales de los que habla el cristianismo sin dejar de ser, por ello, un verdadero obispo y evitando –la verdad es que no sé muy bien cómo– la excomunión. Spong aspira a una *experiencia directa* de la unidad, es decir, a la experiencia de una totalidad pura (a la que él denomina totalidad de «vivir, amar y ser») sin agregarle ninguno de los increíbles mitos explicativos en los que tanto suele insistir el cristianismo (de ahí, en concreto, se deriva el título de su último libro *Unbelievable* [es decir, «increíble»]). Spong es claramente «espiritual pero no religioso» y cree, como yo, que también lo era Jesús y que el núcleo del mensaje de Cristo giraba en torno a la Totalidad.

Y yo añadiría que ese es también el mensaje central transmitido por el buda Gautama, Shankara, Plotino, Lao Tzu, Yeshe Tsogyal, Chuang Tzu y la mayoría de los fundadores de las religiones tradicionales.

Y, por más distintos que sean los ropajes míticos con los que se la envuelva, la búsqueda de esta totalidad configura el núcleo fundamental de la mayoría de las grandes religiones. Si, después de todo, realmente eres uno con el universo, lo eres sin importar el modo en que lo expliques o enmarques porque Uno, a fin de cuentas, es uno. Y, si examinas con detenimiento las grandes tradiciones, no tardarás en descubrir, en todas ellas, el mismo núcleo común de la Conciencia de Unidad. Existe una escuela filosófica llamada «filosofía perenne» que afirma que esa Totalidad fundamental es el objetivo al que aspiran todas las grandes religiones del mundo y que, por más distinta que sea su apariencia externa (es decir, por más distinto que sea el modo en que se la *explique*), su núcleo interno (es decir, el modo en que se la *experimenta*) es esencialmente el mismo. Y debemos ser muy cuidadosos en este punto porque, si bien la totalidad básica es semejante en todas ellas, no son tantas las cosas en verdad «perennes» e inmutables porque todas incluyen, debido a razones fundamentalmente culturales, un grado de interpretación que las distingue. El núcleo fundamental de la filosofía perenne sostiene que todos los sistemas de meditación subrayan la existencia de una Totalidad última en la que se experimenta de manera directa una Conciencia de Unidad muy semejante (aunque conocida con nombres tan distintos como «iluminación», «despertar», «satori», «metamorfosis», «fana» o gran liberación).

Esta Totalidad, como veremos más adelante, no tiene nada de mítico, mágico ni sobrenatural. La experiencia de esta Totalidad consiste en la fusión súbita, mientras estás contemplando el mundo que te rodea, entre tú y el mundo en la Conciencia de Unidad. Entonces sientes que eres uno con todo, uno con la totalidad del mundo y que el universo está brotando en tu interior. Ese suele ser el núcleo fundamental de la *experiencia* directa de la Conciencia de Unidad que suele ir *seguida* de todo tipo de *explicaciones*, la mayoría de las cuales no resisten el menor escrutinio lógico y se ven rápidamente descartadas por la razón, lo que, sin embargo, no te impide seguir esbozando explicaciones. Pero, por más distintas que sean las explicaciones, la experiencia es muy real. Se trata, en suma, de una experiencia cumbre del Fundamento del Ser; de un verdadero despertar, de un atisbo de la Conciencia de Unidad última, de la Unidad Última o de la Gran Totalidad a la que algunos budistas tibetanos conocen con el nombre de «Un Solo Sabor».

El núcleo más profundo del hinduismo vedanta, del taoísmo, de la cábala, del cristianismo contemplativo o místico, de la mayoría de las formas de neoplatonismo, de muchas formas del budismo primitivo, de todas las escuelas del Mahayana y del Vajrayana, del judaísmo jasídico y del sufismo, entre otras muchas tradiciones, aspira, en mi opinión, a la búsqueda y el descubrimiento de esa auténtica Totalidad no-dual. Buscaremos el modo de despertar a esa Totalidad, el modo de realizarla y el modo de experimentarla directamente sin tener que creer en ninguno de los cuentos míticos o las rebuscadas explicaciones que suelen acompañar a la formulación original de esas religiones. La espiritualidad es, básicamente, en mi opinión, una religión despojada de cosas raras y eso es, en concreto, lo que estamos tratando de presentar.

Debo decir también –anticipando otro punto– que el desarrollo y la evolución humana atraviesan unas secuencias de estadios que los distintos investigadores denominan de modos muy distintos (como Jean Gebser, por ejemplo, que los denominó arcaico, mágico, mítico, racional, pluralista e integral). La humanidad avanza a lo largo de esta secuencia que, comenzando en los estadios inferiores mágico y mítico, pasa por los estadios superiores racional y pluralista y llega actualmente al estadio integral (que justo ahora está empezando a aflorar). Más adelante veremos con detenimiento estos diferentes estadios, pero digamos, por el momento, que la mayoría de los relatos de los que habla la Biblia fueron escritos en una época en que la humanidad se hallaba todavía en los estadios mágico o mítico (de lo cual hará entre dos y seis milenios). Y, como no se trataba, en ese momento, de errores, ilusiones ni alucinaciones –porque los autores de esos escritos creían sinceramente en la realidad de lo que escribían–, suavizaré mi crítica de esas visiones religiosas porque no hacerlo sería como regañar a un niño de cinco años. Pese a ello seguiré diciendo que se trata de expresiones propias de estadios anteriores e inferiores que se han visto superadas por la evolución humana hasta el punto de resultar hoy «increíbles» y ser completamente innecesarias para tener una experiencia directa de la auténtica Totalidad. Y es que, aunque en modo alguno estás obligado, si sostienes alguna de esas creencias, a desembarazarte de ellas, o bien podrías decidir hacerlo, o buscar, al menos, el modo de actualizarlas.

Aspiramos, en suma, a una gran Totalidad. Pero esta Totalidad –y este es el punto central de este libro– es algo muy extraño, porque casi nunca se presenta a la conciencia del mismo modo en que lo hace un árbol o una roca. No todo el mundo puede ver esa Totalidad abriendo simplemente los ojos. Para empezar, hay que saber dónde buscarla y luego hay que ir a por ella, porque, de lo contrario –por más extraño que pueda parecer–, su presencia no solo te pasará inadvertida, sino que seguirás sintiéndote fragmentado y roto, o, al menos, no serás tan total como podrías. Pues, aunque, en este mismo instante, la Totalidad te envuelva, esté a tu lado y dentro de ti mal podrás, si no sabes dónde buscarla, sospechar siquiera su existencia. Este es un punto en el que insistiré repetidas veces porque, si tuviera que resumir en pocas palabras el mensaje más importante que quiero transmitir en este libro, sería el siguiente: «Debes saber dónde buscar la Totalidad». La inmensa mayoría de las personas ignoran esta Totalidad... ¡porque nadie les enseñó dónde buscarla!

Lo más interesante –y sorprendente– es que existen diferentes tipos de totalidad (igualmente importantes) y diferentes caminos también (es decir, diferentes prácticas o ejercicios) para llegar a descubrirlas. En este libro veremos las diferentes totalidades que componen esta Gran Totalidad y explicaremos claramente lo que hay que hacer para llegar a verlas. Empezaremos diciendo que solo uno de los cinco componentes de esta Totalidad tiene que ver con la espiritualidad, razón por la cual creo que, aunque el lector no esté interesado en la espiritualidad, este libro puede resultarle asimismo interesante.

La Totalidad de la que hablamos tiene cinco facetas o dimensiones diferentes (despertar, crecer, abrir, limpiar y mostrar) que, unificadas, nos proporcionan lo que podríamos denominar una «Gran Totalidad» omniabarcadora. Considera estos distintos tipos de totalidad mientras vamos explicándolos y mira si tienen, para ti, algún sentido. Ten en cuenta que siempre puedes descartar aquellos que no te interesen, pero no olvides que la mayoría de las personas los encuentran muy clarificadores, hasta el punto de que existe un movimiento profesional mundial dedicado al estudio de esta Gran Totalidad al que se conoce como «metateoría integral», y que casualmente es la perspectiva que represento.

Resulta sorprendente enterarse de que cada uno de esos cinco caminos nos revela un tipo de totalidad muy diferente. Quizás creyeras que solo había un tipo de totalidad, la totalidad a la que se refieren los caminos del despertar (es decir, los caminos que configuran el núcleo de las grandes religiones del mundo y que apuntan a la experiencia de «ser uno con todo»). Pero aquí nos enteramos de que, además de la totalidad proporcionada por el «despertar», existen otras cuatro grandes áreas, facetas o dimensiones diferentes de la totalidad: crecer, abrir, limpiar y mostrar.

La humanidad, tanto en Oriente como en Occidente, y tanto en el Norte como en el Sur, lleva miles de años esforzándose en descubrir esas diferentes dimensiones de la totalidad, una tarea nada sencilla, por cierto, porque ninguna resulta evidente, es decir, ninguna se presenta anunciando claramente su presencia. Cada una de ellas debe ser buscada a propósito y poco provechosos resultarán tus esfuerzos si ignoras dónde buscarla.

Esa es la razón por la cual la metateoría integral de la que hablábamos (en donde *integral* significa básicamente «total»), tuvo que esperar casi cinco décadas para llegar a descubrir estas diferentes dimensiones. Y como, una vez vistas, resultan evidentes, la gente suele extrañarse de no haberlas podido descubrir por su cuenta. Es cierto que son evidentes y que están presentes ahora mismo en tu conciencia, pero, si no sabes dónde buscarlas, seguirán siendo, para ti, completamente desconocidas. De hecho, tres de los cinco tipos de totalidad recién mencionados (crecer, abrir y limpiar) fueron descubiertos en el último siglo, lo que significa que, durante casi toda su historia, el ser humano ha estado aprendiendo a vivir de un modo parcial, limitado y desintegrado.

En este momento no hay, en ningún lugar del mundo, un sistema del desarrollo que tenga en cuenta estos cinco grandes dominios de la realidad. Es por ello por lo que, si aspiras a una Gran Totalidad, has llegado al lugar adecuado, porque en las siguientes páginas encontrarás esquemas e instrucciones sencillas y prácticas que, de un modo directo y casi inmediato, te abrirán la puerta a estas cinco diferentes dimensiones. Aunque ninguna de ellas sea invento mío y haya una comunidad repartida por todo el mundo dedicada a su investigación profunda y sostenida, las he agrupado y presentado en una especie de superholismo (o metateoría integral) que, si sabes dónde buscar, te ayudará a descubrir las totalidades fundamentales que, en este mismo instante, tienes frente a ti.

El título original de este libro era el de *Making Room for Everything* [*Haciendo espacio para todo*], algo que, dada la visión de la Gran Totalidad que estamos presentando, entenderás perfectamente. Esta totalidad, una verdadera Gran Totalidad, abre en tu vida un espacio lo suficientemente grande para que quepa todo. Es muy probable que ahora mismo estés descuidando muchas cosas que te pertenecen y que, si estás interesado en mejorar tu vida, convendría tener en cuenta, pero a las que, como careces de totalidad, no les haces el suficiente caso. En el mismo momento, sin embargo, en el que experimentas esta Gran Totalidad todo encaja y sientes como si, en tu vida, hubiese una plenitud despojada de tensión, fricción y sufrimiento. Si quieres contar con el espacio necesario para que quepa todo, deberás saber exactamente dónde buscar esa totalidad. Solo entonces podrás prestar atención a despertar, crecer, abrir, limpiar y mostrar, procesos diferentes que nos abren la puerta a diferentes dimensiones de la totalidad. Una de las cosas que más me ha sorprendido ha sido darme cuenta de lo oculta que parecía estar la auténtica Totalidad y lo evidente que resulta después de haberla visto. ¿Cómo ha podido necesitar la humanidad centenares de miles de años para descubrir todas estas cosas? ¿Cómo hemos podido estar tan ciegos?

Es muy probable que, cuando descubras el proceso de desarrollo personal (crecer), tengas, como sucede con la mayoría de las personas, dos grandes reacciones: 1) entender las razones que explican que la humanidad no haya cobrado conciencia de este proceso hasta hace un siglo y, 2) quedarte boquiabierto ante lo que este proceso te muestra sobre la totalidad, porque descubrirás algo de lo que, hasta el momento, no tenías la menor idea. No es de extrañar que, por más holística y sistémica que sea tu visión del mundo, tu respuesta sea: «¡Vaya! ¡Ni siquiera sospechaba su existencia!».

Crecer te mostrará un aspecto de la totalidad cuya existencia ignorabas hasta que alguien te la señaló (pero que, a partir de ese momento, resulta completamente evidente) y lo mismo sucede con cualquiera de las otras cuatro facetas que componen la Gran Totalidad. Cuando nos ocupemos del proceso del «despertar», por ejemplo, estaremos hablando de una experiencia directa de la Totalidad pura que dio origen a la mayoría de las grandes religiones y motivó la necesidad de transmitirla. Pues, como veremos en el próximo capítulo, la experiencia profunda del despertar resulta tan abrumadora que un reputado experto no ha dudado en calificarla de «incuestionable».

Los sistemas de meditación o contemplación de los que hablaban las grandes religiones no eran historias mágicas o míticas, sino profundas tecnologías de transformación de la conciencia. Todas ellas aspiraban al logro de una experiencia de la Totalidad pura o de la Unidad última no-dual, una *experiencia* directa a la que las diferentes religiones dieron *explicaciones* muy distintas. Pero, por más diferentes que fueran las explicaciones de los místicos (es decir, las personas que habían tenido una experiencia directa de la Conciencia de Unidad) de las diferentes religiones, cuando se encontraban, hablaban y se miraban a los ojos, sabían de inmediato –porque podían reconocerlo– que estaban refiriéndose a la misma realidad básica. Sabían que detrás, más allá o por debajo del mundo relativo de las cosas y acontecimientos separados descansa una profunda o verdadera Unidad o Totalidad omnipresente y que, quienes no la han experimentado, siguen atrapados en el mundo convencional del sufrimiento y la aflicción, un mundo caído –es decir, un mundo dualista, fragmentado, alienado, roto y sumido en el pecado original– que, en un «simple pestañeo», puede desvanecerse y posibilitar el acceso a una totalidad completamente omnipresente.

En la actualidad son muchas las personas familiarizadas con una versión budista de estas prácticas del despertar conocida con el nombre de «mindfulness». Son personas que utilizan el mindfulness para reducir el estrés, superar el insomnio, aliviar la depresión y la ansiedad, mejorar la salud, aumentar la productividad, profundizar sus relaciones y otros beneficios personales. Pero, por más bien que esté todo eso –porque son muchas las evidencias científicas que corroboran su eficacia al respecto–, lo cierto es que el mindfulness no se concibió originalmente para eso, sino como forma de experimentar de manera directa a Dios. Dejando a un lado las viejas explicaciones míticas de Dios, hay que decir que mindfulness es una técnica destinada a trascender el mundo ilusorio y doloroso de un *samsara* fragmentado y desarticulado y a realizar cuanto antes la totalidad pura y no-dual, la conciencia de unidad directa, el Fundamento sin Fundamento de Todo Ser, un nirvana ilimitado e ininterrumpidamente pleno y ajeno a todo sufrimiento.

Dos son las cosas que, sobre el objetivo último del despertar, suelen afirmar las escuelas del despertar: 1) todo el mundo *posee* la mente completamente despierta o iluminada (de la totalidad pura), pero 2) casi nadie es consciente de ella. Es precisamente por ello por lo que las grandes tradiciones de meditación afirman que no puedes hacer nada para alcanzar el despertar, la iluminación o la liberación, porque es imposible alcanzar algo que siempre está ya completamente presente (y que empeñarse, por tanto, en alcanzar la iluminación es tan absurdo como pretender llegar a tus pies). Lo que sí puedes es reconocer de inmediato, si alguien tan solo te la señala, esta mente iluminada omnipresente (un enfoque conocido como «instrucciones para señalar» y del que, en este libro, presentaremos varias versiones para que, de ese modo, puedas tener una experiencia directa).

Cuando te las han señalado resulta evidente la absoluta obviedad de cada una de estas cinco dimensiones de la totalidad. Pero también es sorprendente que ninguna de ellas incluya a las demás, es decir, que es posible descubrir completamente una de ellas sin sospechar siquiera la existencia de las demás, algo que se aplica asimismo a la Conciencia de Unidad última del despertar. Con ello quiero decir que puedes tener un gran despertar y no saber nada de crecer, limpiar, abrir o mostrar. Y, de la misma manera, puedes tener una experiencia completa de mostrar sin tener la menor idea de despertar o tener una experiencia directa de limpiar e ignorarlo todo sobre crecer. Y, lo que es más, estos cinco tipos de totalidad se desarrollan de un modo completamente independiente y siguiendo diferentes caminos, de modo que es muy posible estar muy avanzado en uno de ellos y muy atrasado en otros. Porque, aunque formen parte de la misma y asombrosa totalidad, estas cosas son, como las manzanas y las naranjas (y las peras, los limones y los melocotones), realidades completamente heterogéneas.

Para poder ver estas totalidades debes hacer ciertas cosas porque, por más que las tengas ante tus mismas narices desde el momento del nacimiento, lo cierto es que no sueles ser consciente de ellas. De hecho, es sumamente probable que, si no te las han señalado, tu vida carezca de totalidad. Y aun en el caso de que haya, en ella, algo de totalidad, lo más probable es que no sea mucha y que pueda aumentar bastante.

Ese es, precisamente, el objetivo de este libro, señalarte las cinco dimensiones de la totalidad en las que, en este mismo instante, estás inmerso. Veremos los diferentes tipos de totalidad a los que puedes acceder a través del despertar, el crecer, el abrir, el limpiar y el mostrar (y acabaremos añadiendo un tema que te ayudará a realizar esto de manera directa, un tema llamado «tantra sexual integral» que recurre al sexo para despertar). Cada una de esas dimensiones te proporciona un tipo de totalidad muy diferente que, pese a estar completamente presente, resulta poco evidente. No en vano suele conocerse al Espíritu o a la Totalidad oculta que no se muestra, no es evidente ni obvia con el nombre de *Deus absconditus* (es decir, «Dios oculto»), como si Dios estuviese empeñado en pasar desapercibido.

El nuestro es un mundo dividido, fragmentado, roto, polarizado y despojado de toda totalidad porque estos cinco grandes tipos de totalidad se han convertido en una especie de secretos ocultos y el mundo no está acercándose conscientemente a ninguno de ellos. Bien podríamos decir que el mundo actual carece de totalidad o que, como *totalidad* y *Espíritu* son sinónimos, carece de Espíritu.[1] Porque aunque, en algunos sentidos, el mundo actual sea muy religioso, al carecer de totalidad, resulta muy poco espiritual.

Es precisamente por esta falta de Totalidad –es decir, por esta falta de Espíritu– por lo que resulta tan difícil, en el mundo actual, hacer espacio para todo, o incluso, en algunos casos, hacer espacio para algo. El mundo actual es tan estrecho, agobiante y claustrofóbico que quizás sientas así tu propia vida. Todo está tan apretado que, para poder expresar opiniones, puntos de vista e ideas, a veces no queda más remedio que abrirse paso a codazos, algo que resulta especialmente patente en las redes sociales, en donde la gente no parece tener empacho alguno en mostrarse ruidosa, desagradable y hasta violenta. Hacer sitio para todo es, en la actualidad, algo muy complicado. Todo es muy angosto, todo está muy apretado y todo el mundo grita empeñándose en ser escuchado.

Apenas reconoces, sin embargo, todas estas totalidades, tu mundo experimenta una expansión sin precedentes y se torna mucho más amplio y espacioso. Es como si tu ser y tu conciencia se abrieran y, a partir de entonces, en tu vida cupiese todo. Ante ti se despliega entonces un mundo lleno de significado que impregna toda tu vida. En esa misma totalidad te hallabas asimismo inmerso antes de reconocerla, pero, al resultarte completamente inadvertida, apenas si contabas con el suficiente espacio. Basta con reconocer su existencia, sin embargo, para que esa totalidad se torne obvia, sepas exactamente cuál es el lugar que te corresponde y reconozcas que el sentido de tu vida consiste en ser uno con esa Totalidad.

El mundo parecía estrecho y abarrotado y tú estabas atrapado en esa cárcel, pero, en el momento en que descubres la Totalidad –una auténtica Gran Totalidad–, descubres un mundo nuevo en el que cabe absolutamente todo. Y no estoy hablando aquí de nada artificial ni ficticio, sino de la profunda e inmensa Totalidad a la que accedes cuando te encuentras en la cabina más elevada de una noria contemplando sin tensión, fricción ni limitación alguna el inmenso paisaje que se despliega tanto a tu alrededor como dentro de ti. Uno de los comentarios que más he escuchado a las personas que han hecho este asombroso descubrimiento es el siguiente: «Cuando me fundí con todo, sentí, por primera vez en mi vida, la posibilidad de respirar de verdad, pese a haber tenido ante mí siempre esa posibilidad». Y eso es algo que puede aplicarse muy bien a tu vida. Este descubrimiento te proporcionará el espacio suficiente para moverte con libertad y sin trabas y abrazar gozosamente todo lo que aflore en tu horizonte vital. Ya no te sientes entonces arrastrado ni atrapado por cosas y acontecimientos que parecen estar fuera de tu control, sino que eres uno con el universo entero, abrazándolo todo como si se tratase de Dios mismo, porque, desde esta perspectiva en la que «Dios» es la Gran Totalidad, eso es, precisamente, lo que ocurre. Entonces serás todo lo «espiritual pero no religioso» que puedas o, dicho en otras palabras, experimentarás la plenitud que siempre habías anhelado.

Ahora, si te parece bien, podemos comenzar este extraordinario viaje.

1. Introducción al despertar

Empezaremos centrando nuestra atención en la extraordinaria totalidad proporcionada por el «despertar».

El despertar es una referencia básica para quienes aspiran a tener una experiencia profunda, amplia y absoluta de la totalidad (en breve veremos qué entendemos, en este sentido, por *absoluta*), probablemente la experiencia que más impacto ha tenido en la historia de la humanidad. Mientras la gente normal y corriente se ha conformado con «vivir una vida de tranquila desesperación», dolor y sufrimiento, el despertar ha sido la alternativa de cualquiera que anhelase, tanto en Oriente como en Occidente, una vida más auténtica, viva, plena y «despierta», una vida que estuviese conectada con el Fundamento del Ser y tuviese, en consecuencia, un significado «absoluto» o «último» (y debo destacar en que en modo alguno estoy refiriéndome aquí a un mito, sino a una experiencia directa e inmediata a la que todo el mundo puede acceder).

Hace miles de años que el ser humano conoce la experiencia del despertar (la totalidad no-dual), cuyas formas más tempranas probablemente se remonten a los antiguos chamanes de hace veinte mil años, auténticos pioneros de los viajes espirituales al supramundo y al inframundo. Y, en la medida en que la humanidad evolucionaba, también iba perfeccionándose su comprensión y, en consecuencia, la sutileza y profundidad de su espiritualidad.

Como lo que voy a decir sobre las distintas experiencias espirituales (o, por utilizar la vieja terminología, las «experiencias religiosas» o las experiencias de una totalidad o de una plenitud extraordinaria) puede parecerte absurdo, disparatado o hasta una locura, voy a pedirte que interrumpas provisionalmente cualquier reacción de rechazo que, al respecto, puedas experimentar. La humanidad ha descubierto formas muy sofisticadas de corroborar la validez de las experiencias del despertar. Estas experiencias «espirituales pero no religiosas» pueden sentar las bases de un tipo de ciencia interior que no basa sus afirmaciones en dogmas, sino en la evidencia y la experiencia directa y no te pide que creas en cosas que no hayas experimentado. Recuerda esto cuando más adelante te presente prácticas que posibilitan el acceso a este tipo de experiencias y no creas nada que no hayas experimentado personalmente.

Digamos, a modo de introducción al tema del despertar, que, a lo largo de los siglos –y hasta de los milenios–, los diferentes sistemas espirituales de todo el mundo fueron abriéndose a experiencias espirituales cada vez más amplias, más profundas y más elevadas. La historia de la humanidad refleja el descubrimiento progresivo de estados espirituales de conciencia cada vez más elevados e inclusivos a los que cualquiera puede acceder, siempre y cuando satisfaga el requisito de llevar a cabo los ejercicios y experimentos científicos internos para ello necesarios.

Hablando en términos generales, el camino del despertar tiene un solo gran objetivo. Todo comienza en el estado promedio de conciencia en que se encuentra el ser humano, un estado estrecho, limitado, fragmentado y marcado por el sufrimiento, la ansiedad y el tormento y caracterizado, según se dice, por la «contracción en uno mismo», la «sensación de identidad separada», el «yo ilusorio», el «yo caído», el «yo soñador» o, simplemente, el «ego» (términos, todos ellos, como puedes ver, muy poco atractivos). El objetivo del despertar consiste en emplear la meditación, la contemplación o el yoga para ir expandiendo la conciencia desde ese estado limitado y contraído a lo largo de una secuencia de estados cada vez más libres, abiertos e inclusivos hasta llegar a una auténtica Totalidad, una No-dualidad pura, una Conciencia de Unidad última con todo el universo o una Conciencia Kósmica.[1] Y no estoy hablando aquí de una creencia religiosa, de un dogma teológico o de algo en lo que debas creer, sino de un dato, de una evidencia a la que puede acceder de manera directa e inmediata todo aquel que haya llevado a cabo el experimento de contemplación o meditación interior. (Y, como la meditación no es un sistema de creencias mítico, sino una práctica de conciencia directa, la tomaré como ejemplo de algo que es «espiritual pero no religioso», es decir, de algo que no tiene tanto que ver con la explicación –a la que, dicho sea de paso, la mayoría de los sistemas de meditación no consideran parte de la solución, sino parte del problema– como con la experiencia).

Los grandes sistemas de meditación o de contemplación nos han legado mapas muy detallados de las dimensiones espirituales superiores y prácticas muy concretas para que cualquier buscador interesado pueda visitar esos territorios y experimentarlos directamente. Este proceso de crecimiento, desarrollo y realización espiritual –habitualmente conocido como iluminación o despertar– nos revela una Totalidad de la que hablan casi todos los grandes sistemas de meditación, contemplación, yoga u oración contemplativa de las grandes tradiciones de sabiduría.

Es innecesario decir que no estamos hablando aquí de divinidades míticas como la de un anciano que, sentado en su trono celestial, vigila nuestros pensamientos y nuestras acciones. En modo alguno estamos hablando de cuentos mágicos o míticos, de creencias religiosas ni de milagros, nada de eso. Tampoco estamos hablando de explicaciones, sino de un estado de conciencia, es decir, de una experiencia directa e inmediata que nos permite sentirnos profundamente unidos con el universo, unidos con todo, unidos con lo finito y lo infinito, con lo manifestado y con lo no manifestado. Esta es la experiencia directa conocida con nombres muy distintos como «Despertar», «Conciencia de Unidad Última», «Conciencia No-dual», «Unidad divina» o «Un Solo Sabor» (algo a lo que el zen llama «satori», un término que quizás hayas oído y emplearé bastante a menudo). Y, por más extraño que esto pueda parecer al occidental medio, la mayoría de los cuales ni siquiera habrán oído hablar de este tipo de cosas, debo decir que las pruebas de la existencia de este tipo de experiencia (que más adelante veremos con cierto detenimiento) son abrumadoras y prácticamente incuestionables. Este es, dicho sea de paso, el único territorio cuya evidencia es indiscutible y en el que puedes asentar tus creencias espirituales... o de cualquier otro tipo.

El camino del despertar es la única disciplina importante en toda la historia de la humanidad que afirma estar tratando con la *Verdad última*. Hay muchas *verdades relativas* y los caminos de la liberación (es decir, las tradiciones de sabiduría que se han ocupado directa y explícitamente del despertar) no negaban ninguna de las verdades que luego fueron descubiertas por la ciencia (en los campos de la física, la química, la biología y la astronomía). Pero sus creyentes siempre afirmaron que todas esas cosas eran verdades relativas que se mueven en los ámbitos del espacio y el tiempo y cambian y evolucionan según el momento y el lugar. El despertar, por su parte, no tiene que ver con la verdad relativa, sino con la Verdad Última, una verdad que no se refiere a un ser o a un grupo de seres concreto, sino al Ser mismo (con mayúscula); al Fundamento de Todo Ser; sin espacio (y, por tanto, infinito) y atemporal (y, en consecuencia, eterno); un Fundamento sin fundamento que, si bien subyace a toda verdad relativa no es, en sí mismo, ninguna verdad relativa (una verdad a la que no puede accederse mediante la ciencia ordinaria y externa, sino tan solo a través de una ciencia meditativa interior). Las diferentes tradiciones han afirmado de manera universal y unánime que la experiencia radical del despertar no nos revela verdades relativas, sino la Verdad Última.

Digamos, a modo de breve digresión, que el 90 % de las personas que he conocido que han experimentado un auténtico satori, un despertar a la verdad última (desde médicos, abogados y eruditos hasta camareras, jardineros y lavaplatos), afirman que el satori les reveló algo que, en su opinión, era lo más parecido que habían experimentado a una realidad «absoluta» o «última». En este sentido se refieren a la experiencia del satori o del despertar como «la más verdadera», «la más real», «la más innegable», «la más significativa», «la más atemporal» o la más inmutable» de todas las experiencias que habían tenido. Veremos qué opinas de ello a medida que avancemos, pero ten en cuenta que más adelante presentaremos algunos ejercicios que pueden ayudarte a experimentar directamente este despertar y puedas decidir por ti mismo sobre su realidad («última» o no). Y no olvides que, en la medida en que nuestra caja de herramientas de la Gran Totalidad contenga un verdadero despertar, estaremos tratando con la única práctica importante en la historia del mundo de la que unánimemente se ha dicho que revela una Verdad realmente última.

Siempre se ha dicho que esta experiencia se siente o experimenta como una unidad con todo el universo. La totalidad proporcionada por el despertar, dicho en otras palabras, es la mayor de todas las totalidades en las que se pueda pensar y a la que solo le faltan, para llegar a ser una Gran Totalidad, las cuatro totalidades proporcionadas por los procesos de crecer, abrir, limpiar y mostrar. El despertar, después de todo, afirma ser una unidad entre lo infinito y lo finito... lo que es algo *realmente* grande.

La evidencia del despertar

Son muchas las cosas que podríamos decir sobre la realidad de estos estados del despertar, empezando con lo que, al respecto, dice William James en su libro *Las variedades de la experiencia religiosa* (expresión con la que James se refiere a lo que nosotros llamamos «experiencia espiritual») o con el extraordinario libro del reputado erudito del MIT Huston Smith titulado *La verdad olvidada* (un título que alude al hecho de que casi todos los caminos de liberación coinciden en la existencia de una verdad última que el mundo moderno, en gran medida, ha olvidado). Pero, como no quiero meterme tan pronto en honduras, me limitaré, por el momento, a dar una simple referencia apelando, para ello, al psicólogo clínico Jordan Peterson, profesor emérito de la Universidad de Toronto y personaje muy conocido en Internet. En tanto reputado psicólogo clínico, Peterson ha pasado decenas de miles de horas tratando a personas con trastornos mentales y conoce bien la diferencia existente entre delirio y realidad, de modo que podemos estar seguros de que no está loco y no apoyará extrañas creencias religiosas. Aunque haya una división muy polarizada de opiniones entre quienes le aman y quienes le odian, la mayoría coincide en que suele sustentar sus conclusiones en investigaciones experimentales y científicas muy sólidas, de modo que cabe suponer que sus ideas se basan en evidencias contrastadas.

Y lo que dice Peterson al respecto es la pura verdad: «Es abrumadora la cantidad de pruebas de que existen dos grandes tipos de conciencia una es la conciencia que tienes de ti como ser concreto ubicado en un determinado lugar [tu ego individual], y la otra es la capacidad de experimentar la disolución oceánica y la correspondiente sensación de que el cosmos [o la Totalidad última] es uno».[2] Luego insiste en este punto diciendo que «no cabe la menor duda de la existencia de esos dos estados de conciencia [a lo que agrega] de modo que el argumento según el cual la experiencia trascendente es irreal está equivocado... [y concluye, casi en voz baja] y llega incluso a poner en cuestión nuestra idea de la realidad».[3]

Así es. Esta es una experiencia que siempre se ha considerado despertar a la Verdad última, al Fundamento del Ser o a la Realidad Absoluta, que comparada con ella, lo que habitualmente llamamos «realidad» no es más que un sueño. Es en concreto por comparación con el estado semionírico en el que a menudo nos hallamos por lo que la experiencia a la que estamos refiriéndonos se conoce con el nombre de «despertar». Del mismo modo que, cuando uno despierta de una pesadilla, suele decir «¡Vaya! ¡Menos mal que no era real!», la experiencia del satori nos permite advertir que el mundo ordinario no es más que un sueño... o que así, al menos, es como se experimenta. Por ello, a esta experiencia se la conoce como «despertar» o «iluminación». De modo que simplemente aceptaré, como Peterson, que la evidencia de la realidad de ese despertar o «iluminación» a la que él llama «conciencia absoluta» es tan abrumadora que, de hecho, «resulta incuestionable».

Los cinco grandes estados del despertar completo

Las diferentes tradiciones meditativas o contemplativas del mundo nos presentan caminos que conducen directamente a la Conciencia de Unidad última. Son muchas, por supuesto, las formas en que las tradiciones nos presentan estos estadios. Si ponemos sobre una mesa los distintos caminos del despertar (y debo decir que hay varias decenas de ellos) y los comparamos a fondo llegamos a la conclusión de que esa transformación atraviesa un amplio espectro de estados de conciencia que van desde la contracción en el ego hasta la inmensa Apertura de una iluminación que todo lo engloba. Estos diferentes *estados* evolutivos acabaron incorporándose en forma de *estadios* meditativos en el mismo orden en que fueron desplegándose históricamente en los distintos caminos contemplativos. No todos abarcan el mismo número de estadios y solo unos pocos tienen en cuenta todos los grandes estadios conocidos.

Los caminos que las tradiciones consideran más elevados –como el Mahamudra y el Dzogchen del budismo tibetano, el Advaita Vedanta del hinduismo, el taoísmo contemplativo, el neoplatonismo, la cábala judía, el cristianismo contemplativo y el sufismo islámico– suelen incluir todos estos estados y estadios de los estados del despertar. No es necesario que los recuerdes, porque más adelante volveremos a lo que necesitas saber y centraremos especialmente nuestra atención en los ejercicios que te permitirán experimentar directamente los dos más elevados (el Testigo y Un Solo Sabor). Limitémonos, por el momento, para que te hagas una idea de lo que estamos hablando, a los principales estadios por los que atraviesa el proceso completo de transformación del despertar basándonos en las recientes investigaciones llevadas a cabo en este dominio por Daniel P. Brown y empleando, para ello, la terminología y la metateoría integral.[4]

Un metaanálisis de lo que las grandes tradiciones dicen al respecto pone de relieve que el camino de la meditación atraviesa cinco grandes estadios. El primero de ellos, es decir, el estadio en el que comienza la mayoría de la gente, es el pensamiento ordinario y el ego, un estado que se caracteriza por un incesante parloteo interno (que, por ese mismo motivo, algunos denominan «mente del mono»). Este estadio, que muchas tradiciones llaman «estado de vigilia», es el estado convencional o «ilusorio» de la conciencia vigílica (denominado «estado ordinario» por la visión integral). Casi todas las grandes tradiciones meditativas sostienen que este estado egoico es la causa del dolor y el sufrimiento inherentes a la condición caída, ignorante y oscurecida del ser humano, y una de las primeras cosas a las que aspiran es a ayudar al ser humano a ir más allá de esta mente del mono estrecha, violenta y cruel (un estado que coincide perfectamente con la descripción realizada por Hobbes de la condición natural de la humanidad como «solitaria, pobre, desagradable, brutal y corta»).

La superación de este estado despiadado tiene lugar en el estadio 2, al que Brown denomina «despertar» el cual, yendo más allá del pensamiento ordinario, se aproxima a una conciencia libre de pensamientos en la que se abandona el ego y deja, en su lugar, lo que Brown llama «personalidad sutil». Este es un estadio que la visión integral denomina «estado sutil, caracterizado por la luminosidad de la personalidad sutil, y que no se identifica con el ego sino con el alma. Este es el primer paso de la expansión de la sensación de identidad que, comenzando en el ego estrecho y encapsulado en la piel, ha de llevarle hasta la Identidad Suprema (que Suzuki Roshi denomina «Gran Mente»).

Brown llama «Conciencia Misma» al estadio 3, porque se trata de una conciencia pura despojada de todos los fenómenos ordinarios y sutiles y conectada con el núcleo, con el fondo, con la matriz espaciotemporal del universo que la visión integral denomina estado «causal» o «arquetípico». Este es un estado intuido a menudo en el silencio puro y sin forma existente entre pensamiento y pensamiento. Las tradiciones también afirman que todo el mundo experimenta cada noche en el sueño profundo sin sueños el estado causal, un estado despojado de toda forma en el que conectamos directamente con la conciencia pura sin objetos, pensamientos ni ideas, lo que explica el profundo efecto reparador que tiene el sueño.

Brown denomina «Conciencia Ilimitada e Inmutable» al estadio 4 que, como su nombre indica, es un estado realmente importante. Este estadio es una conciencia pura y sin objeto que la visión integral, siguiendo al Advaita Vedanta, denomina *turiya*, un término sánscrito que literalmente significa «el cuarto» porque es el cuarto gran estado de conciencia que sigue a los tres primeros (ordinario, sutil y causal) y que no es tanto un contenido de conciencia como el Testigo puro y atemporal, la sensación pura de Yo Soy, la conciencia omnipresente. Este estado encarna el verdadero significado de «eternidad» porque, como en breve veremos, «eternidad» no significa un tiempo muy largo, sino un momento sin tiempo, un Ahora atemporal que no es difícil de alcanzar, sino imposible de evitar. Esta conciencia Testigo es uno de los estados más elevados de los que hablan las tradiciones meditativas que, cuando practiques los ejercicios que, al respecto, te propondremos, tendrás la oportunidad de experimentar por ti mismo.

Brown llama al estadio 5, el estado más elevado, «Conciencia Despierta No-dual», algo que la visión integral, siguiendo también al Advaita Vedanta, denomina *turiyatita* (que literalmente quiere decir «más allá de *turiya*»). Es la Talidad o Esidad pura no-dual, la Conciencia de Unidad última, Un Solo Sabor, una Unidad o No-dualidad última. La realización directa de este estado se conoce con nombres muy distintos, como despertar, metamorfosis, *fana*, *moksha*, satori, Gran Liberación o Identidad Suprema. Este estado es una unidad pura no-dual (en donde *no-dual* significa «no-dos») que me unifica con todo. Un Solo Sabor es, de hecho, una conciencia absoluta cuya realidad, corroborada por tal cantidad de evidencia, resulta «incuestionable».

También presentaremos varios ejercicios para que –creas o no en la existencia de algún tipo de verdad «última»– puedas practicar y experimentar por ti mismo este estado último. Y ten en cuenta que la afirmación de que podemos llevar a cabo ejercicios para experimentar directamente este estado supremo significa que ahora mismo podemos tener una experiencia cumbre de muchos de los aspectos esenciales de esos cinco grandes estados de conciencia. Pues, pese a que estos estados de conciencia estén dispuestos en orden ascendente (desde el estado ordinario hasta Un Solo Sabor) y tiendan a desplegarse, durante la práctica completa de la meditación, en esta precisa secuencia, al ser omnipresentes (porque hasta un bebé está despierto, sueña y duerme y atraviesa, en consecuencia, los tres estados ordinario, sutil y causal), pueden ser experimentados desde casi cualquiera de los distintos estadios del crecimiento, lo que significa que pueden ser experimentados ahora mismo. ¡Presta mucha atención, pues, a estos ejercicios cuando los presentemos!

No hace falta, entretanto, que recuerdes esos «estadios de los estados» porque, como ya he dicho, más adelante revisaremos todo lo que, al respecto, debas saber. Date cuenta de la existencia de diferencias entre los grandes estados de meditación de los que nos hablan las tradiciones y de sus variaciones porque, aunque el número de estadios varíe (las siete moradas del castillo interior de santa Teresa, los ocho niveles de conciencia del Yogachara, los estadios de la contemplación de san Juan de la Cruz, los diez sefirots de la cábala, los estadios de estado de los *Yogasutras* de Patanjali, las diez etapas de pastoreo espiritual del boyero del budismo zen y los cinco grandes estadios de los sufíes y del desarrollo místico según Evelyn Underhill), no cabe la menor duda de las grandes similitudes existentes entre todos ellos. Porque, como sucede con todos los modelos evolutivos –tanto del Despertar como del crecimiento o desarrollo–, aunque no todos los modelos hablen de los mismos estadios, es posible considerar que se tratan de versiones diferentes de los mismos cinco grandes estadios que acabamos de presentar (ordinario, sutil, causal, Testigo y Un Solo Sabor).

Además de su realización directa, también se dice que todos ellos se manifiestan en estados ordinarios de conciencia. Según el Vedanta (hinduismo) y el Vajrayana (budismo tibetano), por ejemplo, el estado ordinario aparece en la conciencia ordinaria de la vigilia, el estado sutil lo hace durante la conciencia onírica, el estado causal emerge en el sueño profundo sin sueños, *turiya* (o el Testigo omnipresente) está plenamente presente en la mente cotidiana y el estado No-dual último constituye el Fundamento mismo de todos ellos. Así es como llegamos a los principales estados naturales de conciencia: vigilia, sueño, sueño profundo, Testigo y Un Solo Sabor.

Estos grandes *estados* de conciencia son también los principales *estadios* de la meditación, porque la identidad central de la persona comienza en el estadio de estado de vigilia dominado por el ego y, a partir de ahí, va desplegándose y atravesando los distintos estadios de estados de conciencia que conducen al despertar puro de la Conciencia de Unidad última. Por eso denomino proceso del despertar (en su totalidad o en parte) a esta secuencia de estadios de los estados.

Eternidad e infinito

Más adelante veremos, como ya hemos dicho, los dos estados más elevados del despertar –el Testigo puro y Un Solo Sabor– y ejercicios que pueden ayudarte a experimentarlos directamente (véase el capítulo 16). Ahora quisiera exponer un par de ideas a las que, en algún que otro momento, se refieren casi todas las religiones o sistemas espirituales que suelen interpretarse de un modo muy equivocado: la eternidad y el infinito. Y, como estos son términos de los que lamentablemente suele hablarse en un lenguaje religioso (porque fueron descubiertos desde los estadios mítico-religiosos de la conciencia humana), quiero asegurarme de que, cuando el lector los escuche, no los interprete mal porque, del mismo modo que la «eternidad» no se refiere a un tiempo muy largo, el «infinito» tampoco tiene nada que ver con un espacio muy muy grande... porque eso es, precisamente, lo que no son.

Empezaremos hablando de la eternidad. Cuando la gente escucha hablar de «eternidad» suele entender que se está hablando de un período de tiempo muy largo, de un tiempo que se prolonga indefinidamente y no acaba nunca. ¿Pero cómo diablos podría alguien, si ese fuese el verdadero significado del término *eternidad*, experimentar una realidad espiritual que no acabase nunca? Para ello la persona no debería morir, cosa que definitivamente no va a ocurrir. De modo que, si la experiencia del despertar tuviese que ver con la experiencia de una realidad eterna y esa *eternidad* se refiriese a una duración eterna, jamás podríamos tener una experiencia del despertar. Hay algo que no cuadra en esta forma de entender el significado del término eternidad.

La solución a este problema es muy sencilla, porque el término *eternidad* no se refiere a una duración indefinida, sino a un momento atemporal, a un momento sin tiempo, a un momento en el que cabe *toda* la eternidad. No hay conflicto ni tensión, pues, entre la eternidad y el tiempo, porque toda la eternidad atemporal está completamente presente en cada momento del tiempo. Y esto significa que la eternidad es *omnipresente*, lo que quiere decir que, en cada momento del tiempo, el 100 % de la eternidad está total y completamente presente.

Ahora mismo, en este mismo instante, tienes acceso, en tu propia experiencia directa presente, al 100% de la eternidad, no al 95% ni al 99%, sino al 100%. A esto nos referimos cuando hablamos del «presente puro», es decir, del «ahora atemporal». La eternidad es de verdad atemporal porque está completamente presente en todos y cada uno de los instantes de cada Ahora atemporal, lo que significa que Ahora, en este mismo instante, tienes acceso a la vida eterna.

Experimentar la eternidad no significa vivir para siempre, no significa que debas creer palabra por palabra en mitos mágicos como los que afirman que Elías se elevó directamente a los cielos en un carro de fuego, que la mujer de Lot se convirtió en una estatua de sal o que, después de la muerte, vivirás para siempre en una especie de cielo. Despreocúpate de todas estas cosas porque el despertar no tiene que ver con nada de eso. Veamos lo que, a este respecto, dice Ludwig Wittgenstein, el filósofo más serio de Occidente que no aceptaba ningún tipo de galimatías religiosos y que, en su juventud, sentó las bases, con su obra *Tractatus Logico-Philosophicus*, del positivismo lógico. En el *Tractatus*, Wittgenstein da una definición perfecta de la eternidad al tiempo que avala su realidad (e invito al lector a que lea esto con suma atención, porque es la clave que explica todo esta cuestión): «Si, por eternidad, no entendemos una duración temporal eterna, sino un punto sin tiempo, la vida eterna pertenece a quienes viven en el presente».[5]

Exactamente. E insistamos en que esto significa que, en este mismo instante, tienes acceso a la vida eterna o, dicho de otro modo, que solo Ahora puedes acceder a la vida eterna (de ahí lo de «Ahora atemporal»). Caer en el Ahora atemporal es precisamente lo que ocurre durante el despertar, lo que, en consecuencia, incluye el descubrimiento de la vida eterna, de *tu* vida eterna.

¿Qué pasa entonces con este «Ahora atemporal»? ¿Si el Ahora atemporal es lo mismo que la eternidad omnipresente, está realmente accesible ahora mismo? ¿Es de verdad *omnipresente*, total y completamente presente en cada punto de la corriente del tiempo? Sí, desde luego. En su extraordinario *La sabiduría de la inseguridad*, Alan Watts explica muy bien este punto. La suya es una explicación muy sencilla y evidente a la que he aludido en reiteradas ocasiones y a la que voy a volver una vez más.

El problema es que vivimos dentro de una corriente temporal y que, en cada momento de esta corriente temporal, hay una eternidad omnipresente, un «Ahora atemporal» que no es difícil de alcanzar, sino imposible de eludir. Cobrar conciencia de ese Ahora atemporal es descubrir la eternidad y descubrir la eternidad es experimentar un auténtico despertar. Es por ello por lo que, si el Ahora intemporal es completamente eterno, el verdadero despertar también está ahora completamente presente. Y eso es bastante cierto. Date cuenta de que casi todos los caminos de liberación sostienen que la Mente Iluminada es imposible de alcanzar u obtener. Los místicos cristianos afirman que, para alcanzar la salvación, no tienes que hacer absolutamente nada porque, por la gracia de Dios, ya estás del todo salvado. En este mismo sentido, el zen dice que «la mente ordinaria, tal cual es, es el Tao», lo que significa que el estado cotidiano de conciencia que ahora mismo experimentas es, de hecho, la Mente Iluminada. El *Sutra de la Prajnaparamita* –núcleo de casi todo el budismo Mahayana– insiste en que: «Si te dieras cuenta de que la Mente Iluminada es inalcanzable, estarías Iluminado». La Mente Iluminada es inalcanzable porque ya la tienes, toda ella. Es tan imposible alcanzar la Iluminación como alcanzar tus riñones o llegar a tus pies. Esa es la simple paradoja: siempre estás iluminado, pero ese es un hecho que todavía debes reconocer.

Los ejercicios que presentaré en un capítulo posterior te ayudarán a reconocer tu Mente Despierta omnipresente. Y esta omnipresencia se aplica también al «Ahora atemporal», que es igualmente omnipresente y solo debe ser reconocido. Este es, de hecho, el descubrimiento de la eternidad y la comprensión directa de que la eternidad es omnipresente, es decir, que está completamente presente en cada momento del tiempo, incluido este, razón por la cual se dice que «la vida eterna pertenece a quienes viven en el presente».

Aunque es muy posible que no lo reconozcas, tú ya vives completamente en el presente, en el Ahora atemporal. Y esta falta de reconocimiento del Ahora atemporal alienta la creencia en la realidad del tiempo. No vivimos en el presente porque creemos en la realidad del pasado y del futuro, y las ideas sobre esas realidades nos mantienen tan distraídos que no advertimos el presente atemporal ni la Mente Iluminada. Pero no olvidemos que los caminos de liberación afirman que la corriente del tiempo no es más que una ilusión –es decir, que no está realmente aquí–, que forma parte del «mundo onírico» del que se supone que debemos despertar, aunque, en realidad, lo único que tenemos que hacer es reconocer el Ahora eterno, atemporal y omnipresente que nunca hemos abandonado.

¿Es real o ilusoria la corriente de tiempo que desfila por tu mente? Vamos a comprobarlo. Piensa en algún acontecimiento de tu pasado, algo que te parezca especialmente real. Trata de experimentar la sensación más vívida y clara de esa realidad y contémplala con atención. Este es el pasado que tan real consideras. Date cuenta de que, cuando ves claramente este acontecimiento pasado, eres tan solo consciente del recuerdo de ese acontecimiento y de que ese recuerdo solo aparece en *este* momento del tiempo. Y, cuando ese acontecimiento ocurrió, también tuvo lugar en un ahora presente. Tu conciencia nunca puede vivir un acontecimiento pasado, solo puedes ser consciente del Ahora omnipresente.

Imagina, de manera parecida, un acontecimiento futuro. Es evidente que lo mismo ocurre en este caso, es decir, que no estás viendo ningún futuro real y que lo único que ves es la imagen de un pensamiento del futuro que solo existe en este Ahora. Cuando piensas, pues, en algo que ocurrirá en el futuro, también se trata de algo que está ocurriendo Ahora, en este mismo instante.

No cabe la menor duda de que solo puedes ser consciente de este momento atemporal, el Ahora eterno y omnipresente. Este Ahora no se mueve en el tiempo, sino que es el tiempo el que se mueve a través de él. Y *omnipresente* quiere decir que siempre está presente. Como dijo Erwin Schrödinger, uno de los fundadores de la moderna mecánica cuántica: «El presente es lo único que no tiene fin».[6] El presente (es decir, el Ahora atemporal) no tiene fin... y tampoco tiene comienzo. Lo único que tiene comienzo y fin es el tiempo, no la atemporalidad. La eternidad es atemporal y eterna, pero no porque perdure mucho en la corriente del tiempo, sino porque, para empezar, nunca ha entrado en la corriente del tiempo.

Es por ello por lo que muchos de los caminos de liberación se refieren a la Mente Iluminada como «lo que nunca ha nacido», es decir, lo que nunca ha entrado en el tiempo, lo atemporal o lo que nunca se ha sumergido en la corriente del tiempo. Y ello también significa que, en tu conciencia directa actual, tu propia Mente Iluminada nunca ha nacido. Y nunca ha nacido porque, como siempre está completamente presente, es, como el Ahora atemporal, inalcanzable.

Los caminos de la liberación se refieren también a la Mente Iluminada como «lo que nunca muere». Y no muere nunca porque, al no haber nacido (y no haber entrado nunca en la corriente del tiempo), jamás puede abandonar la corriente del tiempo o, dicho en otras palabras, jamás puede morir. Esta es también la razón por la cual tu Yo Verdadero, la Gran Mente, nunca nace y la razón también por la que nunca muere, por la que nunca ha nacido y por la que nunca morirá. Y, como hemos visto con el Ahora atemporal, esta es una realidad omnipresente y por ello también –por dar un solo ejemplo– la mayoría de la gente intuye que nunca morirá. Por supuesto que saben que su cuerpo y su yo superficial y convencional morirán, pero también saben que hay algo en ellos –la parte más profunda y verdadera– que *nunca* morirá. Esto es algo que tú también sabes o intuyes y, por ello, no puedes ser directamente consciente de tu propia muerte, de tu propio dejar de ser. (No puedes hacerlo porque tu Yo Verdadero nunca ha nacido y nunca morirá y es imposible que puedas imaginar el nacimiento o la muerte de tu propia conciencia).

Insistamos en que la intuición de que la parte más profunda de tu ser nunca morirá (es decir, que es inmortal) no implica que vivirás para siempre en el tiempo, sino que tu Yo Verdadero está directamente conectado con el Fundamento eterno e infinito del Ser, un fundamento tan profundo, atemporal y eterno que su núcleo jamás se ve afectado por la corriente del tiempo. Cuando la gente intuye, aunque sea vagamente, ese fundamento o su Yo Verdadero, está intuyendo, en realidad, lo que nunca ha nacido y lo que nunca morirá. Y es que todo el mundo, en su conciencia más profunda, *sabe que es Eso* y no puede imaginar otra cosa.

Esto es algo que, en ocasiones, se conoce como «la paradoja de la instrucción». No hay nada que puedas hacer para traer a la existencia este estado del despertar porque, como ocurre con el Ahora atemporal, la Mente Iluminada siempre está completamente presente y en pleno funcionamiento en tu conciencia, y lo más paradójico es que todavía debes reconocerlo. Dicho en pocas palabras, necesitas un satori para darte cuenta de que no necesitas ningún satori (por ello volveremos a las «instrucciones para señalar» que te ayudarán precisamente a hacer esto).

¿Pero cuán serios son, sobre este Ahora atemporal o este Yo Verdadero atemporal totalmente omnipresente, los grandes caminos de liberación? Para ilustrar esto suelo emplear ejemplos procedentes del zen, pero no porque sea un orientalista apasionado, sino porque, de todas las grandes tradiciones, tanto orientales como occidentales, es la que más énfasis pone en la necesidad de tener un satori, una auténtica iluminación, un reconocimiento directo de la realidad omnipresente de tu verdadero Yo. Por ello el zen dice: «Muéstrame tu Rostro Original», tu Yo Verdadero omnipresente, el rostro que tenías antes de que tus padres nacieran». ¿Pero a qué se refiere la expresión «antes de que nacieran tus padres»? ¿Significa acaso que tu Yo Verdadero existía antes de que tus padres nacieran? ¿Se trata de una afirmación simbólica o metafórica, no es cierto? ¡No! ¡Se trata de una afirmación literal y directa que nada tiene de simbólico! Pero con ello no quiere decirse que tu Yo Verdadero existiera en algún punto de la corriente temporal anterior al nacimiento de tus padres. Lo que esa expresión significa es que tu Rostro Original, tu Yo Verdadero, es algo real y *literalmente* atemporal, omnipresente y eterno, que existe antes de la corriente del tiempo, es decir, que existe antes de que el tiempo se ponga en marcha. Tu Yo Verdadero existe antes del nacimiento de tus padres, antes del nacimiento de esta Tierra, antes del nacimiento de este sistema solar y antes del nacimiento de esta galaxia porque existe antes de la corriente del tiempo, y punto.

Esto significa que de ningún modo vives estabulado en un presente estrecho y pasajero atrapado entre un pasado que no tiene comienzo y un futuro que no tendrá final. En modo alguno estás aprisionado en una secuencia temporal que, comenzando en algún momento del pasado, atraviesa como un bólido el presente fugaz y se dirige hacia algún momento del futuro. Vives en la inmensa apertura en la que se entrecruzan un Ahora atemporal que todo lo abarca y un presente sin fronteras en el que emergen todos los acontecimientos tanto del pasado como del presente y del futuro. Tu Yo no está en una secuencia temporal que vaya desde el pasado hasta al presente y, desde este, hasta el futuro, sino que todo eso está dentro de ti. Tú lo abarcas todo, estás abierto a todo y, en esa conciencia, «cabe todo». Esa es la colosal totalidad que el despertar ofrece a todos los que se comprometen con ella en lo que se conoce como «la paradoja de la instrucción».

Estos son algunos de los puntos básicos sobre la eternidad que nunca deberías olvidar. Esto es algo evidente para todas las personas que han tenido alguna experiencia genuina de despertar y sienten que en ningún momento han dejado de estar directa y profundamente conectados con un ser eterno y absoluto, una realidad omnipresente que todo lo incluye y que no solo se experimenta como un despertar a la Realidad, sino también como un «regreso a casa», como una vuelta a un hogar al que en ningún momento han dejado de pertenecer. Entonces es cuando la Realidad se revela como una Identidad Suprema atemporal, omnipresente y eterna, cuyo impacto te muestra tu Rostro Original.

La *explicación* más sencilla de esta *experiencia* directa no es que tu cerebro haya experimentado un colapso fisiológico y estés empezando a delirar, sino que, en el Ahora atemporal del despertar, has experimentado, de manera directa e inmediata, el Fundamento básico, omnipresente y sin fondo de Todo-Ser, un fundamento atemporal, es decir, eterno. Da lo mismo que entiendas esta explicación de un modo metafórico, simbólico o filosófico, porque lo que realmente importa es que se trata de una experiencia «incuestionable».

Después de haber hablado de algunas explicaciones sencillas sobre la eternidad (y la Realidad atemporal que la gente experimenta al despertar), podemos abordar brevemente el infinito, porque los puntos básicos son los mismos, solo que aplicados, en este caso, al espacio.

Pues, del mismo modo que sucede con el caso de la eternidad, es mucha la gente que considera erróneamente que el *infinito* es «un espacio muy muy grande», sin darse cuenta de que eso es más o menos lo contrario de infinito. Porque, si infinito significase «un espacio inmenso», la experiencia del despertar espiritual que parece revelar una realidad infinita implicaría que tu alma se ha expandido física y literalmente más allá de la Vía Láctea. Y, si ese fuera el caso, no parece que sea mucha la gente que haya tenido un satori revelador del infinito. No, *infinito* no significa «un espacio muy muy grande» o «una cantidad inmensa de espacio», sino «un punto o un lugar ajeno al espacio». Y, como ocurre con la eternidad que, al ser atemporal, está completamente presente en cualquier momento del tiempo, el infinito, al carecer de espacio, está completamente presente en cualquier punto del espacio. Dicho en otras palabras, el 100 % del infinito está total y completamente presente Aquí. El otro lado del planeta no tiene un infinito distinto al de este lado, como Júpiter tampoco tiene un infinito distinto al de la Tierra. Bien podríamos decir, de un modo, es cierto, un tanto burdo, que el número total de infinitos –o de eternidades– es uno, razón por la cual la gente que ha experimentado un verdadero despertar siente una gran Unidad porque están conectados con el fundamento individual, no-dual, infinito y eterno de todos los seres, la Fuente, Condición y Naturaleza de todos los seres (y la Conciencia Absoluta, la parte «incuestionable» de esta experiencia). Es por ello por lo que basta con que descubras un infinito real Aquí para que lo hayas descubierto en todas partes.

Esta es, de hecho, la razón por la cual las personas que tienen una profunda experiencia del despertar se sienten uno hasta con las galaxias más distantes. Son uno con todo, lo que no significa que sean conscientemente uno con todas las verdades relativas (de la mayoría de la cuales –como la estructura de los quarks o la existencia de los multiversos, por ejemplo– saben muy poco), sino que son uno con la Verdad última (que es su Naturaleza y Condición verdadera omnipresente, el Fundamento único de todo lo que existe, la Naturaleza de todas las naturalezas y la Condición de todas las condiciones).

De esta simple comprensión de la eternidad y el infinito se deriva precisamente el cliché «estar aquí y ahora». El universo manifiesto existe en el espacio y el tiempo concebido normalmente como un solo continuo espaciotemporal. Pero si estás plenamente «aquí», estarás en contacto directo con el infinito sin espacio que está en todas partes (porque el infinito está plenamente presente en todos y cada uno de los puntos del espacio) y, si vives directamente «ahora», estarás en contacto directo con la eternidad atemporal (puesto que la eternidad está plenamente presente en cada momento del tiempo). «Permanece aquí y ahora» y estarás en contacto directo con el fundamento eterno e infinito de todo ser. Este fundamento eterno e infinito no es algo difícil de alcanzar, sino que es literalmente inalcanzable, por la simple razón de que es imposible de evitar. No hay forma de pasar de un punto en el que no está a otro en el que sí está, porque no hay ningún punto en el que no esté: es la Talidad o Esencia de cada punto del continuo espaciotemporal en cualquier lugar de la existencia. *Y tú eres Eso.*

Por supuesto, por más absolutamente cierto que sea que ahora, tal cual eres, eres uno con el Fundamento de Todo Ser, aún debes reconocerlo. Esta es la mencionada paradoja de la instrucción según la cual necesitas un satori para darte cuenta de que no necesitas un satori. De eso precisamente trata el despertar, un proceso que la visión integral toma muy en serio. El despertar es la puerta a una Verdad última, Un Solo Sabor cuya realización te abre a una totalidad última que puede encontrarse en cualquier lugar.

Pero esta, por más extraño que te parezca, no es más que una –la más grande, por cierto– de las totalidades a la que puedes acceder. Lo que llamamos Gran Totalidad incluye cinco tipos de totalidad y la totalidad proporcionada por el despertar no es más que una de ellas. Más adelante volveremos al despertar y profundizaremos en él, pero antes conviene presentar los otros cuatro grandes tipos de totalidad igualmente emocionantes.

¿Vamos a por ello?

2. ¿Por qué necesitamos crecer?

Merece la pena, cuando empezamos a explorar los grandes tipos de totalidad que conforman la Gran Totalidad de la que estamos hablando, señalar por qué no basta, para abarcar todas las cuestiones importantes, con el despertar. Es cierto que despertar puede abrirnos a una totalidad infinita y eterna, pero, por más extraño que pueda parecer, esa totalidad no es la «mayor» de las totalidades a las que podemos acceder (es decir, no es la Gran Totalidad). La creencia de que el despertar es la más completa de las realizaciones, es decir, que ya no podemos ir más allá, es muy habitual entre quienes han experimentado un despertar profundo y muy frecuente, por cierto, entre los practicantes zen. Desde esa perspectiva, si todo el mundo despertara o se iluminase, la humanidad florecería, se acabarían las guerras y todos seríamos felices y comeríamos perdices. Esta ha sido, durante los milenios que nos han precedido, una creencia muy habitual y que configuraba el núcleo de la mayoría de las creencias religiosas.

Cuando, hace unos pocos siglos, aparecieron las ciencias modernas, el mundo mítico tradicional de Zeus y Jehová dio paso al mundo moderno de Copérnico, Darwin y Freud; y las modalidades mágicas y míticas cedieron el relevo a la cognición racional, iniciando el declive de las formas de despertar anteriormente aprobadas por la cultura. Pero ello no se debió a una deficiencia intrínseca a la experiencia del despertar, sino al hecho (como veremos con detenimiento en el capítulo 14) de que esa experiencia solía confundirse con la visión mítica tradicional del mundo que, en gran medida, se había visto reemplazada por la racionalidad de la ciencia moderna. No es de extrañar, por tanto, que, cuando confundimos la experiencia directa del despertar con sus explicaciones mágicas y míticas relativamente primitivas, acabásemos tirando también por el desagüe, junto al agua de la bañera, al bebé del despertar.

Más adelante veremos que las críticas dirigidas por la ciencia moderna a todas las formas de despertar no soportan el menor escrutinio serio. Sea como fuere, sin embargo, el despertar tiene algunas limitaciones esenciales que paso a resumir brevemente porque, de lo contrario, no entenderíamos la necesidad de otras formas de totalidad extraordinariamente importantes.

Comenzaré esbozando esas limitaciones de un modo muy general y luego veremos algunos ejemplos muy sencillos. La experiencia del despertar se presenta como la experiencia directa de la unidad con el Fundamento Último de Todo Ser (o con la Vacuidad última), que, si bien es una con el universo entero de toda forma manifiesta, no nos proporciona la menor información sobre el universo relativo de las formas. Nos revela que somos uno con todo –una realización extraordinariamente importante–, pero no afirma nada concreto sobre nada.

Con esa limitación ha topado el desarrollo histórico de la religión y sigue topando hoy la persona que, después de haber tenido un satori o una experiencia directa del despertar que le revela el verdadero Fundamento del Ser, cree que eso es todo lo que se necesita para el bienestar futuro de la humanidad. Las personas que han tenido un satori profundo y han experimentado esa versión expansiva de la totalidad no suelen creer que, a la realización del despertar, le falte absolutamente nada.

Y ese es un auténtico problema porque las experiencias profundas del despertar se remontan varios miles de años atrás (y quizás, en sus formas chamánicas más rudimentarias, hasta decenas de miles de años atrás). Imagina a una persona caminando, hace dos mil años, por un bosque sintiendo la tierra bajo sus pies y el rostro iluminado por un sol resplandeciente. En esa época, la gente creía que el Sol giraba en torno a la Tierra y que la Tierra era plana y se experimentaba como algo separado y distinto a todas esas formas. De repente, el ego de esa persona experimenta una disolución oceánica, tiene un satori y despierta a la conciencia de que su Yo verdadero es uno con todo y, en el momento en que despierta al asombroso y omniinclusivo Fundamento del Ser, se siente uno con el Sol, con la Tierra y con los árboles del bosque y experimenta la Verdad Última. Pero conviene advertir que esa experiencia no le proporciona información, conocimiento ni verdad alguna sobre ningún acontecimiento relativo del universo. Es cierto que se siente uno con la Tierra, ¡pero no, por ello, deja de seguir creyendo que la Tierra es plana! También lo es que se siente uno con el Sol, ¡pero no, por ello, deja de creer que es el Sol el que gira alrededor de la Tierra! Y, por más que sea uno con todos los árboles del bosque, ¡esa experiencia de unidad tampoco le proporciona la menor información sobre los átomos, las moléculas y las células que componen esos árboles! De hecho, porque ese Fundamento es absolutamente uno con todo –y que esa misma infinitud está en todas partes–, no logra información concreta sobre nada.

¿No te parece curioso que, pese a tener experiencias del despertar último tan profundas, las grandes religiones avanzaran tan poco en el conocimiento del mundo relativo? No desarrollaron ninguna ciencia racional importante, no abolieron la esclavitud, no permitieron el voto a las mujeres, no descubrieron los neurotransmisores que tan importante papel desempeñan en sus satoris ni supieron absolutamente nada sobre los átomos, las moléculas o las células que componen el cerebro ni sobre los procesos de crecer, limpiar y abrir.

Y ello es así porque todos esos avances (incluida la ciencia) tienen lugar en el reino relativo o finito. Tengamos en cuenta, por ejemplo, las cosas que aprendemos en la medida en que crecemos y nos desarrollamos a través de los diferentes estadios. El desarrollo no tiene que ver con el Yo Verdadero ni con la Verdad Última, porque se despliega en el mundo relativo del espacio y del tiempo o, dicho en otras palabras, *evoluciona*. En el reino evolutivo del espacio y el tiempo aprendemos verdades relativas, pero la Verdad Última es infinita y eterna y, como no tiene partes, tampoco evoluciona. El mundo relativo, por otro lado, está sumido en un proceso de desarrollo y evolución que genera continuamente unidades de complejidad y conciencia creciente llenando las carencias y aumentando su plenitud. A la Verdad Última, sin embargo, no le falta absolutamente nada, razón por la cual la sensación que acompaña al despertar es la de una plenitud total y absoluta. Despertar y crecer son, como veremos, dos procesos completamente diferentes. Y, si bien las tradiciones estaban muy conectadas con el despertar, casi ninguna de ellas tiene que ver con el crecer, porque la humanidad no había evolucionado mucho en esa dimensión y se hallaba, en consecuencia, en los estadios mágicos o míticos, y tampoco eran especialmente conscientes de verdades relativas proporcionadas por los procesos de limpiar, mostrar o abrir.

Las nuevas totalidades añadidas por el enfoque integral a la totalidad del despertar tienen que ver con la *verdad relativa*, una verdad que queda fuera del foco de la Verdad Última. El infinito y eterno Fundamento del Ser de un árbol, una rana y un cuerpo humano es el mismo, pero no te dice absolutamente nada sobre los árboles, las ranas o los seres humanos. Te revela el Fundamento del Ser –su Talidad–, pero permanece del todo mudo sobre cualquier otra cosa.

Mal podrían las religiones tradicionales haber incluido las tres formas de totalidad (crecer, abrir y limpiar) que no han sido descubiertas hasta el último siglo. Y lo curioso es que tampoco es posible encontrarlas en casi ninguno de los cursos actuales sobre autoconocimiento y transformación de uno mismo.

No te extrañes, pues, si, cuando experimentas un despertar profundo que te permite acceder a la Verdad Última o infinita, descubres que eso no te dice nada sobre crecer, abrir, mostrar o limpiar (procesos, todos ellos, que se mueven en el mundo relativo). Esta es una carencia que ha tenido un profundo impacto en la historia de la humanidad, razón por la cual un modelo como el integral que reconoce e incluye distintas formas de totalidad es algo muy revolucionario.

Nada de esto, sin embargo, niega la extraordinaria importancia de despertar a la «Conciencia Absoluta», la asombrosa, impresionante e «incuestionable» Verdad Última. El despertar, a fin de cuentas, es la más profunda de las cinco modalidades de totalidad y la única verdad que los investigadores serios consideran realmente última (e insisto en que más adelante investigaremos esta Conciencia absoluta y presentaremos formas concretas de acceder de manera personal a ella para que puedas experimentarla por ti mismo).

Veamos ahora el proceso del crecimiento o desarrollo, algo muy importante porque el estadio en el que te encuentres determina el modo en que interpretas y das sentido a cualquier experiencia, *lo que incluye cualquier experiencia del despertar (es decir, de cualquier experiencia espiritual)*. Y esto lo transforma absolutamente todo. Este es un proceso que, como ya hemos visto, se ha visto soslayado por las grandes tradiciones de sabiduría. Pero es evidente que cualquier Gran Totalidad no debe limitarse al despertar, sino que debe tener también en cuenta el crecer, el abrir, el limpiar y el mostrar. Recuerda que el estadio del desarrollo en que te encuentras determina el modo en que interpretas o explicas tu experiencia.

Adentrémonos, pues, en este proceso tan ignorado del crecimiento. Exploremos la totalidad que nos proporciona, comprendamos por qué nos resulta tan desconocido y señalemos las implicaciones que puede tener en nuestra vida.

¿Qué es crecer?

Ya hemos hablado de la importancia de crecer (o, lo que es lo mismo, del desarrollo), del modo en que complementa al despertar y por qué debería tenerlo en cuenta cualquier totalidad que aspire a ser completa. Pero aún no hemos explicado de qué se trata ni hemos esbozado los grandes estadios que atraviesa. Veamos, pues, en qué consiste este proceso porque, de ese modo, su importancia (y el tipo de totalidad que ofrece) te resultará evidente y las cosas quedarán mucho más claras.

¿Podría un niño de seis meses ser buen médico, buen abogado, buen matemático o buen psicoterapeuta? ¡Evidentemente, no! ¿Y un niño de cinco años? ¡Tampoco! ¿Y un niño de doce años? ¡Difícilmente! ¿Y una persona de veinticinco años? Entonces sí, creo que entonces sí que podría serlo.

¿Por qué? Porque el ser humano crece y se desarrolla, lo que quiere decir que también crecen y se desarrollan sus capacidades. Y no solo crecen sus huesos, su piel y sus músculos, sino que también lo hacen sus pensamientos, sus emociones, su capacidad lingüística y mental y su inteligencia moral. Todas esas dimensiones crecen y se desarrollan. No nacemos con ninguna de ellas plenamente operativas, sino que, para llegar a funcionar bien, todas ellas deben experimentar algún tipo de desarrollo.

Hace poco que nos hemos enterado de que el ser humano posee una amplia variedad de inteligencias. Tiempo atrás se creía que solo poseíamos una inteligencia, la inteligencia cognitiva (que se medía con el test del CI), pero recientemente hemos descubierto que poseemos muchas inteligencias diferentes, quizá hasta una buena decena de ellas,[1] porque, además de la inteligencia cognitiva, también tenemos una inteligencia emocional, una inteligencia moral, una inteligencia musical, una inteligencia intrapersonal, una inteligencia matemática, una inteligencia verbal, una inteligencia estética y algo a lo que bien podríamos llamar una «inteligencia espiritual». Y, como veremos en breve, no hay que confundir esta última –que hay que desarrollar a lo largo de un proceso– con la experiencia espiritual del despertar. Este proceso nos permite acceder a las diferentes líneas del desarrollo o inteligencias múltiples y a un tipo de totalidad que nos permite acceder a lo que llamo «Abrir».

Conviene advertir que las diferentes inteligencias múltiples de una persona pueden estar desarrolladas de un modo muy desigual.

Una persona, por ejemplo, puede haber alcanzado un nivel muy elevado en una determinada inteligencia (como la cognitiva), un nivel intermedio en otra (como la emocional) y un nivel muy bajo en otra (como la moral) como bien ilustra, por ejemplo, el caso de los médicos nazis (personas que, pese a haber logrado un nivel muy elevado en inteligencia cognitiva, tenían un nivel de inteligencia moral muy bajo). Todas ellas se hallan prácticamente a cero en el momento del nacimiento y van desarrollándose a medida que crecemos.

Aunque estas inteligencias –a menudo llamadas también «líneas de desarrollo»– son muy diferentes, todas crecen y se desarrollan a lo largo de la misma secuencia de *niveles*. Así pues, aunque las líneas sean diferentes y uno pueda hallarse en un nivel alto, medio o bajo de su desarrollo en cualquiera de ellas, la escala y los niveles que atraviesan al ir desplegándose son los mismos para todos.

Llamamos «altitud» a esta escala vertical –a esta medida básica de los niveles o estadios del desarrollo–, porque refleja el nivel alcanzado por una persona en una determinada inteligencia o línea de desarrollo, algo que no hay que confundir, por cierto, con la aptitud (que se refiere al grado de desempeño en un determinado nivel de una determinada habilidad). Cambiar la altitud de una inteligencia es cambiar completamente de nivel. La altitud o nivel alcanzado por una persona en las diferentes líneas del desarrollo es muy distinto. Quizás tengas un nivel bajo en algunas líneas, pero no olvides que casi todo el mundo tiene un nivel muy elevado en alguna que otra inteligencia. Puedes, por ejemplo, tener un nivel bajo en el desarrollo cognitivo, pero ser un genio en lo que respecta al desarrollo emocional. Independientemente, sin embargo, de la altitud que hayas alcanzado en una determinada inteligencia, no debes sentirte mal por ello, porque siempre puedes aumentarla. Y ten muy en cuenta también que siempre puedes hacer cosas para aumentar la altitud de casi todas tus inteligencias, incluida la inteligencia espiritual.

El proceso de aumento de la altitud de las distintas líneas de desarrollo –es decir, el proceso del crecimiento– va acompañado de su propio tipo de totalidad, la totalidad correspondiente a abrir. Y, como acabamos de ver, este es un proceso que facilita el acceso a las distintas líneas del desarrollo. Y, como los niveles del proceso de desarrollo son los mismos para las distintas inteligencias, esos mismos niveles se aplican a las distintas líneas del proceso de abrir. En este sentido, cada ascenso en el nivel de desarrollo va acompañado de un aumento en la altura de la inteligencia en que se ha producido. Cuando hablamos de desarrollo, pues, nos referimos al aumento de la altura de todo el amplio abanico de nuestras inteligencias.

En la actualidad existen más de dos decenas de modelos que tratan de describir los distintos niveles del desarrollo y, si los comparamos, advertiremos que casi todos ellos nos hablan de entre 6 u 8 grandes niveles o estadios. Unos tienen más niveles y otros menos, pero en todos ellos es posible advertir la existencia de los mismos 6 a 8 grandes niveles. Los lectores interesados pueden ver, en la última parte de mi libro *Un modelo integral de la psicología* [traducción del original inglés *Integral Psychology*], los más de cien modelos que tuve en cuenta para esbozar una visión integral del desarrollo que los incluya a todos y en donde es posible atisbar la repetición de la misma pauta básica.

El descubrimiento de este proceso y de los 6 a 8 grandes estadios del desarrollo es uno de los principales avances realizados, durante el último siglo, por la psicología. Tan importante me parece este proceso que a continuación dedicaremos varios capítulos a revisarlos. En breve, sin embargo, presentaré una visión general simplificada que solo incluye cuatro estadios para que te hagas una imagen de lo que ello implica y del modo en que funciona.

Recordemos que el proceso del crecimiento se descubrió hace solo unos cien años y que se trata, en consecuencia, de un descubrimiento muy reciente. ¿Por qué, si tenemos en cuenta su gran importancia y que la humanidad lleva varios centenares de miles de años en este planeta, tardamos tanto tiempo en descubrirlo? Aunque son varias las razones que responden a esta pregunta, la más sencilla de todas es que, mientras que el despertar tiene que ver con experiencias o *estados* de conciencia en primera persona, el crecimiento tiene que ver con *estructuras* de conciencia en tercera persona que no podemos advertir por vía introspectiva mirando simplemente hacia dentro (ni meditando).

Veamos lo que esto significa. Como las *estructuras* de conciencia son más difíciles de *entender*, les dedicaremos bastante tiempo en este capítulo (y, en el próximo, nos ocuparemos de los *estados* que son más fáciles de entender porque tienen que ver con la experiencia cotidiana, inmediata y directa en primera persona). Basta con tener en cuenta este punto para entender por qué las estructuras no se descubrieron hasta hace aproximadamente un siglo.

Las estructuras de conciencia que atraviesa el proceso de desarrollo se asemejan mucho a las reglas de la gramática. Todo el mundo que crece en una determinada cultura acaba hablando el idioma de esa cultura. Utiliza adecuadamente los sujetos y los verbos, no tiene grandes problemas en emplear los adjetivos y los adverbios y, hablando en términos generales, se atiene con bastante exactitud a las reglas de la gramática de su lengua. Pero lo más curioso es que, si le pides que explique las reglas de esa gramática, casi nadie puede hacerlo. Uno puede emplear bien las reglas de la gramática de su lengua, pero difícilmente puede explicarlas, y ello es así porque, para poder advertir esas estructuras, no basta tan solo con mirar hacia dentro.

Lo mismo podríamos decir con respecto a los distintos estadios de las estructuras del crecimiento (a las que, para diferenciarlas de los «estadios de los estados», suelo llamar «estadios de las estructuras», es decir, los estadios que atraviesan los distintos *estados* de conciencia durante prácticas como la meditación, desde el estadio 1 [egoico] hasta el estadio 5 [*turiyatita*]). Y es que, como sucede con las reglas de la gramática, los estadios de las estructuras no pueden verse mediante la introspección y no tuvimos, hasta hace muy poco, la menor conciencia de su existencia (lo que explica también que las grandes tradiciones del mundo tampoco fueran conscientes de ellos).

Hay que decir que, cuando hablamos de estadios de las estructuras, no estamos refiriéndonos a los estadios de la maduración o el desarrollo biológico (es decir, a la secuencia que va desde la infancia hasta la niñez, la latencia, la adolescencia, la juventud y la vejez) porque, aunque esos estadios pueden verse con bastante claridad, no ocurre lo mismo con los estadios de las estructuras (o niveles verticales del desarrollo). Los estadios de las estructuras se asemejan a la gramática y no resultan accesibles a través de la mera introspección. A ello se debe también que, durante los trescientos mil años aproximados que el *Homo sapiens* lleva en la Tierra, solo fueron descubiertos hace un siglo. Esto es algo que quedará más claro a medida que avancemos y empieces a ver cómo son exactamente estos estadios de las estructuras. Creo que el tipo de totalidad que proporciona el desarrollo te sorprenderá y no tardarás en darte cuenta de su importancia. Empecemos presentando un modelo simplificado de cuatro grandes estadios: 1) egocéntrico, 2) etnocéntrico, 3) mundicéntrico y 4) integral.

Un modelo simplificado del crecimiento en cuatro estadios

Cuando un niño nace no diferencia claramente su mundo interior («aquí dentro») del mundo externo en el que se halla inmerso («ahí fuera»). El niño se encuentra en un estado adual de «fusión indiferenciada» en el que no puede distinguir dónde acaba su cuerpo y dónde empieza la silla (lo que significa que no hay ahí diferencia ni dualidad alguna entre yo y lo otro). Pero no estamos hablando aquí de una especie de unidad espiritual no-dual con todo que, como muchos pensadores retrorrománticos quieren hacernos creer, se pierda en algún momento del desarrollo durante la creación de un «ego alienado» y acabe recuperándose posteriormente en la «Conciencia de Unidad Última». Porque el recién nacido no es, en modo alguno, en el estadio de la estructura en que se encuentra, uno con todo, no es uno con la materia, el cuerpo, la mente, el alma y el Espíritu. Solo es uno con el nivel más bajo de la Gran Cadena del Ser, con la materia o con el mundo material inmediato que confunde con su yo. Y es que si bien, en esa *adualidad*, el yo está confundido con el estadio inferior (la materia), en la *no-dualidad* está fundido con todos los estadios (desde la materia hasta el cuerpo, la mente, el alma y el Espíritu), estadios diferentes que van emergiendo secuencialmente en cada uno de los distintos niveles por los que atraviesan las estructuras del desarrollo hasta que, en el más elevado de todos ellos (el del Espíritu), aparece finalmente la Unidad total o la No-dualidad pura.

Este primer estadio de la estructura es un estadio de fusión adual, el primero de una serie de estadios tempranos en los que el yo es narcisista, egocéntrico y encerrado en sí mismo. Y es que, aunque el niño pequeño tenga preferencias y aversiones hacia determinadas personas y aspectos del mundo, trata a los demás como extensiones narcisistas (e indiferenciadas) de su propio yo. La feminista Carol Gilligan nos presenta, en este sentido, un modelo muy sencillo del desarrollo en cuatro estadios (que coincide con nuestros cuatro estadios simplificados) y llama «egoísta» a este primer estadio de la estructura (que nuestro modelo integral denomina «egocéntrico»).

El siguiente estadio de la estructura (el estadio 2 del modelo de Gilligan) es el estadio «etnocéntrico», un estadio de la estructura muy importante que suelo ilustrar con el experimento de la pelota pintada de dos colores, una mitad roja y la otra mitad verde. Coloca esa pelota entre tú y un niño pequeño (es decir, un niño entre 2 y 3 años de edad) que aún se encuentre en el estadio egocéntrico temprano.

Gira la pelota varias veces para que el niño pueda ver que cada lado es de un color diferente. Vuelve a ubicar, a continuación, la pelota entre vosotros con la cara roja mirando hacia el niño y la verde mirando hacia ti y pregúntale «¿De qué color es esa pelota?», a lo que el niño responderá correctamente «rojo». Pero si, a continuación, le preguntas «¿Y de qué color la estoy viendo *yo*?», el niño responderá igualmente «rojo».

Dicho en otras palabras, en el estadio 1, el niño no tiene la menor conciencia de que tú estás viendo el mundo desde una perspectiva diferente a la suya. No puede, por así decirlo, ponerse en tus zapatos, algo que los psicólogos explican diciendo que todavía no ha desarrollado la capacidad de «asumir el papel del otro». Su visión, durante este primer estadio del desarrollo, está limitada a su perspectiva, a su punto de vista egoísta, narcisista y egocéntrico. Y advierte que la totalidad de su identidad es igualmente egocéntrica, porque se halla asimismo limitada a ese estrecho punto de vista.

Cuando el niño alcanza el estadio etnocéntrico 2 (que comienza en torno a los 4 o 5 años y suele durar toda la vida), esa situación experimenta un cambio. Si entonces le preguntas «¿De qué color veo *yo* la pelota?», el niño responderá correctamente «verde». Con el paso del estadio 1 al estadio 2, el punto de vista del niño se ha expandido desde la perspectiva egocéntrica limitada (en la que solo podía ver su punto de vista) a una perspectiva etnocéntrica (en la que puede asumir el papel del otro). Eso significa que ha pasado de una sensación de identidad centrada en el ego a una sensación de identidad centrada en el grupo (es decir, a una sensación de identidad consciente de la segunda persona). Entonces empieza a darse cuenta de que otras personas ven el mundo de manera diferente y de que existen perspectivas diferentes a la suya que debe empezar a tener en cuenta (porque, aunque los niños pequeños puedan llegar a entender que distintas personas ven el mundo de manera diferente, no pueden adoptar todavía ninguna de esas perspectivas).

El cambio de campo de batalla en el que se mueve la persona pasa entonces del estadio de la estructura egocéntrica (que gira en torno al modo de llevarse bien con su cuerpo y sus impulsos, especialmente el sexo, la agresividad y el poder) al estadio de la estructura etnocéntrica (que gira en torno al modo de llevarse bien con otros egos y roles diferentes al suyo). Y, como la forma más habitual de gestionar estos conflictos consiste en adaptarse simplemente a lo que los demás dicen, el estadio etnocéntrico 2 se conoce, entre otros, con los nombres de «conformista», «convencional», «mi país, esté en lo cierto o esté equivocado», «buen chico, buena chica», «pertenencia mítica», «patriótico», etcétera, y también «absolutista» (pero no porque revele algún tipo de realidad última absoluta, sino porque cree a pies juntillas en la certeza absoluta de su punto de vista). En este estadio es donde se asientan la mayor parte de los grupos extremistas y fanáticos, así como también todo tipo de fundamentalismo (desde el fundamentalismo científico hasta los fundamentalismos marxista, feminista, postmoderno, etcétera). Este estadio se conoce también con el nombre de «etnocéntrico» porque las personas que se encuentran en él han expandido su identidad desde su yo (egocéntrico) a un grupo de personas. Y este cambio en la sensación de identidad general de egocéntrica a etnocéntrica implica asimismo la expansión de una sensación de totalidad centrada en el ego a una sensación de identidad centrada en el grupo.

Este ascenso vertical hacia el etnocentrismo es bueno en el sentido de que libera al sujeto del enclaustramiento exclusivo en su organismo (un estadio egoísta en el que solo se preocupa de sí) y lo abre a todo un grupo (con la correspondiente ampliación de su preocupación y cuidado a toda una comunidad). Pero lo cierto es que aún no está en condiciones de expandir su identidad hasta llegar a incluir a todos los grupos, a todas las personas y a todos los seres humanos, un grado de totalidad al que solo puede accederse en el estadio 3 (el estadio «mundicéntrico»).

Esta expansión del cuidado a todo un grupo es la razón por la cual Gilligan califica a este estadio como estadio del «cuidado». Aquí podemos advertir el importante avance que incluye la emergencia y el desarrollo de un cuidado real por los demás. Pese a ello, sin embargo, sigue tratándose de una mentalidad del tipo «nosotros contra ellos» que circunscribe la preocupación a los miembros de su grupo y desconfía de los extraños (los infieles, los apóstatas, los herejes o, hablando en términos generales, los «otros»). En este estadio, sin embargo, el cuidado con el que la persona trata a los miembros de su grupo es muy auténtico (por ello nadie niega que los nazis amasen realmente a sus familias y a su país).

Ese comentario sarcástico sobre los nazis tiene dos sentidos: 1) su amor era genuino, razón por la cual no ponemos en duda que amasen profundamente a sus familias, pero lo cierto es que 2) era profundamente etnocéntrico, una expresión que tiene una connotación negativa, porque alguien es etnocéntrico cuando alienta o privilegia a un grupo especial al tiempo que desconfía o tiene profundos prejuicios contra otro grupo. La actitud con la que el nazi ve al «otro» está cargada de fanatismo y sesgos (que se manifiestan en un amplio abanico que va desde la más leve suspicacia hasta el odio más agresivo). La mayoría de la gente cree que un nazi es alguien que tiene muchos prejuicios y considera que su grupo es sobrehumano al tiempo que otros grupos (como, por ejemplo, los judíos) son infrahumanos. La mayoría de los prejuicios, sesgos y fanatismos de este mundo se originan en el estadio etnocéntrico del desarrollo, en la mentalidad que considera el mundo como una batalla de «nosotros contra ellos», en el absolutismo y la incapacidad para elevarse por encima del nivel etnocéntrico y de alcanzar una mayor totalidad y una moral realmente mundicéntrica.

El siguiente estadio de la estructura es el estadio mundicéntrico 3, un importante y asombroso avance que conduce desde el etnocentrismo (es decir, desde el cuidado limitado a un grupo privilegiado) hasta el mundicentrismo (es decir, el cuidado de todos los grupos). Este estadio no solo expande el cuidado moral a un grupo elegido, sino a todos los grupos, a todos los seres humanos sin excepción. Por eso Gilligan no denomina a su tercer estadio «cuidado», sino «cuidado universal» (un nivel que la visión integral denomina «mundicéntrico»). Jamás insistiremos lo suficiente en la extraordinaria importancia que este estadio concede a tratar por igual a todas las personas, con independencia de la raza, color, sexo, género, etnia o credo. Este estadio de la estructura considera que todos los seres humanos forman parte de una auténtica totalidad, una totalidad auténticamente nueva y superior, una totalidad universal que todos deberíamos reconocer o, al menos, comportarnos como si fuéramos conscientes de ella. Esta moral y esta conciencia centradas en el mundo –esta totalidad nueva y universal– es el resultado de un auténtico crecimiento y no puede encontrarse en ninguna otra parte.

Incurriríamos en un error muy importante si creyéramos que esta moral mundicéntrica que nos lleva a tratar a todo el mundo por igual es algo muy común y que, en consecuencia, no hace falta subrayarlo. Fijémonos, por ejemplo, en algo como la esclavitud, es decir, fijémonos en el modo en que la sociedad ha tratado históricamente a los grupos minoritarios. Las sociedades humanas han estado practicando la esclavitud unos trescientos mil años y solo la abolieron hace un par de siglos. Aquí es donde empezamos a advertir la diferencia entre las totalidades asociadas al crecimiento y las asociadas al despertar. Todas las culturas que introdujeron formas importantes de despertar adoptaron la esclavitud, y eso fue lo que hicieron también la mayoría de las religiones primitivas. San Pablo dice a los esclavos: «obedezcan a sus amos aquí en la Tierra y amen a Jesucristo». Hasta los indios americanos tenían esclavos y los llevaron consigo durante el llamado Sendero de las Lágrimas [es decir, la expulsión de miles de nativos americanos de sus tierras y su reubicación en reservas destinadas a ese fin].

Aunque muchas de las culturas que abrazaron la esclavitud (incluidas las religiosas) tuviesen prácticas profundas del despertar, el hecho de que su centro de gravedad cultural se hallase en el estadio etnocéntrico de su desarrollo estructural explica que no tuviesen reparo alguno en aceptar la esclavitud (siempre y cuando, claro está, los esclavizados fuesen «ellos» y no «nosotros»). Pues, aunque algunos individuos avanzados de esas culturas etnocéntricas alcanzasen estadios mundicéntricos más elevados –como ilustra, por ejemplo, el caso de Aristóteles–, no sucedía lo mismo con la cultura en sí. De hecho, la esclavitud solo se consideró moralmente insostenible con el advenimiento, en el siglo XVIII, de la Ilustración occidental, momento en el cual el centro de gravedad cultural pasó del etnocentrismo al mundicentrismo. (Entonces fue cuando el «nosotros» avanzó hasta un «nosotros que *incluye* a todo el mundo» y nos permitió entender que todos los seres humanos tienen los mismos derechos universales y la esclavitud se convirtió, en consecuencia, en algo aborrecible). Solo hace unos doscientos años –de una historia que se remonta trescientos mil años atrás– que los seres humanos se dieron cuenta de la profunda inmoralidad que implicaba el hecho de que un ser humano fuese posesión de otro. Esto nos permite advertir lo profundamente arraigada que se halla la visión etnocéntrica del mundo y lo excepcional (y novedosa) que es la visión realmente mundicéntrica.

El estadio de estructura más elevado de este modelo simplificado de cuatro estadios del desarrollo suele llamarse «integrado», «sistémico» o «integral», porque incluye las perspectivas de todos los estadios anteriores. Gilligan, por ejemplo, denomina «integrado» a su estadio 4 porque integra los tipos masculino y femenino para dar lugar a una conciencia humana plena. En mi opinión, se trata de una integración de todos los estadios anteriores, pero la idea, en cualquier caso, es que se trata de un aumento en la totalidad del proceso de crecimiento o desarrollo.

Ya hemos visto que el proceso del desarrollo avanza hacia estructuras cada vez mayores, en el ámbito relativo, que van desde el egocentrismo hasta el etnocentrismo, el mundicentrismo y la integración (o, dicho de otro modo, desde el «yo» hasta el «nosotros», el «todos nosotros» y el «integrado»). Adviértase que todos estos estadios de la estructura son holones, es decir, estadios en los que la totalidad de cada estadio acaba convirtiéndose en parte de la totalidad propia del estadio siguiente, razón por la cual cada nuevo paso va expandiendo su totalidad.

Y este es un tipo de totalidad que, hablando en términos generales, no resulta evidente porque no puede verse «ahí fuera» ni «aquí dentro», pues no todas las personas se encuentran en un estadio integral del desarrollo. De hecho, las investigaciones realizadas al respecto sugieren que ese es un nivel alcanzado por menos del 7 % de la población. Bien podríamos decir a grandes rasgos que, en el estadio egocéntrico, están entre el 20 % y el 30 % de las personas, en el etnocéntrico entre el 60 % y el 70 %, en el mundicéntrico entre el 10 % y el 20 % y, en el integral, entre el 5 % y el 10 %. Estos estadios no son realidades «exteriores», sino realidades «interiores», por lo que poco nos dirá sobre ellos la observación de la conducta de las personas. Y es que, del mismo modo que no puedes ver las reglas gramaticales mirando en tu interior, tampoco puedes ver estos estadios estructurales haciendo introspección (por más que existan dentro de ti, en algún lugar de tu cerebro-mente).

Ten en cuenta que, cuando presentamos estos cuatro estadios de las estructuras, probablemente no veías ninguno de esos estadios ni el nuevo tipo de totalidad proporcionado por cada uno de ellos, pero que, apenas te enteraste de la secuencia que va desde la visión egocéntrica a la etnocéntrica, la mundicéntrica y la integral, las cosas empezaron a cobrar sentido. No resulta tan extraño que esta fuese, hasta hace unos cien años, una cuestión que pasara inadvertida.

Los investigadores solo descubrieron las estructuras emergentes del crecimiento cuando empezaron a estudiar las modalidades egocéntrica, etnocéntrica, mundicéntrica o integrada en que actuaban las personas y, de ahí, dedujeron el tipo de mapas o estructuras interiores que podían explicar esas conductas. Luego trataron de comprobar la existencia de esas teorías en diferentes grupos y, a medida que obtenían los mismos resultados, concluyeron que esas conductas se debían a un conjunto común de mapas o estructuras interiores. El seguimiento en el tiempo de esas estructuras en diferentes individuos puso también de relieve que siempre se desplegaban ateniéndose a la misma secuencia. El cambio de visión de alguien que se hallaba en una estructura etnocéntrica lo hacía de egocéntrico a etnocéntrico, nunca al revés. Dicho en otras palabras, estos mapas o estructuras no se limitaban a ser *respuestas* diferentes, sino que reflejaban *estadios* diferentes (en este caso, estadios de las estructuras). Así fue como se descubrió la existencia del proceso de crecimiento o desarrollo. Después de 299.900 de los 300.000 años que nuestra especie lleva en este planeta en completa ignorancia de él acabamos descubriendo la existencia del proceso de crecimiento.

Creo que ahora estamos en condiciones de reconocer la importancia de esta realidad. Mediciones bastante sofisticadas realizadas al respecto han señalado que entre el 60% y el 70% de la población mundial se encuentra todavía en estadios etnocéntricos (o inferiores), una estimación ciertamente alarmante. Estamos acostumbrados a considerar que los conflictos, el odio y la guerra se derivan de cuestiones económicas, políticas o religiosas (factores cuya importancia, por cierto, nadie desdeña), pero ¿cabe acaso esperar algo diferente cuando entre el 60% y el 70% de la población mundial se halla en los estadios etnocéntricos del desarrollo en los que prevalece la desconfianza? Resulta muy curioso que este sea un factor que ignoren casi todos los líderes, por no hablar de la gente normal y corriente.

Quizá ahora empieces a advertir la importancia de la totalidad que nos proporciona el desarrollo. Gracias a ella nos damos cuenta de la profunda unidad que une a todos los seres humanos, independientemente de la raza, color, sexo, género, etnia, credo o creencia. Y el hecho de que la esclavitud solo se prohibiera hace un par de siglos evidencia lo reciente –y rara– que es esta totalidad.

Esta totalidad no forma parte del territorio natural de ser humano, sino que es algo que hay que actualizar culturalmente y por lo que hay que luchar, y, si no lo valoramos y renovamos con cada generación, acaba perdiéndose en el mismo agujero negro en el que estuvo escondida el 99 % de nuestra historia. Ese proceso de crecimiento y desarrollo está lejos de ser un hecho y su actualización en nuestra vida y en nuestra conciencia depende exclusivamente de nosotros. La investigación realizada al respecto por Robert Kegan, por ejemplo, ha descubierto que tres de cada cinco personas que viven en Estados Unidos no han alcanzado los niveles del desarrollo mundicéntricos (y que en torno al 60 % permanecen en los niveles etnocéntricos).[2] Es como si las personas que se hallan en los niveles etnocéntricos tuviesen una herida en su cabeza que permitiese la pérdida de la totalidad mundicéntrica y la correspondiente limitación de sus capacidades.

No olvidemos esta totalidad. La humanidad tardó tanto en descubrirla como tardó en descubrir los quarks, el Big Bang y el ADN. Es un aspecto indisoluble de la Gran Totalidad que, en este libro, iremos reintegrando y elevándonos en la medida en que lo hagamos.

Los estadios de las estructuras mágica y mítica

Acabamos de ver que el estadio mundicéntrico del desarrollo solo hizo acto de presencia en la historia de la humanidad hace unos doscientos o trescientos años. Y solo ahora, en el primer cuarto del siglo XXI, está empezando a emerger el más elevado de todos ellos, el estadio integral que, en este momento, solo ha alcanzado entre el 5 % y el 10 % aproximado de la población. Durante unos diez mil años anteriores, el centro de gravedad cultural de la civilización humana giraba en torno a uno u otro de los estadios mítico-etnocéntricos del desarrollo y, antes de eso, remontándonos quizás unos cincuenta mil años atrás, en torno a alguno de los estadios mágico-egocéntricos.

Como veremos, los desarrollistas han denominado de forma diferente estos estadios de las estructuras del desarrollo dependiendo del aspecto del desarrollo o de la inteligencia que estaban estudiando. Jean Gebser fue quien bautizó a esos entre 6 y 8 estadios estructurales del crecimiento con sus nombres más conocidos, a los que llamó «arcaico», «mágico», «mítico», «racional», «pluralista» e «integral» (y cuya correspondencia con nuestro modelo simplificado de 4 estadios es el siguiente: arcaico y mágico = egocéntrico; mítico = etnocéntrico; racional y pluralista = mundicéntrico e integral = integrado). Pronto veremos lo que significan exactamente estos nombres, pero fíjate, por el momento, en «mágico» y «mítico», que son dos de los niveles inferiores del desarrollo. Esos fueron los nombres con los que Gebser denominó a los principales estadios de las estructuras egocéntrica y etnocéntrica del desarrollo y que representan observaciones muy importantes, porque la mayoría de las «grandes civilizaciones» aparecieron durante los estadios mágico-míticos, mientras que las «civilizaciones modernas» lo hicieron durante la «Era de la Razón», que tuvo lugar hace unos pocos siglos con la Ilustración. Como ya hemos dicho, estos estadios mundicéntricos modernos jalonaron el fin de la esclavitud que se vio acompañada por el nacimiento de las ciencias racionales modernas (química, física, astronomía, biología, etcétera).

Pero la gran era mítica (desde 10.000 a.C. hasta 1500 d.C. aproximadamente) asistió también al surgimiento de la mayoría de las grandes religiones del mundo, algo muy importante, porque significa que sus textos fueron escritos desde el estadio de la estructura mágica o mítica del desarrollo humano lo que, entre otras muchas cosas, implica que fueron escritos desde una ignorancia completa de la ciencia racional moderna. Así fue como, con el advenimiento de la Ilustración occidental y la aparición de la ciencia moderna, casi todas las religiones se vieron descartadas no solo porque contenían poca ciencia, sino porque estaban llenas también de cuentos mágicos y míticos, milagros mágicos y seres míticos sobrenaturales que se vieron descartados con la misma facilidad que el mundo actual desdeña a Zeus, Afrodita, Santa Claus y el ratoncito Pérez.

Esto resultó muy desafortunado porque, entre otros muchos problemas, supuso que, al descartar la religión, el mundo moderno se extralimitó y se desembarazó también de la versiones del crecimiento y del despertar. Dicho en otras palabras, no solo descartó las historias y creencias mágicas y míticas que se encuentran en los estadios etnocéntricos del desarrollo, sino que hizo también lo mismo con todas las experiencias del despertar a una auténtica iluminación. Así fue como, en el mismo intento de desembarazarse de la religión, acabó desembarazándose también de la espiritualidad. Entonces fue cuando Occidente se convirtió en el campo de una colosal batalla entre la ciencia (completamente buena) y la religión (completamente mala). ¿Por qué sucedió esto? Tengamos en cuenta que la estructura del desarrollo en que se encuentra una persona determina el modo en que interpreta cualquier experiencia que tenga, lo que significa que, si se halla en los estadios prerracionales –mágico o mítico–, necesariamente interpretará sus experiencias espirituales en términos mágicos o míticos. No es de extrañar, por tanto, que esas experiencias se vean desechadas por quienes se encuentran en los estadios racionales, como no racionales. Y esto es exactamente lo que ha ocurrido en Occidente y lo que explica también por qué el *materialismo científico* racional acabó convirtiéndose en la principal filosofía del Occidente moderno.

No cabe la menor duda de que esta fue una auténtica catástrofe –muy comprensible, por otra parte–, porque todo el mundo interpreta su experiencia según el estadio del desarrollo en que se encuentre. Si estás en un estadio mágico o mítico, tenderás a interpretar el mundo en términos mágicos y míticos (en cuyo caso, el volcán explota porque está enfadado contigo; enfermas porque Dios te castiga por haber sido malo y rezas a la gran Diosa Tierra para conseguir que llueva cuando tus cultivos necesitan agua). Ese es el tipo de pensamiento que acompaña naturalmente a las estructuras mágicas y míticas del desarrollo (semejante al modo en que, cuando estabas en uno de los primeros estadios del desarrollo, creías en Papá Noel y el ratoncito Pérez). Cuanto más cerca estamos de los estadios racionales del desarrollo, menos aceptables resultan esas historias mágicas y míticas, que fue precisamente lo que ocurrió cuando Occidente se adentró en la Edad de la Razón.

Y esto no solo es importante porque cada uno de nosotros debe aprender a diferenciar el desarrollo del despertar, sino también porque es posible tener un auténtico despertar en cualquier nivel de desarrollo, no solo en los estadios mágico y mítico, sino también en los estadios racional e integral. Si no diferenciamos adecuadamente estos estadios, tenderemos a confundir todo despertar con algún tipo de estadio prerracional (como el mágico o el mítico) e incurriremos así en el mismo tipo de error en el que incurrió la Ilustración, que no se limitó a despojarse de los cuentos, supersticiones y milagros propios de los estadios mágico y mítico del desarrollo, sino que incluso llegó a despojarse de la espiritualidad del despertar. Y esto implicaría volver a tropezar con la misma piedra y caer de nuevo en el materialismo científico y en lo que ha venido en llamarse «el crimen de la Ilustración». Porque, aunque la ciencia sea una actividad extraordinariamente importante, reducirlo todo a ella es un auténtico desastre que de ningún modo deberíamos incluir en una Gran Totalidad.

Veamos con más detenimiento el proceso del desarrollo y el modo en que el estadio de la estructura del desarrollo en el que nos encontramos determina la manera en que interpretamos nuestra experiencia. Esto es algo absolutamente necesario si queremos entender el papel que puede desempeñar, en nuestra vida, una Gran Totalidad. Y la gran diferencia entre las totalidades correspondientes a los despertar y crecer te ayudará a entender la realidad de una Gran Totalidad y a contemplar con mucha más atención, claridad, plenitud y cuidado tu ser y tu conciencia.

3. El crecimiento interpreta el despertar

El estadio de la estructura del crecimiento o desarrollo en que se encuentra una persona determina el modo en que esta piensa y siente. Esto explica la importancia que tiene el crecimiento, porque se trata del principal proceso de *interpretación* del mundo. Y, como puede deducirse del nombre con el que Gebser bautizó cada uno de los distintos estadios de las estructuras (arcaico, mágico, mítico, racional, pluralista e integral), cada estadio o nivel interpreta el mundo de un modo bastante diferente.

Comenzaremos diciendo que el ser humano no se limita a percibir pasivamente el mundo que le rodea, un mundo que es igual para todos. Porque, si bien los objetos materiales externos –como un árbol, una roca o una montaña– suelen ser percibidos de manera parecida por la mayoría de las personas, la mayor parte de las «cosas» que «percibimos» (o de las que somos conscientes) no son objetos estrictamente físicos, sino cosas como el amor, la comprensión mutua, la preocupación, el odio, la misericordia, la bondad, la compasión, los celos, la envidia, la ira y el cuidado, es decir, cosas que no están tan solo ahí y que todo el mundo coincide en considerar del mismo modo. Lo que llamamos mundo, dicho de otro modo, no es una mera percepción, sino que es, en parte, una construcción, lo que significa que no nos limitamos a ver el mundo, sino que lo interpretamos.

Pues, aunque nuestra capacidad para ver objetos físicos simples (como un árbol, una roca o una montaña) aparece durante los dos primeros años de vida (en el estadio denominado por Piaget «inteligencia sensoriomotora»), nuestra capacidad de interpretación y explicación sigue creciendo y evolucionando a lo largo del amplio espectro de los estadios que atraviesa el proceso del desarrollo. Y, como cada uno de los 6 a 8 grandes estadios del desarrollo interpreta el mundo de manera diferente, también lo experimenta, en consecuencia, de manera diferente (es decir, en términos arcaicos, mágicos, míticos, racionales, pluralistas o integrales).

Ya hemos visto brevemente que los 6 a 8 grandes estadios o *niveles* del desarrollo se aplican a cerca de una docena de inteligencias o *líneas* diferentes. Y esto significa que cada una de esas inteligencias se despliega y desarrolla a través de estos grandes estadios del crecimiento. Así pues, la inteligencia cognitiva, la inteligencia emocional, la inteligencia moral, la inteligencia estética y la inteligencia espiritual se despliegan atravesando esos mismos entre 6 y 8 estadios básicos. Como ya hemos dicho, se trata de líneas diferentes que atraviesan los mismos niveles. Y como todas las interpretaciones o explicaciones son producto de nuestras diferentes inteligencias, todas ellas atraviesan los mismos estadios, lo que implica que todas nuestras experiencias –incluidas las experiencias espirituales del despertar– se ven interpretadas o explicadas en función del estadio de la estructura del desarrollo en la que nos hallemos, lo que determina profundamente nuestra visión de la espiritualidad.

Ahora estamos en condiciones de reconocer que el crecimiento interpreta y explica el despertar, un hecho del que, hasta el momento, no se había percatado casi ninguna religión o sistema espiritual del mundo (sobre todo porque, como ya hemos dicho, el descubrimiento del proceso del desarrollo tuvo lugar hace solo cien años). Quiero asegurarme, antes de continuar, de que esta idea está muy clara porque, si aspiramos a una totalidad realmente grande –es decir, a una Gran Totalidad–, es muy importante entender la relación existente entre las distintas totalidades asociadas al despertar y al crecimiento.

Para entender exactamente de qué estamos hablando y el modo en que los distintos estadios del desarrollo interpretan y explican una experiencia del despertar vamos a emplear un modelo simplificado de solo cuatro estadios. Porque, por más que su interacción sea bastante compleja, el crecimiento y el despertar son dimensiones relativamente independientes, lo que significa que uno puede estar muy avanzado en algunas de ellas y muy poco en otras. Si alguno de los grandes sistemas espirituales hubiera sido consciente de los estadios del crecimiento (y del modo en que afecta al despertar), habría esbozado cuidadosamente sus profundas consecuencias porque el significado de cuestiones como la «salvación», la «liberación» o la «iluminación» es considerablemente distinto en cada caso. Pero, como ninguno de ellos fue consciente de los grandes estadios del desarrollo, no llegaron a advertir, por más avanzados que estuvieran en la dimensión del despertar, esta extraordinaria interacción.

Veamos ahora brevemente el diferente modo en que cada uno de estos cuatro estadios de nuestro modelo simplificado del desarrollo interpreta una experiencia del despertar (una experiencia de la Conciencia de Unidad Última). Obviamente, si el lector quiere evitar cualquier cosa que tenga que ver con la espiritualidad (sea religiosa o no), puede pensar, en lugar de en el despertar, en cualquier otra cosa que le guste –como un edificio, una conversación o un nivel educativo– y fijarse solo en la diferente interpretación que, de ello, hace cada uno de los estadios del desarrollo. Ningún ser humano nace con un lenguaje plenamente desarrollado, con una sensación consensuada de la realidad, con una sensibilidad moral avanzada, ni con la capacidad de asumir siquiera el papel de otro. Todas esas capacidades e inteligencias múltiples crecen y se desarrollan con el tiempo a lo largo de un proceso difícil y a menudo doloroso. Y lo más importante de todo es el aspecto diferente que asume el mundo desde cada uno de los estadios (que no solo parece distinto, sino que, en realidad, es distinto). Este es el sorprendente descubrimiento que proporcionó a la humanidad el proceso del crecimiento.

Por más extraño que inicialmente pueda parecer, es posible estar en el estadio 1 del desarrollo (egocéntrico) y tener, sin embargo, una experiencia real del despertar. Si eres cristiano, por ejemplo, puedes reconocer entonces que tu Yo Verdadero es la «conciencia crística» (utilizando esta expresión en su sentido más claro, unificador y no-dual posible), pero, si te encuentras en un estadio egocéntrico, tenderás a interpretarla creyendo que tú, y nadie más que tú, es Jesucristo. Nuestras instituciones psiquiátricas están lamentablemente llenas de almas desdichadas (que suelen etiquetarse como «esquizofrénicas») que han interpretado de manera equivocada este tipo de experiencias. Este es un punto que he ilustrado con cierta frecuencia con la historia que Ram Dass solía contar de su hermano, que acabó internado precisamente por esta misma razón. Ram Dass, que acababa de regresar de la India, en donde había conocido a varios grandes maestros que habían tenido una experiencia de despertar a la Unidad, afirmó que, en su opinión, no cabía la menor duda de que su hermano había experimentado una iluminación muy profunda. Debido a su formación cristiana, su hermano interpretó correctamente esta realización como una conciencia crística pura, pero no pudo admitir siquiera la posibilidad de que otras personas pudiesen haber tenido la misma realización. Ni siquiera Ram Dass, que invirtió mucho tiempo tratando de convencerle de lo contrario llegó, no obstante, a conseguirlo. Este es un claro ejemplo de alguien que, pese a haber tenido una experiencia verdadera del despertar –porque había tenido unas experiencia directa de unidad con el mundo y reconocía su propia conciencia crística–, la *interpretaba* (como hacía con todo lo demás) desde un nivel muy primitivo y egocéntrico como una extensión de su yo egoico que le llevaba a concluir que él era el único que podía tener esa experiencia. La suya era, pues, una experiencia muy real (la experiencia de despertar a un estado superior), pero interpretada desde un nivel del desarrollo muy rudimentario (el de un ego ubicado en el estadio arcaico).

Según algunos místicos, el Yo real entra en el feto entre el momento de la concepción y el nacimiento, algo que, en opinión de otros místicos cristianos, tiene lugar en torno a los cuatro meses. Sea como fuere, en el momento de su nacimiento, el ser humano tiene un verdadero Testigo, aunque no será consciente de él hasta el momento en que tenga una auténtica experiencia del despertar. Y como el despertar y el desarrollo son relativamente independientes y el Yo real es una conciencia inmutable, ilimitada y omnipresente, el verdadero despertar puede tener lugar en casi cualquier estadio del desarrollo, incluido el estadio egocéntrico, en el que, pese a su limitada capacidad para asumir el punto de vista de los demás, puede despertar a su Yo real omnipresente y sentir que es uno con todo.

En el momento en que la persona alcanza el estadio 2 de este proceso de crecimiento y desarrollo (el estadio etnocéntrico) puede adoptar ya el papel del otro y ver el mundo a través de sus ojos. Este es el momento en que la identidad de la persona pasa del nivel egocéntrico (centrado en uno) al nivel etnocéntrico (centrado en el grupo), algo que ya ilustramos cuando hablamos del ejemplo de la pelota pintada de dos colores. En ese momento, la persona experimenta un cambio desde la preocupación exclusiva por uno a la preocupación por el grupo (es decir, la familia, el clan, la tribu, la nación, la afiliación religiosa, etcétera) o, dicho en otras palabras, pasa del yo al nosotros.

La persona que se encuentra en este estadio de la estructura también puede tener una auténtica experiencia de despertar, pero si se trata, por ejemplo, de un fundamentalista protestante (y en este punto conviene recordar que, independientemente de la creencia, religión o filosofía que se profese, *fundamentalista* significa «etnocéntrico»), tenderá a pensar que esta experiencia de despertar y de renacimiento solo es accesible a quienes hayan aceptado a Jesús como su salvador personal y que, en consecuencia, si alguien que se halla fuera de ese grupo insiste en haberla tenido, lo más probable es que no se trate de un verdadero despertar, sino de una experiencia de posesión demoníaca. Son muchos los ejemplos históricos que podríamos aducir en este sentido, porque algunas de las culturas que codificaron la experiencia del despertar no mostraron empacho alguno en tener esclavos (como bien ilustran los casos de los monasterios hindúes y budistas), algo perfectamente aceptable desde un estadio etnocéntrico (hasta para quienes habían tenido una verdadera experiencia del despertar).

Recuerda también que, aunque el despertar consista en la experiencia directa y en primera persona de ser uno con todo, eso no nos dice gran cosa sobre las verdades relativas. Entonces sabrás que eres uno con todos los seres, pero ignorarás cuál es la visión de cualquiera de esos seres (es decir, no sabrás si su visión del mundo es egocéntrica, etnocéntrica, mundicéntrica o integral) y tampoco advertirás, como bien ilustra la historia, ninguna de sus consideraciones internas. Todos estos casos ilustran lo que ocurre cuando el despertar se ve interpretado desde una perspectiva etnocéntrica. El místico cristiano de la Edad Media, por ejemplo, podía tener un despertar profundo que le permitiera reconocer su conciencia crística y su unidad con todo y seguir creyendo firmemente, por ejemplo, que los niños que no habían sido bautizados acabarían ardiendo en el fuego del infierno (o que, en el mejor de los casos, permanecerían en el limbo). Ese es otro ejemplo de un verdadero despertar interpretado desde una perspectiva etnocéntrica tan burda como limitada. (Y no olvidemos que hubo muchos nazis etnocéntricos –aun algunos tan repugnantes como Himmler– que estaban tan interesados en los caminos del despertar que llegaban a practicar un misticismo teísta lleno de dioses arios, algo posible porque el despertar y el crecimiento son dimensiones relativamente independientes).

Si la persona sigue creciendo acabará dando el paso que conduce desde el estadio etnocéntrico al mundicéntrico, es decir, desde el cuidado hasta el cuidado universal o del «nosotros» hasta el «todos nosotros». Es precisamente por ello por lo que entonces se indigna cuando ve que los seres humanos son tratados como una propiedad (es decir, como esclavos). La persona que se encuentra en este estadio del desarrollo puede tener una experiencia de despertar, pero, siguiendo con el ejemplo cristiano, ya no interpretará a Jesucristo como el único hijo del único Dios (etnocéntrico) y el salvador del mundo, sino como un maestro (mundicéntrico) entre otros que, como todos, tiene algo importante que enseñarnos. Si esa persona tiene una experiencia genuina del despertar, la interpretará desde la perspectiva que le proporciona el estadio de la estructura en que se encuentra que, en este caso, es mundicéntrico. Y si esa inteligencia se siente más cómoda con el sistema explicativo cristiano, interpretará mundicéntricamente su contenido narrativo (aunque también estará abierta a incluir aspectos procedentes de otros maestros, lo que quizás le lleve a asumir una práctica budista como el mindfulness, por ejemplo). Este ejemplo ilustra el caso de un auténtico despertar interpretado desde un elevado nivel de desarrollo, el estadio mundicéntrico que incluye a toda la humanidad.

Hay que decir que, durante el Concilio Vaticano II, la Iglesia admitió que «otras religiones pueden ofrecer una salvación religiosa comparable a la que ofrece el cristianismo», un asombroso avance en el desarrollo desde su afirmación etnocéntrica original de casi dos milenios de antigüedad, según la cual su religión es la única verdadera, hasta el reconocimiento de que el Espíritu es universal y mundial y está abierto a todo ser humano, independientemente de la raza, color, sexo o credo. (Es inevitable pensar aquí en el grito de Voltaire «¡Recordad las crueldades!», es decir, las crueldades infligidas por el estadio etnocéntrico de la Iglesia que acabó con la vida de millones de personas, desde la Inquisición española, pasando por la caza de brujas que mató a decenas de miles de mujeres, hasta las Cruzadas. No es de extrañar que el lamento de Voltaire acabase convirtiéndose en el grito de guerra de la Ilustración, el primer gran movimiento social mundicéntrico de la historia de la humanidad que desembocó en la abolición de la esclavitud).

Ahora puedes ver la diferencia que existe entre el despertar y el desarrollo y entender la extraordinaria importancia que tiene el estadio del desarrollo en que te encuentres, porque ese estadio interpretará tu experiencia del despertar. Es cierto que la experiencia de una totalidad completa que nos incluye a «todos nosotros» es el núcleo de la experiencia del despertar en cualquiera de los grandes estadios. Es decir, cada estadio del desarrollo tiene una experiencia del despertar en la que siente «uno con su mundo», pero «ese mundo» va expandiéndose en la misma medida en que lo hacen los distintos estadios a lo largo de una secuencia que va desde el «yo» (egocéntrico) hasta el «solo nosotros» (etnocéntrico) y el «todos nosotros» (mundicéntrico) independientemente de la raza, color, sexo, género o credo. Es posible, pues, tener una experiencia del despertar que vaya acompañada de una profunda sensación de unidad y totalidad en cualquiera de los estadios del proceso del desarrollo, pero ese desarrollo crece, se despliega y evoluciona a lo largo de un proceso que atraviesa entre 6 y 8 grandes estadios de la estructura que va desde el «yo» hasta el «nosotros», el «todos nosotros» y el «integrado».

En breve llegaremos al estadio integral, pero digamos, por el momento, que lo que obstaculiza la comprensión de este concepto es que mal podremos ver, si solo tenemos en cuenta el despertar, que el mundo relativo se expande porque 1) la experiencia que acompaña al despertar es la sensación de ser «uno con todo» de manera constante e inmutable y 2) que el despertar no nos dice casi nada sobre el mundo relativo del desarrollo. La unidad, a fin de cuentas, es la unidad, y en todas partes se dice que se trata de una conciencia «ilimitada e inmutable», que representa la «unidad» atemporal y eterna en la «Conciencia de Unidad Última», pero lo cierto es que el modo en que se interpreta crece y se modifica en la misma medida en que lo hace el desarrollo. Recordemos la distinción que hace Spong entre *experiencia* espiritual y *explicación* de la experiencia cuando dice que aquella es atemporal y eterna, mientras que esta existe en el mundo del tiempo y la evolución, donde se despliega y desarrolla, transformándose significativamente a lo largo de ese proceso.

Este descubrimiento es de capital importancia, porque amplía nuestra comprensión de lo que ya sabíamos sobre espiritualidad y religión, algo que explica, por ejemplo, por qué las culturas del despertar seguían teniendo esclavos, por qué eran tan patriarcales y por qué rara vez desarrollaron una ciencia. Ese fue el resultado necesario de una interpretación de la experiencia del despertar originada en estadios relativamente rudimentarios del desarrollo (por lo general míticos y etnocéntricos) sin olvidar que despertar y desarrollo (o crecimiento) son dos procesos muy diferentes.

La interpretación de la experiencia religiosa desde un bajo nivel de desarrollo (egocéntrico o etnocéntrico, por ejemplo) nos proporciona algunas de las versiones más mezquinas de la religión, versiones responsables de crueldades como la Inquisición española, que no tuvo empacho alguno en torturar brutalmente a los no creyentes (que, como no forman parte del «nosotros», son «otros»), o las Cruzadas, que tampoco tuvieron el menor problema en matar infieles (porque no hay más Dios que el que propugna nuestra versión etnocéntrica). Y lo curioso es que los místicos no mostraron remilgo alguno en aprobar ese tipo de prácticas. Interpretada desde el estadio etnocéntrico del desarrollo, la religión es, de hecho, la principal fuente de odio, tortura y guerra de la historia de la humanidad, mientras que, interpretada desde los estadios superiores del desarrollo (mundicéntrico o integral), es una de las mayores fuentes de amor, caridad y compasión. Esta es, precisamente, la conocida «paradoja de la religión», según la cual, la religión ha sido la fuente *tanto* de las mayores pruebas de odio, tortura y guerra *como* de la mayor evidencia de amor, compasión y cuidado. Esta es una paradoja que no podemos soslayar porque, por más despertar que tenga un determinado sistema espiritual, se trata de algo completamente ajeno al crecimiento, y sus discípulos, en consecuencia, pueden hallarse en cualquiera de esos estadios del desarrollo que pueden ser, por cierto, muy primitivos y rudimentarios.

Si, finalmente, el individuo pasa de ese tercer estadio mundicéntrico del desarrollo a un estadio realmente integrado o integral, su capacidad de interpretar la experiencia –incluida la experiencia del despertar– avanzará igualmente a ese estadio integral más amplio y expansivo. Y esto significa, entre otras cosas, que «trascenderá e incluirá» la visión de todos los estadios anteriores porque este estadio es mucho más inclusivo, sintetizador e integrador. El logro del estadio integral implica que la persona empezará a expandir también las áreas, ideas, campos y disciplinas que considera verdaderas, reales o importantes. Si se trata de un materialista científico acérrimo, podría empezar a reconocer las contradicciones inherentes a tal punto de vista y abrirse más a las realidades trascendentes; si es un fundamentalista religioso, empezará a encontrar verdades importantes en otros sistemas espirituales, y, si es un nacionalista pertinaz, se mostrará más abierto a visiones más globalistas y entenderá su patriotismo en el contexto más amplio de una comunidad con otras naciones y una humanidad integrada.

Si, por último, el individuo que se halla en esta estructura integral del desarrollo tiene una auténtica experiencia del despertar, tendrá –¡por fin!– una interpretación más completa e integral de esta experiencia de Unidad No-dual Última. Y este mayor abrazo de la realidad relativa abre también la puerta a una mayor no-dualidad y unificación de los dominios relativo y último. Al abarcar, dicho en otras palabras, una mayor cantidad de forma, proporciona también una mayor no-dualidad de esa forma con el Vacío; al incluir un mayor *samsara*, proporciona asimismo una unidad más completa entre *samsara* y nirvana y, al proporcionar una mayor cantidad de tierra, revela también una mayor unidad entre el Cielo y la Tierra.

Las mentes más evolucionadas del pasado –como Plotino, Longchenpa, Shankara, Maimónides y Schelling– han insistido siempre en la necesidad de llegar tanto a los logros más elevados del despertar como a los estadios más elevados del desarrollo (aunque lo hicieran de un modo que no alcanzaban a entender plenamente porque, al no haberse descubierto aún el proceso del crecimiento, no tenían una comprensión consciente de él). Cada uno estaba abriéndose paso a tientas a los estadios integrales del desarrollo y llegando así a una interpretación más plena (del desarrollo) de la experiencia última (del despertar).

Independientemente, sin embargo, de que ese desarrollo a los niveles superiores haya ocurrido en el pasado, lo cierto es que cualquier persona cuenta hoy con la posibilidad de llegar al nivel de conciencia más elevado al que tenemos acceso. Y tenemos esa extraordinaria oportunidad porque, en los últimos doscientos años, el centro de gravedad del desarrollo cultural de nuestras sociedades ha alcanzado el estadio moderno mundicéntrico y, quienes hemos crecido en esta cultura, probablemente nos hayamos visto expuestos a estos estadios y nos encontremos, en consecuencia, a punto de entrar en los estadios integrales. Y, por primera vez en la historia, Internet nos ofrece también la oportunidad de acceder a todas las culturas del mundo, incluidas las culturas del despertar que han emergido a lo largo de la historia, de modo que, en este momento, hay comunidades en todo el mundo que están explorando las profundidades de las prácticas del despertar y facilitando su acceso a cualquier persona interesada.

Pero ya hemos visto que, al estar en la vanguardia de la evolución y el desarrollo, esos estadios integrales superiores son relativamente raros y solo se hallan al alcance de un 5 % aproximado de la población. Sea como fuere, sin embargo, se trata de estadios accesibles a cualquier persona que se esfuerce en alcanzarlos (en el capítulo 5 veremos, cuando hablemos de los distintos niveles del desarrollo, en qué consiste ese esfuerzo).

Lo que ahora necesitamos, en mi opinión, es unificar los caminos del crecimiento y del despertar en un enfoque realmente Integral (con mayúscula) que no se limite al estadio concreto del desarrollo integral (aunque ese estadio se incluya con gusto), sino que tenga tan en cuenta el crecimiento como el despertar... y limpiar, abrir y mostrar. De ese modo alcanzaríamos una Gran Totalidad a la que la humanidad jamás antes había tenido acceso.

¿Por qué no aprovechamos todo esto? ¿Por qué no establecemos como nuestro objetivo fundamental esta Gran Totalidad omniinclusiva a la que ahora podemos acceder y dirigimos hacia ella nuestras aspiraciones? ¿Tenemos acaso –dada la naturaleza fragmentada, parcial y rota del mundo en el que estamos inmersos– algo que perder? ¿O, dicho de un modo más positivo, cuánta felicidad estamos dispuestos a soportar?

Descubrámoslo…

4. Inteligencia espiritual versus experiencia espiritual

Antes de ocuparnos de algunos aspectos puntuales de la Gran Totalidad (como la práctica de un tantra sexual integral y las instrucciones para señalar destinadas a facilitar una experiencia directa del despertar), convendrá señalar algunas de las diferencias existentes entre el compromiso espiritual asociado al despertar (que implica a los *estados* de conciencia) y el asociado al crecer (que tiene que ver con las *estructuras* de conciencia). Esta es la misma diferencia que existe entre la experiencia espiritual directa (el despertar) y el compromiso espiritual indirecto, conocido como inteligencia espiritual (una de las muchas inteligencias que configuran el proceso del desarrollo), o entre la *experiencia* directa en primera persona (*estados* del despertar) y la *explicación* indirecta en tercera persona (*estructuras* del desarrollo), dos tipos de implicación espiritual que rara vez se diferencian generan mucha confusión y demasiados malentendidos, amén de no pocas atrocidades históricas.

Aunque ambos enfoques forman parte de la Gran Totalidad que incluye tanto el desarrollo como el despertar, existe una gran diferencia entre la totalidad que nos ofrece cada uno de ellos. Por ello creo que, si lo que te interesa es la espiritualidad en general (o la totalidad en particular), deberás tener muy en cuenta la gran diferencia existente entre inteligencia espiritual y experiencia espiritual.

La inteligencia espiritual es una forma de *inteligencia*, es decir, el modo en que *pensamos* sobre el Espíritu o la Realidad Última. Cada vez que pensamos en el Espíritu, es decir, cada vez que utilizamos palabras y conceptos para describir el Espíritu, estamos empleando la inteligencia espiritual (algo muy diferente a la *experiencia directa* del

Espíritu proporcionada por el despertar).[1] Cada vez que pensamos en un tipo de realidad última o en una entidad infinita o ilimitada como lo haría, por ejemplo, un matemático o un filósofo, estamos utilizando la inteligencia espiritual (que, como es una de las líneas del desarrollo, atraviesa los mismos 6 u 8 grandes estadios por los que discurre el despliegue de todas las líneas del desarrollo).

Cuando hablamos del desarrollo de la inteligencia «espiritual», estamos refiriéndonos al modo en que *pensamos* en el Espíritu (o en cualquier otra Realidad Última), mientras que, cuando hablamos del despertar «espiritual», estamos refiriéndonos a una *experiencia directa* del Espíritu (es decir, al aspecto que asume la espiritualidad en el camino del despertar). Si luego *pensamos* en esa experiencia espiritual directa, le atribuimos ideas y etiquetas o la incluimos en algún tipo de teología, filosofía o metafísica, estamos ocupándonos del desarrollo de la *inteligencia* espiritual. El despertar, dicho en otras palabras, implica un conocimiento espiritual por *familiaridad*, mientras que el desarrollo implica un conocimiento espiritual por *descripción* o, lo que es lo mismo, *experiencia* espiritual directa en el despertar y *pensamiento* espiritual en el desarrollo.[2]

El modo en que funciona la inteligencia espiritual en la vida de las personas –incluida *tu* propia vida– no se entiende muy bien..., si es que, al respecto, hay algo que entender. Si eres una persona normal, estarás empleándola de continuo, aunque no te des cuenta de ello. Más adelante veremos los 6 a 8 grandes estadios de la estructura que, como cualquier otra inteligencia, puede atravesar, a lo largo de la vida, la inteligencia espiritual. Quizás quieras saber el modo en que, creas o no explícitamente en algo llamado «espíritu», la inteligencia espiritual está expresándose ahora mismo en tu conciencia. (Y en breve veremos también algunas pruebas de que, independientemente de que seas ateo, agnóstico, creyente o cualquier otra cosa, ahora mismo estás utilizando, de manera consciente o inconsciente, la inteligencia espiritual).

Ya hemos visto que la inteligencia espiritual es una de las doce inteligencias –o líneas de desarrollo– que posee el ser humano (como la inteligencia cognitiva, la inteligencia emocional, la inteligencia moral, la inteligencia estética, la inteligencia espiritual, etcétera). Es importante advertir que estas distintas inteligencias aparecieron a lo largo de la evolución para ayudarnos a responder adecuadamente a los problemas que la vida nos planteaba. Así, por ejemplo, la inteligencia moral nos ayuda a responder a la pregunta «¿qué es lo correcto?»; la inteligencia emocional hace lo mismo con la pregunta «¿qué siento al respecto?»; la inteligencia cognitiva responde a la pregunta «¿de qué soy consciente ahora mismo?»; la inteligencia estética hace lo mismo con la pregunta «¿qué me parece más hermoso o atractivo?», y la inteligencia espiritual, finalmente, responde a la pregunta central «¿cuál es, en última instancia, mi *preocupación última* (o la *realidad última*)?».

La expresión «preocupación última» fue utilizada con cierta frecuencia por el gran teólogo moderno Paul Tillich (que también tomó prestada de Plotino, dicho sea de paso, la expresión «Fundamento del Ser»). Y hace poco, James Fowler, otro brillante pionero, *identificó los estadios que atraviesa el desarrollo de las preocupaciones últimas, es decir, los estadios de la estructura a través de los que se despliega la inteligencia espiritual.* No debería sorprendernos que Fowler descubriera que esos estadios sean los mismos 6 a 8 estadios del desarrollo estructural que atraviesan todas las demás líneas (más adelante volveremos a este punto, pero digamos, por el momento, que Fowler descubrió, en este sentido, la existencia de 7 estadios). Y resulta curioso que la expresión «preocupación última» sea, para ambos teóricos, sinónimo de «Espíritu». Esta es una expresión muy útil porque casi todos los términos habitualmente utilizados para ello –como «Dios», «Jehová» o «Alá»– están tan cargados de significados míticos que no solo no facilitan las cosas, sino que, en ocasiones, acaban complicándolas (y llegando a imposibilitar incluso su comprensión). La expresión «preocupación última» apunta de inmediato a una dimensión espiritual de tu vida (no necesariamente religiosa), es decir, a algo que la persona considera real o de importancia última. Antes dije que, aunque no te consideres una persona muy espiritual, te mostraría el modo en que la inteligencia espiritual está operando hoy en tu vida. Si haces una lista de todas las cosas que, para ti, son real y profundamente importantes –es decir, a las cosas más importantes de las más importantes–, descubrirás, en primer lugar, cuál es tu preocupación última. ¡Ese es *tu* Dios porque, lo sepas o no, tú también tienes un dios!

El objetivo de este ejemplo es el de ayudarte a empezar a pensar de un modo nuevo en lo «espiritual», algo que espero que siga ocurriendo. Lo más sorprendente –y algo en lo que seguiremos profundizando– es que la mayor parte de lo que hoy llamamos «religión» o «Dios» se deriva, si pensamos en términos estrictamente religiosos, de una interpretación hecha desde un estadio muy primitivo y rudimentario del desarrollo (en general mágico o mítico). Aunque todo el mundo tenga que pasar por ese estadio temprano –porque todo el mundo empieza su proceso de desarrollo en la casilla de salida y, desde ahí, va ascendiendo a través de toda la secuencia de estadios–, el estadio mítico-religioso temprano es muy limitado para detener ahí tu desarrollo. Por ello son tantas las personas que hoy reconocen esto y evitan de manera intuitiva cualquier cosa que se suene, aun vagamente, a «religioso» (no te olvides del título del libro de Spong, *Unbelievable*).

Espiritual pero no religioso

Cuando nos damos cuenta de que nuestras interpretaciones y explicaciones religiosas se derivan de algún estadio pasado del desarrollo, estamos en condiciones de liberar a nuestra inteligencia espiritual del corsé impuesto por los estadios mágico-míticos y permitir que se expanda hasta versiones mucho más modernas, postmodernas e integrales (es decir, más racionales, pluralistas o integrales, respectivamente), aun en el caso de aquellas personas que se encuentran cómodas con la ciencia y la racionalidad. Esto nos abre a modalidades «espirituales pero no religiosas» que son tan novedosas como estimulantes. De ese modo no solo nos abrimos a la posibilidad de integrar la ciencia y la espiritualidad, sino a formas también de una Gran Totalidad que pueden tener un profundo impacto en nuestra vida, es decir, en el modo en que vemos y experimentamos la realidad y en el modo en que actuamos en el mundo. Esto nos abre a un mundo nuevo en el que hay espacio para todo.

Volviendo al tema que nos ocupa de la «preocupación última» hay que decir que esta puede ser casi cualquier cosa. Para el adicto puede tratarse de la heroína; para el niño de seis meses, de la leche materna; para alguien profundamente enamorado, su pareja; para la persona muy rica, su dinero; para el fundamentalista cristiano, Jesús; para el adolescente, un coche; para el militar, el amor a la patria, y, para el postmoderno, el cambio climático y la supervivencia del planeta. La inteligencia espiritual no siempre nos proporciona respuestas que tengan un aspecto especialmente religioso; su énfasis, por el contrario, está en que se trata de *lo más importante*. La inteligencia espiritual tiene que ver con aquello que, en nuestra vida, es más importante y más real.

Cuando piensas en algún tipo de realidad última cambias automáticamente a un tipo de pensamiento que te conecta con la mayor de tus preocupaciones, es decir, con algo por lo cual estarías dispuesto incluso a arriesgar tu vida. Sea como fuere, la inteligencia espiritual tiene que ver con lo que más te importa, es decir, con lo que, para ti, es motivo de preocupación *última*. Ya hemos dicho que, desde el mismo comienzo de su existencia, el ser humano ha tenido que enfrentarse a cosas que, para él, eran muy importantes y que, para abordarlas, ha tenido que desarrollar precisamente la inteligencia espiritual. ¿Hay algún motivo acaso por el que no debiera hacerlo? A fin de cuentas, la inteligencia espiritual no es más especial que la inteligencia cognitiva, la inteligencia emocional o la inteligencia moral. ¿Crees acaso que hemos pensado en aquello de lo que somos conscientes (inteligencia cognitiva), en lo que sentimos (inteligencia emocional) y en lo que deberíamos hacer éticamente (inteligencia moral), pero que no hemos dedicado un solo pensamiento a la cosa *más importante* de nuestra vida?

Lo cierto es que llevamos pensando en estas cosas casi desde el primer día. Teniendo en cuenta los grandes estadios del desarrollo de Gebser, comenzamos pasando por el estadio arcaico del desarrollo del interés último; luego pasamos por el estadio mágico; después por el mítico-literal, y, más tarde, con la modernidad, llegamos a los estadios racional, pluralista e integral. Durante todo ese proceso, la inteligencia espiritual ha ido evolucionando y respondiendo a los problemas que más nos preocupaban desde niveles cada vez más elevados, más complejos y más conscientes. Y tú y yo seguimos haciendo esto –es decir, seguimos utilizando nuestra inteligencia espiritual– porque seguimos teniendo, en nuestra vida, cosas muy importantes y otras que no lo son tanto y, según esa escala, valoramos las cosas. Nuestra inteligencia espiritual, aun cuando somos adultos, puede derivarse de cualquiera de esos 6 u 8 estadios, porque el ser humano actual dispone de acceso a todos ellos. Es por ello por lo que, aunque no creamos explícitamente en el espíritu ni en nada religioso, cada día que pasa seguimos persiguiendo a nuestro dios.

Esta es la inteligencia espiritual. Y recuerda que una cosa es la inteligencia espiritual y otra la experiencia espiritual. La inteligencia espiritual no consiste en experimentar directamente el Fundamento último del Ser, sino en pensar en él. No se mueve en la corriente del despertar (como sucede con un *estado* alterado de conciencia o con una experiencia de primera persona), sino en la corriente del desarrollo relativo (como una de las muchas inteligencias o como una *estructura* de conciencia). Aunque la evidencia que tenemos de la existencia de esa experiencia del despertar es tan abrumadora como «indiscutible», no debemos olvidar que una cosa es la experiencia espiritual directa y otra muy distinta la inteligencia espiritual.

Date cuenta, entre otras cosas, de que hay entre 6 y 8 estadios de las *estructuras* del desarrollo (arcaico, mágico, mítico, racional, pluralista e integral) y cinco grandes *estados* del despertar (ordinario, sutil, causal, *turiya* y *turiyatita*). Y, aunque todavía no hemos hablado de los estadios del desarrollo (cosa que empezaremos a hacer en el capítulo 5), ya hemos mencionado brevemente los cinco grandes estadios de los estados del despertar cuando hablábamos de los cinco grandes estadios de estado de la meditación y de los cinco grandes estados de la conciencia natural (vigilia ordinaria, sueño sutil, sueño sin sueños causal, *turiya* [o Testigo] y *turiyatita* [o Un Solo Sabor]). Los cinco estadios del despertar son experiencias directas e inmediatas, mientras que los estadios del desarrollo son interpretaciones indirectas o estructuras. Y debo aclarar también que, cuando hablo de la experiencia del despertar en singular, estoy refiriéndome concretamente a los dos *últimos* estados de ese proceso (*turiya* y *turiyatita*) que, al tratarse de experiencias inmediatas y directas (conocimiento por experiencia en primera persona), son distintas a cualquiera de las estructuras del desarrollo (conocimiento en tercera persona por descripción o interpretación).

Una de las razones por las cuales insisto tanto en este punto se halla en que, en el mundo actual, la religión y la espiritualidad se consideran sistemas de creencias derivados del desarrollo. Y, lo que todavía es peor, suelen identificarse exclusivamente con sistemas de creencias ligados a alguno de los estadios *anteriores* del desarrollo, sin tener siquiera en cuenta la posibilidad de que se derive de algún estadio posterior más evolucionado. No olvidemos que el 90 % de los términos «religiosos» están asociados a los primeros estadios de la estructura mágico-mítica, lo que imposibilita una explicación aceptable de lo que al respecto diría la inteligencia espiritual procedente de algunas de las estructuras más elevadas del desarrollo (como la racional, la pluralista o la integral), por no mencionar la que proviene de un verdadero despertar que, en sí mismo, es un estado «ilimitado e inmutable» completamente ajeno a cualquier estructura del desarrollo.

Si se trata de explicar una visión auténticamente espiritual procedente de alguno de los estadios más elevados del desarrollo empleando, para ello, alguna de las palabras tradicionalmente utilizadas (como «Dios» o «religión», por ejemplo), habría que empezar negando –como hago yo– sus significados tradicionales y aclarar que «esta no es la religión de tus padres» o que «este no es el Dios que crees conocer».

Esto es algo que aclaro diciendo que, cuando utilizo el término «espiritual», lo hago en el sentido de «espiritual pero no religioso», es decir, que estoy hablando de una inteligencia espiritual que puede proceder de cualquiera de los distintos estadios del desarrollo. Es cierto que tiene en cuenta los estadios del desarrollo mágicos y míticos, pero también lo es que no se limita a ellos porque también incluye los estadios superiores de la racionalidad moderna, el pluralismo postmoderno y la integralidad sistémica. Resumiendo, pues, la inteligencia espiritual se despliega –como todas las inteligencias– a lo largo de una secuencia de estadios diferentes del desarrollo.

A menudo se dice que, en el mundo actual, el interés por la religión se ha reducido considerablemente. Y esto es cierto en lo que respecta a la religión mítico-literal y a los estadios etnocéntricos «mítico» y «mítico-literal». En el capítulo 6 veremos con más detenimiento lo que significan esos términos, pero, por el momento, digamos que se refieren al estadio 3 de un modelo típico de 8 estadios del desarrollo. El estadio mítico-literal de la inteligencia espiritual cree al pie de la letra que todo lo que, al respecto, se dice es empírica e históricamente cierto y que los mitos de los que habla (como que Moisés separó de verdad las aguas del mar Rojo y que Cristo nació realmente de una virgen) son muy ciertos. Pero, aunque muchas de las grandes religiones míticas comenzaron su andadura en este estadio, hoy en día se trata de un nivel bastante bajo. En cuanto al declive de la religión mítico-literal, hay que decir que las personas interesadas en el cristianismo mítico tradicional no llegan hoy en día en casi todos los países de Europa (desde Alemania hasta Gran Bretaña y Francia) al 15%. No solo ha muerto el Dios mítico, sino que el cristianismo mítico también está agonizando.

Este declive se limita a uno de los estadios de la inteligencia espiritual, el estadio mítico-literal. El uso de la inteligencia espiritual no ha decaído, sino que simplemente ha cambiado de contenido, ha cambiado de objeto, ha cambiado sus temas de preocupación última y ha cambiado su estadio del desarrollo de un modo, a menudo, bastante espectacular y que ahora se deriva de la interpretación proporcionada por los estadios racional, pluralista o integral. Pero en cada uno de los estadios del desarrollo sigue habiendo una preocupación última, lo que necesariamente implica a la inteligencia espiritual. Uno puede cuestionar, por ejemplo, la existencia de una Realidad, de una Totalidad o de un Espíritu último y llegar a la conclusión de que no existe y declararse ateo. Pero esa sigue siendo una forma de inteligencia espiritual, una forma de seguir pensando en realidades últimas porque, aunque no creas en la existencia de una realidad última, sigues empleando la inteligencia espiritual. Y, cuando llegas a la conclusión de que no estás seguro al respecto y te declaras agnóstico, igualmente estás empleando otra versión de la inteligencia espiritual. Casi todo el mundo, desde esta perspectiva, emplea, al menos de vez en cuando, su inteligencia espiritual.

Veamos, ahora, otro ejemplo del diferente aspecto que asume la inteligencia espiritual en cada uno de los diferentes estadios del desarrollo, dos versiones extendidas muy diferentes de la inteligencia espiritual: 1) la versión cristiana fundamentalista de Jesús (que aparece en el estadio 3 de un modelo típico del desarrollo en 8 estadios) y 2) una versión postmoderna de la sostenibilidad ecológica o Gaia (que aparece en el estadio 6 del modelo de 8 estadios). Quizá te sorprendan sus diferencias, pero estoy seguro de que también lo harán sus semejanzas.

Jesús versus Gaia

Ya hemos visto que las narraciones, historias o ideas que empleamos cuando utilizamos la inteligencia espiritual no siempre tienen una apariencia típicamente religiosa aunque así es como suelen hacerlo. La narrativa esbozada por la inteligencia espiritual de un fundamentalista cristiano, por ejemplo, podría ser algo así: «Creo en Jesucristo como mi salvador personal, el Hijo de Dios, que nació de la Virgen María, murió y resucitó a los tres días, ascendió físicamente al Cielo y ahora está sentado a la diestra de Dios Padre. Si realmente acepto a Jesús en mi vida, me veré absuelto del pecado original y viviré en el Cielo junto a Jesús y Dios por siempre jamás. Sé que esto es cierto porque así lo dice la Biblia, que es la palabra de Dios». Esta es una historia que se ve generalmente respaldada por la creencia (mítico-literal) en la Biblia como palabra divina, infalible y literal de Dios. Es por ello por lo que la preocupación última de esta persona es su relación con Jesucristo como Dios.

Como este tipo de espiritualidad incluye historias, a menudo se considera una *forma narrativa* de espiritualidad. Muchos de los productos de la inteligencia espiritual incluyen algún tipo de historia o narración que se construye en torno a la preocupación última y que, en este caso, gira en torno a la figura de Jesucristo como salvador personal.

Otra forma de espiritualidad mundicéntrica postmoderna y narrativa más reciente podría ser la siguiente: «Si nos fijamos en los últimos avances realizados por la ciencia natural postmoderna podemos advertir la emergencia de un nuevo paradigma según el cual el universo es una única e inmensa Red de Vida interconectada en la que cada cosa y suceso están profundamente relacionados con todas las demás cosas y sucesos. Y cuanto más me veo a mí mismo como uno de los hilos que componen esta gran Red, más claramente veo cuál es el lugar que ocupo en el mundo. La mecánica cuántica nos muestra que todo en el universo está profundamente interconectado y que, cuanta más cuenta nos demos de que cada uno de nosotros no es más que una parte de esa Totalidad, más armónicamente viviremos con la naturaleza y podremos detener la explotación suicida de recursos y el calentamiento global que amenaza con destruir la biosfera y, con ella, la vida humana en este planeta».

La preocupación última de esta persona es Gaia y su narrativa espiritual gira en torno al equilibrio ecológico. Podemos pensar en esto como una historia espiritual o no; podemos considerarlo como el resultado de una ciencia de vanguardia, de un paradigma realmente nuevo y creer que ilustra –desde un punto de vista científico– la gran interconexión del universo de la que hablan los grandes místicos. Asuma la forma que asuma, esta narrativa refleja su preocupación última, y, cuando la persona piensa en estas cosas, está utilizando su inteligencia espiritual.

Por más diferente, sin embargo, que sea el contenido de esos dos sistemas de creencias –Jesús y Gaia–, lo cierto es que ambos comparten una forma narrativa de espiritualidad generada por la inteligencia espiritual (el desarrollo). Ambos se toman como descripciones reales y objetivas en tercera persona de la realidad (ya sea Jesús o Gaia); ambos se consideran la más importante y verdadera de las realidades; ambos creen que, si su preocupación última no se toma en serio, la humanidad sufrirá y es probable que llegue incluso a morir; ambas creen que el ser humano puede alejarse de esa preocupación última o atenerse obedientemente a ella y evitar, de ese modo, el desastre. Esos sistemas de creencias son, para su inteligencia espiritual, la más importante de todas las cosas importantes de su vida. Ambos expresan la creencia de que su opinión es una verdad objetiva y descriptiva –a fin de cuentas, la inteligencia espiritual es un conocimiento en tercera persona por descripción, y esta narrativa (Jesús o Gaia) describe la naturaleza de su preocupación última, por qué es importante para ellos y por qué creen que se trata de la realidad última, razón por la cual ambos son productos de una inteligencia espiritual que se encuentra en proceso de desarrollo y que, como veremos en breve, se derivan de estadios diferentes del desarrollo (el estadio 3 y el estadio 6).

Pero, por más que la inteligencia espiritual haya generado una determinada narrativa, ello no necesariamente implica que haya tenido una experiencia de despertar. Bien podría ser que ninguna de las mencionadas inteligencias haya tenido una experiencia directa y genuina del despertar; en ese caso, su compromiso espiritual no tiene que ver con el camino del despertar (y la experiencia espiritual), sino con el camino del desarrollo (y la inteligencia espiritual), y tampoco tiene, en consecuencia, un conocimiento por experiencia, sino tan solo un conocimiento por descripción. Pero también debemos decir que no hay nada malo en eso y que, de hecho, se trata de algo muy común, porque, haya tenido o no una experiencia del despertar, todo el mundo está utilizando algún estadio de la inteligencia espiritual. Y esto significa que, para el cristiano que ha tenido una experiencia del despertar, probablemente se trate (sobre todo si esa persona se halla en un estadio fundamentalista) de algo parecido a lo que aconsejó san Pablo: «Deja que esta conciencia esté en ti como lo estaba en Jesucristo para que todos podamos ser uno». Tiene una experiencia auténtica de Conciencia de Unidad Última, una experiencia genuina de despertar y luego apela a su inteligencia espiritual para pensar en ello, elaborarlo y explicarlo. A menudo, este despertar se ve interpretado y descrito, desde este contexto cristiano fundamentalista, como una experiencia de «renacer» a la conciencia de Cristo («No soy yo, sino Cristo quien vive en mí»). Esta experiencia, en su punto culminante al menos, puede ser la experiencia directa de un Fundamento atemporal y omnipresente del Ser o, dicho en otras palabras, de una auténtica experiencia espiritual, como el mismo William James observó sobre los místicos cristianos. Pero hay que decir que, en el ejemplo que acabamos de dar del fundamentalista cristiano, el estadio del desarrollo con el que la experiencia se interpreta es mítico ámbar, estadio del que se derivan la mayoría de las formas de fundamentalismo literal. Es muy posible que, desde ese estadio del desarrollo, las personas probablemente interpreten de un modo muy literal su experiencia (de ahí la expresión «mítico-literal»). Esto es algo que podemos ver en muchas personas que, pese a considerarse «cristianos renacidos» y hablar de «renacimientos» y experiencias del despertar, siguen creyendo a pies juntillas en cada palabra de la Biblia.

Ya hemos dicho que todas las experiencias –incluidas las experiencias del despertar– son interpretadas por la estructura de desarrollo en el que la persona se encuentra, y, en el ejemplo que acabamos de dar, el estadio mítico-literal toma literalmente los mitos bíblicos. Pero recordemos que ni el más profundo de los satoris pudo modificar la creencia de que la Tierra es plana y que, si la inteligencia espiritual de la persona se halla en el estadio mítico-literal, interpretará en su sentido literal cualquier mito, por absurdo que sea, que se encuentre en la Biblia.

Permíteme explicar ahora brevemente esta noción de que el desarrollo interpreta o explica el despertar. Es cierto que algunas experiencias profundas del despertar se encuentran más allá de las palabras, las etiquetas, los conceptos y las ideas y se acercan mucho a la experiencia de una conciencia pura y sin palabras. Pero, apenas la persona sale de ese estado no conceptual –cosa que, más pronto o más tarde, hará, empieza a pensar en la experiencia, a interpretarla, a preguntarse qué significa y por qué ha ocurrido y hasta puede acabar ubicándola en una filosofía o una metafísica muy elaborada. Y, para ello, estará utilizando su mente, sus palabras y sus conceptos; es decir, estará utilizando algún tipo de inteligencia, en este caso, la inteligencia espiritual (probablemente combinada con la inteligencia cognitiva, pero también puede utilizar cualquier otra inteligencia para tratar de explicar esto, como, por ejemplo, la inteligencia emocional, la inteligencia moral, la inteligencia estética, etcétera). Y, en cada uno de estos casos, la persona empleará el nivel de desarrollo en el que se encuentre esa línea, lo que significa que sus interpretaciones y explicaciones se derivarán de ese estadio concreto del desarrollo, sea este el que sea. Es realmente inevitable, pues, que el despertar se vea interpretado por el nivel de desarrollo (de la línea que sea) en que se halle la persona.

Es muy posible, pues, que el fundamentalista cristiano que se encuentre en el estadio etnocéntrico y mítico-literal del desarrollo y haya tenido una auténtica experiencia de despertar y un «renacimiento» siga creyendo en Jesús como el único Hijo del único Dios, nacido de una Virgen biológica y que Jesús murió literalmente por sus pecados (creencias, todas ellas, etnocéntricas y míticas). Además –y este es el verdadero problema–, a menudo pensará que la experiencia de renacimiento (su experiencia del despertar) le confirma más allá de toda duda la veracidad de esas creencias y de que el cristianismo es la única religión verdadera. Pues, al tratarse de un estadio etnocéntrico del desarrollo, las creencias asociadas al estadio mítico-literal estarán sesgadas, hasta para la persona que ha experimentado un despertar. Este es un ejemplo perfecto de un estadio de desarrollo (primitivo o rudimentario) interpretando una experiencia de despertar (independientemente de lo auténtica o elevada que esta sea).

Y lo mismo podríamos decir con respecto a la creencia en Gaia o en la gran Red de la Vida, una Realidad Última merecedora también de una preocupación última. Esta persona podría tener una experiencia directa y no conceptual del despertar a una Unidad radical e incalificable, y, al salir de ella, su inteligencia espiritual, es decir, el estadio concreto del desarrollo en que se encuentre (en este caso, pluralista, verde y postmoderno), empezar a pensar y a nombrar la experiencia, atribuyéndole significado y elaborando conceptos y teorías sobre ella. Es muy probable que el poderoso sistema de creencias que esa persona tiene sobre la Gran Red o Gaia le lleve a interpretar esa experiencia como una unidad, no con Cristo, sino con toda la Naturaleza o, dicho en otras palabras, como una experiencia directa del misticismo natural.

Hay que advertir que, en el momento en que está teniendo una experiencia que trasciende lo conceptual, la persona no está pensando «esta es una experiencia del misticismo natural», no está pensando en «una gran Red de la Vida, con millones de billones de hebras vivas entrelazadas con la que soy completamente uno y que tengo que vivir mi vida en equilibrio con todo eso». Lo único que experimenta, por el contrario, es una unidad directa y no conceptual con toda la Realidad, una unidad con toda la Naturaleza. Solo cuando sale de esa experiencia, y su mente vuelve a ponerse en marcha (en cualquiera de los estadios del desarrollo en que se encuentre su inteligencia concreta), empieza a pensar cosas tales como «hay una gran Red de la Vida con millones de billones de hebras biológicas vivas y mi trabajo, mi dieta, mi profesión y mi vida entera deben estar en consonancia con esta gran Red unificada. La creencia en un mundo atomístico no solo está equivocada, sino que está acabando con la humanidad y debe detenerse. El calentamiento global es un buen ejemplo de ello y debo luchar contra él de todas las formas posibles». No es que esa afirmación no sea relativamente cierta, sino que es cierta para la persona que se halle en el nivel pluralista racional; pero insistamos en que la idea en sí no es un producto de la experiencia espiritual directa, sino de la inteligencia espiritual.

De modo que, si alguien ha experimentado un despertar directo, utilizará su desarrollo espiritual (es decir, su inteligencia espiritual) para explicar esa experiencia, darle cuerpo, llenarla de detalles y descripciones que, en este caso, acaban mostrándole la realidad como una Gran Red de la Vida. El estadio verde es igualitario, porque quiere verlo todo y a todos como exactamente iguales. Es por ello por lo que la persona que se encuentre en ese estadio del desarrollo interpretará en esos términos su despertar y que su preocupación última será esta Gran Red igualitaria de la Vida.

Además, como verde es un estadio relativamente elevado del desarrollo y habrá atravesado ya los estadios racional, universal y mundicéntrico y tenderá –a diferencia de lo que sucede con ámbar mítico– a formular su creencia en términos científicos. Por eso, pese a su afirmación de creer que todos los puntos de vista son igualmente válidos, no cree que haya que abrazar los valores mítico-literal cristianos. La aparición del estadio pluralista verde (dos o tres estadios después del mítico-literal) tiene lugar mucho después de la muerte del Dios mítico, razón por la cual difícilmente advertirá, en los pronunciamientos derivados del nivel verde, nada que se asemeje a la religión tradicional (aunque, por supuesto, este nivel tenga su propia inteligencia espiritual que, en este caso, está generando la noción de una gran Red igualitaria de Vida). La inteligencia espiritual propia de este estadio de la estructura se empeñará en demostrar que la ciencia moderna proporciona pruebas de la experiencia de unidad última de interconexión que la Gran Red afirma ofrecer (algo que incluirá con frecuencia la teoría de sistemas, la interrelación ecológica, las teorías del caos y de la complejidad y, muy en especial, referencias a la mecánica cuántica y el entrelazamiento cuántico).[3]

Así pues, la persona que se halle en este estadio verde –haya tenido o no un despertar directo– tenderá a depositar su preocupación última en un nuevo paradigma de la Ciencia (con mayúscula). Y digo «haya tenido o no un despertar directo» porque las estructuras del desarrollo proporcionan las herramientas para interpretar y explicar *cualquier* experiencia que la persona tenga, *incluidas* las experiencias espirituales (pero también las experiencias ordinarias). En el ejemplo anterior vimos que el fundamentalista cristiano que se halle en un estadio mítico ámbar probablemente tienda a creer, haya tenido o no una experiencia del despertar, que Jesús nació de una virgen. Y, del mismo modo, en el caso del que estamos hablando, la persona que se halle en el estadio verde pluralista y esté interesada en cuestiones espirituales adoptará, haya tenido o no una experiencia de despertar, este nuevo paradigma. En cualquiera de los casos, el nuevo paradigma es el producto del estadio verde del desarrollo y expresa lo que es «realmente real» para ellos, una preocupación última de su inteligencia espiritual verde.

De hecho, la mayoría de los creyentes en este nuevo paradigma científico no han tenido un despertar, sino que simplemente están pensando en esa unidad empleando su inteligencia espiritual, lo que está muy bien, pero no es el despertar. Hemos invertido mucho tiempo hablando de las diferencias entre el despertar y el desarrollo para acabar subrayando claramente que el mero aprendizaje de la teoría de sistemas, del entrelazamiento cuántico o de un supuesto nuevo paradigma no te acercará un ápice al despertar. Repitamos que este tipo de conocimiento conceptual no es un conocimiento por familiaridad, sino un conocimiento por descripción y que, en consecuencia, no te ayudará a despertar, sino que solo hará avanzar tu capacidad de pensar narrativa y conceptualmente utilizando la inteligencia espiritual propia de tu estadio del desarrollo. Existe una considerable diferencia, en suma, entre el aprendizaje horizontal y la transformación vertical.

Insisto en que, si bien no hay nada malo en ello, hay que ser muy consciente de lo que, en realidad, uno está haciendo. ¿Quieres comprometerte a desarrollar tu inteligencia espiritual o a tener una experiencia espiritual? Sé consciente de lo que quieres y aprende a distinguir estas dos modalidades de compromiso espiritual. Comprometerse en cuestiones exclusivamente teóricas –como pensar, por ejemplo, en un nuevo paradigma empleando tu inteligencia espiritual– nada tiene que ver con el despertar. Eso requiere un enfoque muy diferente (que más adelante exploraremos). Ahora bien, debido a que la mayoría de la gente no entiende ni reconoce las grandes diferencias que existen entre el desarrollo y el despertar, no se dan cuenta de cuándo se centran exclusivamente en uno de ellos y tienden, en consecuencia, a confundir el mero pensamiento sobre una realidad última con la experiencia directa de esta. Y lo peor de todo es que, cuando se comprometen en este nuevo paradigma, suelen creer que lo tienen todo hecho y dejan de buscar un verdadero despertar, con lo que su inteligencia espiritual acaba convirtiéndose paradójicamente en un obstáculo para su despertar espiritual.

Acabaremos este capítulo centrando brevemente nuestra atención en un punto que he presentado de un modo bastante superficial (con la promesa de volver a él), a saber, la investigación llevada a cabo por James Fowler sobre los estadios de la estructura de la inteligencia espiritual. Esto viene a cuento porque, en el próximo capítulo, empezaremos a examinar con cierto detalle los 6 a 8 grandes estadios del desarrollo. La investigación realizada por Fowler al respecto nos proporciona una descripción detallada de los seis grandes estadios que, hasta el momento, solo hemos enumerado brevemente (a saber, arcaico, mágico, mítico, racional, pluralista e integral), pero los detalles que, sobre ellos, nos proporciona Fowler son muy reveladores y aumentan considerablemente nuestra comprensión de las formas muy diferentes en que los seres humanos ven el mundo. ¿Atraviesa la inteligencia espiritual los mismos 6 niveles del desarrollo esbozados por Fowler?

La respuesta a esta pregunta es un rotundo «sí». Fowler es un brillante y pionero investigador y teórico del desarrollo. En sus estudios empíricos, examinó a miles de personas y les preguntó sobre su espiritualidad: qué significaba para ellos; qué era, para ellos, lo más importante; cómo lo describían; qué debían hacer para conservarlo; de qué manera había transformado su vida, etcétera. Esta investigación se centró en el modo en que la gente piensa en la espiritualidad o en la realidad última, es decir, en lo que Fowler denominaba explícitamente «preocupación última». Su investigación demostró que el pensamiento sobre algún tipo de realidad última –es decir, la inteligencia espiritual– atravesaba entre 6 y 7 estadios principales del desarrollo. (Fowler numera sus estadios principales del 1 al 6, pero también incluye una etapa 0, que es el estadio de fusión original infantil, de modo que, dependiendo de que tengamos o no en cuenta ese estadio, se obtienen 6 o 7 estadios). Su investigación *no* tiene que ver con las experiencias místicas (o despertar directo), sino que gira en torno al modo en que la gente *piensa* en el espíritu o lo que más le preocupa en su vida. Se trata, en suma, de una investigación sobre la inteligencia espiritual, que no es tanto un despertar espiritual como un desarrollo espiritual. Esa investigación puso de relieve que, de un modo casi invariable, la visión que las personas tienen de la espiritualidad atraviesa entre 6 y 7 grandes estadios del desarrollo y que esa visión cambia profundamente en cada nivel. Estos niveles del desarrollo son esencialmente los mismos que atraviesa el proceso de desarrollo cualquiera de las líneas. *Y, además, las personas atraviesan esos grandes estadios de la estructura del desarrollo tanto si han tenido una experiencia del despertar como si no la han tenido*. Es evidente la gran diferencia existente entre el modo en que la persona piensa en el espíritu (desarrollo) y el modo en que lo experimenta (despertar). Cuando, en el próximo capítulo, examinemos con detenimiento estos estadios, verás exactamente el modo en que se aplican a tu vida, así como también el estadio en que te encuentras.

Con ello no estoy sugiriendo que el uso de estos estadios de las estructuras de la inteligencia espiritual sea algo que *debamos* hacer. En modo alguno estoy sugiriendo que *debamos* observar nuestra espiritualidad (o cualquier otra cosa) a través de todos esos 6 y 8 estadios. Lo que digo es que, nos demos o no cuenta de ello, eso es algo que *ya* estamos haciendo. Cada uno de nosotros está atravesando estos estadios del desarrollo en cada una de nuestras inteligencias múltiples y podemos estar en una altitud baja (arcaica o mágica), media (mítica o racional) o alta (pluralista o integral) en cualquiera de ellas. Pero estos estadios existen e influyen –hasta el punto de llegar incluso a gobernar– el modo en que experimentamos, interpretamos y explicamos nuestra realidad instante tras instante. (Independientemente, sin embargo, del estadio en que se encuentre una determinada inteligencia, siempre podemos continuar nuestro proceso de crecimiento, desarrollo y evolución, una noción muy importante a la que más adelante volveremos).

Estructuras versus estados

Veamos ahora rápidamente un último punto técnico. En el capítulo anterior explicamos a fondo las estructuras de conciencia y prometimos volver y explicar mejor los estados de conciencia. Permíteme hacerlo ahora. Ya hemos visto que el desarrollo atraviesa *estructuras* de conciencia y que el despertar pasa por *estados* de conciencia, dos realidades que son, de hecho, muy diferentes.

Un *estado* de conciencia –que está implicado en el despertar– es una experiencia directa e inmediata de primera persona. Hay «estados pequeños» que se refieren a nuestra experiencia continua (como la alegría, la tristeza, el gozo, la ansiedad, la excitación, el abatimiento, la euforia, la expectación, la depresión, el temor, etcétera) y «grandes estados» como la vigilia (estado ordinario), el sueño (estado sutil), el sueño profundo (estado causal), el estado hipnagógico (conciencia crepuscular), *turiya* (la Conciencia Pura) y *turiyatita* (Un Solo Sabor). Los cinco grandes estados de conciencia que atraviesa la persona que está siguiendo un camino del despertar completo son los estados ordinario, sutil, causal, *turiya* y *turiyatita* y, a menos que indique lo contrario, cuando en este libro hable de estados estaré refiriéndome exclusivamente a ellos.

Lo más importante de los estados, tanto de los grandes como de los pequeños, es que, cuando tienes uno, lo sabes. Cuando experimentas un estado, incluyendo cualquier experiencia de despertar, no tienes, de ello, la menor duda. Si tienes una experiencia satori de unidad radical en la que sientes que te has fundido beatífica y amorosamente con la totalidad del universo, eres clara y nítidamente consciente de ello. O, dicho en otras palabras, como todos estos estados son experiencias directas en primera persona, cuando tienes uno eres muy consciente de él.

No ocurre lo mismo en el caso de las *estructuras* de conciencia, que incluyen los estadios del desarrollo. Cuando te encuentras en un determinado estadio del desarrollo –y la estructura de ese estadio determina el modo en que ves el mundo–, no necesariamente sabes lo que está ocurriendo. Dicho en otras palabras, aunque casi siempre seas consciente de los estados, casi nunca lo eres de las estructuras. Los estados son experiencias directas en primera persona, mientras que las estructuras son realidades objetivas en tercera persona.[4]

Date cuenta de que, como las *estructuras* casi siempre aparecen en una secuencia de *estadios* (como ocurre con el desarrollo), solemos llamarlas «estadios de las estructuras» para distinguirlas de los «estadios de los estados», que se refieren a los *estados* que suelen aparecer en *estadios* (como sucede con los estadios de la meditación). Ya hemos visto que un camino de meditación global suele desplegarse atravesando cinco grandes estadios (es decir, estadios de los estados). El hecho de que mucha gente no crea que el despertar tenga etapas se debe a que la mayoría de las personas que experimentan un despertar suelen tener un despertar importante, no una secuencia de ellos. Tienen una experiencia profunda de unidad que ocurre una vez y nunca más (por ello suelo emplear el término despertar en singular como si, en lugar de abarcar cinco grandes estados naturales, se tratara exclusivamente de un solo estado). Sea como fuere, basta con un solo estado para transformar de manera irrevocable nuestra vida. Es algo bastante común como suceso puntual. De hecho, las encuestas realizadas al respecto muestran sistemáticamente que cerca del 60% de la población ha tenido alguna que otra experiencia importante de despertar, una experiencia que dura entre unos minutos o unas horas y acaba desvaneciéndose. Pero, si se adopta una práctica meditativa eficaz y continuada del despertar, esas experiencias siguen desarrollándose a lo largo de una serie de estadios de los estados (por lo general cinco).

Con independencia, sin embargo, del número de experiencias de despertar que haya tenido una persona, cuando se tiene una experiencia de estado, la persona lo sabe porque se trata, de hecho, de una experiencia directa que entra claramente en la conciencia de primera persona. Los estadios de las estructuras del desarrollo, sin embargo, se asemejan mucho más a las reglas de la gramática que todos utilizamos sin saber siquiera que estamos empleándolas. Cuando una persona se encuentra en un determinado estadio del desarrollo no suele tener idea de que ese estadio determina su forma de interpretar y experimentar el mundo. Puedes ver los estadios del despertar mirando en tu interior o haciendo introspección, pero, por más introspección, meditación o contemplación que hagas, jamás llegarás a ver la estructura del desarrollo en que te encuentras, como tampoco podrás ver las reglas gramaticales que, por lo demás, empleas con tanta precisión.

Así pues, cuando una persona se encuentra en un determinado estadio de la estructura del desarrollo, esa estructura gobierna los valores, la moral y los intereses de su visión del mundo en el reino manifiesto relativo (porque cada una de sus inteligencias múltiples se encuentra en uno u otro de los entre 6 y 8 niveles de estadios de la estructura). Pese a ello, sin embargo, la persona suele ser completamente inconsciente de lo que está ocurriendo. Esta es la principal razón por la cual las estructuras no se descubrieron hasta hace aproximadamente un siglo. No fueron descubiertas por ninguno de los grandes sistemas de meditación o prácticas espirituales porque pueden verse mirando hacia dentro, meditando o contemplando. Por ello, las grandes religiones ignoran los numerosos estadios que atraviesa el proceso del desarrollo.

Y lo curioso es que lo contrario también es cierto, porque las modernas escuelas de psicología que hace unos cien años descubrieron los estadios de las estructuras del desarrollo se limitaban a estudiar los estadios de las estructuras del desarrollo y desconocían prácticamente el despertar, sus prácticas y los estadios de los estados. Esto significa que, a lo largo de la historia de la humanidad, si querías crecer o mejorar o descubrir tu potencial más elevado, estabas obligado a elegir entre el despertar o el desarrollo, porque no había, en ningún lugar del mundo, sistema alguno que tuviese en cuenta ambas dimensiones. Esta es una brecha, dicho en otras palabras, que la humanidad ha estado profundizando a lo largo de toda su historia.

Como los estados y las estructuras son tan diferentes, los caminos del despertar y del desarrollo son relativamente independientes. Puedes tener una experiencia profunda de despertar (en un *estado* de conciencia) en casi cualquiera de los estadios del desarrollo (es decir, en una *estructura* de conciencia), pero debes saber que esas son dos cosas muy diferentes, dos tipos de transformación muy diferentes que nos proporcionan, en consecuencia, formas de totalidad igualmente diferentes. Esto es importante, porque (como veremos más adelante) puedes estar muy avanzado en el despertar y muy poco en el desarrollo, o viceversa; puedes estar muy avanzado en el desarrollo sin haber tenido ningún satori o experiencia del despertar; o puedes tener una combinación de ambas. Esto, repitámoslo, es muy importante.

En lo que respecta a la diferencia entre los tipos de totalidad que nos ofrecen los estados del despertar y las estructuras del desarrollo, ya hemos visto que aquella nos habla de la verdad última (y de una totalidad infinita) y que esta nos proporciona verdades relativas (y una totalidad limitada). El despertar nos permite conectar directamente con una Realidad infinita, con un Fundamento del Ser que nos transmite la sensación de «ser uno con todo» (que Jordan Peterson calificó como «conciencia absoluta» e «indiscutible»). Pero, excepto que «todos somos uno» con el mundo manifiesto y finito de la vida cotidiana, esta Verdad Última no nos dice gran cosa sobre el reino de la verdad relativa. Ya hemos visto en varias ocasiones que ese despertar ni siquiera te dice que la Tierra no es plana y que no es el Sol el que gira alrededor de la Tierra.

Aquí es donde entra en escena el desarrollo, que se ocupa de las verdades relativas que se encuentran en el reino finito. Y una de las cosas que nos dice es que nuestro yo cotidiano y finito crece, se desarrolla y evoluciona en el reino finito a través de una secuencia de estadios (habitualmente entre 6 y 8) de una totalidad cada vez más elevada. Cada uno de esos estadios nos proporciona un número mayor de perspectivas (de primera persona a segunda persona, tercera persona, etcétera) acompañado de una sensación de identidad cada vez mayor (desde el «yo» hasta el «nosotros», el «todos nosotros» y «todas las perspectivas combinadas e integradas»), lo que implica la existencia, en el mundo finito, de una sensación de totalidad cada vez mayor.

Además, como el mismo Fundamento infinito de Todo Ser está igualmente presente en cada punto del reino finito, una persona puede hallarse en cualquier estructura del desarrollo y tener una experiencia verdadera del estado infinito del despertar que se verá necesariamente interpretada por la estructura de desarrollo en que se halle. Y esto es así porque, en lo que respecta a estados y estructuras, el desarrollo interpreta el despertar o, dicho en otras palabras, la estructura interpreta el estado. Y esto es especialmente cierto porque la experiencia del despertar puro suele ser un estado de conciencia que se encuentra más allá de las palabras, los símbolos y los conceptos y se trata, en consecuencia, de una experiencia extáticamente libre, incalificable, directa, no verbal y no conceptual del Fundamento de Todo Ser, llamémosle como le llamemos. Debido a esta condición «no verbal», a menudo se conoce a esa experiencia como estado «sin mente» (la «nube del no saber», la conciencia «sin mente», la «conciencia sin objeto» del zen, la «divina ignorancia», la «vacuidad pura», el «abismo infinito», etcétera). Pero, al final, la persona sale de esa experiencia directa y su «mente regresa», lo que significa que una o más de sus muchas inteligencias vuelven a ponerse en marcha para explicar la experiencia, ubicarla en algún tipo de marco que le proporcione significado e incluirla incluso en una teología, filosofía o metafísica completas. Pero ello exige el empleo de algún tipo de mente o inteligencia, lo que implica el uso de una o más de la docena de modalidades diferentes de inteligencias de que disponemos. Y cada una de esas inteligencias crece y se desarrolla a través de los 6 a 8 grandes estadios de la estructura del desarrollo. Es por ello por lo que cualquier experiencia del despertar que puedan haber tenido se verá interpretada por el estadio del desarrollo en que se encuentren. Insistamos en que una de las cosas que ha descubierto el enfoque integral unificado es que el desarrollo interpreta el despertar.

En el próximo capítulo empezaremos a explicar los 6 grandes estadios estructurales del desarrollo, subrayando el modo en que van desplegándose en la línea de la inteligencia espiritual. Ten en cuenta que cada persona atraviesa estos estadios de las estructuras del desarrollo, incluido el desarrollo de la propia inteligencia espiritual de los ateos, de los agnósticos y de los defensores del «nuevo paradigma», porque, como ya hemos visto, los productos de la inteligencia espiritual no necesariamente tiene un aspecto espiritual o religioso. Solo tienen que ocuparse de la preocupación última de una persona o de lo que la persona considera una realidad última, es decir, de lo que considera más importante de su vida.

5. Los primeros estadios del desarrollo

Comenzaremos este capítulo dejando bien claro que estamos tratando de entender el tipo de totalidad proporcionado por el camino del desarrollo, un camino cuyos distintos estadios han ido estableciéndose a lo largo del millón de años que ha experimentado –y sigue experimentando– la evolución. Este desarrollo está compuesto por una decena aproximada de líneas o inteligencias múltiples relativamente independientes (como la inteligencia cognitiva, la inteligencia emocional, la inteligencia moral, la inteligencia estética, la inteligencia interpersonal, la inteligencia espiritual, etcétera). Pero, por más diferentes que sean estas *líneas* del desarrollo, todas ellas se mueven, crecen y se despliegan ateniéndose a la misma secuencia de *niveles* básicos. En este capítulo investigaremos estos niveles básicos y el tipo de totalidad que cada uno de ellos nos ofrece.

Por más parecidos que sean estos 6 grandes niveles de las distintas líneas de desarrollo, lo cierto es que la forma asumida en cada una de ellas depende, en muchos sentidos, de la línea en que se produzca. Obviamente, un determinado nivel no aparecerá del mismo modo en la línea cognitiva que en la línea emocional, en la línea moral, en la línea espiritual, etcétera. Y también debemos decir que estos niveles suelen recibir nombres diferentes dependiendo de la línea de que estemos hablando. Así, por ejemplo, el estadio de las «operaciones concretas» de la línea cognitiva (Piaget) y los estadios «convencional» en la línea moral (Kohlberg), «conformista» en la línea de desarrollo del ego (Loevinger) y «pertenencia» en la línea de necesidades (Maslow) se refieren al mismo nivel etnocéntrico del proceso del desarrollo (algo que puede advertirse también en la relativa semejanza existente entre los términos utilizados en los distintos casos).

Dada la dificultad para encontrar un solo nombre para referirse a cada uno de los niveles del desarrollo que sirva para todas las líneas, el enfoque integral suele emplear colores para ello, sobre todo cuando se habla de sus rasgos comunes y no solo del modo en que aparecen en una determinada línea. En este sentido, por ejemplo, hablamos de la «cognición naranja», la «moral naranja», la «sensación de identidad naranja» y la «estética naranja», en donde «naranja» indica el mismo nivel de altura en todas esas líneas (véanse, en este sentido, los ejemplos que presentamos en las figuras 5.1 y 5.2). Asimismo, a veces utilizamos términos de sentido muy amplio, como «egocéntrico», «etnocéntrico», «mundicéntrico» e «integrado» (y, ocasionalmente, los términos «mágico», «mítico», «racional», «pluralista» e «integral» empleados por Gebser). En general, estos términos están bien, aunque la forma que asumen en cada línea varía. Así que, básicamente, nos ceñiremos a los colores y a un puñado de términos generales.

Las filas y las columnas de las figuras 5.1 y 5.2 se refieren, respectivamente, a los niveles y las líneas del desarrollo. Cada línea tiene sus propios términos para referirse a los niveles del desarrollo, pero estos niveles están estandarizados utilizando la codificación de color empleada por el modelo integral que presentamos en el extremo izquierdo de cada diagrama. A este tipo de diagrama lo llamamos «psicógrafo integral» y puede representar tantas líneas verticales o inteligencias múltiples diferentes como se desee. También puede referirse al propio desarrollo e indicar el nivel del desarrollo en el que, como veremos más adelante, se encuentra cada línea.

La figura 5.1 representa el despertar como una serie de círculos concéntricos (en donde cada círculo representa un estadio de *estado* diferente del despertar). Esto no forma parte del desarrollo, sino que se refiere a un camino ante todo diferente, el despertar, que se despliega o desarrolla de un modo relativamente independiente (de forma que cualquier círculo puede aparecer en cualquier nivel o color, o, lo que es lo mismo, que cualquier estado del despertar puede tener lugar en cualquier estructura del desarrollo).

En este capítulo y, durante los capítulos 6 al 9, describiré en términos generales 6 de los grandes niveles más habituales del desarrollo (carmesí, rojo, ámbar, naranja, verde y turquesa).[1] Esto significa que hablaremos principalmente de los niveles mismos y de lo que estos niveles tienen en común tal y como aparecen en cada línea; por ejemplo, el nivel ámbar en general y no solo del modo en que aparece en el desarrollo moral, estético o de las necesidades. Hablaremos sobre todo de niveles y no tanto de líneas.

Sin embargo, como nos hemos centrado en la inteligencia espiritual y necesitaremos utilizar algunos términos concretos, si queremos hablar con detalle de cualquier nivel enmarcaré el debate subrayando el modo en que suelen aparecen los diferentes niveles en la línea de la inteligencia espiritual. Así, por ejemplo, hablaremos de ámbar en general y, luego, nos referiremos al modo en que se manifiesta en la línea de la inteligencia espiritual.

Además, como el cristianismo es actualmente la religión más popular del planeta (de la que forman parte más de 2.000 de los 7.500 millones de habitantes del mundo), también voy a presentar la forma que asume, en el cristianismo, la inteligencia espiritual en cada uno de los 6 niveles y nombraré cada nivel atendiendo al modo en que ese nivel interpreta a Jesucristo. Esto no incluye los distintos tipos de experiencia espiritual directa o despertar que un cristiano puede encontrar –porque ese es un parámetro completamente diferente–, sino que son las formas en que un cristiano, haya tenido o no un despertar, interpreta su preocupación última (en el nivel mágico, por ejemplo, hablamos de «Jesús como superhéroe mágico» y en el nivel racional lo hacemos como «Jesús como maestro racional del mundo»). Dado que, a lo largo de su dilatada historia, el cristianismo ha llegado a tanta gente y casi todo el mundo conoce al menos algunos de sus datos básicos, resultará muy instructivo ver las diferencias existentes en el modo en

NIVELES DE CONCIENCIA
CLARA LUZ
ULTRAVIOLETA
VIOLETA
AÑIL
TURQUESA
ESMERALDA
VERDE
NARANJA
ÁMBAR
ROJO
(MAGENTA)
INFRARROJO
Integral
Pluralista
Racional
Mítica
Mágica
Arcaica
6. Comunidad-universalizador
5. Conjuntivo
4. Reflexivo-individual
3. Convencional
2. Mítico-literal
1. Mágico
0. Indiferenciado
Transpersonal
(Consciente del ego)
Consciente-constructos
(Integrado)
Autónomo
Individualista
Consciente
Conformista
Autoprotector
Impulsivo
Simbiótico
Despertar
Turiya
No dual
Causal
Sutil
Ordinario
Gebser
(Visiones del mundo)
Fowler
(Estadios de la fe)
Loevinger
Cook-Greuter
(Identidad del yo)
Cinco grandes estados

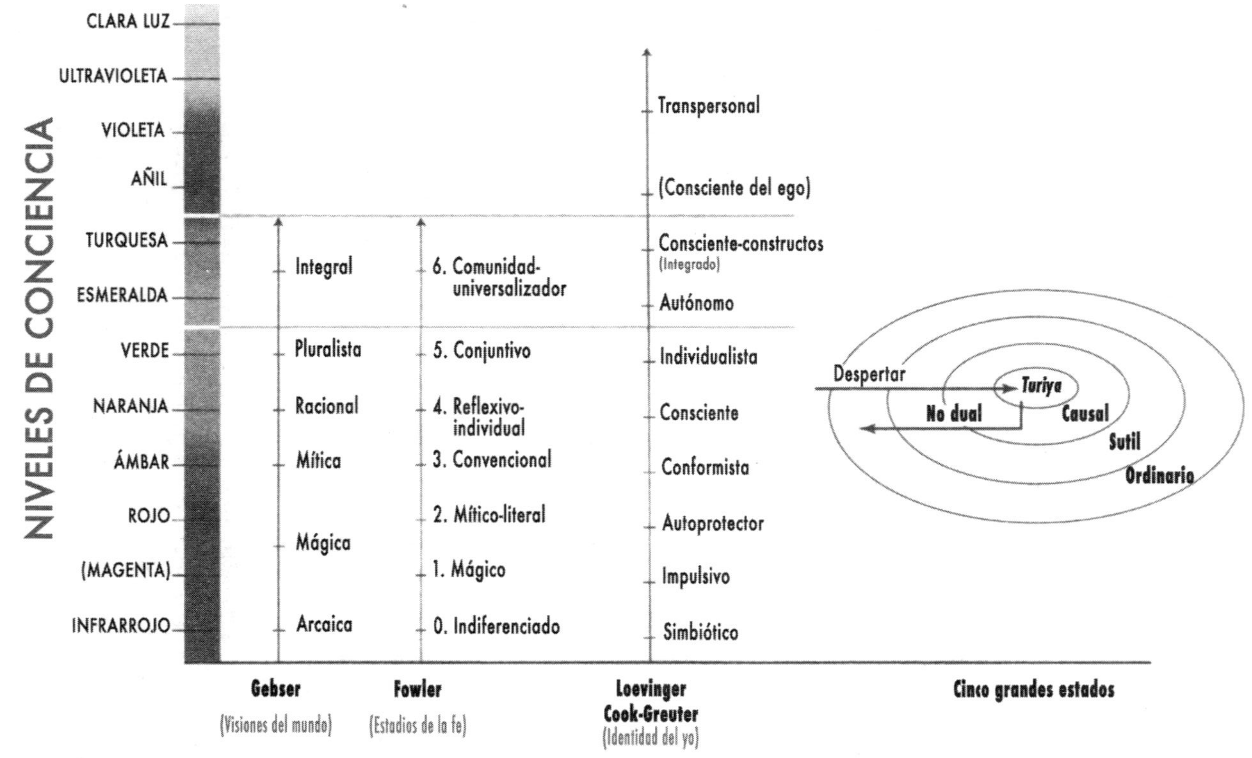

Figura 5.1

NIVELES DE CONCIENCIA
CLARA LUZ
ULTRAVIOLETA
VIOLETA
AÑIL
TURQUESA
ESMERALDA
VERDE
NARANJA
ÁMBAR
ROJO
(MAGENTA)
INFRARROJO
Supermente
Sobremente
(Anteriormente causal)
Mente intuitiva o Metamente
(Anteriormente sutil)
Mente iluminada o Paramente
Transglobal
(Anteriormente psíquica)
Visión lógica superior
(Interparadigmática, Mente superior)
(Mente global)
Sistémica
Visión lógica inferior
(Paradigmática)
Mente pluralista
(Metasistémica)
(Mente planetaria)
Relativista
Operacional-formal
(Mente racional)
Múltiple
Operacional
concreta
(Mente regla/rol)
Absolutista
Preoperacional
(Conceptual)
Egocéntrica
Preoperacional
(Simbólica)
Mágico-
animística
Sensoriomotora
Unidad
Trascendente
Visión global
(Turquesa)
Flujo flexible
(Amarillo)
Cuerpo humano
(Verde)
Impulso de lucha
(Naranja)
Fuerza de la
verdad
(Azul)
Dioses de poder
(Rojo)
Espíritu de
parentesco
(Púrpura)
Supervivencia
(Beige)
5° orden
(4,5 orden)
4° orden
3° orden
2° orden
1° orden
0
Autotrascendente
Autorrealización
Autoestima
Pertenencia
Seguridad
Fisiológica
3° GRADO
2° GRADO
1° GRADO
Common/Richards
Piaget/Aurobindo
Cognitiva
Graves/DE/Wade
Valores
Kegan
Órdenes de
conciencia
Maslow
Necesidades

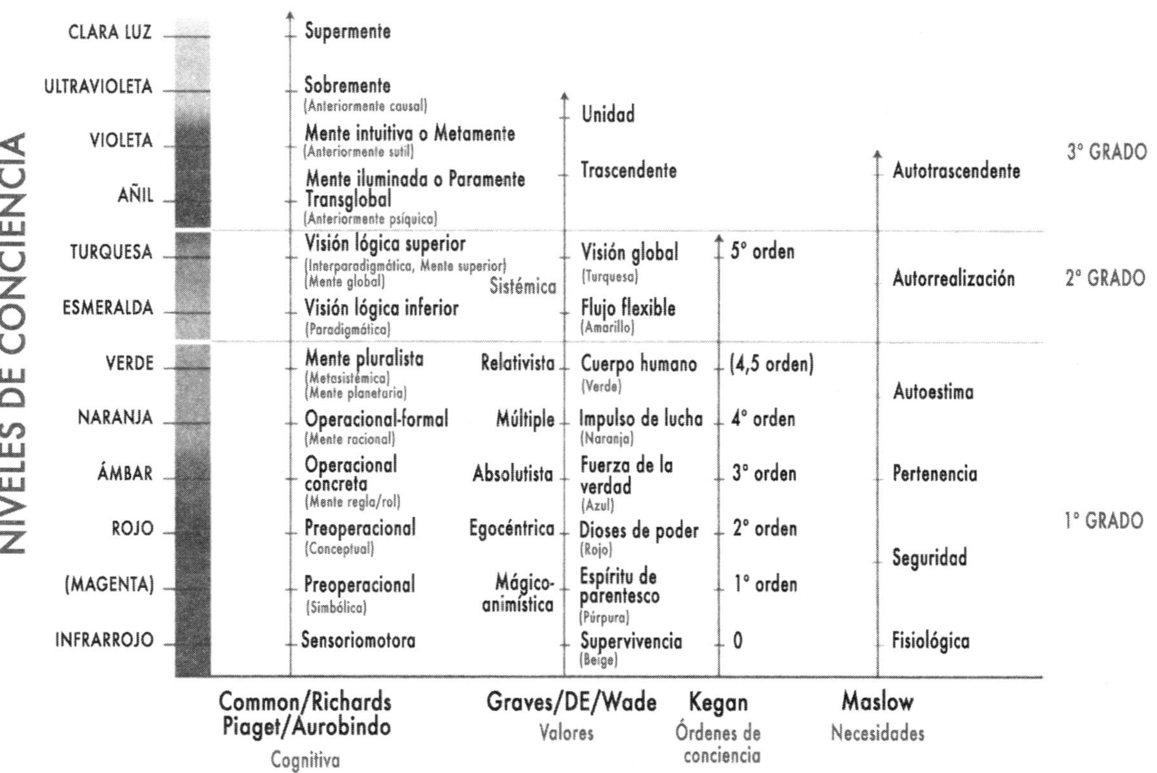

Figura 5.2

que los distintos niveles del desarrollo interpretan el cristianismo. En cualquiera de los casos, sin embargo, el objetivo fundamental de este enfoque es el mismo que el de todo el libro, proporcionarte una comprensión más profunda, amplia y elevada de tu ser y de tu conciencia.

Así pues, aunque utilice el cristianismo como ejemplo del modo en que se presentan estos niveles del desarrollo, no debes olvidar que no se trata de los estadios de una determinada religión, sino de los estadios o niveles que atraviesa la inteligencia espiritual. Estos estadios aparecen independientemente de la religión u objeto de preocupación última y afectan por igual, en consecuencia, tanto a ateos, como a agnósticos, hindúes, teístas, budistas, judíos, defensores del nuevo paradigma, nuevos ateos, nihilistas, etcétera.

Concluiremos este punto enumerando los muchos modelos del desarrollo de cuya existencia se han encontrado evidencias convincentes, de los principales investigadores que se han ocupado de cada nivel y de los nombres con que los han bautizado (véase la tabla 1).

El estadio de fusión arcaico (carmesí)

Tabla 1. Equivalentes del estadio de fusión arcaica carmesí

Investigador/sistema	Estadio del desarrollo
Integral	fusión arcaica
Fowler	estadio 0
Freud	estado oceánico
Gebser	arcaico
Kegan	grado 0
Kohlberg	estadio 0
Loevinger	simbiótico
Maslow	necesidades fisiológicas
Piaget	inteligencia sensoriomotora temprana

Este es el estadio más rudimentario del proceso de desarrollo humano. Filogenéticamente, jalonó la transición que, hace alrededor de un millón de años, condujo de los grandes simios al ser humano y gira ante todo en torno a un puñado de necesidades fisiológicas. En el caso del ser humano se manifiesta durante los seis meses posteriores al nacimiento como un estado de fusión y de ausencia casi total de diferenciación (es decir, de separación) con su entorno físico inmediato. El sistema del yo –que tan importante papel desempeña en la diferenciación del entorno y de los demás– aún no se ha formado o, al menos, no lo ha hecho en un grado suficiente. En consecuencia, el bebé no sabe dónde termina su cuerpo y dónde empieza la silla. Este estadio representa un paso intermedio entre las necesidades y percepciones de los simios y las del ser humano y se caracteriza por necesidades de supervivencia como el hambre y la sed, las sensaciones de placer y de dolor, de calor y de frío y los rudimentos de una inteligencia sensoriomotora. Es como si este estado de fusión dijera: «Por más extraordinarios que os creáis, los humanos no sois, en el fondo, más que animales en nada diferentes –es decir, sin separación– del mundo material».

Aunque este estado se conoce, en ocasiones, con el nombre de «adualismo» (es decir, sin dualismo, sin dualidad o sin separación), no tiene absolutamente nada que ver con la «no-dualidad». En realidad, el adualismo y el no-dualismo se hallan en los extremos opuestos del espectro de la conciencia humana. El estado de fusión adual tiene lugar cuando el organismo físico empieza a diferenciarse del entorno material en que se encuentra y, al comienzo, es incapaz de separarse de ese entorno. Por utilizar la fórmula cristiana de la Gran Cadena del Ser (que va desde la materia hasta el cuerpo, la mente, el alma y el espíritu), se trata de una unidad con la materia, el más bajo de todos esos niveles. El estado del despertar no-dual, por el contrario, abraza todos esos niveles (es decir, puede ser completamente uno con la materia, con el cuerpo, con la mente, con el alma y con el espíritu). Pero la imaginación de los teóricos retrorrománticos parece inagotable y les lleva a empeñarse en ver esta fusión o indisociación con el reino material como una unión total con el Espíritu y todas sus manifestaciones. Su grito de batalla es «¡Volvamos al origen», pero, en lugar de considerar el origen como el estado más elevado o inicio de la involución (es decir, el Espíritu, omniinclusivo y anterior al tiempo, es decir, eterno), lo confunden con el estado inicial y más bajo de la evolución (es decir, la materia en el Big Bang). El simple hecho de que ambos se caractericen por una especie de unión los lleva a confundir el estado de unión más bajo con el estado de unión más elevado. Y lo único que no hay que hacer con la espiritualidad es confundir la Cadena del Ser con el más más bajo de todos sus eslabones.

La mayoría de las primeras escuelas de psicoanálisis y psicoterapia se dieron cuenta de que, en el momento del nacimiento, el yo todavía no se ha formado y de que la presencia, en esos primeros estadios, de algún problema va acompañada de una patología grave como la psicosis, que es la peor de las enfermedades mentales (como, en la psicosis, suele haber una fusión –o confusión– entre el yo y el otro, era natural creer que las psicosis se originaban en problemas que tuvieron lugar en los estadios más tempranos del desarrollo). Hoy en día, sin embargo, sabemos que la psicosis es un problema fundamentalmente neurofisiológico y a menudo genético. Sea como fuere, sin embargo, el origen de las neurosis no reside en ese estadio temprano de fusión porque, a diferencia de las psicosis, se originan cuando el yo –después de haberse formado– reprime o niega algún pensamiento o impulso interno. La neurosis, por tanto, requiere de un sistema del yo activo y completamente formado (un sistema que haya desarrollado, en fin, la capacidad de reprimir), y, aunque la persona malinterprete la realidad, no deja, por ese motivo, de estar en contacto con ella. En el caso de la psicosis, muy al contrario, el psicótico se halla, en gran medida, desconectado de la realidad (porque, al no poder diferenciar entre su propio cuerpo y el entorno que le rodea, alucina con frecuencia, imagina realidades completamente diferentes, etcétera).

Entre estas dos disfunciones (la psicosis y la neurosis) se encuentran, en términos de gravedad, los trastornos adecuadamente considerados «límite» o «fronterizos» (y «narcisistas»), así llamados porque tienen lugar en la frontera entre la psicosis y la neurosis. En la psicosis, el yo todavía no está formado, cosa que sí ocurre en la neurosis, hasta el punto de que la persona está en condiciones de volverse contra sí y reprimir aspectos de su propio ser. En los estados límite, por su parte, el yo aún no se ha formado correcta o plenamente y tiene problemas, en consecuencia, en salir del estado de fusión. Los terapeutas que tratan al cliente de un trastorno límite consideran un verdadero avance que el cliente pueda desarrollar la capacidad de reprimir ¡y llegar a producir una auténtica neurosis! Estos problemas psicológicos reflejan la naturaleza rudimentaria de este primer estado de fusión adual y de las dificultades que el ser humano tiene para salir de él.

Este estado domina los seis primeros meses de vida. Pueden advertirse vestigios de él en afecciones tales como los trastornos límite, pero, a menos que haya algún tipo de daño cerebral grave como sucede en los casos de demencia, Alzheimer avanzado, etcétera, rara vez se encuentra en el adulto.

Pero también hay que advertir que, en cierto sentido, este estadio no es un estadio único, sino la culminación de los centenares de transformaciones creadas por la evolución hasta el momento de la aparición del cuerpo humano. En esta coyuntura –que se remonta aproximadamente unos millones de años atrás–, el cuerpo humano ha incorporado todas las grandes realidades emergentes (u holones) creadas desde el Big Bang. En este sentido, el cuerpo humano incluye quarks, átomos, moléculas, células y sistemas de nivel superior (por ejemplo, los sistemas esquelético, muscular, digestivo y nervioso) así como también incluye y trasciende lo esencial de todos los estadios evolutivos anteriores (planta, pez, anfibio, reptil, mamífero y primate). Todas esas realidades seguían vivas y activas y sus elementos esenciales estaban presentes y contenidos en el recién emergente cuerpo humano que se conoce como estadio carmesí, estadio arcaico o estadio de las necesidades fisiológicas de Maslow. Bien podríamos decir que no se trata tanto de un estadio como de decenas de estadios menores envueltos y encapsulados en este nivel más básico y primitivo (una inteligencia sensomotora en la que Piaget mencionó la existencia de seis subniveles y llegó a afirmar que un gato se halla en el subnivel 4).

Este estadio, dicho en otras palabras, resume las mil formas en que la evolución ha obligado al organismo humano a adaptarse, para sobrevivir, a miles de variables (como, por ejemplo, la necesidad de un suministro cuidadosamente calibrado de oxígeno; la necesidad, impulsada por el hambre, de alimentos y nutrientes; un gran número de sensores, que se ajustan en cada momento al placer y al dolor y adaptan el organismo en consecuencia; la necesidad de agua, conectada al poderoso impulso de la sed; el comienzo de los mecanismos de lucha, huida o paralización, conectados a un tronco encefálico reptiliano, y sus rudimentarios estados emocionales que están conectados al sistema límbico de los mamíferos). Todos estos (entre otros muchos) son legados de un pasado prehumano que reflejan las muchas realidades, impulsos y necesidades «arcaicas» que han acabado integrándose en el cuerpo humano y todavía hoy debemos satisfacer a diario.

Bien podemos decir, pues, que, cuando el bebé humano se cuelga por vez primera del pecho de su madre, está nutriéndose del resultado de 14.000 millones de años de evolución, empaquetado y presentado ante él. Todos esos factores –que fueron creados, emergieron y evolucionaron a lo largo de esos 14.000 millones de años– se resumen en este estadio que representa todo lo que el Génesis describe poéticamente como la creación de Adán y Eva.

Estos estadios arcaicos representan la evolución heredada de un pasado prehumano, pero, en el estadio siguiente (el estadio mágico), advertimos el inicio de las realidades humanas que, hace trescientos mil años, acompañaron a la emergencia del *Homo sapiens*.

En su magnífico *Una herencia incómoda. Genes, raza e historia humana*, Nicholas Wade (editor general de ciencia del *New York Times*) señala que, para los teóricos liberales (especialmente para los que llamaré «profesores de humanidades de izquierdas» que hoy en día ocupan las cátedras de humanidades del mundo académico), se creía que la evolución operó plenamente en el organismo humano hasta hace unos cincuenta mil años, *momento a partir del cual dejó de operar*. Como no se habían detectado cambios estructurales importantes en el cerebro humano desde el 50.000 a.C., se llegó entonces (hará, de ello, unas seis décadas) a la conclusión de que, en ese momento, la evolución del ser humano había tocado a su fin. (En mi opinión, el atractivo de la creencia de que la evolución humana se había detenido en torno al año 50.000 a.C. experimentó una considerable intensificación con la aparición de los niveles igualitarios, pluralistas y postmodernos del desarrollo –estadios 5 y 6–, que consideraban total y completamente iguales a todos los seres humanos, sin que ninguno fuese superior, más avanzado ni más evolucionado que otro). Este ha sido el dogma sostenido por la izquierda desde hace unas cinco o seis décadas… aunque no quiero decir, con ello, que la derecha haga mejor las cosas, sino tan solo que, en mi opinión, el mundo académico es, en gran medida, territorio de la izquierda.

Pero la verdadera razón por la que los teóricos liberales negaron la evolución humana se deriva, en opinión de Wade, del hecho de que la aplicación al ser humano de las primeras teorías de la evolución tuvo lugar de un modo a menudo inapropiado, inexacto y, con frecuencia, desagradablemente sesgado, como ilustran tanto el darvinismo social como los usos inadecuados que los nazis hicieron del «superhombre» de Nietzsche. Hoy en día, la gente decente ni siquiera se atreve a mencionar la idea de «evolución cultural» porque ello implicaría que algunas culturas están más evolucionadas que otras. Es por ello por lo que, en opinión de estos teóricos liberales, deberíamos dejar de aplicar la evolución al ser humano, porque, según se dice, el mero intento de hacerlo es terriblemente prejuicioso y, como señala Wade, la sola mención de una «evolución (reciente) en el ser humano» puede acarrear el despido sumario de cualquier universidad de la Ivy League (es decir, de las universidades de élite de Estados Unidos).

Todo esto, por supuesto, está profundamente equivocado. Wade señala que fueron las mejores intenciones las que acabaron arrojando la evolución humana a la papelera de la historia. Pero son muchas las investigaciones llevadas a cabo en las últimas décadas –sobre todo en los campos de la genómica y la reproducción de ácidos nucleicos– que dejan absolutamente claro que la evolución no solo tuvo lugar hace más de cincuenta mil años sino que, en la actualidad, sigue estando muy operativa. (Como veremos en el capítulo 11, «Mostrar», la evolución está ocurriendo ahora mismo en las cuatro dimensiones de la realidad, es decir, en lo que yo denomino «los cuatro cuadrantes»). Hizo falta un genio valiente como el de Jürgen Habermas para escribir un libro titulado *Communication and the Evolution of Society*, porque la «evolución de la sociedad» es exactamente lo que la izquierda ha estado negando y condenando desde hace medio siglo y, si no quieres que te arruinen tu carrera, harías bien en negarla tú también.

A menos, claro está, que la verdad te preocupe –como supongo que debe preocuparte–, porque, en ese caso, deberás aceptar que, con la emergencia del estadio mágico del desarrollo que tuvo lugar hace unos cincuenta mil años –cuando se supone que la evolución humana acabó estancándose–, empezaba, por el contrario, a adentrarse en sus formas más profundas e increíblemente humanas. Este no fue, pues, en mi opinión, el momento en que la evolución humana se detuvo, sino el momento en que estalló en una especie de explosión cámbrica que afectó tanto al individuo humano como al colectivo. Fue precisamente entonces cuando iniciaron su andadura las sorprendentes y originales formas de la magia, el mito, la razón, el pluralismo, la integralidad y más allá, que, en un «asombroso avance creativo hacia la novedad», acabaron estableciéndose como productos de la evolución psicológica y cultural.[2] La evolución, dicho en otras palabras, estaba a punto de superar el primer estadio arcaico de la existencia protohumana y de empezar a evolucionar y crear formas netamente humanas de desarrollo y evolución (mágica, mítica, racional, pluralista e integral) que fueron estableciendo, una tras otra, distintas estructuras de la conciencia accesibles, desde entonces, a todos los seres humanos. Y, al igual que ocurre con la forma de los átomos, las moléculas y las células, los estadios emergentes tienden a perdurar y todo el mundo tiene hoy pleno acceso a esos grandes estadios de las estructuras del desarrollo. Esta misma evolución –que algunos ven como «Espíritu-en-acción»– sigue viva y activa hasta hoy en día y es este «amor evolutivo» el que seguirá evolucionando, dirigiéndonos hacia el futuro y dando finalmente forma a la religión del futuro en la medida en que el Rostro del Espíritu siga desplegándose y generando nuevas estructuras en el tiempo de lo que es atemporal, por el simple hecho de que, como dijo Blake, «la eternidad está enamorada de las producciones del tiempo».[3]

Y, cuando el ser humano salió por primera vez de este fundamento arcaico, lo hizo inequívocamente como mago.

El estadio del poder mágico (rojo)

A medida que el yo empieza a emerger y salir del estadio arcaico carmesí de fusión adual pasa por diferentes estadios muy primitivos aún en su camino hacia el primer estadio realmente civilizado, el estadio mítico-literal (ámbar). Los dos grandes estadios de este nivel primitivo se conocen con los nombres de «mágico» (o impulsivo) y «mágico-mítico» (o de poder egocéntrico). El estadio mágico propiamente dicho cree que el ser humano tiene poderes y puede hacer que algo sea real pensando en ello o cambiar algo operando sobre un símbolo de esa cosa. En el siguiente estadio, el estadio mágico-mítico rojo o estadio de poder, el ser humano se da cuenta de que, aunque él no pueda hacer actividades mágicas, sí que pueden hacerlo figuras míticas que consideran muy reales como Zeus, Jehová, Apolo o Venus (de ahí el nombre «mítico-literal» con el que también se lo conoce) y que, si el ser humano se acerca de manera adecuada a esas figuras míticas divinas –adorándolas, por ejemplo–, puede conseguir que logren mágicamente, en su nombre, la satisfacción de sus deseos. Es por ello por lo que se conoce como «estadio del poder» y, como en él intervienen seres míticos que poseen poderes mágicos, también como «estadio mágico-mítico».

Como estos dos primeros estadios implican una buena cantidad de creencias y de poder mágicos, los he combinado aquí en un «estadio de poder mágico». Más de la mitad de los investigadores que han estudiado este tema incluidos en la tabla 2 hablan de dos estadios y el resto (como hago yo aquí) habla de uno solo.

Adviértase el predominio de términos como «egocéntrico», «impulsivo», «animista» y «mágico», así como la presencia de un estadio mágico, que combino aquí con el siguiente gran subestadio, el poder.[4]

Durante este estadio, uno de los primeros estadios reconocibles de la evolución humana, el yo está empezando a diferenciarse de su entorno. Como el yo y el otro y la mente y el mundo siguen aún, en gran medida, fundidos y confundidos, el yo piensa que, si manipula sus propias imágenes y símbolos mentales, transformará también mágicamente el mundo. Esta no es una auténtica capacidad paranormal, es simple «magia verbal» según la cual el yo cree que, si actúa sobre la palabra que designa una cosa o sobre una imagen de esa cosa, la cosa representada por esa palabra o imagen se verá mágicamente afectada.

Esta es la esencia de la magia humana que aparece precisamente en el estadio evolutivo en el que el organismo joven está aprendiendo a diferenciarse de su entorno. No se trata, por tanto, de una auténtica capacidad, sino más bien de una incapacidad de separar esas cosas la que le lleva a creer que, manipulando esto, modificará aquello. ¡Por ello hablamos de magia!

Tabla 2. Equivalentes de los estadios de poder mágico-impulsivo magenta y mágico-mítico rojo

Investigador/sistema	Estadio del desarrollo
Integral	poder mágico-impulsivo magenta y mágico-mítico rojo
Commons y Richards	acciones nominales
Fischer	conjunto de representaciones individuales
Fowler	mágico (magia) y mágico proyectivo (poder)
Gebser	mágico
Graves	animista-mágico (mágico) y egocéntrico (poder)
Kegan	impulsivo (mágico) e imperial (poder)
Kohlberg	hedonismo ingenuo
Loevinger	impulsivo (mágico) y autoprotector (poder)
Maslow	seguridad
Selman	egocentrismo
Dinámica Espiral	espíritus afines (mágico) y dioses de poder (poder)
Torbert	impulsivo (mágico) y oportunista (poder)
Wade	reactivo (mágico) y egocéntrico (poder)

Como, en este estadio, el mundo sigue siendo un lugar muy peligroso en el que el pez grande se come al chico, la búsqueda de seguridad y de poder es aquí predominante. Se trata de un estadio dominado por la magia impulsiva y el poder egocéntrico y, aunque a menudo se los considera como dos estadios diferentes por el simple hecho de que suelen emerger en este orden, en esta presentación introductoria los he combinado como si fuesen uno solo. Esto es algo que haré en aquellas ocasiones en las que los estadios sean muy parecidos y su tratamiento conjunto simplifique mucho las cosas. Esta combinación nos da un estadio de poder mágico semejante a lo que la Dinámica Espiral denomina «dioses de poder», una expresión muy adecuada porque se centra en el poder (mágico) de seres sobrenaturales (dioses míticos), una idea muy habitual en este estadio.

Es innecesario decir que aquí entramos de lleno en el territorio de la religión. En este estadio temprano del poder mágico rojo hay un fuerte énfasis en los milagros, lo sobrenatural y la magia. Casi todas las religiones del mundo poseen elementos centrales que reflejan este realismo mágico. Esto se remonta a decenas de miles de años atrás donde, aunque algunas hazañas chamánicas quizás reflejasen auténticos poderes paranormales, la inmensa mayoría eran meros trucos de magia destinados a obtener poder. En el caso del cristianismo, por ejemplo, Jesús tiene el poder de resucitar a los muertos, curar a los enfermos, convertir el agua en vino, curar a los tullidos, leer la mente de otras personas, volar por los cielos y caminar sobre las aguas. Se trata, sin la menor duda, de un ser sobrenatural que tiene poderes mágicos extraordinarios.

A los niños que se hallan en este temprano estadio mágico del desarrollo les encantan los dibujos animados de los programas de televisión de los sábados por la mañana en los que el superhéroe puede, por arte de magia, hacer casi cualquier cosa, como golpear a la gente con su visión de rayos X, atravesar paredes, volar, etcétera. Es este tipo de poder mágico el que convierte a la religión en algo tan atractivo para la gente que se halla en este estadio y quiere que esos milagros les ocurran a ellos. Según el que se conoce como «evangelio cristiano de la prosperidad», por ejemplo, si una persona cree y tiene la suficiente fe, conseguirá un nuevo trabajo, logrará hacerse con la chica, tendrá un coche nuevo, se hará rico, etcétera, y todo ello como fruto mágico del poder de la fe en Jesucristo.

Debido a que, en este temprano estadio, los seres humanos apenas están empezando a aprender a diferenciarse de su entorno, todavía hay una gran fusión entre sujeto y objeto y entre el yo y el otro, razón por la cual esas realidades se encuentran a menudo tan fundidas y confundidas que las personas llegan a atribuir rasgos subjetivos humanos a los objetos, algo conocido como animismo (al que Graves denominó «mágico-animístico»). El animismo no se limita a considerar que la naturaleza está viva, sino que esa vida presenta rasgos específicamente humanos: el volcán explota porque está enfadado contigo; el sol resplandece porque te cuida con su benevolencia; la lluvia riega tus cosechas porque la naturaleza responde favorablemente a tus sacrificios. El animismo es una visión sin duda antropomórfica y humanocéntrica del mundo.[5]

En este capítulo centraremos nuestra atención en los estadios del desarrollo, haciendo especial hincapié en el modo en que se presentan en la línea de la inteligencia espiritual que posee y utiliza a menudo todo ser humano, incluidos los ateos y los llamados «nuevos ateos». En las siguientes secciones, sin embargo, veremos brevemente la evolución histórica de los grandes tipos de despertar, es decir, de las auténticas experiencias espirituales, que son bastante más raras, porque son muchas las personas que pasan por la vida sin tener experiencia alguna de este tipo. El despertar, sin embargo, concierne a la verdad última y es profundamente importante, por lo que, en las siguientes secciones, examinaremos la forma más habitual de despertar en cada uno de los estadios del desarrollo comenzando en el estadio actual mágico rojo.

Ya hemos visto que cualquier creencia espiritual –o lo que llamamos «conciencia espiritual»– es un producto del estadio del desarrollo que sostiene esa creencia (es decir, del *estadio de la estructura* de la inteligencia espiritual) y del *estadio de los estados* del despertar presentes. Resumiendo, pues:

conciencia espiritual =
inteligencia espiritual × experiencia espiritual

o, dicho en términos más generales:

conciencia espiritual = desarrollo × despertar

Obviamente, todo esto está integrado en una matriz OCON global necesaria para obtener la dirección kósmica completa del fenómeno considerado.[6] Y, en ausencia de experiencia de despertar –que es lo más habitual–, la conciencia espiritual de la persona depende única y exclusivamente del estadio del desarrollo en que se encuentre esa inteligencia espiritual.

En este capítulo nos ocuparemos de la influencia del estadio del desarrollo (mágico, mítico, racional, pluralista o integral) en la conciencia espiritual, un componente que, cuando se habla de conciencia espiritual, casi nunca se tiene en cuenta por más que esté siempre presente. Y ello es así porque, en la mayoría de los casos, esos estadios no pueden verse mediante la introspección ni mirando hacia dentro y porque, para saber algo sobre los estadios del desarrollo, debes leer un libro como este o un texto que recopile los estudios realizados sobre el desarrollo.

En cada uno de los entre 6 y 8 grandes estadios sucesivos de la historia de la humanidad en los que la aparición de un nuevo estadio ha acabado definiendo esa época (razón por lo cual, dicho sea de paso, hablamos de magia paleolítica, de Edad Media mítica, de Edad de la Razón moderna, de pluralismo postmoderno, de próxima era integral, etcétera), unos pocos individuos tuvieron la posibilidad de acceder a experiencias del despertar. Como ya hemos dicho, sin embargo, en la discusión de cada gran época y de su estadio característico del despertar, haré algunos breves comentarios relativos al tipo general de experiencias del despertar al que, durante esa época, se pudo acceder (que podría ser cualquiera de los cinco grandes estadios de los estados del despertar: ordinario, sutil, causal, *turiya* y no-dual).

Para poder hablar de los tipos de experiencias de despertar necesitamos algún tipo de teoría o metateoría, algo que ya he mencionado al hablar de los cinco grandes estados naturales de la conciencia: ordinario, sutil, causal, *turiya* (o Conciencia Pura) y *turiyatita* (o Un Solo Sabor no-dual). Mi metateoría sostiene que, cuando el yo proximal (es decir, el yo central) de una persona tiene una experiencia cumbre intensificada de cualquiera de esos cinco grandes estados, experimenta un tipo diferente de espiritualidad que curiosamente coincide con los tipos más habituales de misticismo. La experiencia consciente, directa e inmediata de cualquiera de estos cinco grandes estados (a lo largo del amplio espectro de intensidades que va desde la comunión hasta la unión y la identidad) va acompañada de un tipo de experiencia mística que varía en función del estado de conciencia desde el que se experimente.

Los cinco grandes tipos de experiencia mística

El resultado de una experiencia cumbre de unidad directa (que, como acabamos de decir, se mueve en un rango de intensidad que va desde la comunión hasta la unión y la identidad) con la totalidad del reino ordinario (el reino físico o natural) es el *misticismo natural* (como, por ejemplo, la sensación de unidad o interconexión con la Gran Red de la Vida o Gaia).

El estado de conciencia sutil incluye estados como el sueño, en el que no hay naturaleza, no hay Gaia y no hay reino físico o natural, sino tan solo un reino «transfísico», «sobrenatural» o «metafísico» de imágenes, formas, símbolos, impulsos, cascadas de ideas, imágenes de dioses y diosas y diversas formas míticas. El resultado de una experiencia de unidad directa con esta forma de deidad onírica, trascendental, sutil y sobrenatural es el llamado *misticismo teísta* sutil que suele caracterizarse por una intensa iluminación y sentimientos de unidad, amor, compasión y redención. Como todo ser humano nace con la posibilidad de acceder a los cinco tipos de conciencia natural (vigilia ordinaria, estado de sueño sutil, estado causal sin sueños, *turiya* y *turiyatita*), pero solo es originalmente consciente de uno de ellos (el estado de vigilia ordinaria), la experiencia cumbre o mística de cualquiera de los demás estados va acompañada de cierto grado de ultramundanidad.

El siguiente estado superior, el estado causal, posee dos grandes dimensiones, una formal y otra despojada de forma. Este es el hogar, según se dice, de las primeras y más sutiles formas manifestadas que los griegos denominaron «arquetipos» y los orientales, «*vasanas*», las primeras formas en aparecer cuando el Espíritu da origen a la totalidad del universo, las formas primordiales de las que, según se dice, se derivan todas las demás y cuya experiencia directa da lugar a lo que suele conocerse como un *misticismo arquetípico*. Jung, por ejemplo, dijo: «El misticismo es la experiencia de los arquetipos»,[7] un tipo de experiencia muy habitual en el misticismo platónico y pitagórico y en el misticismo catafático o *saguna* (con cualidades). En su versión más elevada, las formas arquetípicas se desvanecen por completo en un reino sin forma y sin imágenes, en el dominio de lo no manifestado que todo el mundo experimenta, según se dice, en el sueño profundo sin sueños. La experiencia directa y consciente de este reino sin forma y sin sueños es el llamado *misticismo sin forma* (o misticismo del Abismo infinito) que posibilita el acceso a un reino sin forma que suele conocerse como «el Dios que está más allá de Dios» (como lo llama *La nube del no saber*).

El cuarto estado o *turiya* (es decir, la Conciencia Pura o Yo soy) es un conocimiento o una conciencia Testigo totalmente incalificable, vacía o abierta que está más allá de toda categorización (incluida esta). La experiencia del Testigo (o del Yo soy) es un misticismo puro de solo conciencia o misticismo del Yo Soy, conocido también como Yo Único, Solo Mente, Conciencia Absoluta sin objeto, Subjetividad Absoluta o misticismo del Yo Verdadero. Si lo que se enfatiza es el aspecto incalificable, vacío o abierto de *turiya*, el resultado es un *misticismo de la Vacuidad pura*, que a menudo se combina con el misticismo previo sin forma, versiones diferentes de la llamada *vía negativa*, es decir, del misticismo *neti, neti* (ni esto ni aquello), *apofático* o *nirguna* (es decir, sin cualidades).

El resultado de la experiencia del quinto estado o estado no-dual último (*turiyatita*) es un *misticismo no-dual*, la Talidad, la Esidad, Un Solo Sabor o la Conciencia de Unidad Última.

Estos son algunos de los tipos más habituales de experiencia espiritual o mística que acompañan a cada uno de los cinco grandes estados de conciencia que, como hemos mencionado, coinciden con los grandes tipos de misticismo señalados por los investigadores que los han estudiado. Aunque no hayan llegado a ser conscientes del modo en que los distintos estadios del desarrollo interpretan estas experiencias del despertar, los investigadores experimentados de todo el mundo han sido conscientes de estas grandes modalidades del misticismo.

Evelyn Underhill, probablemente la principal erudita al tiempo que practicante del misticismo occidental, nos habla de cuatro o cinco grandes estadios de estados del desarrollo místico que coinciden aproximadamente con los tipos que acabo de esbozar. En su opinión, el desarrollo místico completo comienza con el *misticismo natural* o misticismo del estado ordinario (llamado así porque, en él, la persona que se encuentra en el estado de vigilia ordinaria expande su conciencia hasta llegar a incluir la unión con todos los fenómenos del estado ordinario). Esta es una unión verdadera con toda la Naturaleza que, como deja fuera los estados sutiles, causales, *turiya* y *turiyatita*, se limita a una «expansión horizontal de la conciencia» que no conlleva un gran desarrollo «vertical». Sea como fuere, este tipo de experiencias no son, como ya he dicho, una Gran Totalidad, sino una totalidad exclusivamente limitada al reino ordinario, aunque basta con una sola experiencia de este tipo para que la vida de la persona experimente un vuelco profundo y duradero.

Más allá de la unión con el reino físico, ordinario y evidente, hay estados bastante más elevados e inclusivos. El siguiente estadio de los estados que se encuentran más allá del misticismo natural es lo que Underhill denomina *misticismo metafísico*, que incluye estados de recuerdo y contemplación arquetípicos, amor divino y, muy especialmente, de iluminación radical (en los estados sutiles), que (al llegar a los estados causales) se profundiza en lo que Underhill denomina *divina ignorancia* e incluso «cesación» y jalona lo que yo consideraría un movimiento hacia un misticismo causal sin forma o incluso hacia *turiya* o la Conciencia Pura. (*Turiya* o el Testigo es una ignorancia divina porque es El que Conoce todos los objetos, pero no puede ser conocido, y El que Ve, pero no puede ser visto. Y, siendo radicalmente incalificable, innombrable e incognoscible, se experimenta como divina ignorancia, como la «mente que no sabe» del zen, la Vacuidad o Apertura pura e indescriptible).

El último paso del desarrollo espiritual de Underhill avanza hasta formas de *misticismo divino*, un estadio que, en su opinión, suele comenzar con la «noche oscura del alma», un concepto introducido por san Juan de la Cruz (el extraordinario mentor de santa Teresa). Son muchas las personas que creen que «la noche oscura» se refiere a un período de búsqueda dolorosa *previo* al encuentro de la persona con Dios y a que alcance la verdadera liberación espiritual. Y, aunque no cabe la menor duda de que el término puede emplearse de este modo, lo cierto es que, para san Juan, significa casi lo contrario, porque es el estado que tiene lugar cuando, *después* de haber tenido una experiencia espiritual profunda y directa de la libertad radical, ese Dios pasa o se desvanece (cosa que finalmente acaba ocurriendo), el alejamiento de ese estado de amor y éxtasis radical te deja sumido en un auténtico infierno. *Esa* y no otra es la verdadera noche oscura. Una cosa es no haber encontrado aún a Dios y otra completamente diferente perderlo después de haberlo encontrado. La más oscura de todas las noches oscuras imaginables es la que ocurre cuando, después de haber tenido la experiencia de un auténtico misticismo metafísico y de haberse sumergido en estados de amor, éxtasis y libertad radical divina, la persona, para seguir avanzando hacia un estado de unión permanente, debe abandonar ese estado de unión.

El dolor de la noche oscura es el dolor derivado de buscar una realidad atemporal y eterna en estados temporales y finitos, sin importar lo glorificados que estén o, como dijo un místico, de «volcarse en el mundo del tiempo en busca de lo eterno». Esto es algo que solo se logra a través de la realización directa del Fundamento omnipresente de Todo Ser infinito y eterno, el estado de *Conciencia de Unidad Última* de Underhill que no se alcanza mediante el empeño ni la práctica diligente, porque, como afirman la mayoría de las escuelas místicas occidentales, no es algo que se alcance, se encuentre o se descubra, sino algo que la Gracia divina concede aquí, ahora y siempre a todo el mundo. Las tradiciones orientales afirman simplemente que se trata de *sahaja*, una realidad omnipresente, espontánea y sin causa. Sea como fuere, *tat tvam asi*, es decir, «Tú eres Eso» o, como dice el juego del escondite infantil, «¡Aquí estás!». Tú eres Eso: tú eres uno con el Fundamento infinito y eterno del Ser y uno, por tanto, con todo, algo que los sufíes denominan «Identidad Suprema». Como dijo un maestro zen: «El cuerpo real del ser humano es el universo entero». Y *turiyatita* es lo que, en última instancia, eres total y completamente.

La rejilla Wilber-Combs

Como ya hemos visto, estos grandes tipos de misticismo han sido reconocidos por experimentados teóricos de todo el mundo, tanto de Oriente como de Occidente. El estudio del desarrollo contemplativo (desde Underhill hasta Daniel P. Brown y Dustin DiPerna) nos muestra que, en el curso de un despliegue meditativo o místico completo, no solo hay cinco tipos de misticismo, sino también cinco grandes estadios de los estados. Además, estos estados no son creencias dogmáticas, afirmaciones míticas, conjeturas conceptuales ni elucubraciones teológicas, sino experiencias directas e inmediatas en primera persona cuya realidad puede corroborar quien esté dispuesto a llevar a cabo la correspondiente práctica. No se trata, por tanto, de un conocimiento estrictamente descriptivo, sino de un conocimiento por experiencia directa. (Más adelante podrás juzgar esto de manera directa en tu propio caso cuando presentemos varios ejercicios que te permitan experimentar directamente algunos de los estados superiores, sobre todo los dos estados últimos o más elevados, *turiya* (o el Testigo) y *turiyatita* (o Un Solo Sabor).

Veamos ahora, para terminar con este breve esbozo de la metateoría mística, que, dado que el individuo promedio puede acceder hoy a los seis grandes estadios del desarrollo que han aparecido hasta el momento en la evolución, la persona que se halle en cualquiera de esos seis grandes estadios puede experimentar cualquiera de los cinco grandes estados del despertar. Es decir, cualquier estadio del desarrollo puede experimentar cualquier estado del despertar, un hecho que ahora se entiende y acepta y que se representa mediante la rejilla Wilber-Combs (véase la figura 5.3).

En la parte superior de la figura se encuentran dispuestos horizontalmente los cinco grandes estados de conciencia, que también representan los principales reinos de la experiencia del despertar y, por tanto, los cinco grandes tipos del misticismo (el misticismo

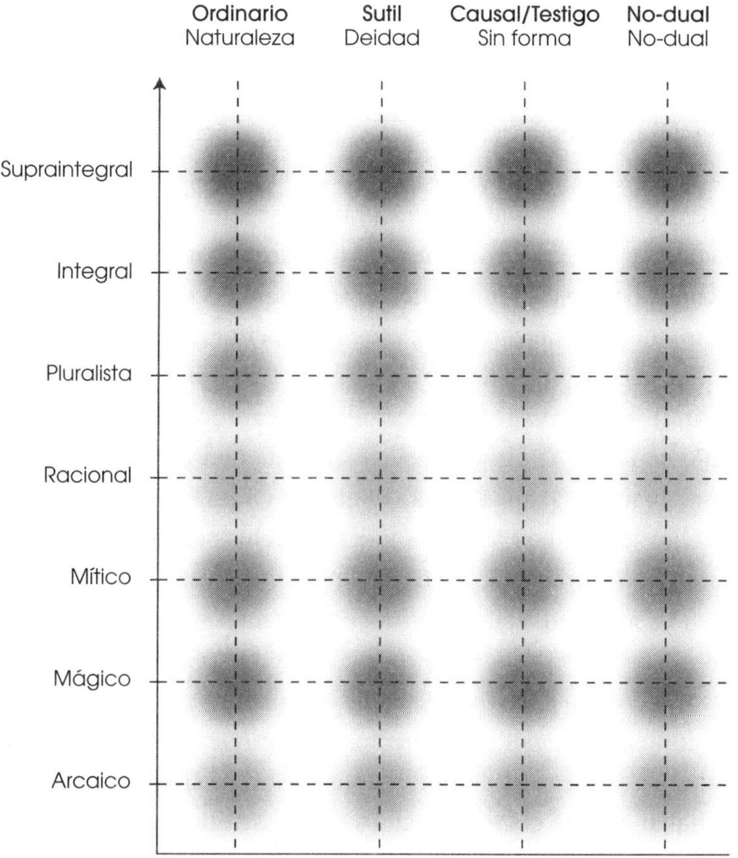

Figura 5.3. La rejilla Wilber-Combs

natural, el misticismo teísta, el misticismo sin forma, el misticismo Yo Soy y el misticismo de la Unidad no-dual). Verticalmente y en el lado izquierdo se encuentran las etiquetas correspondientes a los siete grandes estadios del desarrollo que determinan el modo en que la persona interpreta y experimenta su mundo (incluido su mundo espiritual o la realización del despertar). Las columnas, pues, se refieren a los estados del despertar y las filas a las estructuras del desarrollo.[8]

El punto más importante de esta sección metateórica es que, en el mundo actual, la mayoría de las personas pueden acceder a cada una de las celdas de la figura 5.3 porque, en este momento, la evolución se ha desarrollado hasta ese punto.[9] Esto significa que el objetivo de una vida bien vivida comienza en la celda ubicada en la esquina inferior izquierda en la que te encuentras al nacer (es decir, la estructura adual y arcaica en el estado ordinario, físico y vigílico) y, partiendo de ahí, la persona va moviéndose, creciendo y desarrollándose hasta llegar a la celda ubicada en la esquina superior derecha (es decir, el estadio de estado de Un Solo Sabor que se experimenta en el estadio integral). Este proceso de desarrollo te permitiría acceder a la vida más completa y realizada que actualmente podrías experimentar y que resumiría el mapa de una vida bien vivida. El hecho de que las personas tengan hoy acceso a todas las celdas en la rejilla Wilber-Combs no significa que todo sea de color de rosa, porque, en cada estadio o nivel, algo puede salir mal, y, cuantos más estadios, mayor es la probabilidad de que las cosas salgan mal (un punto al que volveremos cuando hablemos de la dimensión limpiar).

Limitémonos, por el momento, a decir que el ser humano promedio actual tiene acceso, al menos, de un modo funcional o disfuncional, a siete grandes estadios del desarrollo y a cinco grandes estados del despertar. Y, como pocas personas del estadio arcaico tienen experiencias cumbre –y, menos todavía, experiencias meseta–, ello significa que hay seis grandes estructuras del desarrollo (mágico, mítico, racional, pluralista, integral o supraintegral), cada una de las cuales puede experimentar cualquiera de los cinco estados del despertar (ordinario, sutil, causal, Testigo y No-dual), lo que nos da un total de treinta tipos de experiencias de estructura/estado, treinta tipos diferentes de conciencia espiritual (que, como anteriormente hemos definido, se definen como desarrollo × despertar). Pero, aunque tengamos evidencias claras de la posibilidad de acceder a treinta tipos de conciencia espiritual diferentes, centraremos nuestra atención en uno o dos de los tipos más elevados de ambas vías, de modo que no hay muchas cosas de las que preocuparnos.

La rejilla Wilber-Combs nos proporciona, pues, una representación gráfica de la metateoría de la que estábamos hablando.

Permíteme mencionar que la razón por la que no estoy promoviendo los cinco tipos principales de experiencia espiritual es que, en la última parte de este libro, abordaré directa y detalladamente los dos estados más elevados –*turiya* y *turiyatita*– y me esforzaré en proporcionar una experiencia inmediata de ambos. Aunque no nos detengamos, dicho en otras palabras, en los cinco tipos de experiencia espiritual directa, dedicaremos bastante tiempo a experimentar los dos estados más elevados y últimos que constituyen el núcleo fundamental de esta presentación concreta.

Pero, como nada de eso te proporcionará una comprensión de los estadios del desarrollo, dedicaremos el resto de este capítulo y los capítulos 6 a 9 a esbozar una visión detallada de cada uno de esos estadios.

En la medida en que exploramos nuestro pasado evolutivo descubrimos que cuando, hace unos trescientos mil años, el *Homo sapiens* inició su proceso de desarrollo en este planeta, se hallaba en el estadio arcaico, el estadio mágico estaba justo asomando en el horizonte y carecía, en consecuencia, de acceso a cualquiera de los estadios superiores del desarrollo. Luego fueron apareciendo los grandes estadios del desarrollo y, a medida que lo hicieron, acabaron convirtiéndose en una adquisición permanente de la condición humana, abriendo así la puerta a que cualquier ser humano tuviese la oportunidad de desarrollarse a través de los grandes estadios de las estructuras que habían emergido hasta ese momento y a hacerlo en el mismo orden en que originalmente se establecieron. Y, cada vez que afloraba un nuevo estadio, los seres humanos contaban con otro nivel a través del cual podían enactuar y experimentar su mundo, incluido su mundo espiritual.

El acceso a los distintos estados del despertar (accesibles durante una determinada era) dependió del grado de evolución de los estados que, hasta ese momento, se habían desplegado en una determinada cultura. La mayoría de los estados de conciencia no son, de hecho, más que eso, estados de conciencia. Pero, como el ser humano no nace con un acceso sencillo y consciente a todos los estados, sino tan solo al estado de vigilia, el resto de los estados superiores no se realizan directamente en la conciencia (la persona normal y corriente, por ejemplo, sueña, pero no tiene sueños lúcidos). Para que tal cosa ocurra, debe emprender deliberadamente ciertas prácticas (y recibir instrucciones de señalamiento) proporcionadas casi siempre por las grandes tradiciones (o caminos de liberación) presentes en su cultura.

Si rastreamos el desarrollo seguido en el tiempo por estas grandes tradiciones, descubrimos que el acceso consciente a cada uno de los estados de despertar tendió a desplegarse históricamente en el mismo orden en que casi siempre se enumeran esos estados, es decir, desde el ordinario hasta el sutil, el causal, *turiya* y *turiyatita*, y dando lugar, en ese mismo orden, a los chamanes, los yoguis, los santos, los sabios y los *siddhas* anclados, respectivamente, en el misticismo natural, el misticismo teísta, el misticismo sin forma, el misticismo Yo Soy y el misticismo de la Unidad No-Dual. Lo que la rejilla Wilber-Combs nos muestra es que, cuando la evolución inició su proceso del desarrollo lo hizo en el estadio estructural arcaico y, desde ahí, fue evolucionando sucesivamente hacia niveles nuevos y más elevados de conciencia (mágico, mítico, racional, pluralista e integral) a través de los cuales el ser humano pudo aproximarse y enactuar su mundo y crecer y evolucionar al mismo tiempo a través del acceso a estados cada vez más elevados (sutil, causal, *turiya* y *turiyatita*).

El misticismo natural del chamanismo mágico

Ya hemos visto que, utilizando el marco de referencia que nos proporciona la rejilla Wilber-Combs, el ser humano comenzó su andadura en el escalón más bajo (estadio arcaico) de la izquierda (estado ordinario), es decir, la celda más baja de la izquierda, porque carecía de acceso consciente a las demás celdas. Es por ello por lo que la forma más rudimentaria de espiritualidad que solemos ver en la evolución humana es el chamanismo, un tipo de misticismo natural fundamentalmente interpretado desde el estadio mágico.

La visión chamánica suele ver una realidad dividida en tres grandes dominios: el mundo inferior, el mundo intermedio (este mundo) y el mundo superior, y el chamán era la persona que comprendía la unidad secreta que existe entre esos mundos y podía acceder a cualquiera de ellos. (La unidad existente entre esos tres mundos es el resultado directo de un tipo de experiencia espiritual propia del misticismo natural que tiene lugar principalmente en el grado de comunión, según la escala de intensidad antes mencionada que va desde la comunión hasta la unión y la identidad. Es por ello por lo que no podemos encontrar, en la literatura chamánica, ningún estado que se asemeje a un grado elevado de identidad semejante a la *unio mystica*). El núcleo del chamanismo giraba en torno al viaje chamánico o «vuelo del alma» que permitía a la conciencia del chamán –debido a su experiencia previa en adoptar un «cuerpo sutil»–, «volar» o «viajar» a cualquiera de estos tres mundos debido a la comprensión que tenía de su naturaleza interrelacionada. Cabe considerar esos viajes como algo semejante a los sueños lúcidos, porque eso es esencialmente lo que eran (un acceso vigílico al reino onírico propio del estado sutil).

No olvidemos que esas fueron las primeras incursiones del ser humano en estados y reinos superiores. Y esa, por lo que sabemos, fue la primera vez en 14.000 millones de años que un holón de cualquier parte del Kosmos logró trascender el mundo sensoriomotor común y empezó a explorar dimensiones más lejanas de los estados más elevados del espectro de la conciencia. Y, aunque no es difícil imaginar la torpeza que caracterizó a esos primeros pasos, también debemos reconocer su naturaleza pionera y fundamentalmente heroica. Es por ello por lo que, pese a los rasgos «infantiles» que cabe atribuir a este estadio –que, en cuanto primera incursión de la humanidad en esos dominios debió de ser también, por definición, bastante «inmadura»–, no deberíamos desdeñar su extraordinaria importancia.

El viaje chamánico nos permite acceder a visiones de estados sutiles (logrados mediante la búsqueda de la visión), a establecer contacto con el propio animal de poder y el guía espiritual sutil y descubrir, especialmente cuando era realizado por un chamán o curandero, diferentes tipos de medicina que servían para curar muchas enfermedades (como sucede, por ejemplo, con la ayahuasca, tan popular hoy en el mundo occidental). También hay que señalar, entre otros frutos del viaje chamánico, diferentes experiencias de luminosidad o luz espiritual (no olvidemos que la luminosidad es uno de los rasgos distintivos del estado sutil).

Como Roger Walsh deja muy claro en su excelente *The World of Shamanism*, hay muy poca evidencia de que los chamanes accedieran a los estados causal, *turiya* o *turiyatita* (utilizando exactamente esta misma terminología).[10] El chamanismo se entiende mejor como una comunión con los aspectos más sutiles del reino ordinario y el comienzo del acceso a los estados sutiles (que los yoguis no tardarían en convertir en experiencias cumbre) que se veían posteriormente interpretados por el estadio mágico que acababa de emerger. El chamanismo, en suma, es una especie de misticismo mágico natural (que se deriva tanto de la estructura mágica como del misticismo natural). Es posible advertir la fuerte influencia del estadio mágico en el chamanismo en la acreditada presencia de trucos y engaños llevados a cabo por muchos chamanes. En la mayoría de los casos, sin embargo, estos «trucos» no eran exactamente engaños deliberados, porque, al ver el mundo como algo mágico, el chamán tan solo actuaba en consecuencia, y no tenía empacho alguno en apoyar su intento con todos los «trucos» que tuviera a mano.

Resumen

Retomamos la historia de la evolución de los estadios del desarrollo hablando de la estructura mágica roja porque, cuando los humanos salieron de su inmersión en la naturaleza característica del estadio arcaico, lo hicieron como magos.

Hay que decir que la creencia espiritual propia del estadio mágico rojo implicaba un tipo de animismo presente en el chamanismo que consideraba a la Naturaleza como algo vivo y preñado de intencionalidad y autonomía. Y, aunque la Naturaleza es ciertamente todo eso, los rasgos que se le adscribían no eran naturocéntricos, sino que se limitaban a ser aproximaciones humanocéntricas, antropomórficas y egocéntricas (en consonancia con los rasgos característicos de este estadio mágico-egocéntrico). El tipo de unidad, pues, que acompaña a esta visión del mundo no es el fruto de una visión holística, integrada y unificada del mundo, sino el simple resultado de indisociación provocada por la falta de diferenciación.

También hay que decir que como, en este estadio del desarrollo, sujeto y objeto se hallan, en muchos sentidos, todavía fusionados (o muy poco diferenciados), las personas creen que sujeto y objeto están mágicamente conectados y que, modificando aquel, este se transformará en consecuencia (razón por la cual este estadio se conoce también como estadio «mágico»). Desde la perspectiva proporcionada por este estadio, el mundo se ve como algo milagroso, lleno de magia y prodigios, un mundo encantado y cargado de supersticiones, aunque no, por ello, menos peligroso y amenazador. Como sucede en la práctica del vudú o la santería, si haces un muñeco que representa a una persona real y le clavas un alfiler, la persona real se verá mágicamente herida, y, si ejecutas una danza de la lluvia, la naturaleza se verá forzada a llover. Cambia el sujeto y transformarás el objeto (es decir, cambia la imagen mental de una cosa y cambiarás directamente esa cosa). La magia es animística y egocéntrica, y la visión mágica del mundo es impulsiva (un adjetivo muy habitual para referirse a este estadio), se centra en el momento presente y se ve frecuentemente motivada por el poder (como respuesta realista a un mundo muy peligroso). Apela a medios mágicos, como rituales, ceremonias y hechizos especiales para provocar milagros. A ello precisamente nos referimos cuando decimos que, cuando los seres humanos emergieron por primera vez, lo hicieron como magos.

Para un cristiano que se halle en este estadio, Jesucristo fue el primer mago y un superhéroe mágico. Podía realizar milagros como caminar sobre las aguas, resucitar a los muertos, convertir el agua en vino, curar a los enfermos, sanar a los tullidos, teletransportarse, volar, resucitar a los muertos, ver el pasado y el futuro y leer la mente de los demás. Es por ello por lo que, desde esa perspectiva, si creo en Jesús con suficiente fe, obtendré mágicamente los objetos que le pida: un trabajo, un coche nuevo, más dinero o el éxito en general, porque, realizada con la suficiente fe, la oración es mágicamente capaz de conseguir cualquier cosa. Este estadio suele ser muy «consecuencialista» porque, desde esta perspectiva, el éxito que la persona experimenta en la vida (económico, romántico, laboral o financiero) es una consecuencia directa de la intensidad con la que crea en el mago Jesucristo.

Una versión muy habitual de este cristianismo mágico son las sectas de manipuladores de serpientes, una idea que proviene de un pasaje en la Biblia que indica que las serpientes venenosas no pueden morder ni dañar a quienes tienen una fe verdadera. Esta es la razón por la cual esas sectas manipulan, para poner a prueba su fe, serpientes de cascabel, aunque debamos advertir que el joven líder de una rama importante de estos practicantes estadounidenses murió recientemente debido a la mordedura de una serpiente.

Con ello no quiero decir que no haya cosas como milagros o que no existan auténticos acontecimientos paranormales. De hecho, varios metaanálisis de estudios realizados sobre las capacidades paranormales (PES, clarividencia, precognición, etcétera) han concluido la «casi seguridad» de la existencia de estos sucesos. Estoy completamente de acuerdo. Lo que quiero subrayar no es tanto la inexistencia de la magia, como el hecho de que, la mayoría de las veces en que los seres humanos creen en su existencia, realmente no existen; una creencia que, como ilustra el caso recién mencionado, puede llegar a matarte. En lo más profundo de todos nosotros hay algo que cree en la magia porque, en los orígenes de la vida de nuestra especie, creímos en ella y seguimos creyendo hasta que no nos quedó más remedio que abandonar esa creencia. Y, aunque finalmente abandonamos esa falsa creencia, ello tampoco significa que hayamos dejado de creer que, en algún lugar, hay seres sorprendentes que todavía poseen esa capacidad mágica… como, por ejemplo, Jesucristo.

6. El estadio mítico-literal (ámbar)

Son muchos los investigadores que han descubierto evidencias de la existencia de un estadio mítico (veáse la tabla 3) que han denominado de formas muy diferentes con nombres muy distintos como *mítico*, *conformista*, *absolutista*, *etnocéntrico* y *tradicional*.

Como, en este estadio, la mente ha adquirido la posibilidad de asumir el papel de otro, la adaptación y el encaje social adquieren, en el mundo de la pertenencia mítica, una gran relevancia.

Cuando la magia empieza a menguar no desaparece del todo, sino que acaba transfiriéndose a figuras míticas sobrenaturales (como dioses, diosas y espíritus elementales) de modo que, aunque tú no puedas hacer magia, esas figuras divinas sí que pueden. Además, si sabes cómo acercarte correctamente a esas figuras apelando, por ejemplo, a un tipo especial de oración o sacrificio de animales (algo que era y sigue siendo bastante habitual) o incluso de sacrificio humano y canibalismo (algo que no era tan extraño y de cuya existencia tenemos también evidencia histórica empírica en algunas tribus nativas del suroeste de Estados Unidos, por ejemplo), ellas serán las que hagan, en tu nombre, esos prodigios.

La cognición, en este estadio, se complica y pasa de la magia simple (que opera principalmente en el presente, quiere la gratificación inmediata y está centrada en la perspectiva egocéntrica de primera persona) a formas míticas mucho más sofisticadas y complejas que implican narrativas, historias y sistemas de creencias centradas sobre todo en una perspectiva etnocéntrica de segunda persona (de ahí que el estadio mágico de Gebser vaya seguido del estadio mítico).

Las personas que se hallan en este estadio creen que sus mitos son ciertos. Para ellos, Zeus realmente existe, Moisés separó realmente las aguas del mar Rojo, Lao Tzu tenía novecientos años cuando nació y la esposa de Lot acabó de veras convertida en una estatua de sal. Es por ello por lo que James Fowler bautizó como «mítico-literal» a este estadio de la inteligencia espiritual (que hunde sus raíces en el estadio anterior de los «dioses de poder» y se despliega, durante este estadio, en la creencia convencional, conformista y absoluta en estas realidades).

Tabla 3. Equivalentes del estadio etnocéntrico mítico-pertenencia ámbar

Investigador/sistema	Estadio del desarrollo
Integral	etnocéntrico mítico-pertenencia ámbar
Commons y Richards	acciones primarias y operaciones concretas
Fischer	cartografía y sistema representacional
Fowler	mítico literal y convencional
Gebser	mítico
Graves	absolutista/santidad
Kegan	interpersonal/tradicional
Kohlberg	ley y orden
Loevinger	conformista
Maslow	pertenencia
Selman	roles reflexivos
Torbert	diplomático
Wade	conformista

El significado literal de los mitos originales

A diferencia de lo que afirman muchos pensadores occidentales modernos, los mitos no son metáforas o analogías con significados profundos, sino, simple y llanamente, lo que afirman ser, es decir, relatos de acontecimientos históricos: Dios lanzó realmente una plaga de langostas sobre los egipcios; Cristo nació de verdad de una virgen biológica; Elías ascendió literalmente en su carro a los cielos después de su muerte; la esposa de Lot acabó convertida en una estatua de sal, y así sucesivamente. No hay, en ellos, nada metafórico, sino que se limitan a ser relatos literales y míticos.

Las religiones que creen en los mitos como algo literal y absolutamente cierto se consideran «fundamentalistas» y suelen hundir sus raíces en el estadio mítico ámbar. Desde la perspectiva proporcionada por este estadio, los mitos fundamentalistas son el núcleo de la verdad *absoluta* (en la acepción del término como algo empíricamente cierto). Por eso, el genio pionero de Clare Graves denominó «absolutista» a este estadio. La espiritualidad propia de este nivel considera una blasfemia o una herejía el mero cuestionamiento de la infalibilidad de la religión. Esta es una de las cosas que obstaculizan la superación de este estadio, porque el hecho de renunciar a las creencias míticas implica perder el alma y condenarse a arder eternamente en las llamas del infierno. Y, como se trata de una postura que no soporta el menor escrutinio crítico, apenas aflora el siguiente estadio –que implica la emergencia de la ciencia racional–, se desencadena una encarnizada batalla entre la religión mítica y la ciencia racional (lo que, dada la naturaleza absolutista de este estadio, ocurre con más frecuencia de la deseable).

Lo peor de esta «batalla entre la ciencia y la religión» es que equipara la ciencia a la razón y la religión al estadio mítico-fundamentalista del desarrollo, ignorando por completo el despertar, del que nunca se habla (e ignorando también el hecho de que el estadio racional tiene su propia forma de inteligencia espiritual que podemos advertir en cualquiera de los muchos «nuevos paradigmas»). Ese enfoque resultaría adecuado si, cuando hablamos de *religión*, estamos refiriéndonos estrictamente a los aspectos mítico-literales de la espiritualidad. Pero si, cuando hablamos de *religión*, estamos refiriéndonos, por el contrario, a la «inteligencia espiritual», convendría recordar que el estadio mítico-fundamentalista no es más que uno de los muchos niveles que puede asumir la línea de la inteligencia espiritual. La ciencia tiene que ver con la verdad objetiva y empírica, mientras que la inteligencia espiritual del nivel racional naranja gira en torno a cualquier preocupación o realidad última. No olvidemos, pues, que la forma en que habitualmente se presenta esta batalla como «ciencia racional superior (naranja) versus religión mítica infantil (ámbar)» es absurda en casi todos los sentidos imaginables.[1]

Ya hemos visto que las creencias absolutistas suelen derivarse de este estadio mítico que, en términos relativos, es un estadio bastante bajo del desarrollo. Y es posible llegar a este nivel de dos maneras diferentes: 1) evolucionando hasta alcanzarlo o 2) retrocediendo a él desde un estadio superior. (No olvidemos que, cuando hablamos de estar en un determinado estadio, estamos refiriéndonos a que nuestro yo proximal o central –o gran parte de él– está identificado con ese estadio). Y, en lo que respecta a 2), hay que decir que cuando, hallándote en un estadio superior –cualquiera que sea su naturaleza–, te empeñas en defender con uñas y dientes tu sistema de creencias, tiendes a experimentar una regresión a este estadio absolutista, en el que te sientes finalmente en casa. Es por ello por lo que, cuando la ciencia cae en el estadio mítico-literal, se convierte en cientificismo (y que algo parecido sucede también con los casos del marxismo, el feminismo, el racismo o el sexismo, que acaban entonces convirtiéndose en una especie de religión). La creencia de que uno tiene la verdad absoluta no es más que un mito, aunque un mito en el que se cree muy seria y literalmente. Este estadio valora mucho la conformidad con las creencias. Por ello son tantos los modelos psicológicos que consideran «conformista» a este estadio, como también sucede lo mismo con las expresiones «pertenencia mítica», «absolutista» y «etnocéntrico» (hasta el punto de que tu tribu –y solo ella– acaba convirtiéndose para ti en la única poseedora de la verdad última).

El Dios propio del estadio mítico está cargado de poder mágico y el principal papel de la criatura humana consiste en descubrir el modo de complacerle u obedecer sus mandamientos para disfrutar de alguna de sus bendiciones. En sus versiones más extremas, un pueblo elegido (una noción profundamente etnocéntrica propia de este nivel) se considera depositario del mensaje de Dios y asume una especie de yihad que le lleva a coaccionar, torturar y matar infieles hasta que acepten al único Dios verdadero. La intensidad de esta yihad va desde sus versiones más leves (misiones de conversión), pasando por otras más serias (distintos tipos de coacción) y algunas manifiestamente crueles (que no dudan en llegar a la tortura y muerte de todos los infieles). Resulta curioso que esta yihad se vea siempre respaldada por la creencia de que ese grupo es el único pueblo elegido que cuenta con la aprobación del Dios supremo que gobierna el universo. (Con independencia del tipo de despertar –si es que lo hay– que pueda haber experimentado la persona, esta estructura de creencias tan *etnocéntrica* se deriva casi en su totalidad del estadio mítico ámbar del desarrollo).

Si, en este caso, hay algún tipo de despertar, suele tratarse del despertar a un amplio abanico de estados oníricos sutiles (propios del misticismo teísta). Y, como también se dice que el estado sutil es la fuente de los sueños, despertar conscientemente a ese estado se asemeja mucho a lo que hoy llamaríamos un «sueño lúcido», y los sueños lúcidos lo cambian todo.

Permíteme empezar diciendo algo sobre la estructura del desarrollo que habría interpretado ese sutil estado del despertar porque, como ya hemos dicho, los estados «relativos» del despertar (ordinario, sutil y causal) se ven necesariamente interpretados desde el marco de referencia desde el que los contempla. La vanguardia de la evolución propia del estadio que ahora nos ocupa acaba de dar el paso que conduce desde el estadio mágico egocéntrico hasta el estadio mítico etnocéntrico. Que esta transformación sea buena o mala depende, en gran medida, del lugar desde el que se la contemple. Desde la perspectiva proporcionada por el nivel egocéntrico, el nivel etnocéntrico es un paso importante y un avance muy significativo. No olvidemos que este paso no solo permite a la persona acceder a la capacidad de asumir el papel de otro (una perspectiva de segunda persona) que expande la identidad humana colectiva desde pequeños clanes y tribus egocéntricas hasta megatribus y sociedades etnocéntricas mucho mayores, sino que también aumenta el grado de respeto y amor que un grupo humano puede ofrecer a otros (tengamos en cuenta que Carol Gilligan no denomina «egoísta» al estadio etnocéntrico, sino que lo conoce como «cuidado»). Esta es la razón por la cual cualquier desarrollo sano debería incluir –o, dicho más técnicamente, debería «trascender e incluir»– este estadio.

Desde la perspectiva más elevada proporcionada por el siguiente estadio de la racionalidad naranja mundicéntrica, sin embargo, el estadio etnocéntrico ámbar es una especie de pesadilla. La humanidad se halla implicada entonces en el lento y doloroso proceso de unirse en colectivos sociales, desde clanes extraordinariamente pequeños (que no suelen superar las cuarenta personas), hasta tribus mayores (un centenar de personas), pequeñas aldeas (miles de personas), pueblos más grandes (decenas de miles), grandes ciudades (cientos de miles), imperios inmensos (millones) y, finalmente, una gigantesca aldea global (de unos 7.000 u 8.000 millones de personas). Porque hay que decir que la humanidad no nació amando a sus vecinos (ya que, desde él, el amor se hallaba estrictamente circunscrito a su pequeño clan), sino que tuvo que crecer y evolucionar hasta ser capaz de desarrollar el cuidado y una estructura social que pudiera sostenerlo, teniendo que atravesar, para ello, según todos los indicios, un camino tan largo como laborioso. En el estadio etnocéntrico ámbar, la humanidad se hallaba, por así decirlo, justo en medio de ese proceso de desarrollo: había unido a muchas tribus en las primeras ciudades-Estado en el camino hacia imperios extraordinariamente grandes y, al final, hacia la aldea global mundicéntrica. Es cierto que, en el estadio mítico, se pasó del «yo» al «nosotros», pero no lo es menos que todavía no pudo dar el paso que conduce desde el «nosotros» hasta el «todos nosotros», es decir, el paso que conduce del etnocentrismo al mundicentrismo. Seguía viendo el mundo en términos del «nosotros contra ellos» y «ellos» (es decir, el «otro») era el enemigo (en el que no hay que confiar, sino odiar porque es infiel, hereje o incrédulo, y la única alternativa con que contamos cuando estamos ante él es la de convertirlo o exterminarlo).

Y este «nosotros» etnocéntrico que, en el espectro del desarrollo, se halla a mitad de camino entre el «yo» egocéntrico y el «todos nosotros» mundicéntrico acabaría convirtiéndose en la mayor fuente de odio, asesinato, esclavitud, guerra y crueldad de la historia de la humanidad. Donde y cuandoquiera aparezca, este escenario mítico divide estrictamente el mundo en «nosotros contra ellos» y se empeña en provocar en estos últimos la mayor destrucción posible. Y esto no solo ocurrió durante la etapa histórica que ahora nos ocupa, sino a lo largo de toda la historia posterior porque, aunque todo el mundo tenga hoy la posibilidad de acceder al nivel etnocéntrico ámbar, todos deben comenzar su proceso de desarrollo desde la casilla de salida y avanzar, desde ahí, a través de todos los niveles que, hasta ese momento, hayan aparecido. Fue precisamente el racismo etnocéntrico de Hitler el que llevó, en pleno siglo XX, al asesinato de unos trece millones de personas (incluidos seis millones de ese paradigma del «otro» que eran los judíos) y estimaciones creíbles cifran en 1,7 millones el número de asesinatos del Gulag de Stalin y en cerca de 1,5 millones el número de asesinados durante la «revolución cultural» de Mao Tse-tung, impulsados, todos ellos, por el nivel etnocéntrico de un pueblo supuestamente elegido poseedor de la verdad absoluta.

Y, como muchas de las grandes religiones nacieron en este estadio «intermedio» etnocéntrico ámbar, la religión acabó convirtiéndose en uno de los brazos ejecutores de todas esas brutalidades. Y quienes, en los estadios moderno y postmoderno de la razón y el pluralismo mundicéntricos, se implicaron en ese tipo de acciones tan bárbaras como asesinas fueron aquellos que no habían comenzado en el estadio ámbar, sino que regresaron a él y, esgrimiendo sus ideas con un celo netamente fundamentalista, se lanzaron contra los infieles y los herejes merecedores, para ellos, de todos los males, desde el simple desprecio hasta la violencia más extrema. Durante este estadio etnocéntrico mítico, la humanidad expandió sus límites sociales desde el «yo» egocéntrico hasta un grupo o un «nosotros» etnocéntrico. Los límites se expandieron hasta llegar a decenas o hasta centenares de otras tribus, pero no lo suficiente como para llegar a incluir mundialmente a *todas* las tribus y alcanzar un nivel de inclusión universal que les llevase a tratar por igual a todos los seres humanos «independientemente de la raza, color, sexo, género, etnia o credo religioso». Por ello, este período «intermedio» se caracteriza por cierto grado de amor hacia los miembros de las megatribus, pero una crueldad despiadada hacia los miembros de otras megatribus.

Con el paso del tiempo, sin embargo, la humanidad se mostró cada vez menos violenta, lo que coincidió *exactamente* con una expansión de los límites sociales de la humanidad hasta incluir cada vez a más personas, hasta que casi toda la raza humana se vio mundicéntricamente incluida, momento en el cual se convirtió en un ideal muy valorado tratar a *todo* el mundo respetuosa y cuidadosamente, con independencia del color de su piel, su sexo o su etnia (recordemos que Gilligan no se limitó a calificar al estadio mundicéntrico como «cuidado», sino que lo llamó «cuidado universal»).

Como acabamos de decir, sin embargo, cuando un estadio emerge, sigue existiendo de modo que, una vez activado en el mundo moderno, el nivel etnocéntrico ámbar lo impulsaría todo, desde el Holocausto hasta el Gulag y el terrorismo. En este punto «intermedio» de la narrativa nos hallamos ahora, un punto que, con demasiada frecuencia, se asemeja mucho al infierno.

El estadio mítico sutil

En ese preciso momento del proceso del desarrollo, gran parte (o, al menos, un elevado porcentaje) de la población había alcanzado el estadio mítico ámbar, cerca de un tercio permanecía en el estadio mágico y un pequeño porcentaje estaba acercándose al estadio racional-moderno naranja. Y, como ya hemos dicho, el individuo puede tener acceso, en cualquiera de esos estadios del desarrollo, a una amplia variedad de experiencias de despertar: experiencias del misticismo natural propio del estado ordinario (cuyo acceso había aparecido durante el estadio mágico anterior), un misticismo teísta propio del estado sutil (cuyo acceso aparece plenamente durante este estadio mítico) y, en el caso de unos pocos vanguardistas, un misticismo sin forma propio del estado causal superior (cuyo acceso solo aparecerá plenamente durante la emergencia del siguiente gran estadio, el estadio naranja). La forma más típica de espiritualidad propia de este estadio consistió en una interpretación mítica de una deidad característica del estado sutil o, dicho simplemente, una forma de religión basada en una deidad mítica. Los elementos de estado aportados por la dimensión del despertar proporcionan a la experiencia espiritual cualidades sutiles, trascendentales, oníricas, sobrenaturales, metafísicas y ultramundanas, mientras que los elementos míticos proporcionados por la dimensión del crecimiento lo interpretan como propiedad de un pueblo elegido, etnocéntrico, mítico-literal, absolutista y conformista. Esta es la forma que asume el estado de sueño sutil interpretado por el estadio mítico.

Pero luego está el sueño lúcido que lo cambia absolutamente todo. Aunque muchos de los detalles propios de la religión teísta mítica fueron esbozados por individuos que habían despertado al estado sutil –básicamente en forma de sueño lúcido–, la realidad de quienes habían tenido sueños lúcidos experimentó una transformación considerable. Hay que reconocer, en primer lugar, que el sueño típico es un proceso fundamentalmente inconsciente. La persona que sueña no tiene la menor noción de estar soñando; lo que ocurre en los sueños está fuera de su control y se ve sometida a factores tan extraños como intensos. En el caso del sueño lúcido, sin embargo, la persona sabe que está soñando y es plenamente consciente de ello. Además si, en el sueño, la persona quiere algo, solo tiene que pensar en ello. ¿Quieres volar? Piensa en ello y automáticamente estarás volando. ¿Quieres un banquete? Imagínalo y descubrirás de inmediato ante ti un delicioso festín. ¿Quieres sexo? Basta con que lo pienses y lo tendrás a tu disposición. ¿Quieres ver a Dios?... será mejor que tengas cuidado con lo que deseas.

Las personas que tienen sueños lúcidos pueden acceder a realidades muy distintas y lo saben. Se trata de realidades que, si bien son ciertas en el estado del sueño sutil, no lo son en el estado de vigilia ordinaria. Pueden llegar a ser visionarios y ver como sus pensamientos se manifiestan en el reino sutil, pero no en el reino de la vigilia ordinaria. Es por ello por lo que se empeñan en forzar el reino ordinario para que se ponga manos a la obra y contribuya a materializar la visión soñada. Dicho en otras palabras, pueden esforzarse en lograr que el reino ordinario cambie hasta coincidir con los cambios atisbados en el reino sutil. No es de extrañar que se conviertan en profetas, videntes y visionarios, es decir, en personas a través de las cuales hablan las realidades superiores. Si, en el estado de vigilia, llevan a cabo alguna práctica religiosa o han intuido algún tipo de realidad divina y desean que esa realidad esté presente mientras se encuentran en el sueño sutil, pueden acabar experimentando alguna versión de ella (que, en el estadio mítico del desarrollo, suele ser un misticismo teísta del estadio de estado sutil del despertar). Y, cuando vuelvan de esa experiencia, contarán a la gente lo que han visto y lo que cualquiera, con tal de que crea lo suficiente, puede llegar también a ver. Todo, en esa época, se interpretaba a través de una estructura mítica.

Durante este estadio mítico de la evolución humana, la persona avanzó, en la dimensión del crecimiento, desde el estadio mágico rojo hasta el estadio mítico ámbar; y el estado más común de despertar experimentado conscientemente en esa época evolucionó desde el reino ordinario (misticismo natural) hasta el reino sutil (misticismo teísta), es decir, un misticismo teísta interpretado míticamente. Y, quienes no contaban con ninguna experiencia importante del despertar –es decir, la mayoría de la gente– se limitaban a creer en una versión mítico-literal de la deidad esbozada por el nivel de desarrollo de su inteligencia espiritual.

Pero, por más que el ser humano actual crezca y evolucione automáticamente a través de los principales estadios del desarrollo a los que tiene acceso (carmesí, rojo, ámbar, naranja, verde y turquesa), el acceso a una experiencia cumbre directa, consciente y despierta de un determinado estado del despertar (ordinario, sutil, causal, *turiya* o *turiyatita*) es, en gran medida, una cuestión de disciplina esforzada y voluntaria. Lo único que se necesita para crecer es seguir viviendo, pero, para despertar, es necesario realizar un esfuerzo deliberado porque, a diferencia de lo que ocurre con el desarrollo, el despertar no es algo que nos venga dado de manera automática, sino que es el resultado de una práctica voluntaria y a menudo agotadora. Las grandes tradiciones han descubierto que estas prácticas son especialmente útiles para movilizar un determinado estado superior del ser y de conciencia, es decir, para activar un determinado estado del despertar (y tener entonces una experiencia cumbre de los reinos ordinario, sutil, causal, *turiya* o *turiyatita*).

Así pues, aunque los principales estados de conciencia estén presentes desde el momento mismo del nacimiento –porque todos los seres humanos están despiertos, sueñan, duermen, tienen una conciencia implícita del Testigo y un Fundamento último del Ser–, nadie accede de manera automática a esos estados. Originalmente, el ser humano solo tiene plena conciencia del estado de vigilia ordinaria, que es donde se halla su identidad de estado en el momento del nacimiento. Pero, para que la conciencia pase de la identidad con el reino ordinario a la identidad con cualquiera de los estados superiores (sutil, causal, testigo o no-dual) –dando así lugar a las distintas versiones de la espiritualidad del despertar (un misticismo natural, un misticismo teísta, un misticismo sin forma, un misticismo del Yo soy y un misticismo de la Unidad no-dual)–, la persona debe emprender deliberadamente un camino de despertar espiritual (y llevar a cabo las prácticas y ejercicios yóguicos prescritos y recibir las correspondientes instrucciones para señalar). Y sea cual fuere el tipo de experiencia espiritual del despertar que aparezca, esta acaba viéndose interpretada por el estadio del desarrollo desde el que se la experimenta (a lo largo del amplio abanico que va desde el estadio arcaico carmesí hasta el integral turquesa). Y, aunque todo el mundo avance automáticamente a través de los distintos estadios del desarrollo a los que, en su momento, tenga acceso, solo un número relativamente pequeño de ellos emprenderá las prácticas voluntarias que pueden conducirle a tener una experiencia consciente de despertar a cualquiera de los estados superiores.

Debo señalar que el estadio mítico-etnocéntrico del desarrollo es, hablando en términos generales, el estadio más habitual del desarrollo en el que hoy se encuentra el ser humano. Las investigaciones realizadas al respecto por Robert Kegan han demostrado que «3 de cada 5 personas no han superado este estadio» o, dicho en otras palabras, en torno al 60 % de la población mundial, se encuentra en el estadio mítico-etnocéntrico (o inferior) del desarrollo (y hay que tener en cuenta que se dice que una persona está en el estadio mítico-etnocéntrico cuando la altitud media de todas sus inteligencias múltiples –es decir, su «centro de gravedad»– se halla en ámbar o en ámbar/naranja).

Este hecho pone de relieve el aspecto quizás más problemático, amenazador y grave al que actualmente se enfrenta la humanidad, porque, mientras la altitud promedio de la mayoría de la población mundial gire en torno a los estadios etnocéntricos (y la correspondiente actitud «nosotros contra ellos»), la probabilidad de alcanzar una auténtica solidaridad, paz y armonía global es casi nula. La mayoría de nosotros estamos, como los Hatfields y los McCoys [símbolo de las disputas y de la violencia interfamiliar en Estados Unidos], muy ligados a identidades, sistemas de valores, ideales e impulsos éticos muy diferentes y en conflicto y totalmente incapaces de llegar a un acuerdo solidario que nos permita el logro de una armonía unificada.

Una cinta transportadora

La inmensa mayoría de las religiones no parecen estar, en este sentido, muy dispuestas a arrimar el hombro. De hecho, como muchas siguen operando en el nivel mítico-literal etnocéntrico, no solo no facilitan las cosas, sino que llegan incluso a complicarlas. La única cura para ello, en mi opinión, sería el establecimiento de lo que hemos denominado una «cinta transportadora» de la espiritualidad, en donde cada gran religión esboce sus principios básicos y el aspecto que asumiría en cada uno de los principales estadios del desarrollo (como estoy haciendo en este libro con el caso del cristianismo). *Sea o no consciente de ello, la gente pasa por esos estadios, de modo que más valdrá que se lo contemos desde el mismo comienzo.* De este modo, y contando con un mapa completo del desarrollo que incluyera los niveles de su propia religión, el buscador espiritual podría emprender un proceso completo del desarrollo y las religiones podrían dejar de ser, como hoy en día, causa de estancamiento del desarrollo en algunos de los niveles más bajos y rudimentarios (mágico y mítico) y se convertirían en fuente de una verdadera transformación social (permitiendo el acceso a los niveles mágico, mítico, racional, pluralista e integral). Benditos sean todos los niveles, pero así son las cosas.

Si esa cinta transportadora existiera y fueses a ver a un sacerdote, un ministro o un pastor para convertirte en cristiano, por ejemplo, podrían darte un folleto que describiera los cinco o seis grandes niveles de la comprensión cristiana (el cristianismo mágico, el cristianismo mítico, el cristianismo racional, el cristianismo pluralista y el cristianismo integral). En tal caso, la educación espiritual podría proceder a través de un sistema de grados del mismo modo que lo hace la educación, y el alumno podría comenzar en el primer grado e ir avanzando, desde ahí, hasta el sexto grado al menos y, quien quisiera, podría continuar hasta alcanzar grados más elevados. Como no parece que tengamos el menor problema en aceptar y asumir un enfoque gradual para la educación, tampoco veo razón alguna que nos impidiera hacer lo mismo con la educación espiritual. Este abordaje no miraría por encima del hombro a quien se encontrase en cualquiera de los niveles «inferiores» de la fe, porque la verdadera salvación sigue estando en el despertar y cualquier persona puede experimentar un despertar profundo desde casi cualquiera de los estadios del desarrollo (aunque las mejores interpretaciones, obviamente, son las que proceden de los estadios más elevados del desarrollo).

No todo el mundo está dispuesto a seguir un camino del despertar, pero, si así lo decidiera, podría emprender prácticas de contemplación o meditación correspondientes al estadio del desarrollo que le corresponda, es decir, prácticas correspondientes al estadio de la religión que coincidiera con el estadio del desarrollo en el que, en ese momento, se encuentre e interpretar, desde ahí, su experiencia. Y, cuando llegue el momento (es decir, cuando haya dado el paso que conduce al siguiente estadio de su proceso de crecimiento), podría pasar al siguiente grado (y avanzar también, si así lo desea, en su proceso de despertar).

Este sistema actuaría como una especie de cinta transportadora que ayudaría a las personas a reconocer y entender los distintos estadios del desarrollo –a través de los cuales se mueven en cualquier acontecimiento–, y la religión actuaría como un *catalizador de la transformación* que ayudaría a la persona a avanzar a estadios del desarrollo cada vez más elevados (y seguir ampliando, si lo desea, su despertar contemplativo). En su estado actual, sin embargo, la mayoría de las religiones actuales no operan como catalizadores del desarrollo, sino, muy al contrario, como causas de fijación y estancamiento del desarrollo en alguno de los estadios inferiores del desarrollo. Y el efecto que ello provoca en la mayoría de la población de nuestro planeta es una catástrofe cultural de proporciones desastrosas. No es difícil entender por qué los nuevos ateos (como Richard Dawkins, Christopher Hitchens, Sam Harris y Daniel Dennett) no dejan de afirmar a voz en grito la media verdad de que la religión es una pesadilla.

¿Cómo entiende, por último, el estadio ámbar el cristianismo? Cree firmemente que Jesucristo es el hijo único del único Dios verdadero, la encarnación de la verdad absoluta y la única puerta que conduce a la salvación. Todas las demás religiones están equivocadas y sus seguidores están lamentablemente condenados al fuego del infierno por toda la eternidad. Solo aceptando a Jesucristo como mi salvador personal puedo encontrar la vida eterna en Dios. Y adviértase que todas las creencias (míticas) que se encuentran en documentos como el Credo de Nicea y el Credo de los Apóstoles tienen núcleos fuertemente etnocéntricos y mítico-literales, como la creencia literal en el Padre, el Hijo y el Espíritu Santo; en la Virgen María; en que Jesús estuvo muerto tres días y luego resucitó; en que Jesucristo es el único Hijo del único Dios, etcétera. Estas creencias son, desde esta perspectiva, total y absoluta, ciertas y mi salvación como cristiano depende de su aceptación. Dios tiene un plan para cada uno de nosotros y la fe en Dios a través de Jesucristo me garantiza que cumpliré ese plan. La Biblia es la palabra literal de Dios y toda ella es histórica, empírica y literalmente cierta y no es criticable ni cuestionable. Sobre todo en el caso de grupos cristianos como los pentecostales y los evangélicos, la salvación verdadera significa una experiencia espiritual directa de «renacimiento» (que lleva al creyente a convertirse en un «cristiano renacido»), lo que a veces implica la experiencia cumbre religiosa directa del estado sutil de un misticismo teísta directo (en un abanico de intensidades que incluye el amplio espectro que va desde la comunión hasta la unión y la identidad con Cristo). Las experiencias de estados superiores –hasta llegar a la unidad no-dual–, aunque relativamente raras, no son del todo desconocidas en el cristianismo; aunque, si alguna de ellas tiene lugar en este estadio del desarrollo, tenderá a interpretarse desde una perspectiva mítica y absolutista.

En principio, cualquier nivel de desarrollo puede tener una experiencia espiritual del estado sutil del despertar, pero, para la mayoría de las tradiciones cristianas, esta experiencia se interpretará oficial y dogmáticamente desde el nivel mítico-literal (porque ahí fue donde se originó). Y parte de esta interpretación se deriva del hecho de que esa extraordinaria experiencia del despertar sutil tuvo lugar a través de la aceptación genuina de Jesucristo como salvador personal.

La inteligencia espiritual del estadio ámbar opera de manera parecida a otros sistemas de creencias religiosas, aunque, por supuesto, con contenidos diferentes. Sus factores más comunes son el absolutismo, el etnocentrismo y el fundamentalismo. En su absolutismo, la inteligencia espiritual de este nivel cree con firmeza que su enfoque es el único verdadero y que todo el mundo debe adaptarse etnocéntricamente a esa realidad. Y, como ya señalábamos, uno puede llegar a este estadio a través de dos caminos netamente diferentes: 1) a través del simple proceso evolutivo del desarrollo o 2) involucionando desde un estadio más elevado. Lo más probable, si empiezas a sostener alguna de tus creencias de un modo más intolerante, apasionado y absolutista, es que estés regresando a él, por el simple hecho de que te sentirás más cómodo en ese nivel de conciencia absolutista ámbar. Y, si retrocedes, es probable también te retribalices (etnocéntrico), te polarices y empieces a sostener tus creencias de un modo más fundamentalista y viendo herejes por doquier, como sucede cuando la ciencia se convierte en cientificismo, el marxismo en religión y los activistas de la justicia social (en las guerras culturales) pasan del meme verde sano al meme verde roto sosteniendo con tanta pasión sus creencias que hasta se niegan a hablar con quienes no están de acuerdo con ellos, «porque esos "otros" son simplemente nazis» (una afirmación que, por desgracia, se ha tornado demasiado habitual en el campo de las guerras culturales de la extrema izquierda). Los analistas sociales han señalado que el meme verde roto se ha convertido en «una religión o un fundamentalismo secular», que ha desarrollado sus propios mitos, razón por la cual a menudo se la conoce como «izquierda regresiva». Este es un punto que ilustra perfectamente lo que estoy tratando de decir, que la extrema izquierda ha acabado convirtiéndose, de hecho, en una forma regresiva, absolutista y mítica de religión llena de fundamentalistas y de disidentes.

Lo más sorprendente de todos los estadios que hemos descrito hasta el momento (fusión arcaica, magia egocéntrica, mito etnocéntrico y cualquiera de sus subestadios) es que el 99 % del tiempo que los seres humanos han pasado en este planeta lo han hecho en alguno de esos estadios. Los primeros estadios superiores, racionales y mundicéntricos no aparecieron de manera generalizada hasta hace doscientos o trescientos años; y su expansión provocó un extraordinario cambio en el tejido de la historia que lo modificó absolutamente todo. La expansión del tipo de totalidad proporcionada por el desarrollo prosiguió entonces su inexorable avance hasta niveles cada vez más elevados. Pasemos ahora a revisar esos estadios mundicéntricos más elevados, porque, si sabemos dónde buscar, podremos abrazar inmediatamente el tipo de totalidad que pueden proporcionarnos.

7. El estadio racional-moderno (naranja)

Ahora llegamos a uno de los estadios del desarrollo más importantes que han aparecido hasta el momento. Y, aunque no se trate del más importante de todos –porque ese rango le corresponde actualmente al estadio integral–, el estadio racional es, con diferencia, el más fascinante, holístico e históricamente significativo de todos. Los lectores interesados encontrarán, en la tabla 4, una lista de los términos utilizados por distintos investigadores para referirse a él y conviene advertir, en este sentido, el énfasis en términos como *racional*, *formal*, *moderno*, *logro* e *individual*.

Tabla 4. Equivalentes del estadio egoico racional-moderno (naranja)

Investigador/sistema	Estadio del desarrollo
Integral	egoico racional-moderno naranja
Commons y Richards	formal y sistémico
Fischer	conjuntos y mapas abstractos
Fowler	reflexivo individual
Gebser	racional mental
Graves	racional múltiple
Kegan	institucional formal/moderno
Kohlberg	derechos anteriores
Loevinger	racional consciente
Maslow	autoestima
Selman	rol individual
Torbert	logro
Wade	logro/afiliativo

Este estadio implica un continuo desarrollo cognitivo, la superación de la segunda persona propia del estadio mítico etnocéntrico (y de su correspondiente mentalidad «nosotros contra ellos») y el acceso a una racionalidad universal propia de la tercera persona (que no solo nos tiene en cuenta a «nosotros», sino que nos engloba a «todos nosotros», es decir, a la humanidad entera), lo que necesariamente implica una perspectiva más universal, una postura *mundicéntrica* considerablemente más completa que la postura *etnocéntrica* anterior. Por primera vez se convierte en un valor social importante el hecho de tratar a *todas* las personas de un modo justo, independientemente de su raza, color, sexo, etnia, género o credo (es decir, independientemente de sus creencias religiosas o etnocéntricas). Y esta capacidad para el pensamiento mundicéntrico, universal y racional (y no solo mítico) de la tercera persona fue la responsable de la repentina aparición, hace tan solo tres o cuatro siglos, de las grandes ciencias modernas (la física moderna, la astronomía moderna, la biología moderna, la química moderna, y así sucesivamente). Entonces fue cuando la sensación de identidad pasó del nivel conformista-etnocéntrico al nivel egoico-individualista que subrayaba la importancia de la autonomía, la libertad y los derechos universales del individuo.

Este es, históricamente hablando, un estadio bastante reciente que, aunque tuvo algunos precursores en la cultura griega de Platón y Aristóteles, comenzó durante el Renacimiento y la Ilustración y alcanzó su plenitud hace unos pocos siglos. Y como este estadio creyó, por primera vez en la historia, en los derechos universales de todo ser humano –es decir, pasó de etnocéntrico a mundicéntrico–, se convirtió en el primer estadio en abolir la esclavitud. Durante un período de cien años, es decir, desde 1770 hasta 1870 aproximadamente, la esclavitud desapareció, por vez primera, de todas las sociedades industriales y racionales de la faz de la Tierra. Este logro fue algo que ni siquiera había tenido lugar durante el gran período axial, es decir, en torno al primer milenio a.C, la época en el que se establecieron casi todas las grandes religiones. Las sociedades de ese tiempo estaban ancladas en la época mítico-etnocéntrica y no prohibieron la esclavitud, sino que la aceptaron sin cuestionarla siquiera. Ten en cuenta que, en Atenas –aclamada cuna de la democracia–, un tercio de la población eran esclavos. Y esto fue algo que ocurrió en casi todas las culturas importantes, incluidas aquellas que poseían una gran religión. Así pues, hace solo unos doscientos años, del millón cercano de años que el ser humano lleva en este planeta, que un número importante de personas coincidió en reconocer que no estaba bien que un ser humano poseyera a otro (un aspecto de la historia en el que deberíamos reflexionar).

La racionalidad como desmitificación (o la *Biblia de Jefferson*)

El estadio naranja se conoce con términos relacionados con la razón o la racionalidad porque, en él, la cognición da el paso que conduce desde el pensamiento mítico-literal concreto hasta modalidades de conciencia más racionales y universales. Y hay que decir que el sentido de la expresión «racional» no tiene aquí que ver con algo árido, seco, analítico o abstracto, sino que se refiere a la capacidad de reflexionar, de dar el paso atrás necesario para asumir una perspectiva más universal, mundicéntrica, global y de tercera persona. Es por ello por lo que, con la emergencia del estadio naranja, asistimos, por primera vez en la historia, al surgimiento de las ciencias modernas, racionales y universales (y no hablamos de una química hindú y de una química protestante, sino de una química –y de una física, de una astronomía, de una biología, etcétera– racional y de alcance universal). La inteligencia espiritual también asume entonces un aspecto mucho más racional, inclusivo y universal que va acompañado de un movimiento muy extendido, a menudo llamado «desmitologización», destinado a minimizar o rechazar los elementos mítico-literales de la religión y cambiarlos por creencias y morales más racionales y universales.

Thomas Jefferson es un ejemplo perfecto en este sentido. Hay una historia apócrifa que nos lo presenta sentado en los escalones de la Casa Blanca recortando furiosamente con unas tijeras todos los pasajes míticos y sobrenaturales y dejando tan solo sus enseñanzas éticas racionales y morales. Así fue como, según se dice, Jefferson elaboró un texto eliminando algunas secciones del Nuevo Testamento que acabó publicándose póstumamente con el nombre de *Biblia de Jefferson*, un libro centrado en la ética y la moral racional y despojado de mitos sobrenaturales y milagros mágicos. Bienvenidos, pues, a la religión propia del estadio naranja. Y recuerda que este estadio puede ir acompañado o no de un despertar, pero, en el caso de que así ocurra, interpretarás esa experiencia de acuerdo a los principios y reglas propios del estadio racional mundicéntrico naranja.

En el estadio naranja, uno empieza a cuestionar las inamovibles creencias absolutistas anteriores y se produce una desmitificación que minimiza, llegando incluso a rechazar, los elementos mítico-literales anteriores. Entonces Jesús ya no se considera el hijo biológico único del único Dios verdadero, sino que ese Dios se presenta, en diferentes lugares, de formas muy diferentes e igualmente válidas. Jesús, desde esta perspectiva, es un importante maestro mundicéntrico que tiene lecciones morales muy importantes que enseñarnos.

Como la religión se ha visto despojada de sus contenidos básicos míticos y, en este estadio, adopta un aspecto más racional, Jesucristo deja de ser un personaje de cuento de hadas y empieza a asumir el papel más humanista de «hombre-dios», según el cual Jesús de Nazaret fue un ser humano que tuvo un despertar profundo que le permitió experimentar, de un modo completamente desmitificado, que «Yo y el Padre somos uno», o, dicho en otras palabras, despertó al hecho de que su Yo más profundo es Dios, o reconoció, dicho de otro modo, su Identidad Suprema. De hecho, era un «hombre-dios», pero no por estatus o derecho de nacimiento, sino por *metamorfosis* (transformación), término griego empleado, con bastante frecuencia todo hay que decirlo, en el Nuevo Testamento (es decir, un verdadero despertar, iluminación, *moksha*, reconocimiento o Gran Liberación). La afirmación de Jesús de que «antes de que Abraham fuera, Yo soy» fue una auténtica realización de misticismo causal sin forma conectada con el verdadero «Yo Soy». Ese fue, precisamente, el momento en el que Jesús de Nazaret se convirtió en Jesús el Cristo.

Cristo no es tanto un nombre como un título que quiere decir «el ungido», es decir, «el que descubrió y expresó su divinidad». Eso es precisamente lo que significa despertar.[1] El «Yo soy» de Cristo evidencia que realmente despertó a su Unidad con el Espíritu. Y es importante destacar que no interpretó su realización desde el estadio mítico-etnocéntrico ámbar, sino desde el estadio universal-mundicéntrico naranja, lo que quiere decir que no limitó su mensaje a los judíos, sino que quería que también llegara a los gentiles. Su reconocimiento del «Yo soy» era una enseñanza que trascendía la visión etnocéntrica y aspiraba a ser mundicéntrica. Él mismo insistió en que era «el hijo del Hombre», lo que quiere decir que no se consideraba el hijo de un pueblo, sino «el hijo de todos los seres humanos». La suya fue una verdadera conciencia del «Yo soy» universal; «Antes de que Abraham fuera, Yo soy», y hay que decir que, en hebreo, las sílabas empleadas para decir «Yo soy» son las mismas que se utilizaban para referirse a «Dios» o el «Espíritu» («Yo soy el que soy»). Es por ello por lo que la Verdadera Naturaleza de todos es la conciencia de Cristo, una realización que, en el caso de Jesús de Nazaret, fue especialmente intensa y lo llevó a transformarse en Jesucristo.

Cristo había dejado de ser una realización mítico-etnocéntrica y se convirtió en una realización universal-mundicéntrica que se encontraba más allá de las palabras, una experiencia del reino causal sin forma que le permitió avanzar a una verdadera realización de *turiya* o «Yo soy». Y fue precisamente su afirmación de «Yo soy», es decir, de ser uno con el Espíritu, lo que lo llevó a ser crucificado. «¿Por qué me lapidáis? ¿Es acaso por mis acciones?», preguntó, a lo que la multitud respondió: «No. Es porque, siendo hombre, te haces pasar por Dios». Pero eso es, precisamente, lo que era, un «hombre-dios», y esa es la razón también por la que fue crucificado.

Una vez que uno ha realizado una verdad universal-mundicéntrica y tiene acceso al dominio causal sin forma puede abrirse a casi cualquiera de los estadios superiores del despertar, especialmente a *turiya* o la Vacuidad («Yo soy») y al dominio más elevado de *turiyatita* («Un Solo Sabor»). Si uno utiliza la razón mundicéntrica para ir más allá del dominio mítico y se adentra en el reino causal universal sin forma, la conciencia se despoja de todas las formas, lo que posibilita la emergencia de estados más elevados que trascienden toda forma, como *turiya* y *turiyatita*. Más adelante veremos que el buda Gautama interpretó racionalmente su realización (y el dominio causal sin forma) y que, debido a ello, se abrió al nirvana, el reino de la Vacuidad. Y, como sucede con *Cristo*, *Buda* tampoco es un nombre, sino un título. Cuando Siddhartha Gautama se iluminó (y se convirtió en el buda Gautama) le preguntaron si era un dios, a lo que él respondió «¡No!». Y, cuando volvieron a preguntarle «Entonces ¿qué eres?», respondió: «Un despierto».

Aunque abrirse a la dimensión causal sin forma no garantiza el acceso a *turiya* o a *turiyatita*, sí que abre esa posibilidad. Así es como la persona trasciende el dominio mítico-literal etnocéntrico y accede a una interpretación racional y universal. Esto fue lo que ocurrió también en el caso del Buda y parece que una apertura similar ocurrió con Jesucristo cuando se abrió a un «Yo soy» *turiya* que era uno con el Espíritu.

Sea como fuere, sin embargo, esta metamorfosis no le convierte a uno en el hijo único de la única divinidad mítico-literal, sino en uno de los grandes realizados universales (como Gautama el Buda, Shankara, Padmasambhava, Yeshe Tsogyal, Meister Eckhart, Bodhidharma, el

Baal Shem Tov y Lao Tzu). En este sentido, el estadio mundicéntrico abre a quien lo desee la posibilidad no tanto de seguir vivo en una especie de vida eterna en un cielo mítico, sino a despertar a su propia conciencia divina en el momento y lugar concreto en que se encuentre; un despertar al verdadero Reino de los Cielos, a su propia conciencia eterna de Cristo (porque, como ya hemos visto, *eterno* no significa duradero, sino sin tiempo, un Ahora atemporal y omnipresente). No hay, en lo que han venido a recordarnos hombres-dioses y mujeres-diosas de toda la historia, nada especialmente mítico, sino que solo se trata de la percepción extraordinaria de una Realidad omnipresente rara vez reconocida que consiste en un despertar auténtico al Yo soy. Jesús, desde este punto de vista, era un ser humano que tuvo un despertar a su Yo verdadero *turiya* y cuya influencia dejó, en la corriente del tiempo, una huella tan profunda que perdura hasta hoy sin que haya, en ello, nada especialmente mítico.

Hay que decir que, aunque esta perspectiva despoje al cristianismo de toda apariencia mítico-literal –porque, para este estadio al menos, ha dejado de ser necesario–, podría seguir existiendo como parte de la visión religiosa en los estadios mágico y mítico de la cinta transportadora que mencionábamos en el capítulo anterior. A partir de este estadio racional naranja, sin embargo, podemos despojarnos perfectamente de esos ropajes que se verían entonces «trascendidos e incluidos», como lo hicieron los más grandes místicos cristianos.

Pero, si somos *muy* cuidadosos, podríamos seguir utilizando los mitos de un modo profundamente simbólico y metafórico.

La naturaleza de los mitos

A menudo se piensa en los mitos como algo transracional o translógico, es decir, se cree que poseen significados más profundos o elevados de los de la mera razón y, en consecuencia, se sobrevaloran. Hay miles de libros en el mercado que exaltan la sabiduría del mito por encima de la razón. Pero no debemos olvidar que Joseph Campbell –quizás el principal mitólogo del siglo pasado– sostuvo que cualquier interpretación *literal* de los mitos es una «perversión». Según Campbell, los mitos solo son reales y auténticos cuando se interpretan de manera metafórica (como parece describirlos Immanuel Kant). Dicho en otras palabras, el único modo de entender el mito de que Jesucristo nació de una virgen consistiría, por ejemplo, en entender que significa algo así como que «era alguien tan puro que es *como si* hubiera nacido de una virgen». Repitamos de nuevo que Campbell sostuvo que la interpretación literal de los mitos del mundo tal como se toman normalmente son *perversiones*.

Bien podríamos decir, pues, que la mayoría de los libros que colocan la sabiduría del mito por encima de la razón elogian, en opinión de Campbell, perversiones. Pero Campbell no parece haberse dado cuenta de que todos los mitos producidos por el estadio mítico-literal ámbar se interpretan, como su nombre indica, literalmente. Este estadio es la principal fuente de mitos y todos ellos se toman de manera literal, de ahí que Campbell sostuviera que todos ellos son perversiones.

Lo que Campbell (entre otros) no advirtió fue que la expresión «como si» solo aparece –y solo puede ser entendida– desde el estadio cognitivo de las operaciones formales (es decir, desde la racionalidad naranja). Porque, como han demostrado Piaget y otros psicólogos del desarrollo, expresiones del tipo «y si» o «como si» son productos de la razón. Eso significa, como afirma Campbell, que los únicos mitos verdaderos son los que aparecen *en el espacio de la razón*. Así podemos desembarazarnos de la falsa idea de que los mitos encierran algún tipo de sabiduría transracional. Insistamos en este punto reiterando que los únicos mitos auténticos son los sostenidos por la razón.

¿Pero qué significa exactamente esto para los símbolos religiosos o espirituales? Tengamos en cuenta que los primeros teólogos cristianos, como Clemente y Orígenes, que a menudo se encontraban en este estadio racional naranja (o superior), tuvieron que hacer frente a la embarazosa situación de descartar muchas historias e imágenes mítico-literales de la Biblia. Se suponía que la Biblia era la palabra de Dios, pero estos mitos eran ridículamente increíbles. ¿Cómo podían reconocerlos, pero desembarazarse también de ellos?

Entonces fue cuando adujeron –de un modo tan ingenioso como, en mi opinión, acertado– la existencia de tres niveles diferentes de interpretación de los mitos. El más bajo de todos ellos es el nivel 1, el nivel literal. Desde este nivel, la afirmación de que Moisés separó las aguas del mar Rojo significa exactamente eso, que Moisés separó realmente las aguas del mar Rojo. El nivel 2 es el nivel metafórico o simbólico y, en él, los mitos simbolizan cuestiones más profundas o más elevadas. (Es desde este nivel desde donde debemos entender los mitos en el sentido apuntado por Campbell, de forma racional «como si» Moisés hubiese separado las aguas del mar Rojo como forma simbólica de referirse a algo más profundo). Desde esta perspectiva, por ejemplo (y debo decir que estoy inventándome una posible interpretación de ese hecho realizada desde el nivel 2), las aguas del mar Rojo son un símbolo que representa el desesperado esfuerzo que tuvo que realizar Moisés para unir a todas sus tribus y consolidar una identidad fuerte como pueblo que le permitiese superar los obstáculos que impedían el acceso de su pueblo a la tierra prometida. Desde esta perspectiva, la separación de Moisés de las aguas del mar Rojo se refería «realmente» a la guía ofrecida por Moisés a su pueblo para superar los problemas que impedían el establecimiento de una nación soberana. Ese sería un claro ejemplo de una interpretación propia del nivel 2 que subraya la existencia, en el mito, de un significado profundo (que el mito, en sí, no muestra ni señala en modo alguno). Desde esta perspectiva, la separación de las aguas del mar Rojo es una forma de referirse a la superación de los obstáculos a los que Moisés tuvo que enfrentarse, y lo que hizo la esposa de Lot fue, del mismo modo, tan malo *como si* la hubieran convertido en una estatua de sal, o que el nacimiento inmaculado de Jesucristo era un modo de decir que es *como si* hubiese nacido de una virgen. Así es como, de una sola tacada, nos desembarazamos de los absurdos significados de las interpretaciones literales y podemos seguir siendo buenos cristianos sin sentirnos, por ello, avergonzados. Pero en modo alguno deberíamos decir, en este sentido, que la interpretación propia de este nivel esté más allá de la razón, sino que, al descansar en la estructura «como si», exige racionalidad.

El tercer y último nivel de interpretación de los mitos es de orden místico (o trascendental) y, en este sentido, los mitos se refieren a realidades asociadas a una experiencia mística o a una realidad del despertar. A tal efecto, por ejemplo, el mar Rojo representaría una barrera o una contracción en la conciencia –la contracción en el ego limitado– que, si queremos acceder a una realidad más profunda y verdadera, nos veremos obligados a superar. En este caso no estaríamos hablando tanto de una realidad prerracional como de una realidad transracional que, en este nivel de interpretación, sería necesaria (aunque también trascendida).

A partir de este nivel naranja, es decir, a partir de la razón, es posible interpretar los mitos de un modo simbólico («como si») o místico (trascendental), lo que está muy bien, siempre y cuando se haga con plena conciencia. Así, por ejemplo, la muerte y resurrección de Cristo en la cruz no se refiere, desde esta perspectiva, a su muerte y resurrección física como afirma la interpretación literal del mito, sino que, como exige toda metamorfosis o experiencia genuina del despertar, tuvo que morir a su sensación de identidad separada y, una vez que lo hizo *(¡consumatum est!)*, su conciencia resucitó como su Yo soy, como su conciencia crística más profunda y verdadera (momento en el cual Jesús de Nazaret se convirtió en Jesucristo). Y, del mismo modo, la ascensión no significa irse a vivir para siempre a un cielo mítico y físico ubicado «ahí arriba» (¿dónde, por cierto, se hallaba ese cielo, cerca de la Luna, cerca de Marte o más allá incluso de la Vía Láctea?), sino más bien la ascensión a su propia conciencia crística (es decir, a su Yo Verdadero sin forma) en el verdadero Reino de los Cielos, es decir, en la eternidad de un Ahora atemporal. Así pues, la muerte de Cristo y su ascensión al cielo podrían ser entendidos *como si* hubiese muerto, realizado su Identidad Suprema y ascendido luego a los cielos de su Yo Verdadero. Y, en el mismo sentido, la frase «Cristo murió por mis pecados» significa que, si realmente quiero seguir el ejemplo de Cristo, eso es también lo que yo debo hacer: morir completamente a mi propio ego y resucitar como mi Yo Verdadero, para que «no sea yo, sino Cristo (es decir, la conciencia), quien viva en mí».

Es fundamental darse cuenta de que los mitos generados por el estadio mítico-literal ámbar no son «perversiones» de verdaderos mitos, sino que podemos reconocer, en ellos, la naturaleza verdadera del mito como una forma original y natural creada por la persona en el estadio ámbar de su desarrollo. Porque el mito, en su forma literal, refleja exactamente el modo en que se ve el mundo desde el estadio mítico-literal. Cuando por primera vez se dijo que «Moisés separó las aguas del mar Rojo», el autor *no* quiso decir eso de un modo metafórico o simbólico (y, mucho menos, místico). El autor *no* pensó: «Veamos, es importante que las distintas tribus israelitas se pongan las pilas y se apresuren a unirse en una sola nación. De modo que ahora que estamos parados aquí en la orilla del mar Rojo diré simplemente que Moisés separó estas aguas lo que, para los israelíes, representará la superación de todos los obstáculos que nos impiden crear una nación». ¿Se supone que debemos pensar que, teniendo eso en mente, el autor escribió: «Moisés separó las aguas del mar Rojo» y ya está? Eso no tendría el menor sentido (y casi nadie hubiera entendido a qué estaba refiriéndose. ¿Cómo diablos sabría alguien que la frase «Moisés separó las aguas del mar Rojo» tenía todos esos otros significados más profundos y simbólicos?). Casi ningún mito es originalmente metafórico o simbólico. En origen, los mitos son lo que dicen ser, algo literal y despojado de todo significado oculto.

«La mujer de Lot acabó convertida en estatua de sal» significa, en efecto, lo que dice, que la mujer de Lot se vio literalmente convertida en una estatua de sal. Y, del mismo modo, la frase «Moisés separó las aguas del mar Rojo» es exactamente el modo en que ese suceso fue recordado por la mente mítico-literal, como sucede con casi todos los demás mitos tanto de la Biblia como de otros tratados religiosos (y la razón por la cual la Biblia contiene tantos mitos es porque fue escrita, casi en su totalidad, desde el estadio mítico-literal de evolución de la humanidad).

Solo cuando contemplamos esos mitos desde una perspectiva racional (o desde un estadio todavía superior) y tratamos de averiguar qué diablos podrían significar (porque siendo, muchos de ellos, *pre-rracionales*, no tienen mucho sentido racional), cabe interpretarlos de un modo metafórico o profundamente simbólico. Interpreta los mitos como quieras, pero no des por sentado que estás leyendo en ellos algo que originalmente su autor puso ahí. De hecho, cuando alguien dice que un mito «realmente significa» esto o aquello (de un modo que va más allá de lo que el mito afirma) debemos sospechar que está inventándose las cosas.

Los mitos empiezan significando simple y literalmente lo que dicen por más absurdo que, en ocasiones, pueda parecernos. Este es el resultado del nivel 1 de interpretación del mito que, en realidad, constituye *su significado original y verdadero*. Y, si este significado te parece infantil, ten en cuenta que procede de un estadio infantil del desarrollo y evolución de la humanidad. Si cuando aparece la razón y lo interpreta «como si», creando significados mucho más sensatos y profundos y afirmando que ese es su «verdadero significado», no deberías olvidar que se trata de un significado racionalmente inventado procedente de un nivel 2 de interpretación del mito. (Date cuenta de que las detalladas y sesudas conferencias pronunciadas por estudiosos actuales de la Biblia como Jordan Peterson y Dennis Prager centradas en «una lectura racional de la Biblia» no dejan de girar, por más bien que estén, en torno a significados inventados del nivel 2).[2] Y, si una persona tiene una experiencia del despertar, también puede interpretarla desde el nivel 3 y descubrir, en ella, algo profundamente místico y trascendental.

La mayoría de los teólogos han pasado la vida esforzándose denodadamente en tratar de interpretar desde los niveles 2 o 3 los mitos de nivel 1 de la Biblia. Creo que ya ha llegado el momento de abandonar el enfoque mítico-literal (excepto para aquellos que se encuentran en el estadio mítico ámbar de la cinta transportadora) y avanzar a un nivel más elevado de la inteligencia espiritual (naranja, verde o turquesa) como necesariamente hará cualquier religión del futuro. Dicho en otras palabras, sigue adelante y utiliza los mitos del nivel 1 (porque no hay modo de evitarlos), pero date cuenta de que sus significados originales provienen del estadio del desarrollo que originalmente los produjo (es decir, de los estadios mágico o mítico). Y, con eso en mente, dales luego una interpretación más elevada (de nivel 2 o de nivel 3) sabiendo que ninguna de esas interpretaciones llegará a proporcionarte el significado original del mito. Y eso está bien porque, de ese modo, tendrás acceso al significado *literal* del mito, que es su significado *original*, pero también tendrás la posibilidad de reinterpretarlo desde un nivel superior (como, por ejemplo, racional, pluralista o integral). Date simplemente cuenta de eso, sin olvidar que, por más que reinterpretes esos mitos desde niveles superiores, esas reinterpretaciones jamás te permitirán acceder a su significado original.

Desde esta perspectiva desmitologizada (racional naranja o superior), Jesús de Nazaret fue un ser humano como cualquier otro que tuvo una experiencia sorprendentemente profunda de despertar a su Yo divino y a su Identidad Suprema a la que cualquier ser humano puede acceder (algo muy posible, aunque a lo mejor no tan profundo). Y, en el momento en que descubrió su Yo Verdadero y profundo (*turiya* o su propia conciencia crística), dejó de ser Jesús de Nazaret y se convirtió en Jesucristo, porque, como ya hemos visto, «Cristo» no es tanto un nombre como un título que se refiere a la persona que ha establecido contacto con su Yo verdadero (*turiya*) o que es uno con el Espíritu mismo (*turiyatita*). Jesús, de hecho, tuvo varias experiencias de despertar: su primera metamorfosis en el río Jordán de manos de Juan el Bautista; luego la transfiguración; después la muerte del ego en la cruz y, finalmente, su ascensión a la Unidad o Identidad Suprema (es decir, los reinos ordinario, sutil, causal/*turiya* y no-dual).

Y algo muy parecido le ocurrió al príncipe Siddhartha que, durante seis años, buscó su realidad más profunda y acabó realizándola con la iluminación, momento en el cual pasó a ser conocido como el «Buda» que, al igual que «Cristo», no es tanto un nombre como un título. ¿Y qué es lo que significa ese título? Recordemos que cuando le preguntaron «¿Eres un Dios? ¿Eres un Ser divino?», el Buda respondió: «No». Y, cuando volvieron a preguntarle «Entonces ¿qué eres?, respondió simplemente: «Soy un despierto».

Estados alterados de conciencia como las experiencias cumbre, los estados de flujo, las experiencias meseta, las experiencias espirituales y el despertar son muy naturales y comunes, porque, como ya hemos visto, las encuestas realizadas al respecto ponen claramente de relieve que cerca del 60 % de las personas han tenido importantes experiencias de «Conciencia de Unidad». Entender, por tanto, que el suceso que convirtió a Jesús de Nazaret en Jesucristo fue una experiencia directa (ciertamente profunda) del despertar saca a Cristo (y a la espiritualidad en general) del entorno mítico-literal de los cuentos de hadas y lo ubica en el centro mismo de *esta* realidad presente. No hay nada especialmente imaginario en la experiencia que convirtió a Jesús en el Cristo (mientras que la mayoría de las religiones mítico-literales son fantasías que tienen, para cualquier estadio superior a ámbar, la misma realidad que Zeus, Apolo, Afrodita, Santa Claus o el ratoncito Pérez). Las afirmaciones de los grandes adeptos y realizados representados por Cristo y Buda no se asientan en historias míticas ni en cuentos de hadas (que ya se han visto desacreditadas por la mente moderna y postmoderna), sino en la realidad experimentada desde esos mismos estados alterados.

La abundante investigación al respecto deja muy claro que los estados alterados de conciencia revelan, en muchos casos, *realidades* procedentes de dimensiones de este mundo rara vez vistas o experimentadas. No deberíamos descartar como una exageración, sino tomarnos muy en serio, la afirmación del bateador de béisbol que dice que puede llegar a contar el número de costuras de la pelota de béisbol que está acercándosele a una velocidad de unos 150 kilómetros por hora, porque son precisamente ese tipo de cosas las que llegan a experimentarse en un estado alterado de conciencia. Cuando más adelante expongamos algunas prácticas que nos permitirán experimentar algunos de los estados espirituales más elevados podremos reconocer, en esos estados, experiencias semejantes a estas. Estas son realidades que, aunque sean pocas las personas puedan llegar a percibirlas, siempre están presentes. No hay, en ello, nada de mítico ni de cuento de hadas. Como los místicos han sostenido desde siempre, las realidades místicas son experiencias directas a las que puede acceder cualquiera que esté dispuesto a abrir los ojos y mirar. Y esto es algo cierto para los cinco grandes estados del despertar. Las historias de los grandes realizados, de los grandes hombres-dioses y mujeres-diosas del pasado y del presente, no nos hablan de superhéroes mágicos o míticos; no nacieron como dioses y diosas, sino como hombres y mujeres ordinarios que despertaron a su realidad más profunda y verdadera tal como, hace más de dos mil años, hicieron Jesucristo y Gautama el Buda, y exactamente del mismo modo en que, aquí y ahora, puedes hacer tú.

La visión de Jesucristo (entendido como una persona que tuvo una profunda realización del despertar y no como el personaje de un cuento de hadas mágico-mítico) no es necesariamente la que sostienen quienes alcanzan el estadio racional naranja de su inteligencia espiritual. Pero esa es ahora, dada la naturaleza postmítica de este estadio, una posibilidad. Cuando, dicho en otras palabras, los mitos se desvanecen, uno empieza a buscar otra explicación a la impactante influencia de estos realizados (muchos de los cuales fundaron religiones o ramas influyentes de alguna religión), y la explicación más evidente es que la profundidad de la huella dejada por una auténtica realización del despertar deja a su paso un campo morfogenético de dimensiones importantes que suele tener un impacto muy profundo en sus seguidores.

La aceptación de esta noción depende fundamentalmente de la experiencia de despertar que haya tenido la persona que, como ya hemos visto, no tiene lugar, como ocurre con el desarrollo, de un modo automático, sino que se asienta en la práctica deliberada y en una experiencia de reconocimiento. Las personas pueden desarrollarse hasta el nivel turquesa integral sin tener una sola experiencia del despertar ni sospechar siquiera su existencia. Pero, si han tenido una experiencia del despertar, la reconocerán casi con absoluta certeza cuando asome en realizados como Jesucristo o Gautama el Buda y entenderán que ellos mismos pueden hacer lo que san Pablo recomendó cuando dijo «Que esta conciencia esté en vosotros como estuvo en Jesucristo para que todos seamos uno» (en una verdadera Conciencia de Unidad). Y si la persona que se halla en el estadio racional de la inteligencia espiritual no tiene –o niega– la experiencia del despertar suele seguir –en el caso de que no se torne atea o agnóstica– el camino de Thomas Jefferson y, renunciando a sus pasajes mágicos y míticos, considerar a la religión como fuente de pautas y principios morales racionales y universales.

El ateo racional

Ahora llegamos a una forma muy habitual de inteligencia espiritual en el estadio naranja del desarrollo en donde la persona puede decidir racionalmente que es atea o, al menos, agnóstica. Estas siguen siendo decisiones tomadas por la inteligencia espiritual, porque tienen que ver con lo que la persona considera que, para ella, es una realidad última, una preocupación última o, dicho de otro modo, con lo que considera realmente real. Esto es precisamente lo que hace la inteligencia espiritual independientemente de que su decisión final la lleve a declararse teísta, ateo, agnóstico, materialista, nihilista, o cualquier otra versión de lo que la persona piensa que es la realidad última. Creo que no hay nadie que haya reflexionado tanto en estas cuestiones como los nuevos ateos y me parece que, en su conclusión de que no hay espíritu, usan más la inteligencia espiritual que cualquier otra persona en el planeta, que es precisamente lo que les lleva a escribir libros tan sesudos sobre el tema (como, por ejemplo, *The God Delusion*, *God Is Not Great*, *Letter to a Christian Nation* o *Waking Up*).

Lo único que, al respecto, voy a decir es que, en mi opinión, se trata de una argumentación bastante simplista que se halla a mitad de camino entre los estadios ámbar y naranja. Su conclusión de que todo lo naranja (que equipara a la ciencia) es bueno y de que todo lo ámbar (que equipara a la religión) es malo no me parece muy integral que digamos. Tampoco reconocen la realidad del desarrollo (que conduce, por ejemplo, desde rojo hasta ámbar y naranja o desde mágico hasta mítico y racional) y carecen, en consecuencia, de explicación aceptable del lugar del que provienen la religión mítica y la ciencia racional. Es por ello por lo que tampoco tienen el menor empacho en afirmar que todos los que, sin saber de dónde viene, acaban usando la razón, están en lo cierto y que todos los creyentes en la religión ámbar (es decir, entre el 60 % y el 70 % de la población mundial) son idiotas.

Sea como fuere, a partir del estadio racional naranja, la inteligencia espiritual puede empezar a cuestionar –y, en ocasiones, llegar incluso a atacar–, cualquier forma de religión y descartarla como una expresión del infantilismo mítico-literal, cuando, en lugar de limitarse a subrayar las limitaciones de esa visión mítica de la religión, podría también abrirse a una visión racional más amplia. Es por ello por lo que la primera batalla cultural en la que la modernidad se enzarza es, independientemente de lo débiles que sean sus presupuestos de partida, la batalla entre la ciencia racional y la religión mítica. El estadio naranja es el primero de los estadios que pudo afirmar «¡Dios ha muerto!», una afirmación que Nietzsche hizo famosa y que, con la emergencia del estadio naranja, resonó en toda Europa durante la Ilustración, aunque lo que realmente anunciaba era *la muerte del dios mítico*.

El estado causal sin forma

El dios mítico murió –y sigue muerto– para los niveles del desarrollo naranja y superiores, pero aún está vivito y coleando en los niveles mágico y mítico inferiores. Y, como todo el mundo nace en el nivel 0, es decir, en el nivel arcaico carmesí y, desde ahí, inicia su proceso de desarrollo a través de los niveles mágico, mítico, racional naranja y superiores, la mayoría de las personas, incluidos los ateos, atraviesan un período religioso mágico-mítico, aunque se limite a creer en Santa Claus o el ratoncito Pérez. Durante el estadio racional naranja advertimos un avance, en algunas personas, en la dimensión del despertar, desde el misticismo teísta propio del estado sutil hasta el misticismo sin forma característico del estado causal. Y, mientras el misticismo teísta se veía interpretado por el nivel mítico, el misticismo sin forma suele interpretarse desde el nivel racional.

En este punto suele haber cierta confusión en lo que es realmente el estado causal, porque los significados que al respecto nos ofrecen las tradiciones suelen ser muy diferentes y algunos de ellos parecen incluso contradictorios. Como, para quienes están familiarizados con las religiones del mundo, el estado causal es una pesadilla, trataré de arrojar un poco de luz al respecto. (Lo que sigue es una digresión un tanto técnica de modo que, si no estás especialmente interesado en el tema, siéntete libre de leerlo por encima y en breve volveremos al budismo como una religión «racional» que apunta al objetivo del despertar).

El estado causal se refiere a las primeras dimensiones explícitas de la existencia. Es decir, a medida que el Espíritu crea y manifiesta este universo instante tras instante o a medida que ese universo manifiesto emerge instante tras instante del Fundamento del Ser, las primeras formas en aparecer son las llamadas «formas causales» que los griegos denominaron «arquetipos» (es decir, formas primordiales). Algunas tradiciones (como el Vedanta, por ejemplo) llaman «causal» a este reino porque es la causa de todas las formas y dimensiones inferiores de la existencia, mientras que otras (como el budismo tibetano, por ejemplo) lo llaman «muy sutil» (es decir, más allá de lo sutil), porque es la más sutil de todas las dimensiones manifestadas. A estas formas más elevadas y sutiles de las que dependen todas las formas menores se refieren nociones tales como las formas ideales de Platón, los objetos eternos de Whitehead (es decir, las cosas con las que hay que contar para crear un universo manifiesto como, por ejemplo, los colores), los *vasanas* (es decir, las formas de la memoria colectiva) del budismo Yogachara, las Formas eternas de los archivos akáshicos, etcétera.

Hay tradiciones que sostienen que la experiencia directa de los arquetipos es un tipo de experiencia espiritual, mística y arquetípica. Esto es cierto para las formas platónicas, los *vasanas* colectivos y las formas de los archivos akáshicos, no en vano Jung dijo, en este mismo sentido, que «la mística es la experiencia de los arquetipos».[3] Cuando yo hablo de este estado suelo llamarlo «arquetípico» y denomino «misticismo arquetípico» a su experiencia directa (que, como sucede con toda experiencia espiritual, se interpretará de acuerdo al estadio de desarrollo en el que se halle la persona y que, en el nivel naranja, es el estadio racional-universal, razón por la cual estas formas casi siempre se consideran universales).

La mayoría de las tradiciones dividen el dominio causal en dos grandes reinos: 1) los arquetipos mismos y, en el punto más elevado del reino causal, 2) un vacío puro y sin forma que, según se dice, puede advertirse en los estados de meditación sin forma o en el sueño profundo sin sueños. Es por esta misma razón por la que la definición exacta de lo que es el estado causal puede resultar confusa, porque puede tratarse de las formas más elevadas y sutiles de la existencia (arquetipos) o de un reino puro, infinito, sin forma y sin manifestar. La mayoría de las tradiciones afirman contener ambos, de modo que deberemos tener mucho cuidado cuando hablemos del nivel causal, razón por la cual, cuando hable de este tema, diré sencillamente a cuál de estos dominios estoy refiriéndome.

También puede haber otra pequeña confusión porque, cuando lo causal se desvanece en el reino puro, sin forma y no manifestado, suele combinarse con *turiya*. Recordemos que *turiya* es el cuarto estado de conciencia (es decir, el estado que se encuentra más allá del estado causal, más allá del tercero de los estados que, a su vez, se encuentra después de los estados ordinario y sutil). *Turiya* es el Testigo puro, vacío y sin forma; la Conciencia pura y sin contenido; la Conciencia Sin Objeto a la que también se conoce como Yo Verdadero, Yo Soy, la Subjetividad Absoluta, nuestro Rostro Original, etcétera. Pero *turiya*, en sí mismo, al estar despojado de todo atributo, es completamente incalificable (incluido, obviamente, este).[4] El Testigo es ajeno a toda manifestación: «Tengo sensaciones, pero no soy esas sensaciones. Tengo sentimientos, pero no soy esos sentimientos. Tengo pensamientos, pero no soy esos pensamientos. Yo no soy nada que pueda ser visto, sino el Vidente puro; nada que pueda ser atestiguado, sino el Testigo verdadero y nada que pueda ser conocido, sino el Conocedor puro». A veces se hace referencia a *turiya* como el Vacío puro o la Ausencia (con «a» mayúscula) de toda forma, pero también se trata del aspecto cognitivo o cognoscente de la Conciencia pura: un Testigo puro, Vacío e incalificable. (Este estado de *turiya* es uno de los principales estados que exploraremos y trataremos de experimentar más adelante).

Cuando *turiya* se combina con el estado causal, lo que ocurre con cierta frecuencia, siempre se trata del aspecto puro y sin forma de ambos estados, de modo que esto conduce a un misticismo puro y sin forma o a un misticismo de la Vacuidad radical (mientras que el aspecto cognoscente puro de *turiya* conduce a un misticismo de Solo conciencia, de Yo Verdadero o de Yo Soy).

El estado «causal» puede referirse, por tanto, a una u otra de estas dos acepciones: la más elevada de todas las formas (arquetipos), o la Ausencia de forma que se encuentra más allá de todas las formas (como cuando se dice que lo causal es un estado puro y sin forma que está presente en el sueño profundo sin sueños). Cuando la evolución comienza a empujar hacia el estado causal tornándolo accesible a la conciencia solemos asistir a la entrada en escena de ambos aspectos. Por un lado advertimos, en todo el mundo, el descubrimiento de los arquetipos, ya sean las formas de Platón, los archivos akáshicos de Oriente, los *vasanas* del *Lankavatara Sutra* o las geometrías pitagóricas (estas parecen ser las dimensiones primordiales que la actual teoría de cuerdas considera necesario postular, siendo las cuerdas las dimensiones primordiales de las que se derivan todas las demás). Este descubrimiento no solo facilitó la comprensión directa de las formas más elevadas, sino también de lo no manifestado (causal/*turiya*): el reino sin manifestar, infinito y sin forma de la cesación pura, el Uno más allá de los Muchos, la Vacuidad más allá de toda forma y, lo más notable de todo, *un nirvana ajeno a todo samsara.* Este estado de *turiya* puro es literalmente el estado de nirvana o *nirodh* (la cesación pura), de modo que descubrir el nirvana es liberarse de todo *samsara* y descubrir, por tanto, una Libertad pura e incalificable. Y esta Libertad no es un mero postulado teórico, sino la experiencia directa de un Yo soy puro e incalificable. Y, como esta Vacuidad pura y sin forma limpia la conciencia de todas las formas, la abre también a casi todos los estados superiores del despertar (desde *turiya* hasta *turiyatita*).

Concluiremos esta sección diciendo que, durante el período en el que la evolución pasó, en la línea del desarrollo, del estadio mítico ámbar al estadio racional naranja, la evolución de la línea del despertar fue aproximándose al estado causal. Y «causal» tiene, en este punto, varios sentidos, porque puede referirse a un tipo de misticismo arquetípico (platónico y pitagórico, por ejemplo), o puede estar marcado por una fuerte sensación de Vacuidad pura o de ausencia de forma pura y no manifestada de la causalidad elevada (sueño profundo sin sueños). Y, en este caso, también estaba comprometido el estado de *turiya*, el Testigo o Yo Soy sin forma o el nirvana despojado de todo *samsara* del que habla el budismo original.

El budismo original

El Fundamento vacío e infinito del Ser (causal/*turiya*) es un estado que –como sucede con casi todos los estados– puede experimentarse e interpretarse desde cualquier estadio del desarrollo (que hasta ese momento haya aparecido, obviamente, en el curso de la evolución). Uno de los enfoques espirituales que tiene un apoyo destacado en el estadio racional naranja es el de Gautama el Buda, cuyo objetivo original consistía en despertar del reino del *samsara* (es decir, del universo manifiesto de la forma) y adentrarse, en su lugar, en un estado completamente informe, vacío y no manifestado conocido como «nirvana» (un estado *turiya* de «no-ego» radicalmente vacío). Esto implica la cesación o extinción completa, en la conciencia, de toda forma manifiesta, de modo que uno se libera del sufrimiento, el pecado, la ilusión y la caída en el mundo manifiesto (*samsara*). Aunque se trata de una experiencia del despertar puro a un estado de *turiya*, lo más importante de este enfoque fue que el Buda lo explicó de un modo completamente racional. El Buda no hace referencia alguna a dioses, diosas, espíritus de la naturaleza ni nada que tenga aspecto mágico o mítico; muy al contrario, proporciona explicaciones racionales muy claras y concretas. Explica que el objetivo de su enfoque es la realización de un estado de cesación o extinción pura (nirvana o *nirodh*) que conlleva el final definitivo de todo sufrimiento (*samsara*). Pero este estado despierto o iluminado no puede ser capturado por la razón ni por ningún proceso de pensamiento. Para alcanzar esta experiencia es necesario, según el Buda, entregarse a la meditación y esforzarse en despertar un estado puramente vacío de completa cesación y extinción, un estado que el mismo Buda denominó «nirvana» (y que técnicamente se conoce como «nirodh» o cesación de todas las formas mentales). Y toda esta exposición la hace de un modo completamente racional, incluidas las instrucciones para las prácticas de meditación que son las únicas que pueden conducir a la iluminación transracional. Resulta evidente, en este sentido, que el Buda está interpretando este estado causal sin forma/*turiya* del despertar desde un estadio racional naranja del desarrollo.

Como tantas otras palabras sánscritas utilizadas en relación con la espiritualidad, *nirvana* es un término sánscrito compuesto por el prefijo *nir*, que significa «sin», «no» o «ninguno» y que se refiere a un estado «sin aferramiento ni deseo». Otros términos con el prefijo *nir* comunes en esa época fueron *nirvikalpa* (sin formas de pensamiento), *nirguna* (sin cualidades, es decir, completamente incalificable) y *nirodh* (extinción pura o cesación completa), versiones diferentes, todas ellas, de la misma realidad vacía, sin forma e incalificable a la que, por primera vez, se acababa de acceder evolutivamente y a la consiguiente liberación de todos los tormentos, torturas, pecados, sufrimientos e ilusiones que aquejan al universo manifiesto. Este es un estado muy real del despertar *turiya* –como también lo es la libertad que lo acompaña– que se experimentó en el momento en que la evolución empezó a trascender las formas míticas y se adentró en los reinos racionales naranja que, debido a su capacidad de ir más allá de los mitos, abrió también la posibilidad de despertar a *turiya*.

El budismo original es una de las pocas religiones del mundo que se originó en el nivel racional naranja del desarrollo (aunque aspiraba al estado del despertar de *turiya* puro y vacío). Los eruditos siempre se han preguntado por qué el aspecto del budismo es tan distinto al de las demás religiones y si es correcto considerarlo una religión. De lo que no cabe la menor duda es que no se asemeja a las religiones al uso, una diferencia que no reside tanto en su objetivo último –la Vacuidad pura del despertar–, porque ese es un objetivo que también podemos encontrar en muchas otras religiones que han accedido al nivel racional naranja (como la nada de la que habla *La nube del no saber*, el ayin del judaísmo y la divinidad sin forma más allá de Dios propia del gnosticismo). Lo que diferencia al budismo del resto de las religiones es que casi todas ellas tienen importantes precursores derivados de interpretaciones mágico-míticas, cosa que apenas sucede en el caso del budismo. Esta ausencia de vestigios mágico-míticos ha llevado a muchos eruditos –que identificaban a la religión básicamente con este tipo de elementos– a afirmar que el budismo no es tanto una religión como una psicología. En mi opinión, sin embargo, aunque su objetivo del logro de la cesación pura de la Vacuidad infinita no era nuevo ni distinto al de muchas otras religiones, su marco de referencia interpretativo, es decir, el nivel de desarrollo desde el que interpretaba su despertar, sí que era bastante diferente. No era mágico ni mítico, sino racional naranja, algo, por cierto, bastante novedoso y que, en aquella época, lo diferenciaba profundamente de casi cualquier otra gran religión.[5]

Otros objetivos o metas del budismo de esa época son el logro de *turiya* descrito como Unidad pura, Vacuidad infinita, Divinidad más allá de Dios o nirvana más allá de todo *samsara*. También podemos verlo en el Uno de Parménides; el Purusha (Yo Puro) que el Samkhya opone a Prakriti (los muchos); las paradojas de Zenón y experimentos mentales parecidos que apelaban explícitamente a una novedosa y precoz razón naranja que les llevaba a concluir que el mundo manifiesto era inherentemente contradictorio, caído y hasta irreal. La doctrina dualista del Samkhya de Purusha puro frente a Prakriti manifiesto acabó convirtiéndose en el enfoque espiritual fundacional de casi todas las grandes religiones de la India (la nave nodriza, podríamos decir, de todas sus tradiciones espirituales y religiosas). Esa visión presentaba la realidad dividida en un componente real (Purusha, el Testigo, Yo soy, el Yo verdadero, la Conciencia sin objeto o la Conciencia pura y vacía) y otro componente manifiesto (Prakriti, es decir, la totalidad del mundo material manifiesto), con el objetivo de alcanzar la Liberación total, el descubrimiento de la Libertad radical de la Conciencia vacía frente al sufrimiento inherente a la identificación con un mundo objetivo, material y manifiesto (porque ese, en última instancia, es un mundo ilusorio, *completamente* caído y cargado de sufrimiento). Y, aunque este acabó convirtiéndose en el objetivo de muchos sistemas religiosos posteriores de la India, versiones posteriores –que más adelante exploraremos– pasaron de ser dualistas (como el Samkhya original) a no-duales (como el Vedanta y el Vajrayana), algo que ocurrió, en concreto, cuando el acceso a los estados superiores de conciencia evolucionó de la Conciencia Vacía pura e inherentemente dualista de *turiya* (un mundo escindido en nirvana versus *samsara*) a la Conciencia de Unidad última y profundamente no-dual de *turiyatita* (un nirvana unido a *samsara*).

En este punto de nuestra narración advertimos la emergencia de versiones dualistas –causal/*turiya*– que separaban el nirvana del *sam-*

sara y aconsejaban el rechazo del reino de las formas y la identificación pura con el Uno sin forma.

La muerte del Dios mítico

La muerte del Dios mítico ocurrida en Occidente fue una transición tan desgarradora como dolorosa. La gente pensó que, en ausencia del Dios tradicional, todo estaría permitido, desaparecería toda moral, el pecado campäría a sus anchas y el mundo, en fin, acabaría colapsándose. Pero lo cierto es que el mundo no se derrumbó y que, en una de las transformaciones más extraordinarias de la evolución de la humanidad, acabó proclamándose la muerte de Dios y su reemplazo, como fuente más fiable de conocimiento verdadero, por la ciencia racional.

Quizás esta transición te permita seguir creyendo que tu religión (si es que tienes alguna) es la mejor *para ti*, pero lo que ya no podrás seguir afirmando alegremente como antes es que se trata de la mejor para todo el mundo.

La gente no interpreta su religión basándose en lo que esta dice, sino en función del estadio del desarrollo en que se encuentra. En lo que respecta al cristianismo siempre ha habido –sobre todo desde la Ilustración– personas sinceras, fieles e inteligentes que lo han interpretado en términos básicamente racionales (y por tanto desmitologizados), empezando por el teísmo, el primer gran enfoque racional del cristianismo que tuvo muchos seguidores (recordemos que muchos de los fundadores más influyentes de Estados Unidos eran teístas). Este cristianismo racional es una línea de pensamiento que ha proseguido hasta nuestros días y uno de sus ejemplos más conocidos es, como ya he dicho, el obispo Shelby Spong, que no solo declara explícitamente no creer en ninguno de los mitos o milagros del cristianismo (incluyendo mitos sin duda centrales, como el nacimiento virginal de Jesús, su estatus de hijo único del único Dios verdadero y la resurrección de la carne), sino que tampoco tiene empacho alguno en afirmar no conocer a ningún teólogo moderno que así lo crea (bueno, tal vez él no lo crea, pero la verdad es que yo sé que son muchos los que así lo creen). Como ya he dicho, el título de su libro más reciente, *Unbelievable*, lo dice todo: los mitos centrales del cristianismo son, en el mundo actual, completamente increíbles. Pese a todo, sin embargo, Spong sigue considerándose un auténtico y verdadero cristiano, ¡algo con lo que yo no podría estar más de acuerdo!

Las formas racionales de la espiritualidad son muy habituales durante el estadio estructural naranja (así como también en el siguiente estadio mundicéntrico importante, el estadio pluralista verde). Como los estadios posteriores al mítico son postmíticos, todos ellos son racionalmente aceptables. Y, a medida que la inteligencia espiritual va alejándose de las formas más tradicionales de religión mítica, empieza a apelar a ciencias racionales, como la teoría sistémica, por ejemplo, para explicar el Espíritu como una Gran Red de Vida, o la mecánica cuántica para tratar de explicar la interconexión existente entre toda forma de vida (una visión inequívocamente panteísta).[6] Uno puede tener o no una experiencia directa del despertar e interpretarla desde los estadios naranja o verde, pero, si la tiene, no tendrá más remedio que interpretarla en los términos propios del estadio en que se encuentre. Y, si la persona está en el estadio naranja, la inteligencia espiritual propia de este estadio suele ser racional, compatible con la ciencia, universal, mundicéntrica, basada en la evidencia y sumergiéndose a menudo en ciencias de vanguardia como la teoría sistémica, la mecánica cuántica o las teorías de la complejidad e interpretando habitualmente el Espíritu como el tejido interconectado de todo el universo manifiesto (o una Gran Red de la Vida panteísta).

Si el sistema espiritual de la persona que se halla en el estadio racional se basa en un misticismo auténtico (es decir, si se basa en prácticas que ayudan a la persona a experimentar directamente el despertar a un estado superior de conciencia, como el causal o *turiya*), puede llegar a interpretar y explicar ese Espíritu último en términos racionales, como lo hizo el Buda Gautama. Pero si, por el contrario, la persona no ha tenido un despertar o un cambio de estado de conciencia, su conciencia espiritual únicamente podrá basarse en la inteligencia espiritual (del desarrollo) y sus teorías y explicaciones «científicas» (desde la mecánica cuántica hasta la teoría sistémica) empezarán a asumir entonces el aspecto de una teología. En ausencia, dicho de otro modo, de una experiencia de despertar a la Realidad Última, uno tomará como tal el simple conocimiento de esas descripciones científicas de la realidad. Pero, cuando el conocimiento por descripción reemplaza al conocimiento por familiaridad, uno deja de mirar la Luna y se queda simplemente hipnotizado mirando el dedo que apunta hacia ella.

Quiero recordar, en este momento en el que empezamos a considerar de manera racional el Espíritu, la gran diferencia existente entre la experiencia directa del despertar y las simples opiniones sobre un nuevo paradigma científico. Si no tenemos esto muy claro, jamás trataremos de despertar. Si te dedicas a estudiar y revisar un nuevo paradigma científico, estarás ejercitando tu inteligencia espiritual en la dimensión del desarrollo, pero en nada contribuirá eso a tu despertar. La mayoría de la gente confunde el despertar con el desarrollo y cree que el hecho de pensar en un nuevo paradigma científico está haciendo avanzar su despertar. Pero las cosas no son así y esa actitud, con frecuencia, no hace más que complicarlas. Si confundes el desarrollo con el despertar y crees que el trabajo que haces en aquel te ayudará a despertar, bueno... simplemente no despertarás. No olvides, sobre todo a partir del estadio naranja en el que aumenta la racionalidad, la amplitud de las ofertas alternativas al despertar que te ofrece en el supermercado espiritual y recuerda la gran diferencia entre el despertar y el desarrollo y la extraordinaria importancia de incluir e integrar esas dos dimensiones.

El «qué» y el «porqué» de la evolución

Desde la perspectiva proporcionada por el estadio racional naranja, la inteligencia espiritual concibe la evolución como una especie de «Espíritu-en-acción». Y, aunque este estadio no necesariamente abrace la totalidad de la evolución darviniana convencional, lo cierto es que no reconoce incompatibilidad alguna entre la evolución y la auténtica espiritualidad. Pero esto casi siempre se hace desde una visión muy concreta que tiene en cuenta, al menos, dos aspectos muy diferentes en la teoría evolutiva moderna: el «qué» cronológico de la evolución (que casi siempre es aceptado por la racionalidad naranja) y su «porqué» teórico (que casi nunca es aceptado por la racionalidad naranja).

El «qué» cronológico se refiere a la simple descripción de los muchos estadios que, a lo largo de su despliegue, atraviesa la evolución generando holones nuevos y emergentes cada vez más complejos, unificados y conscientes (desde los quarks hasta los átomos, las moléculas, las células y los organismos) y, a partir de estos, el despliegue de todo el Árbol de la Vida a través de totalidades cada vez más amplias y complejas (desde las plantas hasta los peces, los anfibios, los reptiles, los mamíferos, los primates y el ser humano), y el impulso continuo, en el caso ya del ser humano, hasta totalidades cada vez mayores (desde el egocentrismo hasta el etnocentrismo, el mundicentrismo y la integralidad). Ese es el «qué» de la evolución –el simple registro empírico de lo que en verdad ocurrió–, algo que la inteligencia espiritual de este estadio no tiene problema alguno en asumir (y cuyo núcleo se ve perfectamente aceptado por casi todas las escuelas de la teoría evolutiva moderna).

Las cosas son bastante más difíciles en lo que respecta al «porqué» de la evolución porque hasta los científicos más ortodoxos muestran considerables desacuerdos. Parece que, en este sentido, hay varias cuestiones implicadas. Whitehead denominó «avance creativo hacia la novedad» al impulso inequívoco de la evolución en una determinada dirección[7] que él consideraba como lo que, «en última instancia», se necesita para poner en marcha un universo. Esto es algo llamado «autoorganización a través de la autotrascendencia» por Erich Jantsch; «orden a partir del caos» por el premio nobel Ilya Prigogine; «autopoiesis» y «enacción» por Francisco Varela y «eros» por algunos filósofos, aunque su nombre más utilizado hoy en día probablemente sea el de «autoorganización». Es este impulso inherente del universo hacia la autoorganización el que ha puesto en marcha la evolución y la ha orientado luego hacia totalidades (u holones) cada vez mayores y más unificadas. El mundo extraordinariamente hermoso en el que nos encontramos es el resultado de 14.000 millones de años de esta autoorganización a través de la autotrascendencia. Se trata de un impulso *inherente* al universo –de una fuerza verdadera– tan real como la gravedad, el electromagnetismo y las fuerzas nucleares fuerte y débil.

Es este mismo Eros (o autoorganización) el que impulsa nuestro crecimiento y desarrollo y nos abre a estadios cada vez más elevados del despliegue evolutivo. La misma fuerza que produjo las galaxias a partir del Big Bang, los gorilas a partir del polvo y la preocupación mundicéntrica global a partir del narcisismo egocéntrico es la que nos impulsará hacia estadios cada vez más elevados de nuestro crecimiento, desarrollo y evolución. Y, si consideramos que la evolución está impulsada por el «Espíritu en acción» –una noción que aparece en el estadio naranja–, podemos considerar a Eros (o la actividad autoorganizadora) como el impulso creativo del Espíritu que, en tanto Fundamento creativo del Ser de Todo Lo Que Es, crea algo a partir de la nada en cada instante de la existencia.

Son muy pocos los pensadores racionales que cuestionan el «qué» de la teoría de la evolución que establece los muchos estadios provisionales de este despliegue evolutivo. A este aspecto se refieren los científicos cuando dicen que no cabe la menor duda de la evolución, y tienen toda la razón. No cabe la menor duda de que los átomos precedieron a las moléculas que, a su vez, precedieron a las células y de que los peces precedieron a los anfibios que, a su vez, precedieron a los mamíferos, etcétera. Si examinamos detenidamente la historia real del Kosmos, este «avance creativo hacia la novedad» es tan innegable como inevitable.

Otra cosa muy distinta y en lo que los biólogos evolutivos están cada vez menos de acuerdo es *por qué* todo esto ocurre. La explicación neodarvinista estándar afirma que la evolución se debe a mutaciones azarosas que provocan variaciones fortuitas de entre las cuales el proceso de la selección natural acaba cribando las más útiles para la supervivencia y la reproducción. Pero son pocos hoy en día los científicos que crean a pies juntillas en esta teoría. Teóricos vanguardistas de la evolución como David Sloan Wilson hablan de cosas tales como la evolución psicológica y cultural que nada tienen que ver con la reproducción sexual. Es muy improbable que la mera variabilidad derivada de la mutación azarosa pueda dar origen a la extraordinaria diversidad, complejidad y unificación de formas en constante expansión que inexorablemente nos ofrece la evolución. (Digamos, a modo de simple ejemplo, que la probabilidad de que el mero azar produzca una cadena proteica de 150 aminoácidos en el orden correcto es, ante la de hacerlo incorrectamente, de $1/10^{77}$; es decir, varias veces mayor que el número total de organismos del planeta).

Implícito en el mismo universo debe haber, dicho en otras palabras, un impulso hacia un orden, totalidad y autoorganización cada vez mayor, lo que Whitehead denominó «avance creativo hacia la novedad», en cuya ausencia el universo posterior al Big Bang no podría haber seguido avanzando un solo nanosegundo. Debe haber, pues, integrado, en el mismo universo, algún tipo de impulso inherente hacia un orden mayor, un tipo de máquina de aumento de probabilidades, por así decirlo. Necesitamos, como mínimo, algo semejante al impulso intrínseco de Prigogine a producir «orden a partir del caos» (hasta la materia muerta, cuando se ve empujada lejos del equilibrio, supera esa tensión saltando a un nivel de orden superior, como sucede cuando el agua que escapa caóticamente por un desagüe da paso súbitamente a un remolino perfectamente organizado). Este impulso a crear «orden a partir del caos» es, según la obra de Prigogine galardonada con el Premio Nobel, un impulso inherente al propio universo material que comenzó en el mismo Big Bang. Stuart Kaufman, del famoso Instituto de santa Fe, afirma, en este mismo sentido, que la complejidad del universo es «una combinación entre la autoorganización y la selección natural», siendo la autoorganización el impulso inherente hacia una mayor novedad, complejidad y orden.

Podemos encontrar versiones distintas de este punto de vista en varios teóricos realmente brillantes. Bruce Damer es un pionero muy respetado en abiogénesis, la investigación científica sobre los orígenes de la vida (he pasado bastante tiempo con él y es la persona, en mi opinión, más conocedora de esa cuestión). Y justo al comienzo de su esquema explicativo menciona algo sin lo cual todo el sistema se quedaría simplemente estancado y sin poder avanzar: una *máquina de aumento de probabilidades* (de él en concreto he sacado esa expresión). Para que la vida, dicho en otras palabras, se origine debe haber algo que impulse la aparición creativa de entidades de orden superior y opere de manera activa contra el azar (y, en consecuencia, contra la segunda ley de la termodinámica). El universo no está encaminándose hacia la extinción y la evolución sigue avanzando porque hay, en el universo, un impulso a seguir adelante, es decir, una máquina de aumento de las probabilidades.

Charles Peirce, considerado uno de los mayores filósofos de Estados Unidos,[8] sostenía que la evolución está impulsada por cuatro fuerzas: las dos primeras son el azar y la necesidad que, en el darvinismo estándar, son las que impulsan la mutación y la selección natural (y que juntas configuran lo que se denomina «evolución», que es la tercera fuerza). Pero Peirce sostenía que no basta con esas tres fuerzas para dar lugar a nada que se asemeje vagamente a la evolución. Para ello, decía, se necesita una cuarta fuerza, una fuerza más allá del azar, la necesidad y la evolución a la que Peirce denominaba «evolución creativa» o «Amor Evolutivo» (el término y las mayúsculas son suyos, a lo que Peirce añadió, citando a san Juan, «Dios es Amor»). Dicho en otras palabras, se necesita Eros, un impulso inherente al Kosmos que lleva a crear orden a partir del caos y conciencia a partir de las rocas. (Y como, en última instancia, la evolución se ve impulsada por Eros o el Amor Evolutivo –y como Dios es Amor–, resulta evidente por qué, alguien tan brillante como Peirce, consideraba la evolución como Espíritu-en-acción).

Cabe considerar legítimamente este impulso hacia un mayor orden, complejidad y totalidad como un impulso inherente al universo, un impulso creativo del Espíritu, un Espíritu-en-acción que, instante tras instante, crea algo a partir de la nada. Enfrentada a todas estas cuestiones, la inteligencia espiritual puede ver este impulso inherente a crear orden a partir del caos como una forma primordial de la creatividad del Espíritu o como un rasgo inherente al universo. Una de estas dos versiones –la espiritual o la secular (porque ambas abrazan la autoorganización)– es la explicación más habitual, que comienza en el estadio naranja, del *porqué* de la evolución. De este modo nos desembarazamos también de la locura que implica creer que la evolución solo se ve impulsada por las fuerzas de la mutación azarosa y la selección natural; –una noción tan absurda que nos recuerda el comentario de Arthur Lovejoy de que «no hay estupidez humana que no tenga su defensor».

Pero esta visión del orden inherente no puede creer legítimamente que, para explicar el «porqué» de la evolución, sea necesario un Jehová (o cualquier otro dios o diosa míticos). Esta afirmación, frecuente en las teorías del diseño inteligente, nada tiene de racional. Es cierto que se trata de una conclusión de la inteligencia espiritual, pero de una inteligencia espiritual que, en muchos sentidos, aún no ha superado el nivel mítico y sigue asentada en él. Las teorías del diseño inteligente son tan certeras en atacar las principales debilidades de la explicación del «porqué» de la evolución que apelan a la selección natural como burdas en su intento de colar subrepticiamente en la ecuación su explicación mítica del «porqué» (curiosamente en forma del Dios de la Biblia). Esta conclusión no solo está completamente injustificada, sino que tampoco funciona. El verdadero problema del diseño inteligente es la parte «inteligente». La evolución, como dice Michael Murphy, no avanza en línea recta, sino que serpentea. Hay demasiados aspectos de la evolución que, aunque es probable que estén movilizados por el impulso inherente a crear un orden superior, no dejan de ser bastante fortuitos, de modo que no todos los pequeños detalles de la evolución están clara, precisa e inteligentemente diseñados (y hay cosas que siguen funcionando por mera casualidad). Eros, o la autoorganización, no es un plano preciso y detallado, sino un impulso general, una tendencia amplia, una directriz aproximada, una especie de campo morfogenético general. El único modo de explicar algo tan absurdo como un ornitorrinco es que, ese día, el supuesto diseñador inteligente hubiese empinado el codo más de la cuenta.

Desde esta perspectiva, el «porqué» de la evolución suele entenderse como el modo en que el Espíritu crea en realidad este mundo, el modo en que introduce de forma espontánea emergentes nuevos y aumentos de conciencia, como el impulso creativo del Espíritu-en-acción o un «avance creativo hacia la novedad». En lo que respecta al cristianismo, la evolución científicamente orientada sustituye a menudo, en este estadio, al Génesis de la orientación mítica. El trabajo de Michael Dowd es un buen ejemplo del modo en que muchos cristianos que han empezado a adoptar este enfoque naranja (o superior) consideran la evolución como la evidencia primaria y el producto de la creatividad del Espíritu, la evidencia gloriosa de un impulso creativo realmente desbordante. Desde esta perspectiva, además, Jesucristo se convierte en un faro que indica el camino que seguirá la evolución futura de la humanidad.

8. El estadio pluralista-postmoderno (verde)

El estadio postmoderno verde –conocido también como estadio pluralista o relativista– ilustra perfectamente el camino seguido, en nuestro mundo, por la evolución. Solo el 3 % de la población estadounidense se hallaba, en 1959, en un estadio verde de desarrollo, un porcentaje que, en la actualidad, gira en torno al 23 %. ¡La evolución sigue su curso! Esto provocó muchos cambios en Estados Unidos, el más importante de los cuales quizás sea el postmodernismo que, entre otras muchas cosas, desencadenó una desagradable serie de guerras culturales, algunas de las cuales siguen librándose hoy en día. Los lectores interesados en un listado de los términos utilizados por distintos investigadores para referirse a este estadio pueden encontrarlo en la tabla 5 que presentamos a continuación. Adviértase el predominio, en este estadio, de términos como *pluralista*, *relativista*, *postmoderno*, *multicultural* e *igualitario*.

Este estadio verde añade una perspectiva de cuarta persona a la perspectiva de tercera persona propia del estadio anterior y hace un gran hincapié en la existencia de múltiples perspectivas, todas ellas de importancia equiparable (un punto de vista conocido como «igualitarismo») que explican la intensidad con que este estadio abraza la diversidad, el multiculturalismo y la equidad. Debido a su capacidad metasistémica para reflexionar en cuarta persona sobre los sistemas creados por el estadio racional anterior de tercera persona, suele ser muy crítico con esos sistemas llegando a afirmar que, como han sido creados por un «poder tiránico», deben ser «deconstruidos», sobre todo cuando se advierte el distinto trato que reciben grupos que merecerían ser igualmente tratados.

A ello se debe asimismo el fuerte énfasis puesto por este estadio en la igualdad de todos los seres humanos y en la tendencia de la inteligencia espiritual propia de este nivel a abrazar, como preocupación última, la *justicia social*. De ahí también se deriva su lucha contra todo lo que se considere opresión, discriminación y marginación, su exacerbada sensibilidad hacia lo que ocurre en el medio ambiente y la consecuente prevalencia, en él, de alguna versión del Espíritu como Gaia ecológica. La justicia social y el activismo ecológico son, dicho en otras palabras, facetas diferentes de la misma preocupación última, y esto también nos ayuda a entender que la Red de la Vida –que el estadio racional moderno naranja considera un hecho científico– se convierta, para el pluralismo postmoderno verde, en un imperativo moral.

Tabla 5. Equivalentes del estadio pluralista-postmoderno verde

Investigador/sistema	**Estadio del desarrollo**
Integral	pluralista-postmoderno verde (multicultural-igualitario)
Commons y Richard	metasistémico
Fischer	sistemas
Fowler	conjuntivo
Gebser	pluralista
Graves	relativista
Kegan	postformal/postmoderno
Kohlberg	contrato social
Loevinger	individualista
Maslow	comienzo de la autorrealización
Selman	interacción simbólica
Torbert	existencial
Wade	afiliativo

Cristo es, para los cristianos que se hallan en el estadio verde del desarrollo, uno de los muchos maestros multiculturales del mundo. También es por ello por lo que este estadio no se limita (como sucede en el estadio naranja) a tolerar a las demás religiones, sino que no tiene problema alguno en incorporar a su práctica algunos de sus aspectos. En este sentido, por ejemplo, el cristiano pluralista no muestra el menor empacho en asumir, por ejemplo, la práctica budista del mindfulness.

Libertad versus igualdad

Naranja y verde son estadios mundicéntricos, razón por la cual ambos tratan por igual a todo el mundo, independientemente de la raza, color, sexo, género, etnia o credo. Pero, aunque ambos crean en la justicia mundicéntrica, lo que cada uno de ellos entiende por *justicia* es bastante diferente.

La justicia, para el estadio naranja orientado hacia la libertad, consiste en la *igualdad de oportunidades*. Esto significa, por ejemplo, que, en la carrera de los 100 metros lisos de los Juegos Olímpicos, debería poder participar toda persona que esté cualificada para ello independientemente del grupo (es decir, de la raza, el color, la etnia o el credo) al que pertenezca y que el que llegue primero se llevará la medalla de oro, el segundo, la de plata, y el tercero, la de bronce. Este es un estadio basado en el mérito y en «que gane el mejor», siempre y cuando *todo el mundo* cuente, para participar, con las mismas oportunidades y nadie se vea excluido.

Para el estadio igualitario verde, sin embargo, justicia no significa igualdad de oportunidades, *sino igualdad de resultados*, lo que a veces se denomina «equidad». En este sentido, por ejemplo, verde no se limita a querer que todo el mundo empiece la carrera al mismo tiempo, sino que también quiere que todos la terminen al mismo tiempo. Y, si alguien acaba sistemáticamente la carrera después de otro, entiende que, de un modo u otro, se ha visto oprimido, frenado o discriminado. Quienes acaban últimos no son, para verde, perdedores, sino víctimas y la distinción naranja entre ganadores y perdedores se ve reemplazada por la distinción verde entre opresores y víctimas. (Desde la perspectiva integral, la superación de este problema consiste en integrar ambas visiones, cosa que ni naranja ni verde están, lamentablemente, dispuestos a hacer).

Al ser ambos mundicéntricos, naranja y verde suelen declararse a favor tanto de la libertad como de la igualdad para todo el mundo. Pero existen algunas diferencias importantes en el modo en que ambos grupos utilizan estos términos, las mismas diferencias existentes entre igualdad de oportunidades (la *libertad* naranja) e igualdad de resultados (la *igualdad* verde). Hay igualdad de oportunidades, por ejemplo, cuando todas las personas que se hallan calificadas para desempeñar un determinado trabajo pueden solicitarlo y la selección de los candidatos se lleva a cabo basándose exclusivamente en sus méritos, sin negarle el acceso a nadie por el hecho de ser gay, negro, mujer o perteneciente a cualquier otra minoría. En su abrazo de la *libertad*, naranja quiere asegurarse de que toda persona cualificada tenga la posibilidad de presentar su candidatura. A naranja no le preocupa el grupo al que pertenece la persona finalmente contratada, sino que todo el mundo cuente con las mismas oportunidades para presentarse y, para desempeñar un puesto, se elige al que más méritos posea, aunque parezca que los miembros de algunos grupos no suelan verse contratados. Si la creencia, por ejemplo, es «que gane el mejor» y la palabra *hombre* significa «persona», pero son muchos más los hombres que consiguen trabajo que las mujeres, a naranja no le parece mal, mientras las decisiones de contratación se hayan basado realmente en los méritos. Libertad, a fin de cuentas, es libertad.

Pero esto es completamente inaceptable para verde porque, para él, igualdad es igualdad y, por más que el resultado naranja pueda haber sido libre *no* hay, en él, igualdad ni equidad alguna. (Si los hombres y las mujeres tienen la misma posibilidad de solicitar un determinado trabajo, pero siempre acaba contratándose al doble de hombres que de mujeres, es cierto que todos tendrán la misma libertad, pero los hombres serán, por decirlo así, dos veces más iguales que las mujeres). Dicho en otras palabras, existe una gran diferencia entre libertad e igualdad. Y si, para obtener más igualdad, verde se ve obligado a pisotear algunas libertades, no tendrá problema alguno en hacerlo. Y tampoco le parecerá mal si, para ello, hay que introducir cuotas que limiten la libertad de presentación de los hombres y poder seleccionar así deliberadamente a más mujeres.

Libertad y equidad no se llevan muy bien. De hecho, son opuestas. Fue Thorstein Veblen el primero en decir que «los seres humanos nacen con muchas diferencias. Es por ello por lo que podemos tener libertad o igualdad pero no ambas cosas a la vez».

A comienzos de la década de 1960, en torno al 61 % de los títulos universitarios se concedían a varones y solo el 39 % a mujeres. Y esto no se debía a que las mujeres estuvieran siendo discriminadas para matricularse en una universidad, porque, en aquella época, era ilegal discriminar de ese modo a las mujeres: había leyes que prohibían negarles la igualdad de oportunidades en casi todos los ámbitos y, quien así lo hacía, podía acabar recibiendo una multa o acabar con sus huesos en la cárcel. No, en ese caso, no se trataba de una desigualdad de oportunidades, sino de una desigualdad de resultados, de una desigualdad en el número final de licenciadas frente al de licenciados. Las mujeres no carecían de libertad, de lo que carecían era de igualdad. Aunque hombres y mujeres tenían la misma libertad de oportunidades para acceder a la universidad, el número de graduados de ambos grupos era, no obstante, muy diferente.

En este punto debemos ser muy cuidadosos. Verde tiende a creer que *cualquier* alejamiento de la igualdad de resultados se debe exclusivamente a la discriminación y la opresión. La versión sana de este grupo no tiende a hacerlo tanto, pero su versión disfuncional –lo que llamamos «verde roto»– considera que todas las desviaciones de la igualdad de resultados se deben exclusivamente a la opresión y la discriminación. Si la proporción entre hombres y mujeres en una sociedad es de 1:1, cualquier profesión debería desempeñarla un 50 % de hombres y un 50 % de mujeres, y verde roto entiende que cualquier alejamiento de esa cifra se debe únicamente a la opresión (que no hace sino generar más víctimas).

Pero esa conclusión es sin lugar a dudas falsa. Según ella cabría esperar que la proporción de hombres y mujeres que trabajan en el campo de la ingeniería fuese de 1:1 en los países escandinavos, universalmente reconocidos como los más *igualitarios en cuestiones de género*. Pero los datos que al respecto tenemos revelan que, en ese caso, la proporción de hombres y mujeres es de 20:1. ¿Cuál es, entonces, la causa de esa diferencia de resultados en países escrupulosamente respetuosos con la igualdad de oportunidades? Y lo mismo podríamos preguntarnos, en sentido contrario, si tenemos en cuenta profesiones estereotipadamente femeninas, como la enfermería, por ejemplo, en la que la proporción de mujeres frente a hombres es de un asombroso 19:1. ¿Cuál es, preguntémonos de nuevo, la causa de esas diferencias?

Estas grandes diferencias *no* se deben tanto a diferencias de capacidades como a diferencias de *interés*. Porque, aunque las mujeres puedan ser tan buenas ingenieras como los hombres (como ocurre en muchos casos), a la mayoría de ellas no les interesa tanto la ingeniería como a los hombres, lo que explica que se orienten en otras direcciones. Y la explicación de que haya más hombres que se dediquen al campo de la ingeniería se debe igualmente a que a ellos les interesa más la ingeniería que a las mujeres. Hay que decir que esta misma diferencia de intereses se ha descubierto en numerosas culturas de todo el mundo y que, *cuanto más igualitaria es una cultura, mayores son esas diferencias*, lo que tiende a indicar que, cuanto más equitativamente se trate a hombres y a mujeres, más probable es que se atengan a sus intereses naturales. El *London Times* ha informado sobre, al menos, los resultados de tres proyectos de investigación que, después de poner a prueba la hipótesis de que cuanto más igualitaria es la cultura, mayores son las diferencias de intereses, han llegado a la conclusión unánime de que se trata «del hallazgo más sólido realizado por la moderna ciencia sociológica».

De hecho, los seres humanos nacen y se desarrollan con un gran número de diferencias: diferencias de talento, de dones, de limitaciones, de habilidades, de preferencias, de deseos, de objetivos y de intereses. Es absurdo dar por sentado que, cuando diferentes seres humanos llevan a cabo alguna tarea que implique cualquiera de esos factores, todos las concluirán al mismo tiempo. La exigencia inflexible de verde de una «igualdad» absoluta es inviable. Siempre que veamos algo distinto a un resultado estrictamente igualitario hay que tener en cuenta las diferencias –muy reales y muy importantes– existentes entre los seres humanos (entre las cuales destacan, obviamente, sus intereses). Así pues, los ejemplos recién mencionados de ingenieras y de enfermeros escandinavos no se deben tanto a una diferencia de capacidad como a una diferencia de interés (es decir, no se trata de que los hombres no puedan ser tan buenos enfermeros como las mujeres, sino de que no tienen el mismo interés por la enfermería que las mujeres).

Pero tampoco queremos decir, con ello, que la consecución de un resultado igualitario carezca de toda importancia. Es cierto por ejemplo que, en algunos casos –especialmente en el pasado–, ha habido grupos que se han visto discriminados y oprimidos por los poderes (personales o impersonales) dominantes. A menudo, esos grupos no obtuvieron los mismos resultados porque, para empezar, no disfrutaron de las mismas oportunidades, es decir, no acabaron la carrera porque ni siquiera se les permitió participar en ella. Pero también hay casos en los que, aun después de haber contado con pleno acceso a la igualdad de oportunidades, un determinado grupo no se desempeñó tan bien como podría haberlo hecho, algo que, en algunos casos, pudo deberse al hecho de que, con el paso del tiempo, se habían adaptado tanto a no correr que, cuando se les permitió, declinaron simplemente la invitación a participar. Debemos ser muy cuidadosos al tratar de corregir este tipo de desequilibrios no vaya a ser que, en nuestro empeño por lograr resultados equitativos, acabemos sacrificando la libertad. Esa no sería una forma adecuada de integrar y trascender las diferencias existentes entre naranja y verde, sino de quedar sencillamente atrapados en una versión absolutista y rota de verde.

Aunque, en las guerras culturales, la gente suele decantarse por el bando de la igualdad verde o por el de la libertad naranja, lo cierto es que debemos tener en cuenta ambas posturas. El número de mujeres que se licenciaron en la universidad en la década de 1960 es un claro ejemplo de una gran diferencia en los resultados que no estriba tanto en la libertad como en la igualdad (recordemos lo dicho antes de que el 61 % de los títulos fueron para hombres y solo el 39 % para mujeres). A los defensores de la igualdad de oportunidades naranja no les preocupaba tanto este resultado porque, a fin de cuentas, las mujeres habían tenido las mismas oportunidades de acceso a la universidad que los hombres y creían, por tanto, que cualquier diferencia en los resultado era fruto del mérito (o, dicho en otras palabras, que los hombres estaban más interesados que las mujeres en asistir a la universidad y que, en consecuencia, eran los más admitidos y los que más se licenciaban). Pero merece la pena estudiar con más detenimiento esta diferencia porque, históricamente, la educación superior no era una opción para las mujeres pero, debido al cambio del papel desempeñado por la mujer en la sociedad, esas opciones acabaron abriéndose. En la década de 1960, la igualdad de oportunidades naranja había conseguido abrir a la mujer la puerta de los estudios, aunque sin incluir la educación superior. A partir de mediados de los sesenta, sin embargo, la sociedad estadounidense (liderada por los *boomers*, primera generación de la historia en alcanzar la vanguardia de los valores verdes) empezó a adoptar prácticas que posibilitaron el acceso de la mujer a la educación superior. Estos esfuerzos resultaron tan exitosos que, en 2015, el porcentaje de titulados universitarios acabó invirtiéndose (el 61 % de los títulos universitarios se concedieron a mujeres y solo el 39 % a varones).

Algunos críticos afirman que esa situación ha llegado demasiado lejos y ha culminado en un ataque contra los varones en la educación y en muchas otras áreas (véanse, para entender de qué estamos hablando, libros como *The War Against Boys* y *The Boy Crisis*, por ejemplo). Harvard, en concreto, ha sido demandada por un grupo de estudiantes asiáticos que afirman haber sido discriminados por políticas de admisión que empleaban fórmulas de discriminación positiva que favorecían a los estudiantes negros. Como el grupo de los asiáticos solía obtener, en el SAT [las pruebas de acceso a la universidad], puntuaciones más elevadas que el de los negros (y que todas las demás razas) y Harvard (entre otras universidades) quería contar con un alumnado racialmente diverso, apeló, en aras de la *igualdad*, a una política de cuotas o discriminación positiva que acabó limitando la *libertad* de acceso de los asiáticos. Resulta evidente, pues, que el mérito, aisladamente considerado, es un valor que favorece la libertad al tiempo que limita la igualdad.

Como estos dos sistemas de valores se derivan de estadios muy reales del desarrollo a través de los que todo el mundo evoluciona, no basta, desde la perspectiva integral, como han hecho las guerras culturales, con limitarnos a enfrentarlos, sino que hay que buscar el modo de despojarnos de sus aspectos negativos y de llegar a integrar sus aspectos positivos. En gran medida, las guerras culturales –entre ámbar, naranja y verde (es decir, la guerra entre los valores tradicionales del etnocentrismo, los valores modernos de la libertad y los valores postmodernos de la igualdad)– son el resultado del mismo despliegue evolutivo del desarrollo. Este es un hecho que, si queremos poner fin a la creciente polarización de la sociedad, debemos tener muy en cuenta y la única alternativa para hacerle frente parece consistir en favorecer la emergencia lenta pero constante de los estadios integrales.

La izquierda progresista y la derecha conservadora

Permíteme señalar ahora brevemente algunos aspectos más de estas guerras culturales que nos ayudarán a entender mejor el estadio postmoderno verde y sus valores. Recuerda también que Graves calificó a los estadios ámbar, naranja y verde como «absolutista», «múltiple» y «relativista», respectivamente. Date cuenta, en este mismo sentido, de la progresión existente entre el *absolutismo* etnocéntrico poseedor de la única verdad (que es un mito), la *multiplicidad* racionalista (que reconoce que cualquier cosa puede contemplarse desde muchas perspectivas diferentes, incluida la de la ciencia moderna y cuya razón se cree que proporciona una verdad mucho más exacta que el mito) y el *relativismo* postmoderno (cuya creciente complejidad desliga la verdad de cualquier anclaje y la torna profundamente relativa). Y como, en el mundo de las «postverdades» en el que hoy en día nos movemos, toda verdad es relativa y todas las verdades poseen el mismo valor, de ahí se deriva el énfasis que este estadio pone en el igualitarismo, el multiculturalismo y la igualdad de resultados. El fanatismo con el que los bandos naranja (múltiple) y verde (relativista) implicados en las guerras culturales sostienen su punto de vista lleva a sus miembros a involucionar hasta el nivel absolutista ámbar que, junto al resto de las demás creencias ámbar, es profundamente etnocéntrico y está convencido de poseer la verdad absoluta.

Por eso, desde el momento de su emergencia en la década de 1960, el estadio verde ha ido escorando hacia versiones cada vez más disfuncionales, susceptibles, fanáticas y absolutistas hasta acabar cayendo, con demasiada frecuencia, en una versión rota de verde que le ha convertido en uno de los bandos implicados en las guerras culturales. Como ya hemos señalado anteriormente, «verde roto» domina hoy en día, en el mundo académico, el campo de las humanidades y está invadiendo cada vez más, en opinión de Jordan Peterson, los campos de STEM [acrónimo inglés que engloba las ramas de las ciencias, la tecnología, la ingeniería y las matemáticas], el entretenimiento y los medios de comunicación. También impulsa la corrección política, la política de identidad y las políticas de la extrema izquierda. La política de identidad parte del deseo de una mayor igualdad para todas las minorías lo que, por definición, es una política de identidad *etnocéntrica*. La decisión de pertenecer a una identidad en lugar de a otra implica decantarse deliberadamente por una visión etnocéntrica. Y, cuanto más intolerante y absolutista sea la actitud de la persona que mantiene esas identidades, más probable es que experimente una involución al estadio etnocéntrico ámbar. Así es como acaban convirtiéndose sin querer en ejemplos vivos del racismo o del sexismo etnocéntrico contra los que tan agresivamente se manifiestan. No es de extrañar, por tanto, que, a esa extrema izquierda, se la conozca, en ocasiones, como «izquierda regresiva» porque, de hecho, están experimentando sin darse cuenta una regresión de verde a ámbar. Tan regresivamente etnocéntricos se tornan que, en ocasiones, llegan a concluir que ni siquiera es necesario hablar con sus oponentes a los que a veces interrumpen a gritos. Dicho en otras palabras, han acabado convirtiéndose en una nueva religión fundamentalista, con sus propios dogmas, sus propias blasfemias y sus propios herejes (razón por la cual algunos comentaristas sociales se refieren a esta extrema izquierda como «la nueva religión de Estados Unidos»).

El núcleo del problema de verde roto es que cree realmente que todas las diferencias intergrupales son el resultado de la discriminación y opresión. Desde esta perspectiva, el hecho de que no todo el mundo acabe la carrera de la vida al mismo tiempo no es porque haya ganadores y perdedores o diferencias de intereses o de deseos, sino solo porque hay opresores y víctimas. La única alternativa con la que, desde esta perspectiva, cuentan las personas es la de convertirse en víctimas o en opresores. Estas personas, por lo demás idealistas y de buen corazón, tienden a involucionar a un tipo de absolutismo ámbar que, en realidad, es etnocéntrico y las lleva a concluir que no deben hablar con nadie que no comulgue con su punto de vista (una conclusión, por cierto, muy alejada de la que caracteriza a los estadios auténticamente mundicéntricos).

A partir de ese momento se convierten en otro de los grupos etnocéntricos que pueblan el nivel absolutista ámbar (neonazis, miembros del KKK, supremacistas blancos, etcétera). Esta es una de las principales causas de la creciente polarización y retribalización y de las guerras culturales cada vez más inabordables que asolan nuestro país, porque el destino que aguarda a las tribus identitarias etnocéntricas es seguir enzarzadas en continuas escaramuzas con otras tribus identitarias y actuando, cada una de ellas, como una *religión fundamentalista*.

Esto ha acabado desembocando en una especie de pesadilla política. El auge de la modernidad, que incluyó acontecimientos como las revoluciones francesa y estadounidense, también se vio acompañado por la emergencia del estadio de desarrollo racional-mundicéntrico naranja (a la que el historiador Will Durant denominó «Era de la Razón y la Revolución»). La visión racional-mundicéntrica de la libertad sostenida por la modernidad contrastaba poderosamente con los valores etnocéntricos, convencionales, tradicionales y míticos a los que, como tabla de salvación, se aferraba el conservadurismo político. La nueva orientación mundicéntrica naranja anhelaba desesperadamente un cambio social progresivo, una libertad cada vez mayor para todos, un valor tan novedoso que, para definir su postura política, hubo que acuñar un nuevo término y el término elegido fue *liberal* (derivado de *libertad*), reflejando así la fuerte adhesión de naranja a los valores centrales de la libertad y la autonomía individual.

Como, en la Asamblea francesa, los viejos conservadores se sentaban a la derecha del presidente y los nuevos liberales se sentaban a la izquierda, de ahí se derivaron los términos «derecha» e «izquierda» que siguen utilizándose para nombrar a estas dos grandes orientaciones políticas: la derecha conservadora tradicional ámbar y la izquierda liberal progresista naranja.

La derecha conservadora y la izquierda liberal fueron, durante varios siglos, fieles representantes de los valores propios de los estadios ámbar y naranja que les dieron origen. La derecha conservadora, impulsada fundamentalmente por el nivel etnocéntrico ámbar, era muy tradicional, abrazaba la religión mítica convencional, adoraba a un Dios mítico, la patria y la familia y solía ser manifiestamente etnocéntrica (de un modo quizás inevitable en ese estadio), lo que quiere decir que a menudo eran racistas, sexistas, homófobos, xenófobos y militaristas, asignaban derechos a grupos especiales y abrazaban todo eso como si de una verdad absoluta se tratara.

La nueva izquierda liberal, por su parte, era fundamentalmente naranja, es decir, mundicéntrica y racional en lugar de etnocéntrica y mítica, creía en la ciencia en lugar de la religión mítica y aceptaba, en consecuencia, casi de inmediato la teoría de la evolución (a diferencia de la derecha, que la aborrecía). A menudo se les conocía como «progresistas» y creían especialmente en la libertad individual (igualdad de oportunidad) y en que esas libertades eran derechos universales.

Los filósofos liberales comenzaron entonces a escribir tratados con nombres tales como *Declaración de los derechos del hombre y del ciudadano*, una noción radicalmente nueva, porque los derechos existentes hasta ese momento no eran mundicéntricos, sino ante todo etnocéntricos, es decir, derechos que defendían los intereses de grupos privilegiados. Si eres cristiano, por ejemplo, cuando mueras irás al cielo y vivirás con Dios para siempre, pero, si eres hindú, judío o budista, no tienes derechos y acabarás ardiendo eternamente en el fuego del infierno. Esto era algo que horrorizaba a los filósofos liberales que, por el contrario, creían que cualquier ser humano tiene, por ello mismo, derechos individuales universales o mundicéntricos.

Pero resulta que títulos como «derechos universales del hombre» se referían tan solo a los varones. Aun los filósofos originales naranja eran casi siempre blancos, europeos, físicamente capacitados, propietarios, cisgénero y heteronormativos, de modo que no eran precisamente universales. Pero, como los principios liberales de libertad naranja que introdujeron (como la igualdad de oportunidades, por ejemplo) sí que lo eran, empezaron a expandirse de manera inexorable más allá de los varones blancos y europeos y llegaron a incluir a los varones negros, luego a las mujeres, después a los gais y ahora están empezando a incluir a las personas trans y de cualquier otra minoría, porque *mundicéntrico*, a fin de cuentas, significa mundicéntrico.

El alcance cada vez más inclusivo de estos derechos se vio acelerado con la aparición de un postmodernismo verde asimismo mundicéntrico, de modo que tanto naranja moderno como verde postmoderno querían justicia para todo el mundo independientemente de la raza, color, sexo o credo... aunque, como ya hemos visto, lo que naranja y verde entendían por «justicia» era bastante diferente. Pues mientras que, para naranja, la justicia significa igualdad de oportunidades (o libertad), para verde significa igualdad de resultados (o igualdad). Históricamente, la derecha original (ámbar) y la izquierda (naranja) dominaron el panorama político durante varios siglos. Pero, en la década de 1960, empezó a aflorar un tercer elemento, el estadio postmoderno verde, relativista, multicultural e igualitario. Y, como «dos es compañía, pero tres, sin embargo, es multitud», la entrada en escena, en Estados Unidos, de este tercer elemento prendió la mecha que disparó el inicio de las guerras culturales.

Esto resultó muy confuso para los liberales. Durante siglos, la izquierda había representado los valores naranjas de la libertad y la igualdad individual (en tanto igualdad universal de oportunidades).

Pero, precisamente por el hecho de ser «progresistas», la emergencia del nuevo estadio verde postmoderno llevó a muchos liberales a avanzar hasta este estadio postmoderno. Y los que así lo hicieron se sorprendieron al descubrir la gran diferencia existente entre los valores generados en esta etapa verde y los que caracterizaban al típico estadio liberal naranja. Pues, mientras el estadio liberal naranja clásico (es decir, la «vieja izquierda») creía en la libertad (como igualdad de oportunidades), los derechos individuales, la democracia y la justicia individual, la nueva izquierda verde creía en la igualdad (como igualdad de resultados), los derechos sociales, el socialismo y la justicia social. Pero, como libertad e igualdad son opuestas, no suelen llevarse muy bien (y, como es habitual, integral insiste en la necesidad de abrazar tanto la libertad como la igualdad. Esto es algo que entienden perfectamente los pensadores políticos sofisticados, porque muchos de ellos proceden de los estadios integrales del desarrollo).

Entonces fue cuando los términos «liberal» e «izquierda» dejaron de ser sinónimos. Ser liberal pasó a significar ser un liberal clásico de la vieja izquierda, un representante de los valores naranja de la libertad (entendida, repitámoslo, como igualdad de oportunidades) que se oponían a los valores de la equidad (como igualdad de resultados) en los que creía la nueva izquierda. Y así fue también como el término «izquierda» terminó restringiéndose a exclusivamente a la «nueva izquierda».

Esto ha generado una gran confusión dentro del campo político porque, aunque todo el mundo reconoce la diferencia entre libertad e igualdad, casi nadie reconoce el impacto que, en ello, ha tenido la evolución de naranja a verde. Muchos liberales naranja clásicos –que no podían abrazar estos nuevos valores verdes– se lamentaron entonces diciendo: «Yo no fui quien dejé a los demócratas, sino que fueron ellos quienes me dejaron a mí». Entonces fue cuando empezaron a escucharse expresiones como «los nuevos demócratas están perdiendo su cabeza colectiva» y, a la hora de expresar los valores aceptados por su partido político (los demócratas), la vieja izquierda clásica (naranja) acabó viéndose reemplazada por la nueva izquierda (verde postmoderno) y asumiendo los valores recién aceptados de su partido político (los demócratas).

Entonces fue cuando liberales e izquierdistas se bifurcaron y emprendieron, en muchos sentidos, caminos diferentes. Basta con echar un vistazo a cualquier vídeo de PragerU para advertir que, aunque nadie parezca entender las razones de esta división entre liberales (naranja clásico) e izquierda (verde postmoderno), es una de las cosas más lamentadas en las discusiones políticas de YouTube. Ambos grupos reconocen claramente la diferencia entre liberales y nueva izquierda y son muchas las personas que consideran «locos» a los demócratas de la nueva izquierda... porque hay que decir que verde roto parece, en realidad, bastante loco.

Resulta interesante constatar que el partido que empezó entonces a abrazar los valores clásicos del liberalismo fue la «nueva derecha» conservadora. Y es que, a medida que la evolución avanzaba y parte de la izquierda original pasaba del estadio naranja al verde, parte de la derecha original pasó también de ámbar a naranja. Después de todo, como la nueva vanguardia cultural era verde, ¡uno de los valores más antiguos y tradicionales que merecía la pena «conservar» era naranja! A la gente que se alineaba con esta nueva derecha naranja se la conocía a menudo como «republicanos de Wall Street», porque abrazaban los valores naranja del moderno Wall Street. La nueva derecha empezó a asumir abiertamente entonces los valores mundicéntricos del liberalismo clásico original naranja, mientras la nueva izquierda, esgrimiendo que «incitación al odio no es libertad de expresión», empezó a oponerse también a la libertad de expresión si tal cosa perjudicaba a las minorías (aunque el Tribunal Supremo había dictaminado ya que la incitación al odio está plenamente protegida por la Constitución). La nueva derecha (procedente del estadio naranja mundicéntrico) se convirtió casi en el único grupo en apoyar la libertad de expresión. Así fue como, mientras la vieja derecha (procedente, en su mayor parte, del estadio etnocéntrico ámbar) se mantuvo donde siempre había estado (ámbar, etnocéntrica y, en ocasiones, sexista, homófoba y fundamentalista), la nueva derecha, que había avanzado a los valores naranja, apoyaba plenamente los valores liberales modernos y mundicéntricos de la libertad y la autonomía individual.

La nueva izquierda, por su parte, sobre todo cuando opera desde un estadio verde roto, tiende a considerar nazi a cualquiera que discrepe de sus opiniones (un insulto que reparte por doquier casi a diario). Por supuesto, cualquier sociedad cuerda debe oponerse, dondequiera que aparezca, al verdadero fascismo (generado en el nivel ámbar etnocéntrico), pero mal podrá verde, sin comprender las realidades dinámicas que implican estos sistemas de valores, ponderar adecuadamente el grado de amenaza real del fascismo ámbar, razón por la cual acaba sobreestimándolo. (Verde, por ejemplo, siempre señala a los miembros del KKK como fascistas de los que tenemos que protegernos, pero, mientras que, en la década de 1920, el KKK tenía cerca de 4 millones de miembros, actualmente solo cuenta, según el Southern Poverty Law Center, con 6.000. Una de las principales razones que explican esa considerable reducción es que el centro de gravedad de la sociedad estadounidense ha seguido evolucionando hacia niveles más mundicéntricos y que, en consecuencia, hay muchos menos miembros que se hallen en los estadios etnocéntricos, algo que solo resulta evidente si, para empezar, se es consciente de la existencia de esos estadios).

El fascismo (de tipo ámbar) se encuentra hoy en día dos grandes estadios del desarrollo por detrás de la vanguardia verde y no hay posibilidad realista alguna de que se haga con el control de los centros influyentes de nuestra sociedad. Las universidades, los medios de comunicación y el entretenimiento están bajo el control del nivel verde hasta el punto de que es imposible matricularte, en ninguna universidad de este país, en un curso sobre «cómo ser un buen neo-nazi». Obviamente, quieres hacer lo que esté en tu mano para reducir la presencia de cualquier verdadero fascismo ámbar, pero lo más problemático de las guerras culturales es que poco puede hacer la vanguardia de la evolución cultural verde –que no es un estadio integral de segundo grado, sino que sigue siendo un estadio fragmentario de primer grado– para unificar e integrar el mundo. Y las cosas son todavía peores en lo que respecta a la versión rota de verde, que ejerce una presión regresiva sobre el progreso cultural (razón por la cual se la conoce como «la izquierda regresiva»), cuyo abrazo absolutista en modo alguno contribuye a mejorar las cosas.

La mayoría de los movimientos dirigidos hacia la igualdad y la equidad estrictas provienen (estén o no justificados) de la visión igualitaria, multicultural y relativista propia del estadio verde. Esta visión diferencia la unidad de las distintas culturas y poblaciones del mundo, la unidad de los sistemas que caracterizan la racionalidad naranja y subraya, por tanto, la *diversidad* resultante (que es un valor fundamental de verde), pero, como todavía no está en condiciones de integrar ni unificar plenamente esta diversidad en un nivel superior, acaba contribuyendo sin querer a la creación de un mundo fragmentado, relativista, retribalizado y compartimentado que tiende a la violencia y la polarización. La verdadera unificación e integración solo podrá tener lugar con la emergencia del siguiente estadio, el estadio integral.

Las virtudes de verde

Quisiera dedicar ahora un espacio a reconocer las virtudes de verde y de su pluralismo. Hasta ahora me he centrado en sus aspectos negativos porque, en la cultura actual, gran parte de verde es verde roto, lo que, tratándose de la vanguardia de la evolución cultural, supone un gran problema (porque los medios de comunicación, el mundo académico y el entretenimiento tienden a estar dominados por verde, lo que también implica que se vean más expuestos a los efectos de verde roto). Pero ello no debe hacernos olvidar las virtudes de la versión sana del estadio verde que yo resumo como 1) *contextualismo* (todo significado depende del contexto), 2) *constructivismo* (todas las realidades son construidas, en el sentido de que van construyéndose y desarrollándose estadio tras estadio) y 3) *aperspectivismo* (es decir, que no existe una perspectiva dominante y exclusivamente correcta). Estos son los extraordinarios avances logrados por el pluralismo verde.

En lo que respecta a las guerras culturales que acabamos de esbozar, las aportaciones realizadas por el estadio verde son tan evidentes como innegables (aunque debemos tener cuidado en diferenciar verde sano de verde roto, porque este es uno de los principales causantes, como hemos visto, de las guerras culturales). Verde, al ser mundicéntrico, coincide con naranja en que todo el mundo debe ser tratado justamente, con independencia de su raza, color, sexo, género o credo. Naranja pasó unos doscientos años tratando de aplicar la libertad (como igualdad de oportunidades) a todo el mundo, una actitud que, como ya hemos dicho, fue expandiéndose, con el paso del tiempo, de todos los hombres blancos a todos los hombres negros, todas las mujeres, todos los gais, todos los transexuales y, en fin, todas las minorías. Y lo cierto es que, en muchos sentidos, tuvo un éxito extraordinario.

Cuando en 1871, por ejemplo, una mujer de Illinois acabó la carrera de Derecho y solicitó su licencia para ejercer como abogada, se le respondió que era ilegal e idéntico argumento adujo, ante el recurso presentado contra esta sentencia, el Tribunal Supremo del Estado de Illinois, y, cuando el caso llegó al Tribunal Supremo de Estados Unidos, el más alto tribunal del país, corroboró, por una decisión de 8 a 1, el mismo veredicto. En 1920, sin embargo, las mujeres habían conseguido el voto y hoy en día hay abogadas repartidas por todo el país. Estados Unidos ha dejado de ser un país en el que la esclavitud era legal, en donde había leyes que prohibían a las mujeres el ejercicio de la abogacía, en donde los judíos se veían terriblemente discriminados y la homosexualidad estaba moral y legalmente prohibida y ha acabado convirtiéndose en un país en el que hay *leyes contra* todas y cada una de esas cosas. Así es como naranja ha expandido la igualdad de oportunidades hasta llegar a incluir a casi todas las minorías. Esta es la razón por la cual la mayoría de los funcionarios del sistema de justicia penal actual sostiene que *todas* nuestras leyes están redactadas para que se apliquen por igual a todas las minorías y que la ley no excluye ni margina a ningún grupo. No es posible, en este sentido, hablando en términos generales, el racismo, el sexismo ni marginación sistémica alguna.

Técnicamente es cierto. No hay leyes que afirmen, por ejemplo, que «si eres un banco, debes conceder menos préstamos a las mujeres» o que «debes crear hoteles para blancos y hoteles para negros y ambos deben estar claramente segregados». Antes sí que había este tipo de leyes, pero, si hoy en día un banco hace eso, puede verse severamente castigado y los infractores acabar con sus huesos en la cárcel. En el mundo objetivo y material en el que las leyes están escritas y forman parte de las instituciones –es decir, en el mundo objetivo creado, en gran medida, por la razón naranja–, hay muy poco racismo o sexismo legal y sistémico. Antes estaba en todas partes, pero hoy en día apenas si se encuentra. De hecho, la mayoría de las leyes son mundicéntricas y se aplican por igual a todo el mundo (gracias a la libertad naranja), aunque ello no signifique obviamente que, en muchos otros sentidos, nuestras instituciones hayan dejado de ser injustas.

Pero, como en el mundo subjetivo e interior donde las personas que deben tomar decisiones sobre el modo de aplicar esas leyes antidiscriminatorias crecen y se desarrollan desde el egocentrismo hasta el etnocentrismo, el mundicentrismo y la integralidad, sigue habiendo, sin embargo, considerables prejuicios etnocéntricos. Ser etnocéntrico no es una ley, sino un nivel de desarrollo, por el que se ve obligado a pasar, sin excepción alguna, todo el mundo y tres de cada cinco personas siguen estancadas, como ya hemos visto, según las investigaciones realizadas al respecto por Robert Kegan, en un estadio etnocéntrico. Es por ello por lo que, si el 60 % de la población se halla en un estadio etnocéntrico, necesariamente aplicará leyes mundicéntricas de un modo etnocéntrico y discriminatorio. Y, como es evidente, no puede haber leyes contra el etnocentrismo que se apliquen al mundo interior. Si la persona que se encarga de aplicar leyes objetivas (técnicamente mundicéntricas) se encuentra en un estadio etnocéntrico de desarrollo, las decisiones que tome serán sin duda etnocéntricas. Por eso, aunque no haya ninguna ley que diga, por ejemplo, que «la policía de tráfico debe detener a los negros en mayor proporción que a los blancos», eso es algo que lamentablemente sigue ocurriendo. La mayor parte del racismo, el sexismo y el fanatismo no se encuentra en las instituciones o leyes sistémicas objetivas, sino en las decisiones y aplicaciones subjetivas e interiores de las personas encargadas de aplicar esas leyes.

Pero como no hay, en nuestra cultura, herramientas necesarias para entender todas estas cuestiones –es decir, para reconocer la existencia de los estadios interiores del desarrollo–, difícilmente puede haber cura para una enfermedad cuya causa se desconoce.

Aquí es donde verde, aunque no entienda muy bien los factores causantes (un problema que verde roto distorsiona y amplifica), ha centrado su atención. Porque, aunque las leyes del sistema de justicia penal sean casi completamente mundicéntricas, no siempre se aplican desde ese nivel. Y ello es así porque las personas encargadas de aplicarla no se hallan, en su mayoría, en un estadio mundicéntrico (naranja o verde), sino en un nivel inferior etnocéntrico (ámbar) o, peor aún, egocéntrico (rojo). En ese tipo de discriminaciones se ha centrado sobre todo verde. Y, aun en el caso de que el principal problema actual consista en conseguir que la cultura en general entienda de dónde vienen los valores etnocéntricos, verde ha hecho mucho por limitar la adopción personal de este tipo de valores y es muy probable que esa haya sido su principal contribución a la sociedad occidental actual. Este ha sido el foco de gran parte del activismo social verde y, en ese sentido, ha cumplido con una importante función social.

Enumeremos ahora el tipo de cosas que señalan los activistas de la justicia social, pero creo que lo que realmente quieren decir no es que haya que cambiar las leyes objetivas, sino las actitudes humanas subjetivas que intervienen en la toma de decisiones de quienes se ocupan de aplicar estas leyes (aunque esos mismos activistas sigan sin entender los estadios del desarrollo implicados). Hay que corregir la discriminación en el sistema educativo (cómo se decide a quiénes se admite en las principales universidades), el sistema sanitario, el sistema jurídico, el sistema financiero, el sistema económico, el sistema familiar y el sistema político (continuamente se culpa a los miembros de la derecha de estar en contra de las mujeres y de estar en contra de los negros, lo que, en lo que respecta a los miembros de la vieja derecha etnocéntrica ámbar, es probable que sea cierto).

Quisiera insistir en este punto diciendo que, aunque no haya una sola ley que diga «debéis aplicar la pena de muerte a las minorías con más frecuencia que a los demás» u otro tipo de discriminación, eso es, precisamente, lo que ocurre. Y ocurre porque las personas encargadas de aplicar las leyes se encuentran en estadios del desarrollo inferiores a los mundicéntricos (entre los cuales hay que incluir también a los miembros de verde roto que han experimentado una regresión desde verde hasta ámbar etnocéntrico, es decir, la llamada «izquierda regresiva»). Y conviene insistir en que ello no se debe a la objetividad de las leyes, sino al hecho de que las personas encargadas de aplicarlas no han superado todavía los estadios etnocéntricos del desarrollo. Y es que, por más que podamos ilegalizar las leyes etnocéntricas, no podemos hacer lo mismo con los estadios etnocéntricos del desarrollo, a menos que queramos encarcelar a todas las personas del país en algún momento de su vida.

Es en este punto en donde se disparan las guerras culturales. Los dos estadios mundicéntricos (naranja y verde) quieren que todo el mundo reciba un trato justo, independientemente de su raza, color, sexo, etnia o credo. Pero, como ya hemos visto, justicia significa, para naranja, igualdad de oportunidades, mientras que, para verde, significa igualdad de resultados. Es por ello por lo que, para naranja, los negros reciben un trato justo si tienen el mismo acceso a todos los bienes de la sociedad y las mismas oportunidades no discriminatorias de obtener cualquier puesto de trabajo, algo que, en gran medida, naranja cree haber conseguido. Para verde, sin embargo, la justicia implica igualdad de resultados, y, como los negros representan el 13 % de la población, deberían ocupar, desde su perspectiva, al menos el 13 % de todas las profesiones y puestos importantes porque, de lo contrario, en su opinión, estarían viéndose discriminados y oprimidos y serían víctimas. De ahí que naranja sostenga que «nunca ha habido lugar que trate mejor a los negros, a las mujeres y a las minorías que Estados Unidos hoy en día, de modo que ¡las cosas nunca han estado mejor que ahora!». Pero verde, viendo que hay menos del 13 % de negros y menos del 50 % de mujeres en distintos trabajos, concluye que hay opresión y discriminación en todas partes y replica: «¡No, eso no es cierto! ¡Las cosas nunca han estado peor!». Así es como la polarización de posturas acaba desembocando en las guerras culturales (y, como a ámbar no le gusta ninguna de las posturas, contribuye a la guerra con sus propios valores religiosos fundamentalistas).

Todos esos puntos de vista son verdaderos pero parciales, pero esa parcialidad solo puede, advertirse en el contexto más amplio de una totalidad accesible desde un paso hacia delante en el proceso de desarrollo. La única cura verdadera para acabar con esta batalla consiste, dicho en otras palabras, en la emergencia de una nueva vanguardia protagonizada por los estadios integrales. Todos los implicados en esta guerra (ámbar, naranja y verde) pertenecen a la llamada conciencia de primer grado, lo que significa que están anclados en una realidad verdadera pero parcial y que ninguno de ellos, en consecuencia, es capaz de tener en cuenta e incluir por completo a los demás. Porque, mientras que los estadios de primer grado creen que sus verdades y valores son los únicos realmente importantes, los estadios de segundo grado (o integrales) empiezan a tenerlos a todos en cuenta y nos acercan a una auténtica totalidad que ponga fin a los grandes conflictos y a las guerras culturales. Como todo el mundo empieza su proceso de desarrollo en la primer casilla, siempre habrá individuos que se encuentren en estadios menos que integrales, pero, cuando la vanguardia del desarrollo cultural alcanza un estadio integral, la orientación entera de la sociedad experimenta un cambio extraordinario. La cuestión que debe plantearse la vanguardia no es, pues, «¿cuál de estos valores es el correcto y cómo podemos deshacernos de los demás?», sino «¿cómo podemos tenerlos a todos en cuenta?, ¿cómo podemos incluirlos y trascenderlos a todos?». El único remedio para poner fin a las guerras culturales consiste, repitámoslo, en la emergencia, en la vanguardia de la evolución cultural, del estadio integral propio de la conciencia de segundo grado.

Jerarquías de desarrollo versus jerarquías de dominio

Volveremos a este tema cuando hablemos del estadio integral turquesa, pero, como ahora estamos hablando de verde, permíteme señalar una terrible confusión cometida por la vanguardia desde hace varias décadas que bien podríamos considerar como un rasgo distintivo de verde (en concreto de verde roto), que es la confusión entre las *jerarquías de desarrollo* y las *jerarquías de dominio*. Su postura estrictamente igualitaria (es decir, su deseo de igualdad de resultados), lo lleva a concluir que la única posible causa de que no todo el mundo acabe al mismo tiempo la carrera es la discriminación y la opresión y atribuye, en consecuencia, el alejamiento de unos resultados equitativos entre grupos a la existencia de una jerarquía de dominio establecida por un poder tiránico.

Lo cierto es que las *jerarquías de dominio* son tan desagradables como dice verde. En jerarquías de dominio como el sistema hindú de las castas, la Cosa Nostra, el crimen organizado, los sistemas sociales opresivos, la dialéctica amo-esclavo y los gobiernos autocráticos, cuanto más elevado se halle uno en los escalones superiores de la jerarquía, a más personas puede oprimir, excluir, dominar y marginar. Cuanto más elevado es el nivel, mayor es el dominio, y, cuanto más bajo es el nivel, mayor la opresión. Y, en la medida en que verde considera que todas las jerarquías son de dominio, las considera naturalmente espantosas y profundamente inmorales. Su único remedio, en estas circunstancias, fue «¡Acabemos con todas las jerarquías!».

Pero son muchas, como ya hemos dicho, las razones por las que una determinada persona o un determinado grupo puede tener un resultado diferente al de otra persona u otro grupo, entre las cuales destaca, por supuesto, el hecho de estar oprimido o marginado, algo que debemos analizar muy cuidadosamente. Pero, si solo nos fijamos en eso, nos quedaremos muy cortos, porque son muchas las razones muy legítimas en todo el espectro del desarrollo para que haya un resultado desigual como, por ejemplo, la existencia de intereses, habilidades, preferencias, deseos y objetivos diferentes. Y también hay que admitir, por último, diferencias innatas debidas a legados genéticos distintos (que llegan incluso a afectar a algunos aspectos del coeficiente intelectual).

Como ya hemos dicho en varias ocasiones, hay distintas posturas fundamentales –egocéntrica, etnocéntrica, mundicéntrica e integral– que son estadios de una auténtica jerarquía del desarrollo, en donde cada nuevo estadio es más inclusivo que el anterior. Nadie nace con los valores de la diversidad y el multiculturalismo verde y el único modo de llegar a estos valores es atravesando los 5 o 6 grandes estadios que componen la jerarquía del desarrollo. Pero, como verde odia todas las jerarquías, cree que todas ellas son jerarquías de dominio en las que el poder de los niveles superiores se deriva de la opresión y victimización de los niveles inferiores. Lo lamentable es que, de ese modo, acaba rechazando y combatiendo activamente el camino mismo que conduce a sus objetivos y a sus valores, es decir, el crecimiento que conduce al logro del siguiente estadio del desarrollo.

Verde, para sanar de verdad, debe relajar su apasionada y total adhesión a la igualdad de resultados como único objetivo de la justicia social. Son muchas, como ya hemos dicho, las razones legítimas que explican las diferencias entre las personas de esta cultura, desde los intereses hasta los factores biológicos, pasando por la especialización cultural. No todas las diferencias se deben, pues, a la opresión y la victimización. Y, de entre todas estas razones, cabe destacar la importancia de la jerarquía de estadios del desarrollo, una especie de escalera que permite ascender a algunos de los valores propios de verde.

La inmensa mayoría de las jerarquías presentes en la naturaleza no son jerarquías de dominio, sino jerarquías de desarrollo. La jerarquía que va desde los quarks hasta los átomos, las moléculas, las células y los organismos no es una jerarquía de dominio, sino una jerarquía evolutiva o de desarrollo. Las moléculas no odian ni dominan a los átomos, sino que los abrazan y los incluyen… o, dicho de otro modo, los aman. Además, solo los niveles inferiores del desarrollo (egocéntricos y etnocéntricos) quieren establecer y utilizar jerarquías de dominio. Los niveles superiores del desarrollo (mundicéntrico y, muy especialmente, integral) no solo no crean jerarquías de dominio, sino que las combaten de manera activa. Crecen y se expanden más allá de las identidades estrechas y limitadas que quieren controlar y dominar a la gente y revelan, en su lugar, identidades más inclusivas, globales, diversas y mundicéntricas que tratan justamente a todo el mundo con independencia de su raza, color, sexo o credo. La única forma, en fin, de curar las jerarquías de dominio consiste en dar el paso que conduce a un nivel superior en una jerarquía de desarrollo.

Verde no se mete en estos líos porque sea estúpido, sino, muy al contrario, porque es muy inteligente. Recordemos que verde es, en realidad, un estadio superior a naranja y que naranja nos lo dio todo, desde la abolición de la esclavitud hasta la física moderna, pasando por el hecho de haber colocado a una persona en la superficie de la Luna. Pero, precisamente porque verde puede reflexionar sobre los logros universales de naranja –y criticarlos–, sospecha que todas las jerarquías son problemáticas. Es lo bastante inteligente para ver el problema, pero no lo suficiente como para resolverlo.

La buena noticia es que todo el mundo tiene acceso a una auténtica tolerancia, justicia y cuidado. La mala noticia es que, al negar toda jerarquía, el multiculturalismo verde no llega a discernir claramente la diferencia existente entre culturas egocéntricas, las etnocéntricas, las mundicéntricas y las integrales. Todo el mundo, según el principio inflexible del igualitarismo, debe ser tratado del mismo modo («¡Acabemos con todas las jerarquías!») y hay que invitar a todos por supuesto a la mesa multicultural, incluidos los nazis, el KKK, los racistas y los sexistas. Esto, no es lo que realmente quiere el multiculturalismo, pero no tiene forma de salir de este embrollo porque ha afirmado el principio fundamental de que hay que tratar del mismo modo a todas las culturas y a todos los valores (porque todos, en su opinión, son merecedores de los mismos resultados). Y, como este estadio no tiene la menor idea del modo de integrar estas múltiples diferencias, será imposible resolver este problema hasta la emergencia del siguiente estadio, el estadio integral. Verde, entretanto, es un visión políticamente correcta que aspira a la justicia social y entiende el Espíritu como una especie de Gaia o teoría sistémica ecológicamente entrelazada con muchas y muy diferentes interpretaciones culturales todas ellas asimismo válidas (aunque rechaza muchas de ellas por razones estrictamente emocionales, empezando por las interpretaciones hechas por el hombre blanco).

La religión verde

La religión, en el estadio verde, enfatiza la igualdad y suele emplearse como principal justificación para la búsqueda activa de la justicia social. Son muchas, en este sentido, las escuelas budistas de Occidente que se consideran «budismo socialmente comprometido», y, antes de ellas, estuvo la «teología cristiana de la liberación». Y esto ocurre porque, al introducir una perspectiva de cuarta persona, este estadio puede reflexionar activamente sobre los sistemas universales, sistemas que son iguales en todas partes (porque no hay una química hindú y una química protestante, por ejemplo, sino que tan solo hay una química universal). Desde luego, ve numerosas diferencias entre las distintas culturas y valores que fluctúan, divergen y cambian considerablemente en todo el mundo. Verde puede diferenciar, en efecto, estos grandes sistemas (de ahí el multiculturalismo), pero, como todavía no está en condiciones de integrar esas muchas diferencias, se empeña en que hay que tratar por igual a todo el mundo, de ahí su insistencia en el igualitarismo, su impulso hacia la igualdad y su abrazo del multiculturalismo (como también su confuso rechazo de todo tipo de jerarquías).

Esta visión verde de la espiritualidad probablemente sea la más habitual entre los estadounidenses de clase media, educados, ubicados en la vanguardia y usuarios de las redes sociales. El 40% de los mileniales afirma estar a favor del socialismo. Este es el enfoque prevalente en lo que se conoce como «nueva era». Y ya vimos el amplio alcance del «budismo socialmente comprometido». En el cristianismo, las cosas son un poco más extrañas, porque el cristianismo verde (con o sin despertar) suele defender la justicia social, el feminismo, la caridad, el amor, la política de izquierdas, una ecología de gestión, una inmigración de fronteras abiertas, los derechos LGBTQ y la antiislamofobia o, dicho en otras palabras, sus creencias parecen derivarse del mismo nivel verde.

También hay que decir que, cuanto más elevada sea la altitud del desarrollo que abrace una determinada espiritualidad, más lejos estará de cualquiera de los mitos ámbar originales que entraron en escena por vez primera durante el estadio mítico-literal de esa religión y que debe utilizar con más cuidado y delicadeza su inteligencia espiritual para interpretar cualquiera de los mitos y principios míticos básicos de su religión. Esto resulta sobre todo evidente en el estadio pluralista-postmoderno verde, en donde los valores multiculturales verde contradicen directamente, en muchos casos, las creencias mítico-etnocéntricas fundamentales de su religión (creencias que incluyen, en el caso del cristianismo, su marcado sesgo patriarcal, su omnipresente misoginia, su escaso compromiso ecológico, una actitud que abraza la esclavitud y un considerable prejuicio contra los homosexuales que el estadio verde encuentra muy inaceptable, lo que le lleva también, con cierta frecuencia, a rechazar con firmeza este estadio de la inteligencia espiritual).

Este tipo de conflictos obliga a religiones como el cristianismo a encontrar marcos interpretativos de nivel superior que pongan realmente de relieve lo esencial. La pregunta central a la que hoy se enfrentan las religiones de todo el mundo es la siguiente: «¿Qué es lo que queda si abandonas los mitos de tu religión?». Piensa en ello. Sea cual fuere la respuesta, será mucho más interesante que cosas tales como que «Moisés separó las aguas del mar Rojo», «la mujer de Lot acabó convertida en una estatua de sal» o «Lao Tzu tenía novecientos años en el momento en que nació». Y, con suerte, incluirá cosas tales como un auténtico despertar. «Que esa conciencia esté en ti como lo estaba en Jesucristo para que todos podamos ser Uno» no es un mito, sino una afirmación clara de la existencia, en el despertar, de un verdadero estado de Unidad, de una experiencia que está en el núcleo de todo lo que podrías encontrar en una auténtica religión. El cristianismo está especialmente abierto al misticismo teísta sutil («Yo y el Padre somos Uno») y al misticismo causal sin forma (el «Dios más allá de Dios» del que habla el gnosticismo de *La nube del no saber*) y puede avanzar hasta un verdadero misticismo *turiya* Yo soy (la declaración de Cristo de que «Antes de que Abraham fuera, Yo soy» es una intuición perfecta de *turiya*, que a menudo se llama «Conciencia Crística») y ocasionalmente también a un misticismo No-dual (en su nivel más alto, «la Palabra hecha carne» es una intuición no-dual y, en sus mejores momentos, el cristianismo es un «misticismo encarnado» o una no-dualidad entre Espíritu y carne).

El hecho de que uno haya alcanzado un misticismo causal sin forma significa, como ya hemos visto, que está abierto a casi cualquier experiencia mística de nivel superior, algo que es muy cierto en este caso. Aunque Cristo trajo definitivamente un misticismo teísta del estadio sutil («Yo y el Padre somos uno»), también se adentró en un misticismo causal y sin forma que le abrió a una experiencia directa de Yo soy de *turiya* («Antes de que Abraham fuera, Yo soy»). Esta afirmación «Yo soy» es el elemento central del mensaje de Cristo a la humanidad.

Hay algunas personas que, en el estadio verde, se sienten atraídas por el cristianismo y tienden hacia un cristianismo verde postmoderno. (Con ello no quiero decir que *debamos* contemplar la religión a través de estos estadios, sino que algunos seres humanos *ya* están mirando la religión a través de esos estadios y que, en consecuencia, deberíamos convertirlo de manera consciente en algo oficial). Algunos de los autores más conocidos en este estadio son el obispo Shelby Spong y Marcus Borg (que son auténticamente verdes y «trascienden e incluyen» por completo la razón naranja). La teología de la liberación fue una de las primeras formas asumidas por un enfoque verde de la espiritualidad. Originaria de Centro y Sudamérica señalaba que, dada la importancia concedida por Cristo a los pobres y los desfavorecidos, el cristianismo no debería centrarse tan solo en la promesa de redención de las almas en un mundo completamente diferente, sino que debería ocuparse de manera activa de la justicia social hacia los desfavorecidos de este mundo. El verdadero amor no debe limitarse a una promesa imaginaria, sino que debe manifestarse aquí y ahora (en este sentido, la teología de la liberación debería haber añadido que, aunque la justicia en este mundo sea un aspecto importante de cualquier espiritualidad integral, también debería haber incluido una verdadera liberación, es decir, que, para poder contar con un sistema de valores verde y postmoderno, es necesario un verdadero despertar). Cristo, para el cristiano que se halla en el estadio verde, es una fuerza de deconstrucción social («No traigo la paz sino la espada» y «¡Ay de vosotros, los ricos, los que ahora estáis saciados, que ahora reís y de quienes todos hablan bien!» o, dicho en otras palabras, que deconstruye por completo todo lo que se considera bueno), lo que implica subvertir las jerarquías («los mansos heredarán la tierra, los pobres de espíritu alcanzarán el Reino de los Cielos», etcétera). Al invertir de este modo las jerarquías que verde considera causa fundamental de la opresión, Cristo trae el amor como justicia social en *este* mundo. Como los mismos sistemas se mantienen unidos por el amor, Cristo es, en el fondo, un ecologista que quiere abrazar amorosamente a todos los seres del planeta, enfatizando su igualdad fundamental (*bioigualdad*, porque todos los seres vivos son hebras iguales de la Gran Red de la Vida). Y, al dirigirse a los gentiles, Cristo demostró también su profundo compromiso con la inclusión y la diversidad (los valores básicos de verde). No olvidemos que un erudito religioso ha calificado la enseñanza de Cristo –de un modo bastante acertado, en mi opinión– como «igualitarismo radical».

Asimismo, si uno es budista tenderá, en este estadio verde, hacia lo que se denomina un «budismo socialmente comprometido», es decir, un budismo asentado en la justicia social, la política de izquierdas, el feminismo, los derechos LGBTQ, la ecología, la política de fronteras abiertas, etcétera, a lo largo de una lista bastante estándar de los valores verde.

¿Cómo podríamos resumir mejor, centrándonos específicamente en la inteligencia espiritual verde, lo que verde aporta a la imagen (exista o no una experiencia de despertar)? Bien podríamos decir que el núcleo del mundo espiritual verde gira en torno a lo que podríamos llamar una especie de *panteísmo multicultural*. La totalidad del universo manifiesto interconectado (Gaia o la Gran Red de la Vida) es, en última instancia, el Espíritu (identificando así al Espíritu con la totalidad del universo creado, de ahí que consideremos que se trata de una forma de *panteísmo*), pero el Espíritu se manifiesta de manera diferente en las distintas culturas, cada una de las cuales es igualmente válida (esta es la parte *multicultural*). Sin embargo, como verde no sabe muy bien cómo integrar esos muchos sistemas culturales, afirma que todos son iguales y su principal preocupación gira en torno a una justicia social que no se limite a garantizar igualdad de oportunidades, sino que aspire también al logro de una igualdad de resultados.

Este estadio pasará a la historia como el trampolín que sirvió para el «cataclísmico» y «monumental salto de significado»[1] que implica el acceso al estadio integral, el primer estadio verdaderamente holístico e integrado de la historia humana que va más allá de verde y de la conciencia de primer grado y se adentra en la conciencia de segundo grado. Echemos ahora un cuidadoso vistazo a este punto, al profundo tipo de totalidad que trae consigo y al modo en que, en este momento, podemos incorporar esa totalidad a nuestra vida. ¿De acuerdo?

9. El estadio inclusivo-integral (turquesa)

Es mucha la evidencia que corrobora la realidad del estadio integral. Véase la tabla 6 con un listado de los términos utilizados por distintos investigadores para referirse a este estadio y adviértase el énfasis puesto en términos como *integrado*, *sistémico*, *holístico* e *interparadigmático*.

Tabla 6. Equivalentes para los estadios holístico esmeralda e integral turquesa

Investigador/sistema	Estadio del desarrollo
Integral	holístico esmeralda e integral turquesa
Commons y Richards	paradigmático e interparadigmático
Fischer	sistemas de sistemas
Fowler	universalizador
Gebser	integral
Graves	sistémico/integrado
Kegan	interindividual integrado
Kohlberg	ético universal
Loevinger	autónomo e integrado
Maslow	autorrealización avanzada
Torbert	irónico
Wade	auténtico

La naturaleza de los estadios integrales

Todos los estadios anteriores (fusión arcaica, mágico rojo, mítico ámbar, racional naranja y postmoderno verde) forman parte de lo que se llama «conciencia de primer grado», caracterizada por el hecho de que comparten la misma idea de que sus verdades y valores son los únicos importantes y que todas las demás verdades y valores son infantiles, confusos, ridículos o están sencillamente equivocados. A partir del estadio inclusivo-integral, sin embargo, se entra en la denominada «conciencia de segundo grado», que es consciente de la importancia de todos los estadios anteriores, aunque solo sea por el hecho de que, al formar parte del proceso de crecimiento, es imposible saltarse o eliminar cualquiera de ellos sin romper la escalera misma que posibilita el acceso a este nivel. Esto convierte al estadio integral de segundo grado en el primer estadio auténticamente holístico e inclusivo de la existencia y un salto asombrosamente profundo en la evolución que Clare Graves calificó como un verdadero «cataclismo» y un «monumental salto de significado». No en vano, aunque justo esté comenzando a emerger, promete cambiar profundamente nuestra visión de la naturaleza humana.

Como ya hice con los estadios magenta y rojo (mágico y mágico-mítico), aquí estoy combinando también en uno dos grandes estadios (holístico esmeralda e integral turquesa). Cuando me refiera en particular a uno de ellos usaré sus nombres y colores separados, pero, en la mayoría de los casos, los combinaré y me referiré a ellos como estadio inclusivo-integral turquesa, porque ambos son propios de la conciencia de segundo grado, ambos son muy raros y ambos constituyen la totalidad más elevada a la que, en este momento, nos permite acceder el proceso de crecimiento.

Como, dependiendo del modelo de desarrollo que utilices, el porcentaje de población que actualmente se halla en el estadio holístico esmeralda es de entre el 5 % y 7 % y en el integral turquesa es de entre el 0,5 % y el 2 %, bien podríamos decir que el porcentaje de la población que se halla en el estadio inclusivo-integral es de entre el 6 % y el 8 %. Sea como fuere, los estadios propios de la conciencia de segundo grado representan, en este momento, la vanguardia de la evolución y serán, casi con toda seguridad, el estadio principal del que surgirá cualquier verdadera religión del futuro.[1] (Como las personas que se hallan en los estadios más elevados propios de la conciencia de tercer grado –los llamados estadios supraintegrales– son hoy en día muy pocas y representan menos del 1 % de la población, tienen un impacto muy pequeño en los acontecimientos mundiales pero, en el futuro, serán cada vez más importantes. Por el momento, pues, centraremos ahora casi toda nuestra atención en la conciencia de segundo grado). Cuando uso el término *integral*, me refiero tanto a este estadio del desarrollo propio de la conciencia de segundo grado (estadio inclusivo-integral turquesa) como a la metateoría integral que incluye todos los datos necesarios para el establecimiento de la dirección kósmica OCON.

El modelo del desarrollo esbozado por Michael Commons de Harvard es típico de los modelos sofisticados que incluyen ambos estadios integrales. Uno de sus seguidores, Hanzi Freinacht, describe del siguiente modo el estadio paradigmático de Commons (que, según mi terminología, es el holístico esmeralda): «Puede abordar varios metasistemas muy abstractos para esbozar formas nuevas de pensar en el mundo, nuevos paradigmas y nuevas ramas o ciencias dentro de las ciencias».[2] Commons denomina «interparadigmático» al segundo estadio, su estadio más elevado (al que yo llamo integral turquesa), porque interrelaciona y sintetiza los paradigmas (esmeralda) con otros paradigmas creando totalidades más elevadas todavía. Freinacht describe su nivel interparadigmático del siguiente modo: «Puede lidiar con varios paradigmas creando nuevos campos como sucede, por ejemplo, con la reformulación de la física de Newton, la teoría de la evolución de Darwin, la teoría de la relatividad de Einstein, la invención de la física cuántica, la invención de las teorías y matemáticas de la complejidad y del caos, de la computación, de la "teoría integral" holística de Ken Wilber y de la teoría de cuerdas».[3]

Es fácil advertir que, sean cuales fueren sus sutiles diferencias, los dos niveles integrales engloban en totalidades completamente nuevas una extraordinaria cantidad de complejidad. Debo decir, en este sentido, que la combinación interparadigmática de despertar, crecer, abrir, limpiar y mostrar configura una auténtica Gran Totalidad, algo que resulta accesible desde la inclusividad del estadio integral turquesa. Igualmente importante es la capacidad de turquesa de buscar nuevos *tipos* de totalidades. Plotino, por ejemplo, fue un genio extraordinario y un pensador integral de su tiempo que centró fundamentalmente su atención en mostrar (es decir, en incluir todas las dimensiones fundamentales de la realidad) y Despertar (es decir, en cómo llegar a experimentar directamente la Unidad) aunque no tuvo, mientras vivió, una comprensión completa de crecer, abrir y limpiar, razón por la cual no incluyó, en su modelo, esas formas de totalidad. Ahora bien, cualquier enfoque que aspire hoy a ser realmente integral deberá incluir estas diferentes formas de totalidad.

El estadio inclusivo-integral turquesa y Un Solo Sabor

Los mencionados ejemplos de intersintetización esbozados por Freinacht dejan claro que cualquier enfoque integral contemporáneo deberá incluir, como hace la metateoría integral, las ciencias convencionales. Pero como, en este libro, estoy centrando especialmente mi atención en la espiritualidad y la inteligencia espiritual, seguiré ocupándome, en esta sección, de ellas.

Cuando *turiyatita* o Un Solo Sabor entra de lleno en la existencia durante el despertar, suele hacerlo acompañado del estadio inclusivo-integral del desarrollo. Obviamente, la emergencia del estadio racional causal sin forma posibilitó, al haber despojado a la conciencia de todas sus formas, la existencia de los estados superiores de la experiencia mística. Pero el advenimiento de Un Solo Sabor *turiyatita* suele ir acompañado del estadio inclusivo-integral del desarrollo, lo que convierte a la interpretación de Un Solo Sabor en algo muy inclusivo. Aunque los estadios del crecimiento y los estadios de los estados del despertar sean relativamente independientes, la emergencia del estadio integral turquesa del desarrollo tendió a impulsar, por su propia naturaleza, el estadio más elevado del despertar hacia la realización de *turiyatita*. Fue la combinación de estos dos factores (es decir, de Un Solo Sabor *turiyatita* interpretado por el estadio inclusivo-integral) lo que dio origen a enfoques holísticamente tan inclusivos e integrales como el Budismo tibetano, el Tantra, el Vedanta y el Vajrayana.

Si uno es cristiano, como todos los estadios del desarrollo son importantes y no hay que omitir ninguno, la enseñanza de Cristo se entenderá, desde el estadio integral turquesa, como algo que hay que interpretar tal como aparece en cada uno de los distintos estadios del desarrollo. Será capaz, por tanto, de hablar desde cada estadio sin convertir dogmáticamente a uno solo de ellos en el único adecuado (y liberando así al cristianismo de su encorsetamiento «mítico-literal»). La posibilidad, por otra parte, de educar a sus seguidores en las diferentes formas de entender el mensaje cristiano desde los distintos estadios del desarrollo lo convertiría, además de en un instigador del despertar, en un *marcador de la transformación*, es decir, en un catalizador del desarrollo. Es por ello por lo que la visión integral del cristianismo cumpliría perfectamente con la función de cinta transportadora del desarrollo.

La naturaleza tan comprehensiva del estadio integral turquesa le permite incluir el despertar y el crecer (así como también limpiar, abrir y mostrar) que, de este modo, se verían englobados por vez primera en nuestra historia en lo que podríamos denominar una Gran Totalidad.

Esta visión integral ocurrirá con independencia de que la religión participe o no de ella, pero, en el caso de que lo haga, tendríamos una auténtica religión del futuro, una religión que no se asentaría en un estadio pasado y considerablemente inferior de la evolución, sino en un estadio futuro y más elevado porque todos, en nuestro camino de regreso al Cielo, hemos partido del Edén.

Esto modificaría nuestras ideas más profundas sobre la naturaleza humana, sobre lo que es y sobre lo que puede llegar a ser. Así es también como la religión dejaría de ser lo que ahora es –objeto, con demasiada frecuencia, de bromas y chanzas para la mente moderna y postmoderna– y podría convertirse en el principal impulsor de la transformación social, ayudando a la humanidad no solo a despertar, sino también a crecer ilustrando que la verdadera religión del mañana puede funcionar perfectamente como cinta transportadora de la transformación social. Y, si la inteligencia espiritual reconoce de manera directa, dada su naturaleza realmente integral, la realidad de los estados espirituales de la conciencia del despertar permanecerá abierta a los cinco tipos de misticismo, con un énfasis especial en *turiya* y en *turiyatita*. Y asimismo reconocerá que, aunque *turiyatita* sea, de hecho, el estado último del despertar realizado hasta la fecha, el resto de los estados pueden verse incluidos e interpretados desde cada uno de los entre 6 y 8 grandes estadios del desarrollo (en este caso, desde el estadio integral).

Una espiritualidad (o cualquier tipo de práctica integral de vida) comprehensiva de verdad derivada del estadio integral turquesa reconocería necesariamente todas y cada una de las celdas de la Rejilla Wilber-Combs (véase la figura 5.3) en el que quizás sea el resumen más completo de todas las potencialidades a las que, en este momento de la evolución, tiene acceso el ser humano. Obviamente hay otras potencialidades importantes en juego (como limpiar, abrir y mostrar), pero despertar y crecer son fundamentales. Como ya hemos visto, en el eje horizontal de la rejilla se encuentran los cinco grandes estados del despertar y, en el eje vertical, los entre seis y ocho grandes estadios del desarrollo o del crecimiento integral. La rejilla, por tanto, nos proporciona un resumen coherente de algunos de los potenciales humanos más elevados descubiertos a lo largo del amplio espectro de la evolución humana desde la etapa premoderna hasta la moderna, la postmoderna y la integral. La actualización de todas las celdas de la rejilla recoge, por tanto, lo mejor y más luminoso del millón de años de evolución del ser humano. Y, como esto representa una versión de la buena vida, cualquier cosa menos que eso será, a partir de ahora, profundamente insuficiente.

Por supuesto, el logro del estadio integral no va necesariamente acompañado de una experiencia del despertar porque, como hemos repetido hasta la saciedad, desarrollo y despertar son dimensiones relativamente independientes. Pero como, al mismo tiempo, el estadio integral turquesa es el más adecuado, el más inclusivo y el «mejor» (en concreto por ser más comprehensivo) para interpretar una experiencia de despertar, el objetivo ideal de alguien que se encuentre en el estadio integral consiste, en lo que respecta a un compromiso espiritual, en emprender prácticas y ejercicios que le ayuden a experimentar de manera directa un verdadero despertar, lo que implicaría, si estamos apuntando a los estados finales de la iluminación, una realización directa de *turiya* y de *turiyatita*. (Y, como *turiyatita* está asociado al estadio integral y *turiyatita* «trasciende e incluye» por completo a *turiya*, ambos estados suelen tenerse en cuenta en cualquier iluminación que suceda en el estadio integral turquesa). Además, si uno adopta una forma integral de meditación, es decir, un tipo de meditación que incluya los cinco estadios de estados de la conciencia, también incluirá automáticamente todos los posibles estados del despertar, incluidos los dos últimos y más elevados. Y la experiencia del estado más elevado del despertar interpretada desde los estadios más elevados del crecimiento (es decir, Un Solo Sabor interpretado por el estadio integral turquesa) es, de hecho, una situación ideal que «incluiría al tiempo que trascendería» todas las celdas de la rejilla Wilber-Combs.

Aunque esta sea una cuestión técnicamente diferente, ya he señalado la posibilidad de que las escuelas espirituales que se crearon en torno a la experiencia de Un Solo Sabor se viesen fundadas por maestros que tuvieran acceso a un estadio inclusivo-integral de desarrollo o, al menos, a un tipo de cognición protointegral (como, por ejemplo, Nagarjuna y Plotino). Aunque el despertar y el desarrollo sean dimensiones relativamente independientes, las visiones no-duales del despertar representan un enfoque radical y revolucionario de la espiritualidad más próximo a ser aceptado por quienes hayan experimentado el cambio radical que conduce de la conciencia de primer grado a la conciencia de segundo grado (y llegando así a estadios claramente interparadigmáticos como turquesa, con su extraordinaria capacidad inclusiva).

También hay que recordar que, en cualquier momento de la historia, hay personas que se hallan en los distintos estadios del espectro del desarrollo (Habermas llegó incluso a contemplar la posibilidad de que, aún en el estadio tribal, hubiera personas que se hallaran en el estadio de las operaciones formales, es decir, en lo que, en el modelo integral, denominamos estadio naranja). En el otro polo del espectro del desarrollo hay quienes han estimado que el porcentaje de personas que, en la actualidad, se hallan en alguno de los estadios de la conciencia de tercer grado (supraintegral) es inferior al 0,01 %, lo que significa que, en Estados Unidos, se hallarían unas 33.000 personas. Es muy probable, por tanto, que, aunque muy pocos de sus seguidores estuviesen a esa altura, los fundadores de cualquier disciplina innovadora hayan sido personas muy avanzadas y evolucionadas (hasta la conciencia de segundo grado e incluso, en algunos casos, hasta la conciencia de tercer grado).

Tampoco me sorprendería que los fundadores de alguna o de todas las escuelas no-duales del despertar espiritual se hallasen en los estadios protointegrales o incluso en los estadios integrales propios de la conciencia de segundo grado (como la extraordinaria capacidad holística propia del nivel interparadigmático, ideal para interpretar con precisión una experiencia de Un Solo Sabor). Lo que es seguro es que pasaron, como Nagarjuna, de una experiencia del despertar de *turiya* a *turiyatita*, de un Vacío sin forma a un «Vacío que no es diferente de la Forma»; de una Subjetividad Absoluta (o Conciencia sin objeto) a Un Solo Sabor no-dual que trasciende (e incluye) completamente sujeto y objeto y de un nirvana ajeno a *samsara* a un Fundamento no-dual que los incluye a ambos en una totalidad más amplia. Y no estoy hablando ahora simplemente de la unidad propia del misticismo natural en donde no hay realización de Vacuidad infinita alguna, sino que se limita a un espíritu panteísta entendido como la totalidad del universo manifiesto finito, la suma total del mundo de la Forma lo que Underhill afirmaba que no era tanto una «transformación vertical de la conciencia» como una «expansión horizontal de la conciencia». Este, por el contrario, era el auténtico Fundamento de Todo Ser que incluía Vacuidad y Forma y nirvana y *samsara* y que no era un Cielo separado de la Tierra, sino un verdadero Cielo en la Tierra, una transformación auténticamente vertical de la conciencia.

Quizás el más brillante precursor de esta revolución evolutiva haya sido el genial Nagarjuna. Revisemos ahora brevemente el papel desempeñado por Nagarjuna y sus extraordinarios descubrimientos desde una perspectiva explícitamente integral para entender con exactitud de qué estamos hablando.

Nagarjuna había crecido en un entorno dominado por el budismo primitivo que hundía sus raíces en una realización causal/*turiya* y la creencia de que *samsara*, es decir, el mundo manifiesto, finito y relativo, está completamente inmerso en *dukkha* (es decir, en la aflicción), el apego y la ilusión y del que solo es posible escapar mediante la extinción completa de todos los fenómenos de conciencia, una extinción conocida como «nirvana» (un nirvana totalmente ajeno al *samsara* que, de ese modo, quedaba extinto por completo).

Pero esta comprensión causal/*turiya* era, de hecho, profundamente dualista. En ella, nirvana está separado y es diferente de *samsara*; la Vacuidad está separada y es diferente de la forma, y el Uno está separado y es diferente de los muchos. Ese era, en el mejor de los casos, un *turiya* vacío y sin forma, una dimensión accesible en el nirvana puro (la extinción) y en *nirodh* (la cesación), un estado que no incluía a *samsara*, sino que lo eliminaba por completo.

No obstante, este estado de nirvana no es un mito. Se trata de un estado muy real y al alcance de la conciencia despierta (es decir, de *turiya*, el cuarto estado). Ya vimos el ejemplo impactante de los monjes vietnamitas que, durante la guerra de Vietnam, se sentaban a protestar, por razones muy diversas (desde la prohibición del uso de la bandera budista hasta la guerra misma), en meditación, entraban en estado de *nirvana*/*nirodh* de cesación pura, arrojaban gasolina sobre su cuerpo y acababan prendiéndose fuego dejando que su cuerpo se viera consumido por el fuego sin pestañear en riguroso directo ante millones de telespectadores. Nirvana es un estado completamente real y que proporciona una libertad y una liberación auténtica de todo el universo manifiesto.

Nagarjuna no cuestionaba la existencia del estado de nirvana, sino que se preguntaba si ese sería el más elevado de todos los estados, una pregunta a la que acabó respondiendo negativamente. Más allá del nirvana se halla el estado no-dual recién alcanzado (el quinto estado), una realización más profunda y elevada que unifica y completa la realidad inferior de solo nirvana a la que aspiraba el budismo primitivo. En lugar de un nirvana completamente separado del *samsara* y de una Vacuidad completamente ajena a toda forma, Nagarjuna afirmó la existencia de una Realidad No-Dual que unifica sin problemas nirvana y *samsara*, la Vacuidad y la forma y el Uno y los muchos. Todos esos dualismos revelaron ser dos aspectos diferentes de la misma Realidad subyacente no-dual y holística (que es «no dos» o «no-dual») y que son como el polo norte y el polo sur de un imán. Esto es algo a lo que *El Sutra del Corazón* no tardaría en referirse diciendo que «la Vacuidad no es diferente de la Forma y la Forma no es diferente de la Vacuidad», lo que significa que nirvana no es diferente de *samsara*, y viceversa, una comprensión que acabaría transformando por completo el mundo de la espiritualidad. En lugar de ver el sexo como un obstáculo para la realización espiritual, sexo y Espíritu pasaron a verse entonces como no-dos, de modo que el sexo dejó de ser un pecado contra el Espíritu para convertirse, como veremos más adelante cuando, en los capítulos 17 a 19, exploremos el tantra sexual integral como un camino directo hacia el Espíritu.

Nagarjuna se refiere a esta Realidad nueva y completa como *shunyata*, lo que técnicamente significa «Vacuidad». Pero esta Vacuidad no tiene nada que ver con el vacío que se opone a la forma. Esta Vacuidad no es «sin forma», sino que, muy al contrario, «no es diferente de la forma», lo que significa que incluye toda forma, una unidad No-Dual que incluye plenamente la Vacuidad *y* la forma (que, en realidad, «son no dos»). No se trata, pues, de una fragmentación dualista, sino de una Totalidad no-dual; no se trata de una Vacuidad divorciada de la forma, sino de una Vacuidad que incluye toda forma, una nueva totalidad que es la Vacuidad *real* (*shunyata* o el Espíritu *verdadero*).

Pero lo que Nagarjuna nos dice es todavía más profundo, porque sigue preguntándose ¿Cómo puedes conocer o realizar directamente esta Vacuidad No-Dual, esta Realidad absoluta y última? Nagarjuna afirma que *no debes* limitarte simplemente a una explicación verbal y conceptual de la Vacuidad porque, de ese modo, solo tendrías un conocimiento por descripción. El único modo de conocer y acceder a cualquier Realidad Última (a cualquier Vacuidad o Espíritu verdadero) consiste en experimentarla de manera directa e inmediata y tener entonces, de ella, un conocimiento por familiaridad.

Imagina, por ejemplo, que alguien que se encuentra en el estadio naranja del desarrollo consigue un libro sobre el estadio integral turquesa –un estadio ubicado un par de niveles por encima del suyo–, lo lee varias veces, memoriza todos los rasgos que caracterizan al estadio integral, se somete a una prueba escrita al respecto y responde perfectamente al 100 % de las preguntas que se le hacen al respecto, obteniendo un sobresaliente. ¿Significa eso acaso que conoce directamente el estadio integral? No, porque, pese a todo lo que ha leído, aún se encuentra en el estadio naranja y está muy lejos, por tanto, de conocer directamente por familiaridad el estadio integral. Lo único que sabe son etiquetas y descripciones, no experiencias reales. Sería como pretender ir de vacaciones a las Bermudas mirando un mapa, algo que no proporciona el menor conocimiento real de las Bermudas. De manera parecida, para Nagarjuna, debes experimentar directamente *shunyata* (o, dicho en otras palabras, la Conciencia de Unidad última o la No-Dualidad pura) porque, de lo contrario, al margen de lo exacta que sea tu descripción de ese estado, mal podrás conocerlo y solo estarás refiriéndote a un mapa, sin haber pisado nunca el territorio.

Nagarjuna explica este punto central diciendo que, independientemente del rasgo o la cualidad que elijas para referirte a la Realidad Última, llámala x (que puede representar el Espíritu, Dios, la Conciencia, el Uno, la No-Dualidad, el Amor, la Luz, lo Bueno, lo Verdadero, lo Bello o cualquier otra cosa), la Realidad no es x, no x ni ambas [x y no x] ni ninguna. ¡Despídete, pues, de las palabras! Por más que dijeras que la Realidad Última es la Verdad pura, Nagarjuna replicaría diciendo que la Realidad no es la Verdad, la no Verdad, ni ambas ni ninguna. Ninguna palabra es adecuada para referirse a la Realidad, porque ninguna te proporciona una experiencia directa de ella. En términos semióticos cabría decir que, si ignoras el referente, ningún significante podrá reemplazarlo. Y es que, por más que repitas la palabra «orgasmo», esa será para ti una experiencia, si nunca la has tenido, ajena.

Cualquiera de las palabras y conceptos que utilicemos para referirnos a la Realidad Última se quedarán cortas (incluyendo, por supuesto, también estas). Todas las palabras que utilicemos solo tienen sentido comparadas con sus opuestas: placer versus dolor, bueno versus malo, infinito versus finito, vida versus muerte, y así sucesivamente. Pero la Realidad Última, al ser omniinclusiva, carece de opuestos (aunque ni siquiera esta palabra funciona, porque «omniinclusiva» es también una palabra que solo tiene sentido en términos de su opuesta, «omniexclusiva», ¿verdad?).

Podemos conocer esta Verdad Última, pero no mediante palabras y conceptos relativos, sino transformando nuestra conciencia hasta un estado Conciencia Última, una conciencia de Unidad Última, una conciencia No-Dual Última o Un Solo Sabor. En ese estado somos directamente conscientes de esa Realidad Última y la activación de ese estado es la única respuesta correcta a la pregunta sobre la Realidad Última o el Espíritu. Si no hemos tenido un auténtico despertar, cualquier idea que tengamos al respecto se basará en opuestos y estará, por tanto, equivocada (como también estará equivocado lo que acabo de decir, porque igualmente está basado en opuestos). Si lo que queremos no es un nuevo mapa, sino llegar a pisar el territorio, debemos experimentar directamente una auténtica transformación vertical de la conciencia.

Lo primero que debemos saber sobre la «Vacuidad verdadera», la «No-Dualidad», la «Realidad Última» o el «Espíritu» es que trasciende todas y cada una de las palabras y de los conceptos (incluyendo los que acabo de mencionar). Se trata de un estado real, de una Realidad que queda lejos del conocimiento meramente descriptivo (es decir, de las palabras y de los conceptos) y al que solo puede accederse por familiaridad (es decir, por conciencia inmediata). Pero, para que tal cosa ocurra, debes tener una experiencia directa e inmediata de ese estado. *Antes de esa experiencia o realización directa, ninguna palabra funcionará, pero, después de ella, cualquier palabra servirá* (algo que podemos advertir fácilmente en los koans, las historias zen que carecen de todo sentido racional y que, al basarse enteramente en un satori, es decir, en una experiencia directa, carecerán, para ti, si nunca las has tenido, de todo sentido). Puedes hallarte en cualquier estadio del desarrollo y decir lo que quieras para describir la Realidad Última de despertar, pero ninguna de esas palabras te proporcionará automáticamente una verdadera experiencia del despertar. La experiencia es lo único que puede mostrarte la verdadera Realidad.

Las palabras y los conceptos son adecuados para la realidad relativa, para la verdad relativa. Podemos decir, por ejemplo, «el agua está compuesta por dos átomos de hidrógeno y uno de oxígeno», lo cual está muy bien, porque funciona. Pero, en lo que respecta a la Realidad Última, podríamos decir, por ejemplo, que «aunque, en la verdad relativa, el agua está compuesta de oxígeno e hidrógeno, en la Verdad Última, el agua está hecha de Espíritu». Y es que, por más que esta afirmación parezca tener sentido, tampoco funciona, porque está hueca y carece de todo significado real, porque decir «Espíritu» no tiene nada que ver con conocer realmente el Espíritu, una afirmación que solo puede entenderse después de tener una experiencia directa y plena del Espíritu. No hay palabra alguna que pueda reemplazar a la experiencia. Para ello no necesitas una afirmación del desarrollo, sino una experiencia del despertar. Antes de esa experiencia directa del despertar no hay palabra, etiqueta ni concepto que sea realmente verdadera, porque, en el mejor de los casos, estas afirmaciones no son descriptivas, sino estrictamente metafóricas. Todas las afirmaciones hechas aquí son metafóricas, lo que significa que puedes interpretarlas como quieras, pero el único modo de entender con exactitud lo que quiero decir cuando hablo de una experiencia del despertar pasa por tener una experiencia del despertar.

Nagarjuna afirma que las simples afirmaciones sobre el desarrollo (o las ideas de la inteligencia espiritual) no te acercarán un ápice a la Verdad Última. Para ello deberás experimentar lo que el zen llama un «satori», es decir, un despertar directo, una experiencia no-dual pura. Y, en lo que respecta a cuestiones como «¿Qué es el Espíritu?» o «¿Existe Dios?», la única respuesta correcta que puede darse verbalmente es «Ten un satori y descúbrelo por ti mismo». Tampoco vale, en este sentido, decir, por ejemplo, «Sí, Dios o el Espíritu último realmente existe», porque esa no es más que una afirmación cuyo significado depende de opuestos. Debes tener un satori o una experiencia verdadera del despertar y ver así directamente y por ti mismo esta Realidad Última que todo lo abarca.[4]

El dualismo inherente a los nuevos paradigmas de la ciencia

Debemos ser muy cuidadosos cuando un «nuevo paradigma» científico afirme haber descubierto la Unidad de la que siempre han hablado los místicos. Es habitual seguir el camino de David Bohm y decir que la «nueva física» demuestra la existencia de un «orden implícito», es decir, de unidad última subyacente al «orden explícito» de cosas y sucesos separados y asimilar este «orden implícito» a la Unidad Última de la que hablan los místicos de todo el mundo. Pero, aun en el caso de que conozcas todos los detalles de algún «nuevo paradigma» científico, te aseguro que estarás lejos de haber tenido una experiencia del despertar que te muestre realmente esa Realidad. Lo único que, de ese modo, lograrás es conseguir un nuevo mapa, pero sin llegar a pisar nunca las Bermudas.

Y lo peor es que, como esos mapas son profundamente dualistas y la supuesta unidad a la que se refieren solo tiene sentido en términos de su opuesto, estaríamos hablando de una unidad más bien pobre. El «orden implícito» de Bohm solo tiene sentido en términos de un «orden explícito» del que está separado y es diferente (eso es, al menos, lo que Bohm sostenía). Pero esa no es más que otra versión de la misma vieja dualidad nirvana versus *samsara*, Vacuidad versus forma y Uno versus muchos que tan ferozmente criticó, por su fragmentación dualista, Nagarjuna. En cierta ocasión hablé de este problema con el mismo Bohm y, en sus trabajos posteriores, introdujo un orden «supraimplicado» que, según afirmaba, subyace, unifica e integra tanto el orden implícito como el orden explícito. Pero eso no son más que malabarismos dualistas, porque «supraimplicado» solo tiene sentido en contraste con «supraexplicado», lo que acaba desembocando, como demostró Nagarjuna, en una regresión infinita de bobadas. La única respuesta correcta a este problema consiste en abandonar todos los mapas del desarrollo que se confundan con el territorio real del despertar, ir a las Bermudas y tener una realización directa del despertar.

Y lo mismo podríamos decir que ocurre con el caso de la mecánica cuántica, una visión muy común de la nueva era (y del nuevo paradigma) según la cual se afirma que la mecánica cuántica corrobora que la realidad es una «Unidad Última» entrelazada e interrelacionada, una verdadera Unidad subyacente a cualquier separación que nos muestra, dicho en otras palabras, la misma «Unidad Última» que se experimenta directamente en *turiyatita* (algo que tiene la misma seriedad de Fritjof Capra cuando, en *El tao de la física*, afirmó que la física moderna nos muestra la misma realidad que percibe el practicante zen cuando experimenta un auténtico satori).

El problema de esta creencia es que la comprensión de la física cuántica jamás ha permitido a los físicos tener un auténtico satori, algo, por cierto, que niegan la mayoría de los físicos (y refutando así por completo la idea de que el estudio de la física moderna les proporcione una experiencia mística de despertar a la Unidad Última). Si la física moderna nos mostrase una experiencia de la Realidad y la Unidad Última, el dominio de la física moderna iría acompañado de una experiencia de despertar y de conocimiento directo de esa Unidad, algo que nunca ocurre. Claro que es posible tener una conciencia de Unidad Última, pero eso queda muy lejos del alcance del simple estudio de la física moderna. ¿Qué otras similitudes podría haber entre ambos campos?

Debes tener mucho cuidado cuando un «nuevo paradigma» científico afirme mostrar la unidad última del mundo (la misma unidad que los místicos descubren con el satori). Es cierto que, de ese modo, puedes tener una especie de resumen conceptual de cosas como la teoría de sistemas o la mecánica cuántica (y hasta vincularla conceptualmente con los archivos akáshikos de Oriente), pero no olvides que, sea lo que fuere lo que ese paradigma te ofrezca, nada tiene que ver con el verdadero despertar al territorio real. Los caminos de la liberación dirían que lo único que, de ese modo, has conseguido es cambiar las cadenas de hierro por cadenas de oro, pero que, en cualquier caso, seguirás igual de encadenado. Para acceder a esa auténtica Realidad es necesario un verdadero satori (o despertar). Y *no hay forma exacta* de describir lo que verás con el satori porque, para ello, solo puedes tener un satori y ver directamente la Realidad por ti mismo.

Ten cuidado, pues, y no confundas un sistema conceptual de la inteligencia espiritual del desarrollo con una experiencia directa de la Realidad espiritual del despertar. Lo que está en juego es demasiado importante como para confundir la luna con el dedo que la señala.

El significado del tantra

El tantra es una forma de espiritualidad muy conocida –demasiado superficialmente, por cierto– que está muy relacionada con el sexo. El tantra nos conecta con la fuerza vital o *prana* (que incluye el sexo) y lo hace de un modo no-dual. Casi todas las escuelas de espiritualidad tempranas y anteriores a las escuelas no-duales (es decir, previas a *turiyatita*), tanto orientales como occidentales, habían establecido una clara distinción entre el estado en el que nos encontramos (este mundo o *samsara*) y el estado al que queremos llegar (el nirvana que se encuentra más allá de este mundo). Esos dos territorios solían considerarse completamente diferentes (este completamente bueno y aquel completamente malo) y el objetivo esencial de las disciplinas espirituales consistía en salir del pecado, el sufrimiento y *samsara* y entrar en la liberación, la salvación y el bienaventurado nirvana. Muchas de estas escuelas demonizaban el cuerpo y cualquier cosa que alentara los instintos corporales, a la que se consideraba como un obstáculo para la realización del Espíritu. Y, en la cúspide de todos esos obstáculos, se hallaba el sexo, razón por la cual casi todas las escuelas del misticismo teísta, sin forma o del Yo verdadero recomendaban el celibato.

Este es el contexto que nos ayuda a reconocer el revolucionario impacto provocado por el tantra. Y ello es así porque, en sus mejores expresiones, el tantra era profundamente no-dualista y no consideraba el Espíritu como algo separado –e incluso opuesto– al sexo, sino como dos aspectos de la misma totalidad subyacente. Dejando así de ser considerado un impedimento para el Espíritu, el sexo se reveló entonces como un camino directo al Espíritu. Es por ello por lo que las ceremonias de iniciación espiritual de cualquier escuela en las que podemos advertir la emergencia del tantra (que se desarrolló en India desde el siglo VIII hasta el XI d.C). incluyeron a partir de entonces elementos sexuales. De hecho, en la India, la iniciación tántrica solía incluir las llamadas «cinco emes», es decir, cinco cosas cuyos nombres en sánscrito empezaban con la letra «eme» y que, hasta entones, habían prohibido la mayoría de las religiones de la época (como el sexo, el alcohol y la carne roja). Las prácticas tántricas abrazaron plenamente, en sus iniciaciones, todas esas cosas como símbolo del hecho de que, en última instancia, lo único que existe –mires donde mires– es el Espíritu, sin excluir nada en absoluto, lo que abrió la puerta a un tipo de totalidad espiritual que antes apenas se había visto.

Entonces fue cuando el rechazo de la humanidad hacia la existencia como algo de verdad, caído, alienado y manchado por el pecado original, la angustia existencial y *dukkha* se vio finalmente superado y abandonado por la omnipresente y omniinclusiva metáfora de la Gran Perfección de este y de cada uno de los instantes. En los capítulos 17 a 19 exploraremos con detenimiento un tantra sexual integral como parte de la realización de una auténtica Gran Totalidad.

Y la experiencia de este despertar no-dual es la de sentirse literalmente expandido hasta fundirse con la totalidad del universo, una Unidad presente en todos y cada uno de los estados de conciencia. Literalmente, entonces ya no ves el sol, sino que *eres* el sol; ya no sientes la tierra, sino que *eres* la tierra y ya no ves las estrellas, sino que *eres* las estrellas, todas las estrellas. Y, lo que es más, esto es algo que experimentas de una manera directa e inmediata. Tu conciencia, dicho en otras palabras, se expande hasta llegar a incluir la totalidad del mundo y sentir directamente que eres uno con todo este mundo. Tu sensación de ser un yo separado tan solo se desvanece. Tu ego ya no *tiene* una experiencia, sino que se convierte en cada una de sus experiencias, o, dicho de otro modo, tu sensación de identidad se expande hasta abarcar cada experiencia, hasta abrazar a todo el mundo y tú eres uno con todo eso. Es por ello por lo que esa experiencia suele conocerse con nombres tales como «Conciencia Cósmica», porque tu conciencia se torna, directa e inmediatamente, una con la totalidad del cosmos.

Y no te olvides de la *indiscutible* realidad de este estado.

En la filosofía india, se conoce como *satchitananda*, que significa «Ser/Conciencia/Beatitud». Tu conciencia se ha vuelto una con la totalidad del Ser, lo que genera sensaciones de beatitud porque ya no estás identificado con ningún dolor o sufrimiento derivado de tu sensación de identidad separada. A cambio de la entrega completa de tu ego descubres una profunda Unidad con el universo entero. Eso es exactamente lo que se experimenta en el estado de *turiyatita* en el que te tornas uno con todo. Eres uno con todo y el mundo entero emerge dentro de ti. Todo el universo emerge en tu interior y eres literalmente uno con todo. Este es el verdadero significado de la no-dualidad en la que sujeto y objeto, yo y entorno, el Vidente y lo visto y tú y la Totalidad del mundo sois plenamente «no dos», un estado de Totalidad omniinclusiva, una Unidad genuinamente perfecta.

Resumen: la necesidad de incluir crecer y despertar

Al observar todos los estadios de las estructuras del crecimiento y los distintos estadios de los estados del despertar resulta evidente que necesitamos desesperadamente ambos caminos, o tanto de ellos, al menos, como sea posible. El crecimiento y el despertar nos revelan totalidades tan importantes como muy diferentes. Y ninguno de estos tipos de totalidad está ahí esperando solo a que todo el mundo los vea. Debes saber muy bien dónde buscar y qué tienes que hacer exactamente para reconocer y disfrutar de todos sus beneficios. La comprensión, además, de una de estas totalidades no te mostrará siempre la otra. Y espero que, aunque no estés de acuerdo con mi versión del crecimiento o del despertar, puedas advertir lo extraordinariamente importantes que son, en cualquier modalidad que te resulte aceptable. ¿Reconoces al menos que los seres humanos atraviesan algún tipo de proceso de crecimiento y desarrollo y que, en el despertar, tienen también acceso a diferentes y extraordinarias experiencias cumbre? Ambos son, de hecho, dominios muy importantes en el camino hacia una auténtica Gran Totalidad.

Aunque hayamos centrado nuestra visión integral en los campos de la religión y la espiritualidad, lo cierto es que lo dicho resulta asimismo aplicable a un número extraordinario de campos. De hecho, el marco de referencia integral se ha aplicado a más de sesenta disciplinas diferentes con la intención de esbozar versiones más integrales y completas de todas ellas (abriendo así la puerta a una versión integral de los negocios, de la medicina, de la educación, de la política, del marketing, del arte, de la espiritualidad, y así sucesivamente hasta más de sesenta campos diferentes). Es por ello por lo que confío en que, aunque hayamos centrado nuestra atención en los campos de la religión y la espiritualidad, puedas traducir estas ideas integrales a cualquier otra área o campo que te interese.

En lo que respecta a la espiritualidad y el crecimiento, hemos visto que, por el hecho de crecer y madurar a lo largo de unos seis estadios importantes del proceso de desarrollo, el individuo tiene, en cada estadio, una comprensión diferente de la religión y de la espiritualidad con la que está comprometido (porque tiene una visión diferente de casi todo). La religión –y con ello no estoy menospreciando a todo el campo– es uno de los pocos entornos en los que sus estudiantes –y hasta sus maestros– pueden hallarse, aun siendo adultos, en casi cualquier estadio del desarrollo. Hay predicadores, ministros y pastores adultos que están en el estadio mágico rojo o mítico ámbar de la inteligencia espiritual y creen *literalmente* cada palabra mágico-mítica de lo que están diciendo. También los hay que se encuentran en los estadios naranja y, ocasionalmente, verde y turquesa de la inteligencia espiritual. Hay personas, en suma, que se hallan en todos los estadios del espectro de los niveles del desarrollo. Esto es algo que rara vez encuentras en otras disciplinas, al menos en lo que respecta a sus enseñanzas oficiales. En el campo de la ciencia, por ejemplo, no hay profesores que enseñen animismo rojo mágico o astrología ámbar, sino astronomía naranja, y tampoco enseñan alquimia ámbar, sino química naranja. Tampoco sus enseñanzas discurren a través de estadios. No es que, durante el primer año que uno pasa en la facultad de medicina, aprenda el empleo de sanguijuelas y sangrías, el segundo año aprenda frenología y el tercer año aprenda a usar antibióticos y cirugía racional. No, las enseñanzas de la medicina son racionales desde el mismo comienzo, pero, en lo que respecta a la religión, hay versiones diferentes de la religión cuyos maestros hablan desde cada uno de los distintos niveles.

El hecho de que las religiones atraviesen todos estos niveles significa que está hecha a medida para convertirse en una *cinta transportadora* del desarrollo. La religión ya proviene (aunque de un modo inconsciente) de casi todos los estadios que componen el espectro del desarrollo, ¿por qué no hacer entonces lo mismo pero de modo consciente? Admito que puede parecer bastante idealista y hasta utópico, pero… ¿puedes imaginarlo?

Pertenezcan o no a una religión formal, todos los seres humanos atraviesan estos estadios del desarrollo. Pero, si están adscritos a una religión y esa religión se torna integral y transmite esos estadios a sus seguidores, podría cumplir con la función de cinta transportadora proporcionando un mapa real y una guía verdadera para la transformación personal en el camino del desarrollo. Independientemente de que haya experimentado o no un despertar, la persona *seguirá avanzando a través de los seis o más grandes estadios del desarrollo* que vimos en la obra de James Fowler, estadios que se aplicarán también al modo en que perciben su religión (según se interprete desde cada uno de esos estadios). Y, si la religión aclara y torna conscientes y accesibles esos estadios, contribuirá de manera positiva al crecimiento y desarrollo, es decir, funcionará como una auténtica cinta transportadora del desarrollo.

A medida que la persona emprendiera así el estudio de una religión que cumpliese con esa función de cinta trasportadora, adoptaría las creencias y llevaría a cabo las prácticas religiosas que aparecen en el estadio del desarrollo en que se encuentre. Podría estar en el estadio mágico, mítico, racional, pluralista o integral y adoptar su religión tal y como lo presenta ese estadio concreto. Y, como *esto es lo que, en cualquier caso, está inevitablemente haciendo…* ¿por qué no hacerlo de un modo consciente?

A medida que la persona prosiguiera así su proceso de crecimiento y desarrollo iría adoptando los estadios sucesivamente más elevados de su religión hasta llegar al estadio integral turquesa del desarrollo que es el más completo, complejo y unificado de todos los estadios a los que puede accederse conscientemente en este momento de la evolución, un tipo de Totalidad a la que solo puede acceder el proceso del desarrollo. De ese modo, las religiones que lo hicieran abandonarían de inmediato su fijación y estancamiento en los estadios inferiores mágicos y míticos que las convierte en objeto de burla para la mayoría de las personas educadas de la modernidad y la postmodernidad. Así es como podrían convertirse en cintas transportadoras que ayudasen a las personas a avanzar hacia estadios más elevados de su crecimiento y desarrollo y cumplirían con la función de auténtico catalizador de la transformación. Bajo la guía de su propia religión, los individuos seguirían la secuencia del desarrollo creciendo y desarrollándose de manera plenamente consciente a medida que fuesen atravesando la secuencia de estadios cada vez más elevados del desarrollo. Si pertenecen a una determinada iglesia, por ejemplo, podría haber reuniones semanales para los miembros de cada estadio: los grupos del estadio 2 podrían reunirse los martes; los del estadio 3, el miércoles; los del estadio 5, el viernes, etcétera.

En cualquiera de esos estadios del desarrollo, la persona podría atenerse a una práctica que le permitiera ejercitar y experimentar el despertar, realizando directamente el Fundamento Último del Ser adaptado a su caso, objetivo último de cualquier verdadera espiritualidad. El despertar sigue siendo tan posible y deseable como siempre, pero la interpretación proporcionada por cada nuevo estadio más elevado del desarrollo es cada vez más completa y adecuada.

Aunque estos estadios del desarrollo son, en la actualidad, prácticamente desconocidos para casi todas las personas, las pruebas que tenemos de su existencia son incuestionables. Algunos modelos del desarrollo han sido probados en más de cuarenta culturas diferentes sin encontrar excepciones importantes a los estadios y a las secuencias generales. Si las religiones de todo el mundo se convirtieran en cintas transportadoras, el conocimiento de estos estadios sería mucho mayor, lo que aceleraría considerablemente el crecimiento y el desarrollo individual. Las investigaciones realizadas al respecto han puesto de relieve que el conocimiento de los estadios de un determinado modelo del desarrollo contribuye a acelerar ese proceso. Aumentar el conocimiento de todos estos estadios y tornarlos accesibles a todo el mundo supondría el cambio más importante que podría ofrecernos cualquier verdadera religión futura.

Y lo mejor de todo es que podemos llevar a cabo este cambio ahora mismo, por nosotros mismos, según nuestra propia comprensión y conciencia. Y eso es precisamente lo que, en el camino hacia la comprensión de una verdadera Gran Totalidad, estamos tratando de hacer en este libro.

Recuerda que la afirmación (metafórica) del despertar es que consiste en la realización directa de Unidad con la Realidad Última, es decir, la experiencia directa de ser uno con lo Divino, uno con el Espíritu, uno con el Fundamento más elevado y profundo del Ser y uno con la Gran Perfección. El despertar amplía el territorio de tu ser abriéndote a totalidades cada vez mayores hasta alcanzar la Unidad completa con el universo entero. El crecimiento, por su parte, aumenta el número de perspectivas con las que, en cada una de esas dimensiones, puedes identificarte. Si el despertar va de lo ordinario a lo sutil, lo causal, *turiya* y lo no-dual, el crecimiento va de lo egocéntrico a lo etnocéntrico, lo mundicéntrico y lo integral. Por supuesto, no son lo mismo y definitivamente ambos son muy necesarios.

La secuencia del desarrollo es crucial, sobre todo porque las grandes religiones del mundo –por no hablar de casi todas las demás disciplinas– la omiten. Y, si una religión se encuentra, por ejemplo, en un estadio etnocéntrico del desarrollo, tenderá a pensar que su grupo –y solo él– es el poseedor de la única religión verdadera y del único Dios verdadero. Así es como acaba estancado en un estadio absolutista del desarrollo. Y, como casi todas las grandes religiones del mundo se establecieron en el estadio etnocéntrico ámbar del desarrollo, no es de extrañar que concluyeran que ellos –y nadie más que ellos– tenían el único camino al único Dios verdadero. Como vimos, hasta el Concilio Vaticano II, la Iglesia católica no admitió que otras religiones pudieran acceder a la salvación. Este es el motivo por el cual las religiones siguen siendo la principal fuente de conflicto, discordia y sufrimiento por más que afirmen ser fuente de solidaridad, humanidad y amor. ¡Pero lo cierto es que todavía podrían llegar a serlo!

Antes he señalado que casi todos los actos terroristas importantes de la última mitad de siglo han procedido de grupos religiosos (fundamentalistas) estancados en el estadio mítico-etnocéntrico ámbar del desarrollo. De hecho, el fundamentalismo religioso etnocéntrico es, por más que afirme actuar en nombre del amor de Dios, la principal fuente de actividad terrorista del mundo actual. Independientemente de que estemos hablando de las iglesias bautistas del sur de Estados Unidos, que no tienen empacho en colocar artefactos explosivos en las clínicas en que se practican abortos; de la guerra entre católicos y protestantes en Irlanda del Norte; de Hamás y Hezbolá en Palestina; de musulmanes pakistaníes e hindúes indios en la guerra fronteriza del norte de la India; de los extremistas islámicos de Al Qaeda e Isis; de los supremacistas blancos en Charlottesville o del movimiento antifa de Berkeley, son, de hecho, *grupos religiosos fundamentalistas etnocéntricos* convencidos de que ellos –y solo ellos– poseen la única y verdadera vía de acceso a Dios (a una Verdad absoluta o una preocupación última).

La humanidad no alcanzará la paz y la solidaridad armoniosa hasta que nuestras organizaciones religiosas den el paso que conduce a los estadios mundicéntricos (naranja o superior) de su propio desarrollo espiritual y pongan claramente esa comprensión a disposición de todos sus seguidores. La conversión en una cinta transportadora sería, casi con toda seguridad, el principal cambio experimentado por las religiones desde el momento de su concepción. Y lo mejor de todo es que se trata de un cambio que podemos introducir y empezar a practicar aquí y ahora en nuestra vida y adentrarnos así en la religión del futuro.

Aunque una religión del futuro que nos permitiera acceder tanto al despertar como al crecimiento dejaría fuera de su alcance una región de la Gran Totalidad que queda fuera de su alcance, un área a la que yo llamo «limpiar» y que nos ayuda a conectar con las dimensiones rotas, fragmentadas o reprimidas de nuestro ser y acceder así a una mente más completa y unificada. Como ya hemos visto, tenemos cinco grandes áreas de una Gran Totalidad, pero el conocimiento de una sola de ellas dice poco o nada sobre cualquiera de las otras. Ya hemos visto que esto es cierto para el despertar y para el crecimiento, porque aprender sobre aquel poco nos dice sobre este, y viceversa. Pero, si sabemos dónde buscar, es posible acceder a cada una de ellas de un modo fácil y completo. Y lo mismo podríamos decir con respecto a limpiar. Se trata de una aproximación terapéutica a una forma de Totalidad que podemos practicar fácilmente y a la que, si sabemos dónde buscar, podemos acceder hoy mismo, aquí y ahora mismo.

¿Lo intentamos?

10. Limpiar y la terapia de la sombra

Recordemos que estamos aspirando a una Gran Totalidad que incluya las totalidades menores del despertar, crecer, abrir, mostrar y limpiar y creo que ya hemos dejado muy claro que, aunque estas últimas se refieran a totalidades muy reales, ninguna de ellas, aisladamente considerada, nos permite acceder a la totalidad de las demás. Si queremos alcanzar una Gran Totalidad deberemos, pues, tenerlas en cuenta a todas.

En este capítulo nos ocuparemos del proceso de limpiar y del modo en que podemos descubrir y recuperar el material de la sombra que hayamos rechazado (es decir, todos los elementos inconscientes que hayamos proyectado) y recuperar así la Totalidad de nuestro ser individual.

Comenzaremos centrando nuestra atención en algunos de los descubrimientos históricamente más profundos y significativos llevados a cabo durante el último siglo: el inconsciente psicodinámico, la represión, la sombra y las distintas terapias destinadas a tratar y sanar incluso este tipo de disfunciones, algo a lo que he denominado «proceso de limpieza». Este proceso curativo nos ayuda a alcanzar un nuevo tipo de totalidad: la totalidad que se logra cuando la mente fragmentada, reprimida y reducida recupera su integridad normal y sana.

En general, se reconoce que Sigmund Freud y sus colegas revolucionaron extraordinariamente nuestra comprensión de la naturaleza humana. Recordemos que, según se dice, la evolución de Darwin, el heliocentrismo de Copérnico y las ideas de Freud son las tres ideas que más impacto han tenido en nuestra visión de la naturaleza humana.

La comprensión proporcionada por Freud no tiene que ver con el proceso de despertar ni el proceso del crecer, sino con este proceso de limpieza. El psicoanálisis de Freud (su versión de este proceso) parte de la idea de que la represión y enajenación de las emociones e impulsos mentales provoca diferentes tipos de enfermedad mental y que su objetivo consiste en restituir a la mente el material de la sombra reprimido y enajenado y recobrar así una psique más sana y completa.

Y no estamos hablando aquí exclusivamente de trabajar con las emociones negativas o contaminadas. Casi todas las grandes religiones tienen enseñanzas que se refieren a las emociones negativas –es decir, a emociones que son perjudiciales para el ser humano y contribuyen al sufrimiento y la fragmentación– y al modo de reemplazarlas por otras más sanas, alegres e integradas. Pero, cuando nosotros hablamos de limpieza, estamos hablando tanto de emociones como de cualquier otro tipo de cualidades mentales que, por las razones que fuera, se han visto *reprimidas*, es decir, se han visto deliberadamente negadas, patológicamente disociadas y defensivamente enajenadas del resto de la psique (desgarrando así la totalidad original de la mente que el proceso de limpieza aspira a restablecer). La *represión activa de las emociones* –que, en sus formas inconscientes, acaba generando neurosis y hasta psicosis– ha sido, de hecho, un descubrimiento relativamente reciente llevado a cabo, en particular, por Sigmund Freud y su círculo íntimo de auténticos genios (como Carl Jung, Alfred Adler, Otto Rank y Sándor Ferenczi) que transformó en profundidad nuestra forma de entender la naturaleza humana y acabo extendiéndose por todo el mundo gracias a la obra de miles de investigadores.

Aunque hubo algunos precursores que se le adelantaron, a Freud se le atribuye la introducción de la idea fundamental de que, debido a su pasado evolutivo, la mente humana tiene una dimensión primitiva que sigue todavía activa. En tanto «ego» consciente, el ser humano puede reprimir y enajenar elementos y relegarlos a esa primitiva región del inconsciente llamada «id» (que, en latín, significa «ello») y convertirlos así en «ellos», es decir, en realidades en tercera persona.

Los elementos así reprimidos y relegados al inconsciente configuran el contenido de lo que se llama la «sombra» y pueden generar problemas emocionales y mentales de distinta consideración (neurosis y psicosis); el objetivo del psicoanálisis consiste en rescatar esos elementos inconscientes y devolverlos a la conciencia del «ego».

Cuando le pidieron que resumiera el objetivo de su nueva técnica del psicoanálisis, Freud pronunció la famosa frase «donde estaba el id estará el ego», un resumen, en mi opinión, perfecto. Pero Freud, sin embargo, nunca dijo eso. La mayoría de la gente ignora que Freud nunca utilizó los términos *ego* e *id*. Fue James Strachey, su traductor oficial al inglés, quien, pensando que el empleo de términos latinos conferiría a las ideas de Freud un aspecto más científico, los introdujo. El «ego» es la sensación consciente que tenemos de nosotros (es decir, el «yo») y el «id» (es decir, el «ello») es ese material inconsciente y primitivo que genera todos esos problemas. Freud nunca utilizó, pues, esos términos latinos, sino que empleó, en su lugar, los pronombres alemanes que se traducirían más exactamente al castellano como «yo» y «ello». Por más que Strachey lo tradujera al inglés como «los derivados del id pueden afectar negativamente al ego», lo que Freud dijo fue que «los derivados del ello pueden afectar negativamente al yo». Así era como Freud hablaba y escribía, en alemán, sobre estas cuestiones.

Porque eso era, en realidad, lo que Freud estaba haciendo. Examinaba el modo en que seleccionamos material perteneciente al «yo» (es decir, algún sentimiento, emoción, pensamiento, impulso, rasgo o cualidad), negamos que sea nuestro, lo rechazamos y enajenamos de nuestra conciencia y, de ese modo, acabamos convirtiendo una cualidad que forma parte de nuestro yo, es decir, de nuestra identidad consciente, en algo ajeno (es decir, en un «ello»). Así es como, en lugar de responsabilizarme de mi ira, de mi avaricia o de mis celos, los repudio y digo «"eso" (es decir, la ira) simplemente me desbordó», «no sé de dónde vino "esa" avaricia» o «no sé cómo controlar "esos" celos». La única forma de solucionar este problema consiste en recuperar «eso» y convertirlo en parte de mi «yo», es decir, en parte de mi identidad. Freud no dijo, pues, «donde estaba el id estará el ego», sino «donde estaba el "ello" estaré "yo"», ese es el resumen más claro y sucinto del psicoanálisis.

Freud nos proporcionó un excelente análisis de las consecuencias de rechazar o reprimir algún rasgo. El «ego» y el «id» son unos extraños y abstractos nombres latinos, pero el «yo» y el «ello» son realidades inmediatas y muy reales: todos tenemos alguna sensación de «yo», así como también de muchas áreas de nuestra mente que son incontrolables y que, por esa razón, se nos presentan como un «ello». Generamos material de la sombra rechazando algunos elementos del «yo» y los enajenamos disfrazándolos de algo que no tiene que ver con nosotros. Lo negamos, lo rechazamos, lo alejamos de nuestro yo consciente y lo enajenamos, momento a partir del cual se nos aparece como si no nos perteneciera, como si no formara parte de nuestro «yo», de nuestra primera persona, como si se tratara de una tercera persona, de «él», de «ella» o de «ello»... sin que en ningún momento, no obstante, haya dejado de ser mío.

Con cierta frecuencia apelo, para ilustrar este punto, a los resultados de un proyecto de investigación en el que se mostraron imágenes de pornografía homosexual (es decir, erótica sexual gay) a varones homófobos que habían pasado gran parte de su vida oponiéndose enérgicamente a las leyes que protegen a los homosexuales, una investigación cuyos resultados demostraron que los sujetos estudiados presentaban un nivel de excitación sexual mucho más elevado que el del varón heterosexual medio. Esas mismas personas, dicho en otras palabras, tenían deseos homosexuales, pero los reprimían y los convertían en elementos de la sombra, un material que, en un intento de desembarazarse de sus propias sombras, acababan proyectando en varones homosexuales. Este ejemplo ilustra perfectamente lo que es la proyección y la posterior lucha con la sombra.

Si queremos curar este problema, deberemos restablecer contacto con el «ello», volver a hacernos cargo de él y reincorporarlo al yo, restableciendo así la totalidad psicológica que perdimos en el momento en que lo reprimimos. «Donde estaba el ello estará el yo». Y, cada vez que hacemos esto, estamos rescatando la totalidad de nuestra psique y expandiendo nuestra sensación de identidad de una persona estrecha y separada de sus sombras a una psique más completa y exacta. ¡Bienvenido, pues, a la totalidad proporcionada por el proceso de limpiar!

El ejemplo que acabamos de ver pone claramente de relieve la importancia que tiene la recuperación de la sombra. La mayor parte de la homofobia se ve generada por proyecciones de la sombra. Los hombres que no han llegado a aceptar sus impulsos homosexuales los proyectan como material de la sombra y acaban odiando a los gay del mismo modo en que antes odiaban a sus propias sombras. Si las grandes religiones hubieran sido conscientes de la represión de la sombra y de la enorme cantidad de odio, ira y celos generados por este proceso, habrían experimentado mucho más amor y compasión del que, en su momento, mostraron. Hablando en términos generales, la simple posibilidad de reconocer y sanar nuestra sombra es una herramienta muy importante para aumentar nuestra comprensión, nuestro crecimiento y nuestra plenitud.

Todo el mundo, hasta los maestros espirituales, tiene sombras. Y la cuestión es que estas sombras pueden desviarnos tanto del camino del crecimiento como del camino del despertar. Es por ello por lo que cualquier religión del futuro que aspire a ser verdadera no debería limitarse a los procesos de despertar y crecer, sino que debería tener también en cuenta e incluir la comprensión de la sombra y las técnicas para su limpieza.

El proceso de sanación de nuestras disfunciones emocionales –es decir, el proceso de limpieza– es muy diferente de los procesos de despertar y crecer. Se trata de tres procesos relativamente independientes. Puedes estar muy avanzado en uno y muy atrasado en los otros, y ello en cualquier posible combinación. Pero la solución a una necesariamente resuelve los problemas que aquejan a las otras. Esta es la razón por la cual puede haber personas muy iluminadas, es decir, personas que, pese a haber alcanzado un despertar muy profundo, siguen siendo emocional y socialmente muy inmaduras (es decir, personas poco desarrolladas en el proceso de crecimiento) y llenas de neurosis y elementos de la sombra (es decir, muy pobres también en el proceso de limpieza). Y esto es algo cuya solución queda lejos del alcance de la meditación y que tampoco puede contribuir positivamente al crecimiento, y hasta es posible que, en algunos casos, llegue incluso a empeorar las cosas.

Es por ello por lo que cualquier totalidad que aspire a ser realmente grande no debería limitarse, en mi opinión, a tener en cuenta el despertar, sino también debería prestar atención al crecimiento y la limpieza (y también, como veremos, a los procesos de abrir y mostrar). Y es muy probable que esto sea algo que debas incluir también en tu espiritualidad integral o en tu práctica integral de vida. Explicaré exactamente cómo hacer esto a medida que avancemos empleando una técnica a la que me refiero como «proceso 3-2-1», una herramienta que puedes utilizar para sanar y volver a albergar la totalidad de tu psique. Así es como tendrás una idea muy clara de algunas dimensiones de tu viaje vital que, si te interesa un enfoque «holístico», deberás tener muy en cuenta.

Del mismo modo que, aunque no entendiera conscientemente los detalles de este proceso, el ser humano ha estado creciendo hasta cierto punto desde el momento de su nacimiento, también ha estado sufriendo, desde el mismo comienzo, los problemas generados por la sombra. Y esto es algo que no solo afecta al individuo, sino también a las grandes religiones, porque, aunque la mayoría de ellas tenga cierta comprensión de las emociones «contaminadas», «negativas» o «pecaminosas» y del modo de lidiar con ellas, ninguna tiene una comprensión sofisticada de las emociones *reprimidas* –o de las emociones psicodinámicamente disociadas–, es decir, del material de la sombra.

Aunque los procesos de limpieza y crecimiento sean muy diferentes, cada estadio importante del desarrollo (y la mayoría de los estados del despertar) puede generar su propio material de la sombra. Es por ello por lo que, en correspondencia con el despliegue del espectro de niveles del desarrollo (tanto del crecimiento como del despertar), podemos hablar también de la existencia de un espectro de los elementos de la sombra generados desde cada uno de ellos. En este sentido podríamos hablar perfectamente de sombras carmesí, sombras rojas, sombras ámbar, sombras naranja, sombras verde y sombras turquesa y de sombras asociadas también a cada uno de los principales estadios del despertar. Como son pocas las personas que se dedican al despertar no me ocuparé, en este capítulo, de las sombras asociadas al despertar, sino que centraré exclusivamente mi atención en las sombras del crecimiento, aunque debo decir que los principios son, en ambos casos, los mismos. Cada nivel de desarrollo cuenta con una estructura y unos contenidos que no solo proporcionan el material de la sombra propia de ese nivel, sino las herramientas necesarias también para emplear diferentes mecanismos de defensa.

Si de verdad quieres emprender un proceso de limpieza y trabajo con la sombra, deberás prestar atención a la sombra procedente de cada uno de esos niveles y emplear el enfoque terapéutico que te permita abordar específicamente cada uno de ellos con sus peculiares matices y mecanismos de defensa. La buena noticia es que, al margen del nivel del que provenga, también hay prácticas muy generales que funcionan con todo tipo de material de la sombra. A continuación esbozaré, para que puedas familiarizarte con el proceso, una visión muy general del material de la sombra y de sus causas (es decir, del modo en que se genera) y luego presentaré una técnica muy general –el proceso 3-2-1– que sirve para trabajar con casi todos los tipos de material de la sombra. Explicaré esta técnica y luego la aplicaré directamente y proporcionaré también las herramientas para que, si estás interesado, puedas seguir trabajando en ella.

Las fronteras cambiantes del yo

Una de las claves para entender el funcionamiento de los mecanismos de defensa en general –y para comprender también cómo se genera el material de la sombra– es la extraordinaria plasticidad de la frontera del yo (es decir, la línea que separa lo que experimentamos como «yo» de lo que experimentamos como «lo otro» o «no-yo»). Esta línea cambia con relativa facilidad porque el desarrollo redefine de continuo los límites del yo e incluye cada vez más territorio. Ya hemos visto que el proceso de desarrollo va desde los niveles egocéntricos hasta los etnocéntricos, los mundicéntricos y, finalmente, los integrales; es decir, pasa de una identidad exclusiva con uno mismo a una identidad exclusiva con un grupo, a una identidad con todos los grupos y llega, finalmente, a la aldea global. Pero esta extraordinaria expansión de los límites del yo no necesariamente finaliza ahí, sino que puede seguir expandiéndose y pasar de todos los seres humanos a todas las formas de vida, un tipo de identidad ecológica de sistemas de la Gran Red de la Vida (un cambio que va desde mundicéntrico hasta kosmocéntrico e integral). Y, en lo que respecta al despertar, puede expandirse más aún hasta llegar a la Unidad completa con todo el universo, la llamada Conciencia de Unidad Última que yo denomino Conciencia Kósmica.

Así de plástica es la frontera del yo. Y, en cualquiera de estos estadios de expansión de la sensación de identidad –es decir, en cualquiera de los seis grandes estadios del crecimiento–, cualquier aspecto, componente o elemento del yo de ese estadio puede verse negado, reprimido, rechazado, escindido y disociado. Y, cuando tal cosa ocurre, el material rechazado se destierra al inconsciente reprimido que, al dejar de experimentarse como parte del yo, se convierte en parte del no-yo, es decir, se convierte en algo ajeno, en otro, en «ello». Entonces es cuando el material de la sombra se proyecta en otras personas, cosas u objetos. Y, como yo ya no tengo nada que ver con eso, ¡debe tratarse de algo de mi vecino, de mi jefe o de mi cónyuge! Sé que *alguien* tiene mucho material de la sombra de este tipo, pero, como no puedo ser yo, debe tratarse de otra persona, de cualquier otra persona. ¡Así es la sombra!

Ya hemos ilustrado esto con el caso de los cruzados homófobos que, cuando se veían expuestos a imágenes de pornografía homosexual, se excitaban sexualmente mucho más que el heterosexual promedio. Al parecer, eran personas que, teniendo deseos homosexuales, los habían reprimido y convertido en sombra que proyectaban luego sobre los gais y, en un intento de deshacerse de sus sombras, terminaban empeñándose en acabar con los gais. Este es un ejemplo clásico de proyección y de lucha con la sombra.

Pero el problema –el verdadero problema– es que, si proyectas el material de tu sombra, acabarás sintiéndote amenazado y reaccionarás desproporcionadamente ante cualquier persona o cosa sobre la que hayas proyectado tu sombra. Es por ello por lo que la desproporción de tu respuesta emocional frente a cualquier persona o cosa ante la que tengas una reacción de rechazo, aborrecimiento u odio es un claro indicador de proyección de la sombra. Y eso complica las cosas porque no siempre es fácil aceptar que lo que odio forme parte de mí.

Pero así son las cosas. Supongamos que empiezas a trabajar en una nueva empresa y descubres que tu jefe es tan controlador que no puedes evitar odiarle. ¿Pero por qué, pregúntate, no todo el mundo tiene esa misma reacción emocional hacia esa persona? ¿No te parece posible que tú tengas tendencias controladoras que rechaces, alejes y acabes proyectando en tu jefe hasta el punto de llegar a despreciarle? *Si no te molestaran tanto tus tendencias controladoras, probablemente no estarías tan enfadado con él*. Parece, pues, que esas cualidades tuyas deben haberte molestado tanto que has acabado rechazándolas, disociándote de ellas y proyectándolas sobre tu nuevo jefe, lo que te lleva a despreciarle y aborrecerle. Quizás tu jefe sea realmente controlador, pero *solo llegarás al extremo de despreciarle si desprecias esa tendencia en ti.* Pues, como has proyectado en él tus propias tendencias controladoras, él está cargado ahora con una *doble dosis* de cualidades controladoras –las suyas y las que has proyectado sobre él–, y *es precisamente esa doble dosis la que tanto te inquieta.*

Bienvenido, pues, a una forma muy sencilla y casi infalible de identificar los contenidos de tu inconsciente sin necesidad de consultar a un experto ni de someterte a una prueba complicada. Es posible que las cosas que sencillamente te informan no tengan mucho que ver con la sombra, pero aquellas otras que te molestan tanto que llegas a odiarlas tienen que ver, casi con toda seguridad, con el material de tu sombra. Y no es fácil de asumir, como ya hemos visto, que las cosas que más te molestan, las que más rechazas y las que llegas incluso a despreciar probablemente sean cualidades tuyas negadas, rechazadas y proyectadas. Y esto no es nada fácil de asumir; de hecho, es especialmente difícil para los activistas de la justicia social («Yo no soy racista, los racistas son ellos». ¿De verdad? Inténtalo de nuevo…).

¿Qué creías que había en tu inconsciente? ¿Ángeles, luces y golosinas? No, en el inconsciente están las cosas que más te desagradan de ti, las que más criticas, las que te resultan sencillamente insoportables. Ese es el tipo de contenidos que hay en tu inconsciente, porque, como no podías soportar tenerlos en tu conciencia, acabaste rechazándolos y ocultándolos en el sótano. Así es precisamente como se genera la sombra.

También es posible perder completamente el contacto con tus aspectos positivos –como tu belleza, tu bondad, tu fuerza o tu virtud– y proyectarlos sobre otras personas (generando de ese modo lo que se conoce como «sombra dorada»). Entonces no pasas el tiempo luchando con las sombras, sino abrazando las sombras y admirando a los superhéroes que te rodean y tan asombrosos te parecen.

Aunque ambos tipos de sombra son muy habituales, centraremos especialmente nuestra atención en las sombras negativas, porque son las más fáciles de reconocer. Las alejas de tu sensación de identidad y las destierras al otro lado de las fronteras de tu yo, donde parece que no son tuyas, sino que pertenecen a «otro». Lo único que debes hacer entonces es encontrar un «gancho» apropiado sobre el que colgar (o proyectar) la cualidad odiada, que normalmente será alguien o algo poseedor de la cualidad que tanto te molesta. Después de todo, los fanáticos homófobos mencionados anteriormente tuvieron que encontrar verdaderos homosexuales a los que despreciar.

Donald Trump es un gancho perfecto para colgar sobre él a ese pequeño narcisista que todos llevamos dentro y que se pasa la vida tratando de ensalzarse y de controlar y dominar a los demás. Como primero te detestaste y despreciaste a ti, la gente como Trump no se limitará a parecerte moralmente incorrecta, sino también profundamente inquietante y perturbadora. Es posible incluso que tengas pesadillas con ellos, que rebusques en los periódicos indicios de sus actividades, que milites en organizaciones políticas empeñadas en erradicarlos y que dediques buena parte de tu tiempo a combatirlos. Empeñarte en luchar contra alguien como Trump puede ser muy bueno para el mundo, pero, si te das cuenta de que se convierte en un anzuelo para algunas de tus proyecciones más profundas, reconocerás lo inteligentes que son los mecanismos de defensa. Te conocen a la perfección porque como, después de todo, son básicamente tú, saben con exactitud lo que más te irrita, lo que más te empeñas en negar, lo que cambia los límites del nivel en el que se originan esas cualidades odiadas, lo que destierras al otro lado de la frontera del yo, lo que acabas negando y proyectando y con lo que finalmente acabas luchando.

Muchos periodistas demostraron casi a diario este odio hacia Trump informando sobre todas sus actividades sin mencionar nada positivo sobre él hasta el punto de que, para mucha gente, resultó evidente que, si esos periodistas habían descubierto realmente el profundo narcisismo de Trump, ellos también estaban mostrando un odio igualmente profundo, autogenerado y patológico hacia él. Casi todos los demócratas –cerca de la mitad de la población de Estados Unidos– se volvieron locos y detestaron todo –y con ello quiero decir absolutamente todo– lo que ese hombre hacía. Hay que admitir que, le admiremos o no, Trump es un gancho excelente sobre el que proyectar la propia sombra autoglorificante hasta el punto del narcisismo. Casi todas las frases que salen de su boca tienen que ver con «lo más grande de la historia», «los mejores resultados que jamás nadie haya obtenido», «las puntuaciones más elevadas que se han visto» o «la mayor cualificación posible en ese trabajo». Yo solía observarle con cierta impaciencia solo para ver cómo alguien podía ser tan narcisista y me quedaba pasmado ante la posibilidad de que alguien pudiera mostrar niveles tan elevados de narcisismo patológico.

Pero, le ames o le odies, Trump proporcionó a Estados Unidos cuatro años del gancho más narcisista para proyecciones nacionales que ningún presidente haya ofrecido jamás. Casi todo lo que hacía o decía era una invitación a la proyección. Y, como casi todos sus comentarios eran políticamente incorrectos o antiverde, se vio sobre todo despreciado por el nivel verde (que, como ya hemos visto, domina hoy los medios de comunicación, la academia y el entretenimiento). Los medios de comunicación, en particular, se dedicaron a publicar únicamente noticias negativas sobre Trump llegando incluso a hacerse estudios objetivos al respecto. *Los Angeles Times*, por ejemplo, habló de los resultados de uno de esos estudios según el cual los medios habían tratado de manera positiva a los últimos cinco presidentes (tanto republicanos como demócratas), una media del 70 % de las veces, cosa que, en el caso de Trump, solo ocurrió el 12 % de las ocasiones. Esta reacción verde de los medios acabó convirtiendo al *New York Times* en un periodicucho de prensa amarilla en cuya portada no aparecían tanto noticias como opiniones (todas ellas, por supuesto, antitrump). Esta actitud antitrumpista contribuyó poderosamente a la intensificación de la polarización nacional y a la militancia *woke* de la vanguardia verde de la cultura. Formúlate ahora la siguiente pregunta, tan obvia como capciosa: ¿Qué aspecto de Trump odiaste más?

Hay que admitir que Trump es un caso un tanto extremo, pero ello demuestra que las proyecciones de la sombra pueden acabar arraigando incluso a nivel nacional. (El material de la sombra que más frecuentemente se proyectó sobre Trump fue el narcisismo, el fascismo, el nazismo, el racismo y la xenofobia). Estados Unidos se polarizó tanto debido a lo grandes e intensas que eran las proyecciones implicadas; tan grandes e intensas, en fin, como lo era el gancho. Trump tiene una personalidad tan desproporcionadamente narcisista que no solo cae mal, sino que cae *muy* mal. Esta aversión es tan extrema que llegó a hablarse incluso del «síndrome de trastorno de Trump» (TDS, por sus siglas en inglés). La gente que supuestamente padecía este síndrome estaba siempre en contra de *todo* lo que Trump estaba dispuesto a hacer. Así fue como los demócratas acabaron enloqueciendo. Trump era un monstruo tan grande que reaccionaron de un modo asimismo grande, sin importar lo desproporcionadas que fueran esas reacciones. Y esa es la razón también por la cual personas muy sensatas empezaran a apoyar movimientos muy desproporcionados, algo en lo que, de otro modo, jamás se hubieran implicado. Y estaban dispuestos a apoyar estas posturas por el simple hecho de que eran precisamente lo contrario de lo que Trump quería. Si antes, por ejemplo, estaban a favor de permitir que todos los inmigrantes indocumentados (en ocasiones llamados «ilegales») obtuvieran la ciudadanía estadounidense –una postura en verdad controvertida–, llegaban a asumir ahora, por el hecho de que se trataba de algo que Trump estaba completamente en contra, a querer abrir las fronteras de par en par. Y esta exageración alcanzó también a los manifestantes que, a sus expresiones anteriormente pacíficas, empezaron a añadir incendios y saqueos. Así fue como la lucha con la sombra acabó convirtiéndose en la quema de la sombra.

Es posible que, en tu caso, el material de la sombra no llegue a tales extremos. Lo más probable es que se limite a cuestiones como la envidia, la ira, los celos, la codicia, el deseo sexual, la tendencia a controlar o los impulsos adúlteros. Sea como fuere, sin embargo, el proceso es siempre el mismo. Cuando proyectas en alguien –como tu pareja, por ejemplo– tus propios impulsos, parecerá que esa persona posee el rasgo proyectado y que no tiene nada que ver contigo. Entonces empezarás a sospechar sin motivo de tu pareja y tal vez llegues a acusarla de ir flirteando por ahí. Y, en el caso de que lo niegue, si sigues sospechando y te empeñas en acusarla, podrías estar contribuyendo sin querer a que tu pareja te sea infiel o, al menos, a que se lo piense mucho («por qué, si mi pareja ya está castigándome por ello, no lo hago de verdad»). Este punto pone de relieve otro aspecto muy desagradable del funcionamiento de los mecanismos de defensa, que consiste en provocar precisamente aquello que se supone que pretenden evitar. La mayoría de las discusiones y peleas entre parejas se deben al hecho de que uno o ambos cónyuges proyectan en el otro algún contenido de la sombra y, a continuación, se defienden. El rasgo negativo que el miembro de la pareja ve «ahí fuera» es algo que, en realidad, le pertenece a él.

Esta es la lección extraordinariamente difícil de la investigación sobre la sombra que justifica la necesidad de que cualquier camino de autoconocimiento incluya alguna forma de limpieza, porque las cosas que más despreciamos del mundo son en concreto aquellas que más nos molestan de nosotros. Y digo que esta es una lección muy difícil porque estamos convencidos de estar completamente libres de esos rasgos tan espantosos (igual que lo estábamos de los de Trump). Sin embargo, la única razón que explica que nos consideremos libres de esas odiadas cualidades es que las hemos negado, enajenado y proyectado. Pero no se trata tanto de que nos hayamos desembarazado de ellas, sino de que simplemente las hemos reprimido. Y es por ello por lo que esa cualidad se nos presenta en el mundo, donde la detestamos y despreciamos con una indignación y un odio que nos parecen muy justificados, porque se trata de una cualidad intrínsecamente negativa. Como decía un episodio de la tira cómica *Pogo*: «Hemos descubierto al enemigo… ¡y resulta que somos nosotros!».

Pero también hay que tener cuidado con la sombra dorada, porque podemos acabar perdiendo por completo el contacto con cualidades admirables y realmente positivas (como la compasión, la fuerza, la lucidez y la belleza) que podemos proyectar en los demás y ver por doquier personas que, comparados con el miserable desastre que somos, se nos antojan auténticos héroes. Aunque la orientación actualmente más común es, como canta Whitney Houston, «El amor más grande de todos es el amor que siento por mí», lo cierto es que no son tantas las personas que de verdad sientan eso, porque están demasiado ocupadas proyectando su encanto en los demás y quedándose con la sensación de que, en el fondo, son almas desdichadas e insignificantes. No pelean con las sombras que han proyectado en los demás, sino que las abrazan. Puesto que, aunque haya personas realmente merecedoras de admiración, no conviene que olvides aquellas partes de ti que también merecen tu respeto.

Este tipo de proyección positiva es evidente también en casi todos los casos de lo que se llama «amor romántico», que destaca por su intensidad y su naturaleza obsesiva y altamente impulsiva. En el caso del amor romántico intenso, un miembro de la pareja (o los dos) proyecta algún aspecto profundamente positivo de sí en su amante y, en un intento de reapropiarse del material proyectado, se siente, en un ejemplo de verdadero abrazo de las sombras, desproporcionadamente atraído por la otra persona. Proyectan gran parte de su amabilidad, de su belleza, de su inteligencia, de su bondad, de su autoestima o de su fuerza y ven que todo eso existe en la persona amada, lo que despierta en ellos el irrefrenable deseo de recuperar esa cualidad, lo que se traduce en un amor intenso, desbordante y obsesivo. No pueden dormir, no pueden comer y tampoco pueden pensar. Nada pasa por sus mentes excepto pensamientos sobre su pareja, que parece rebosar de las cualidades que han proyectado en ella. (Los hombres suelen proyectar en las mujeres su atractivo, su atracción y su belleza, y las mujeres suelen proyectar en los hombres su poder, su resistencia o su fortaleza, pero, en realidad, puede tratarse de cualquier rasgo o cualidad profundamente positivo). También es muy probable que la persona amada posea gran parte de la cualidad proyectada, que es la razón que motiva una proyección tan intensa. Cuando la persona, sin embargo, pierde la conexión con su propia cualidad positiva y la proyecta en una persona que ya tiene una gran cantidad de ella, la doble dosis de esa cualidad la lleva a sentir un amor completamente desproporcionado por esa persona. Dicho de otro modo, el amor romántico es desproporcionado porque la persona amada parece tener una dosis doble de alguna cualidad positiva (la propia más la proyectada). Es esta doble dosis de encanto la que intensifica extraordinariamente el amor romántico de la persona enamorada.

Y, como se trata de una doble dosis de amor –que, por cierto, no existe en ninguna parte del mundo «real»–, este amor romántico suele desvanecerse en un plazo de un año o, en ocasiones, mucho antes. Y, aun en el caso de que el miembro de la pareja que está proyectando no recupere completamente el material proyectado de la sombra, empezará a darse cuenta de que ningún ser humano, ni siquiera su pareja, puede ser tan hermoso, tan inteligente o tan fuerte.

Esta comprensión suele ocurrir cuando los amantes empiezan a convivir, porque, cuando se ven expuestos a la plena humanidad de su pareja, se pone claramente de relieve que no son la versión idealizada de ser humano que imaginaban, sino que, como todo el mundo, comen, van al baño, se maquillan, etcétera. (Por eso casi todas las novelas de amor acaban precisamente en el momento en que los amantes se encuentran y el encanto romántico y proyectado que ha caracterizado la novela hasta ese momento no resiste la cotidianidad a jornada completa, y, a partir de ahí, las cosas solo pueden ir cuesta abajo. Imagina a Romeo y Julieta yéndose a vivir juntos. ¿Crees que a Romeo le gustará que, en la siguiente escena, Julieta se despierte con rulos y la cara llena de crema? «¿Dónde estás, querido Romeo?» «Estoy en el baño, vomitando»).

El amor romántico puede acabar bruscamente y con mucha decepción y hasta ira. A veces, sin embargo, puede verse reemplazado por un amor menos intenso y, en ocasiones, por una amistad duradera. En cualquiera de los casos, llega un momento en el que la proyección de la sombra toca a su fin. (Y, si la persona no ha recuperado su sombra, es probable que emprenda alguna que otra aventura persiguiéndola y abrazándola, lo que generalmente proseguirá hasta que acabe recuperando su sombra o, si está casado, hasta que la descubra).

En el caso de que la persona haya recuperado su sombra, la sensación de identidad crece, porque la persona recupera un aspecto de sí que había enajenado y proyectado, con el consiguiente empequeñecimiento de su yo. Esta reducción es el signo de una involución, porque la auténtica evolución apunta siempre hacia un aumento y una expansión de la conciencia, de la identidad y del tamaño del yo. Dicho en otras palabras, los procesos de despertar, crecer y limpiar se mueven siempre en dirección a la evolución y expansión de la conciencia, aumentando el tamaño de nuestra sensación de identidad y pasando de identificarnos exclusivamente con nuestro organismo individual a una Identidad Suprema con la totalidad del Kosmos, una unidad con todo lo que aparece instante tras instante, una expansión asombrosa del tamaño de nuestro yo.

La creación de la sombra es, por el contrario, un proceso regresivo que, al ir en contra de la evolución, estrecha nuestra conciencia y empequeñece nuestra sensación de identidad. Y un problema con el material de sombra es que el proceso de limpiar es independiente de los procesos de despertar y crecer y que las técnicas que funcionan para cualquiera de esos procesos no tienen un impacto real en el material de sombra. Por ello insistimos tanto en el hecho de que cualquier proceso de autotransformación que aspire a ser completo deberá incluir, junto a los procesos de despertar y crecer, el proceso de limpiar. Solo de ese modo podremos alcanzar una Gran Totalidad.

Como acabamos de ver, los mecanismos de defensa tienden a provocar exactamente lo que se supone que trataban de evitar o, dicho de otro modo, los mecanismos de defensa no acaban de funcionar. Es por ello por lo que, en su lugar, no dejan un espacio en blanco (lo que ocurriría en el caso de que lograsen borrar y proyectar el material problemático), sino síntomas neuróticos o psicóticos que son símbolos del material de la sombra reprimido. Por eso, si sabemos interpretar adecuadamente estos síntomas, descubriremos el material de la sombra que se oculta tras ellos. Basta, pues, con observar a tu alrededor: ¿qué es lo que más odias o lo que amas desproporcionadamente de este mundo? Ese es el mundo de tu sombra, el mundo que, si queremos ser «uno con todo», debemos recuperar.

La idea de que tenemos que recuperar el material que habíamos relegado a la sombra no es una mala noticia. Ahí está también, después de todo, nuestra sombra dorada. Podemos reprimir y proyectar cualquier cosa a lo largo de todo el espectro, desde cosas muy negativas hasta cosas muy positivas y acabar así peleándonos con la sombra o abrazándola. Cuando proyectamos material negativo y despreciado como la ira, los impulsos de poder, la tendencia a controlar y el intento de dominar a los demás, tendemos a detestar y menospreciar a las personas sobre las que hemos proyectado esas cualidades. Pero también es bastante habitual, como ya hemos visto, perder el contacto con cualidades positivas y admirables como la valentía, la belleza, el talento, la amabilidad, el cariño o el idealismo moral y acabar idealizando, cuando las proyectamos, a personas que se nos antojan héroes, enamorándonos románticamente de ellos o quedándonos atrapados babeando de admiración.

En cualquiera de ambos casos, tanto en el negativo como en el positivo, debemos recuperar el material reprimido y enajenado y convertirlo así a ese «otro» (o a «eso») en un aspecto del «yo» –«donde estaba el ello estará el yo»– y movernos en la dirección de la evolución, expandiendo el tamaño del yo y empequeñeciendo el del no-yo.

Para este trabajo terapéutico de limpieza contamos con una herramienta a la que llamamos proceso 3-2-1 que puede ayudarnos a recuperar nuestra sombra y limpiar el desaguisado. Echemos, pues, un vistazo a esta práctica, que es un proceso que puede ayudarte a limpiar tu vida del material de la sombra.

El proceso 3-2-1

En el libro *La religión del futuro* esbozo doce de los estadios centrales del desarrollo personal (que incluyen las llamadas conciencias de primero, segundo y tercer grado) y enumero los contenidos de la sombra (tanto negativos como positivos) más habituales de cada estadio. Dicho en otras palabras, hay una buena docena de niveles de material de la sombra, todos los cuales son muy reales y habituales. Es muy importante ser consciente de los niveles del material de la sombra porque las prácticas de este dominio son netamente distintas de las que tienen que ver con los procesos de despertar y crecer. (Pero no debemos preocuparnos por ello porque trabajaremos con el proceso 3-2-1, que sirve para abordar contenidos de la sombra de todos esos niveles, lo que simplifica considerablemente las cosas. Es muy importante trabajar con nuestra propia sombra, porque esto hará las cosas mucho más sencillas). Es probable que, si estás llevando a cabo un programa de autoconocimiento, te encuentres bastante solo tratando de entender los problemas relacionados con la sombra, porque no creo que ese programa te diga gran cosa al respecto. Pero, por más que los métodos de autoconocimiento o desarrollo no tengan muy en cuenta estas cosas, debes saber que son muy reales y muy comunes. Es muy probable que tengas una o más de estas patologías o problemas de la sombra, porque casi todo el mundo los tiene, incluidos los maestros espirituales. Pero, si no sabes cómo detectar estas sombras, seguirán afectándote, porque no hay nada en el crecimiento ni en el despertar que facilite el proceso de limpieza. Y, si los problemas de tu sombra son graves, pueden obstaculizar completamente tu avance tanto en el crecimiento como en el despertar. Además, también está el hecho de que, cuando emergen, generan mucho sufrimiento, razón por la cual quieres solucionarlos de manera efectiva cada vez que aparecen.

En lugar de revisar cada nivel de desarrollo y sus posibles problemas de la sombra, vuelve a leer, si necesitas algún detalle, mi libro *La religión del futuro* y verás un tipo muy general de proceso terapéutico que sirve para trabajar casi todos los problemas generados por la sombra. Hay, por supuesto, prácticas concretas para cada tipo de sombra, pero este proceso –al que llamo «proceso 3-2-1»– tiene un efecto terapéutico en todas ellas.

El nombre de este proceso hace referencia al mismo mecanismo que subyace a la formación de gran parte del material que compone la sombra, a saber, el proceso de negar, reprimir y disociar elementos de la sombra, o, dicho en otras palabras, la forma general que asumen la mayoría de los mecanismos de defensa. Si observas de cerca la actitud de la conciencia en cada uno de los pasos del proceso de creación de la sombra, descubrirás que suele comenzar como un rasgo de primera persona. Recordemos, para quienes tengan un poco oxidada la gramática, que la «primera persona» se refiere a «la persona que habla» (es decir, «yo»); la «segunda persona» se refiere a «la persona con la que se habla» («es decir, «tú») y la «tercera persona» se refiere a «la persona o cosa de la que se habla» (es decir, «él», «ella» o «ello»).

La sombra, como estaba diciendo, suele comenzar como un rasgo de primera persona, algo que forma parte del yo consciente del individuo, la identidad central y fundamental de cualquier estadio («yo», «mí» o «lo mío»), como, por ejemplo, mi deseo, mi enojo o mi tendencia al autocontrol. Luego tiene lugar algún tipo de actividad disociativa (es decir, algún tipo de juicio negativo, de desaprobación, de negación, de represión o de enajenación) que nos lleva a aislar, evitar y rechazar algo que es nuestro. Este rechazo represivo convierte al material de la sombra, que era una cualidad de primera persona, en una cualidad de segunda persona. Ahora ya no es un «yo», un «mí» o un «lo mío», sino que pertenece a «otro», a algo que es «no yo», como si realmente se tratara de otra persona, de un «tú» dentro de mi psique. Así es como pasa de ser una realidad de primera persona a una realidad de segunda persona a la que, en ocasiones, se conoce como una «subpersonalidad» porque, de hecho, se asemeja a otra persona, a un sujeto menor incluido dentro de una personalidad mayor. Pero como, desde ahí, puede seguir provocando algún que otro daño –porque esa fragmentación puede llegar a ser patológica–, no suele bastar con ese grado de represión, porque todavía puedes ser consciente de esa entidad de segunda persona y de los rasgos desagradables que contiene (y que a menudo aparece, en tu diálogo interno, como un «tú»), la enajenas más hasta convertirla en una realidad de tercera persona, es decir, en parte de lo que Freud denomina «un ello». Y, cuando lo alejas más allá de los límites de tu cuerpo, «eso» debe pertenecer a alguna realidad de tercera persona que está ahí afuera («él», «ella» o «ellos»). Sea como fuere, esta sombra de tercera persona perdura como un «ello» completamente ajeno, que aparece ahora disfrazado como un síntoma que nada tiene que ver conmigo, como un «ello» ajeno a mi control y que generalmente se menciona en términos de tercera persona («Esa ansiedad es más fuerte que yo», «esa depresión simplemente me invade», «se trata de una obsesión que no puedo controlar»). Estos síntomas no tienen, para mí, ningún sentido y es como si alguien me hablara en chino.

Así es como el material de la sombra pasa de la primera persona a la segunda persona y, finalmente, a la tercera persona, es decir, del «yo» al «tú» y, finalmente, al «ello» (o al «eso»). El proceso 3-2-1 se limita simplemente a invertir el sentido de ese movimiento. Y, como casi todo el material de la sombra, sin importar el nivel, ha pasado por este proceso de creación 1-2-3, el hecho de invertir ese proceso, es decir, el proceso 3-2-1, contribuye a la reapropiación de la sombra de cualquiera de los niveles. Cada nivel de sombra seguirá teniendo sus propios mecanismos concretos de defensa, sus propias herramientas cognitivas, sus propios impulsos y sus propios deseos, y cada uno de ellos podrá abordarse de una determinada forma, pero prácticamente todos pasan, durante su creación, por este proceso general 1-2-3 y de inversión 3-2-1 durante el proceso de reapropiación.[1]

La práctica del proceso 3-2-1

Veamos ahora un ejemplo al que suelo apelar para ilustrar un problema típico de la sombra. Supongamos que estás muy enfadado, pero que, por alguna razón (debido, por ejemplo, a tu educación, a alguna experiencia traumática de tu infancia, a la influencia de amigos y compañeros o a alguna creencia religiosa), la ira es, para ti, una cuestión tabú. En tal caso, los procesos de traslación utilizados por tu sistema del yo para organizar el mundo interpretarán negativamente la ira y, cada vez que la detecten, la disociarán y alejarán de ti a través del proceso 1-2-3. Así es como, en un intento de desembarazarte de esa ira que tanto te molesta, acabas enajenándola activamente. De este modo, cada vez que asome, la destierras más allá de los límites de tu yo y la conviertes en un «otro», liberándote así de la culpa o la vergüenza que implica reconocerte poseedor de esa cualidad.

Por supuesto, la ira sigue siendo tuya, sigue siendo un rasgo de primera persona, pero ahora finges que no lo es hasta el punto de llegar a percibirlo así. Así es como conviertes un «yo» (o un «mío») de primera persona en un «tú» (o un «tuyo») de segunda persona, como si se tratara de una pequeña personalidad de tu psique. Con eso podría bastar, pero, como esa subpersonalidad no deja de hablarte al oído (como una de las voces subconscientes de tu diálogo interno porque, después de todo, es una subpersonalidad de segunda persona), es probable que vayas un paso más allá y la alejes más de ti hasta acabar enajenándola y percibiéndola, a partir de entonces, como perteneciente a alguien o a algo ajeno. Así es como acabas convirtiendo este material de un «yo» de primera persona en un «ello» (o en «él», «ella» o «ellos»: «yo no estoy enfadado, los que están enfadados son «ellos») de tercera persona. Y, como la has negado, disociado y desterrado, cada vez que, a partir de ese momento, la ira haga acto de presencia, no la reconocerás como tuya. Pero, como tienes claro que alguien está muy enfadado y no puedes ser tú, la ira tiene que ser de alguien más, tiene que ser de otra persona, de modo que buscas a tu alrededor a la persona, la cosa o el grupo sobre el que proyectar tu ira. Ya no se trata de una ira que experimentas en primera persona, sino de una ira en tercera persona que le pertenece a él, a ella, a ello, a ellos o a eso.

Y, una vez que hayas proyectado tu ira, esa ira se dirigirá contra ti, porque, después de todo, tú eres su origen y su verdadero propietario. Así es como, sin razón aparente alguna, la tercera persona sobre la que has proyectado tu ira parecerá estar muy enfadada contigo. Normalmente, si alguien se enfada contigo sin razón, podrías responder enfadándote también, cosa que ahora no puedes hacer porque, como has negado esta ira, *ni siquiera* te permites sentirla. Y, como no puedes sentir ira, es muy probable que, experimentando ahora toda esa hostilidad dirigida contra ti, sientas algo parecido a la ansiedad o el miedo. El miedo y la ansiedad hacia esa tercera persona aparecerán, pero, como este miedo no tiene sentido para ti, no tienes la menor idea de por qué esa persona está tan enfadada contigo. Lo único que sabes es que ese «otro» te hace sentir muy incómodo, temeroso y ansioso. Y la razón por la cual te sientes tan inquieto ante esa tercera persona lleva ahora una doble dosis de ira, porque no solo tiene su propia ira, sino que carga también con la ira que tú le has agregado.

Si quieres curar esta disociación, debes recordar que «donde estaba el ello estará el yo» o, dicho en otras palabras, debes reapropiarte de ese material convirtiendo la sombra o «ello» de tercera persona en una realidad o «yo» de primera persona. Así es como inviertes el sentido del 1-2-3 y pasas de nuevo al 3-2-1.

Supongamos que has proyectado tu ira en una pandilla de gamberros de tu barrio conocida por causar muchos problemas y que sirve de gancho perfecto para la proyección. Y, como ahora tú ya no te sientes enojado –o eso, al menos, es lo que crees–, esta pandilla tiene ahora una doble dosis de ira (la suya más la tuya) de modo que, cada vez que te acercas a ellos, empiezas a sentirte incómodo. Y, en ese caso, te parecerá que esa pandilla está más enfadada contigo de lo que lo estaría con cualquiera y, por alguna razón, empiezas a tener pesadillas en las que, por ejemplo, te ves perseguido por un monstruo enorme que te persigue furioso y gritando que va a alcanzarte y devorarte vivo. Y es que, como has reprimido la ira, no es ira ya lo que sientes hacia este monstruo, sino miedo, un miedo atroz. Y, consumido por ese miedo, te alejas corriendo de este monstruo que está a punto de atraparte y devorarte, momento en el cual te despiertas respirando agitado y empapado en sudor.

Consciente ahora de estos síntomas concretos de la sombra, damos los tres pasos básicos del proceso 3-2-1, que son *localizar* (y describir), *hablar con la sombra* y *convertirte en la sombra*.

Todo comienza *ubicando* la sombra (y describiéndola). ¿Cuál es exactamente tu problema, tu neurosis y tus síntomas… cuál es, en suma, tu principal queja? Si sospechas que habías proyectado tu ira en la pandilla y ahora experimentas miedo, podríamos trabajar con eso. Pero lo más probable es que ni siquiera sospeches que has proyectado tu ira en esta pandilla y creas que el temor que experimentas es el mismo que experimenta todo el mundo, así que probablemente te parezca normal y ni siquiera te quejes por ello. Luego observamos tus comentarios y nos damos cuenta de que una de tus principales preocupaciones es esta pesadilla recurrente en la que te ves perseguido por un monstruo que quiere acabar contigo. Si llevas un diario en el que anotas los problemas serios que te aquejan es probable que no mencionarás el problema de la pandilla, pero casi con total seguridad mencionarás esta pesadilla, sobre todo en el caso de que se trate de algo recurrente. No cabe la menor duda, pues, de que, si la misma pesadilla te ha despertado tres o cuatro veces empapado en sudor, tomarás buena nota de ella en tu diario de modo que esa pesadilla se convierte en un indicador de la presencia de un problema de la sombra. Así es como *ubicamos* el problema que implica la pesadilla recurrente de un monstruo que te persigue con la intención de devorarte y te despierta en mitad de la noche sumido en el miedo y empapado en sudor.

Presta mucha atención a ese monstruo, *descríbelo* con sumo detalle y hazlo en términos de la tercera persona del «ello». Ese es el primer paso. Observa con atención a ese monstruo y descríbelo tan completamente como puedas en términos del «ello» («El monstruo tiene tal aspecto; es de tal o cual color; mide tanto; huele de tal o de cual modo, cuando me persigue hace tal o cual cosa, etcétera). Familiarízate con ese monstruo y descríbelo lo más detalladamente que puedas.

El paso 2 consiste en *hablar con él*. Dirígete a él como si se tratara de una persona real en segunda persona, es decir, como si se tratara de un «tú». Utiliza, para ello, la técnica *guestalt* de la «silla vacía», es decir, siéntate en una silla y coloca, frente a ti, una silla vacía en la que luego imaginas sentado al monstruo. Esto es algo que, si el monstruo es realmente aterrador, te resultará muy difícil. Presta mucha atención al miedo que experimentas en su presencia porque se trata del mismo miedo que experimentaste originalmente cuando juzgaste de manera negativa el material de la sombra y quisiste desprenderte de él. Tenías miedo de que ese material siguiera siendo tuyo y lo alejaste. Ese fue exactamente el mismo miedo que sientes ahora cuando estás frente al monstruo.

Comienza a hablar con este monstruo como si se tratara de una persona real en segunda persona (es decir, de un «tú») y mantén una conversación con él. Y, si no quieres emplear una silla, puedes hacerlo también en un cuaderno o una tableta (o, simplemente, en tu cabeza). Habla con el monstruo desde ti y, cuando responda, cambia de silla. Pregúntale: «¿Quién eres?», «¿por qué estás aquí?» y «¿por qué estás haciéndome esto?». Y, después de formular cada pregunta, levántate, siéntate en la silla vacía y responde como si fueras el monstruo. Así es como vas familiarizándote poco a poco con él y aprendiendo a conocerlo. Este es el segundo paso.

Ahora es cuando empezarás a darte cuenta de las razones que te llevaron a reprimir ese material. Quizás, después de haberle preguntado «¿Por qué estás haciéndome esto?», respondas: «Porque no vales nada y no haces nada bien». «¿Pero por qué dices que no valgo nada?». «Porque nada de lo que haces está bien. Eres un desastre». Y, cuanto más te acerques al material de la sombra original, más evidente te resultará que ese material es, en realidad, tu propia ira. Aquí es donde debes tener mucho cuidado porque, a medida que hables con el monstruo, empezarás a sentir tu propia ira; es decir, el miedo empezará a dejar paso a la ira y será esa ira la que deberás aceptar y asumir como propia.

También podría ocurrir que ese monstruo, por ejemplo, empiece a asemejarse mucho a tu padre que, al margen de lo que hicieras, parecía juzgarte siempre negativamente. Y tú te enojabas con él y se lo hacías saber, hasta el día en que perdió la paciencia y te dio una paliza dejándote doblado de dolor en el suelo. Nunca más, a partir de ese momento, volviste a enfadarte con él, pero curiosamente fue entonces cuando comenzaron las pesadillas.

La mayoría de los elementos de la sombra no son el fruto de un solo trauma como el que acabamos de describir, sino que implican una secuencia reiterada de minitraumas (tu padre repitiéndote, por ejemplo, durante meses o incluso años, que eras un inútil). Muchos problemas de la sombra suelen originarse en algo que ocurrió durante los primeros estadios del crecimiento (y que implican, en consecuencia, a los tres primeros estadios, arcaico, mágico y mítico, o, lo que es lo mismo, a los tres primeros chakras de alimento, sexo y poder) que van de los tres a los doce años más o menos, lo que generalmente significa que algo salió mal en las relaciones con tus padres, tus hermanos, tus maestros o tus compañeros.[2]

Durante el segundo paso del proceso 3-2-1 eliges repetidamente algún contenido de la sombra de tercera persona y te enfrentas sin ambages a él como si se tratara de un «tú» de segunda persona (pasándolo así de la tercera a la segunda persona). Y, a medida que sigues relacionándote con el monstruo, va quedándote cada vez más claro qué es realmente ese monstruo que está tan enfadado contigo que quiere devorarte. Cuanto más te sumerjas en este juego de roles con la sombra, más claro te quedará lo que de verdad es la sombra y de qué está hecha, algo que, en el caso que nos ocupa, está hecha de ira, de tu propia ira. Y, cuando tratas de asumir el papel de un monstruo que quiere comerse a alguien, te das cuenta de lo enfadada que está esa figura y empiezas a convertir a ese sujeto en un objeto; empiezas a cobrar conciencia de esa sombra.

Es probable que, al tiempo que lo hagas, experimentes miedo (parte del miedo original), combinado con la comprensión de que ese monstruo refleja exactamente tu ira, momento en el cual el miedo empieza a verse reemplazado por la ira. Así es como llegas a experimentar la transformación del miedo en ira.

También es posible que, llegados a este punto, tengas imágenes o recuerdos del momento y las razones que te llevaron a negar, reprimir y enajenar originalmente ese material (podrías recordar, por ejemplo, la escena de tu padre pegándote). Algunas técnicas terapéuticas, como el psicoanálisis, por ejemplo, consideran crucial para la sanación la recuperación del recuerdo, mientras que otras, como la terapia cognitiva, la consideran completamente innecesaria. Lo esencial, en cualquier caso, es reconocer que el material de la sombra –la ira en este caso– es tuyo. Y, cuanto más visceralmente lo sientas, mejor. Este paso es, después de todo, el momento en que empiezas a aceptar y asumir el material antes enajenado.

Llegados a este punto das el tercer y último paso y pasas de hablar con la sombra a convertirte en ella. Hasta ahora has estado hablando, durante el proceso de limpieza, con este monstruo enojado como si se tratara de otra persona que estuviera dentro de ti, pero ahora tan solo acabas convirtiéndote en esa ira. Asúmela como un «yo», como un «mí» o como un «lo mío» («yo soy el monstruo», «yo soy el que está enojado», «yo tengo esa ira», «se trata de mi ira»). Así es como la ira disociada y enajenada que habías convertido en tercera persona (cuando describiste completamente «eso» en forma de sombra como un monstruo aterrador) se convierte en una segunda persona (cuando hablaste de frente con este monstruo como si se tratara de un «tú») y acaba recuperando, finalmente, su forma original en primera persona (cuando te identificas con él como «yo», como «mí» o como «lo mío»). Ya no se trata ahora de la ira de tu sombra, sino de *tu* ira. En la medida en que tus pesadillas se debían a esa ira enajenada, la asunción de la ira pone fin a las pesadillas y la pandilla de tu barrio deja de asustarte tanto como antes solía hacerlo. Este es el proceso 3-2-1, es decir, ubicarla (en tercera persona), hablar con ella (en segunda persona) y convertirte en ella (en primera persona).[3]

Resumen

Esta técnica terapéutica es un buen ejemplo del modo de trabajar con la sombra durante el proceso que llamamos limpiar.[4] Es especialmente importante que, a medida que seguimos creciendo y despertando, hagamos algo de limpieza. Cada nuevo paso adelante agrega un nuevo territorio recién emergente con el que nos identificamos. El desarrollo y la evolución, como ya hemos visto, consisten en «trascender e incluir» y la parte *trascender* implica ir más allá del estadio presente para agregar un estadio nuevo y mayor, o para añadir material nuevo a nuestra conciencia, y necesitamos apropiarnos de ese material de un modo responsable e *incluirlo* completamente. En la medida en que crecemos (y trascendemos) de rojo a ámbar, estamos agregando (e incluyendo) el mayor territorio de ámbar a nuestra conciencia; en la medida en que crecemos (y trascendemos) de ámbar a naranja, estamos agregando (e incluyendo) el territorio más grande de naranja (junto a ámbar) a nuestra conciencia, y así sucesivamente en cada nuevo estadio hasta que, al final de los procesos de crecer y despertar, hemos expandido nuestra identidad desde el estrecho y limitado ego encapsulado en la piel hasta la Identidad Suprema con la totalidad del Kosmos.

Si, en alguno de estos pasos evolutivos de «trascendencia e inclusión» tenemos algún problema o dificultad importante para incluir o asimilar nuevo material, ese material acabará convirtiéndose en sombra. En tal caso, nuestro intento de trascender e incluir fracasará y, si tenemos problemas con la parte «incluir», el nuevo territorio se verá desterrado fuera de nuestra conciencia al amplio mundo del «no yo» y de «lo otro». En tal caso, no solo no nos identificamos y asimilamos este nuevo territorio, sino que lo reemplazamos con una dolorosa serie de síntomas, neurosis, patologías y disfunciones, nuestro yo no crecerá, sino que se empequeñecerá, lo que indicará que estaremos yendo exactamente en la dirección contraria, arrojando más y más material fuera de la conciencia y haciéndonos cada vez más pequeños en lugar de más grandes, que es el camino seguido por la evolución.

Si tenemos problemas con alguno de estos territorios emergentes –ya sea rojo, ámbar, naranja, verde o turquesa–, nos contraemos ante él y nos congelamos de miedo. En tal caso, no es el amor lo que nos impulsa, sino el miedo. Frente a esa novedad nos contraemos y desterramos el territorio novedoso fuera de nuestra conciencia, negándonos a dar el paso que nos acerca a la totalidad y optando, en su lugar, por reprimirnos y encogernos. Entonces nos convertimos en menos de lo que estamos destinados a ser y, en lo más profundo de nuestra alma, lo sabemos.

Creo que, hablando en términos generales, es evidente que la limpieza nos proporciona un tipo nuevo y muy real de totalidad que nos ayuda a pasar de una imagen pequeña, fracturada e inexacta de nosotros a una psique completa, sana y plena. Los problemas generados por la sombra son tan habituales en casi todos los dominios de la actividad humana que resulta sorprendente que no haya más sabiduría convencional acumulada sobre el modo de resolverlos. En cualquier caso, espero que, aunque no estés de acuerdo con los detalles del modo en que he presentado la sombra, veas claramente la necesidad, para cualquier búsqueda holística de una Gran Totalidad, de llevar a cabo un trabajo de limpieza de los problemas generados por la sombra.

La Gran Totalidad incluye despertar, crecer, limpiar, abrir y mostrar. Hasta ahora hemos hablado de despertar, de crecer y de limpiar. Finalmente hablaremos de todos ellos, pero, en el próximo capítulo, nos ocuparemos de mostrar, otro ejemplo de enriquecimiento notable de los aspectos de nuestro propio ser. También es una de las formas más sencillas de advertir la importancia de una visión integral de nuestra realidad. Mostrar significa presentarse en todas las dimensiones y perspectivas básicas a las que, en tanto seres humanos, tenemos acceso. Veamos ahora qué significa eso y cuál es su extraordinario efecto en nuestra vida, ¿de acuerdo?

11. Mostrar

Mostrar no solo es un aspecto fundamental de cualquier Gran Totalidad, sino una de las formas más sencillas también de reconocer la importancia y el significado de contar con un enfoque integral que nos ayude a enfrentarnos a nuestros problemas. Esto es algo que veremos de inmediato en las figuras 11.2 y 11.3 que presentamos en este capítulo. Veamos…

Los cuatro cuadrantes

Quizás el modo más sencillo de presentar el proceso de mostrar nos lo proporcionen los pronombres de primera, segunda y tercera persona presentes en los idiomas desarrollados de todo el mundo. Estos pronombres reflejan tres perspectivas muy diferentes sobre la realidad que cualquier persona puede adoptar, tres perspectivas cuya universalidad y ubicuidad sugiere que se trata de realidades transculturales muy importantes. Como ya hemos dicho, la primera persona se refiere a «la persona que habla» (es decir, al «yo», al «mí» y a «lo mío»); la segunda persona se refiere a «la persona con la que se habla» (es decir, «tú» o «usted»), y la tercera persona se refiere a «la persona o cosa de la que se habla» (es decir, «él», «ella», «ellos», «ellas», «eso» o «suyo»).

Estas tres perspectivas tienen que ver con diferentes realidades transculturales: 1) la primera persona refleja la dimensión *subjetiva*; 2) la segunda persona refleja la dimensión *relacional* o *intersubjetiva* (porque, al incluir a varios sujetos, implica una comprensión mutua o un «nosotros», razón por la cual también se la conoce como dimensión «tú/nosotros»);[1] 3) la dimensión *objetiva* individual, que refleja la forma singular de la tercera persona y está asociada a los pronombres «él», «de él», «ella», «de ella», «su», «sus», «ello» y «ellos» y 4) la dimensión *objetiva* colectiva, forma de la tercera persona del plural, llamada también *interobjetiva*, asociada a los pronombres «ellos», «ellas», «sus» y «suyos». Es por ello por lo que podemos decir que los cuatro cuadrantes son las cuatro dimensiones/perspectivas básicas a las que todo ser humano tiene acceso con las palabras «yo», «nosotros», «ello» y «suyo». Y las llamo «dimensiones/perspectivas» porque son dimensiones reales que poseen perspectivas reales (como, por ejemplo, la dimensión *objetiva*, que posee una perspectiva genuina de tercera persona).

A menudo unifico los dos cuadrantes objetivos (la dimensión objetiva y singular del «ello» y la dimensión objetiva y plural del «ellos») en un solo grupo y, en lugar de hablar de los cuatro cuadrantes, me refiero al Gran Tres (del «yo», el «nosotros» y el «ello»). Ya hemos visto que estas dimensiones fundamentales explican el uso de los pronombres de primera, segunda y tercera persona. Estas cuatro (o tres) perspectivas básicas son tan fundamentales que lo impregnan todo, incluido el proceso 3-2-1.

Date cuenta, por ejemplo, de que Jesucristo habló *sobre* Dios (tercera persona), *con* Dios o *a* Dios (segunda persona) y *como* Dios (primera persona), una trinidad que ilustra perfectamente el Gran Tres del «yo», el «nosotros» y el «ello». De modo que, si queremos tener una visión realmente integral y comprehensiva de la espiritualidad, deberemos preocuparnos por establecer una relación *sobre* el Espíritu, *con* el Espíritu y *como* el Espíritu. Ten en cuenta que, si te desagrada la versión cristiana de este Gran Tres, no tienes que aceptar necesariamente la visión de un Padre, un Hijo y un Espíritu Santo, sino que bastará con que asumas una relación que incluya conceptos *sobre* el espíritu en cuanto realidad objetiva y existente en tercera persona como Fundamento de Todo Ser, como Gran Cadena del Ser o Gran Red de la Vida, por ejemplo; que establezcas una relación *con* el Espíritu como realidad relacional viva de segunda persona (como ilustran los hermosos escritos de Martin Buber sobre la relación Yo-Tú, un ejemplo perfecto de la segunda persona del Espíritu) y, lo que es más importante, que asumas una visión de primera persona *como* el Espíritu y que lo consideres como tu Yo Verdadero (como Yo Soy, el gran Yo-Yo, tu Rostro Original o lo que el *Sutra del Nirvana* denomina *mahatman*, es decir, el «Gran Yo»). Este es, para mí, el «1-2-3 del Espíritu», que consiste en contemplarlo a través de todos los cuadrantes para asegurarnos de que no estamos soslayando ningún aspecto importante.

La trinidad cristiana y los tres pronombres universales no son más que un mero atisbo de lo que abarcan los cuadrantes (un punto al que volveremos en breve). Tu aproximación al Espíritu o a la Realidad no debe dejar de lado ninguna de estas perspectivas o, dicho en otras palabras, debes tener tan en cuenta esas grandes perspectivas como las dimensiones que nos revelan. ¿Por qué, si estas realidades están ahí, no incluirlas? Y esto no es algo limitado al Espíritu, sino que cabe extenderlo a todos los aspectos de la vida. Más de sesenta disciplinas humanas se han visto reinterpretadas hasta el momento desde un marco de referencia integral OCON, desde los negocios integrales hasta la educación integral, pasando por la medicina integral, el arte integral, la política integral, la psicoterapia integral, la arquitectura integral y, por supuesto, la espiritualidad integral. Cuando tenemos en cuenta los cuatro cuadrantes, todas esas disciplinas se tornan integrales.

No descubrí los cuatro cuadrantes estudiando los pronombres universales, los descubrí mientras estaba preparándome para escribir el libro *Sexo, ecología, espiritualidad*. Había esbozado varios esquemas de desarrollo procedentes de una gran diversidad de ramas diferentes del conocimiento y, aunque siempre había curiosas similitudes, no conseguía encajarlas en ningún marco de referencia. La secuencia que va desde los quarks hasta los átomos, las moléculas, las células y los organismos es evidentemente una jerarquía (u holarquía) anidada del desarrollo en la que cada estadio trasciende e incluye a su predecesor. Y lo mismo sucede, obviamente, con la secuencia del desarrollo de las visiones del mundo de Jean Gebser que va desde la arcaica hasta la mágica, la mítica, la racional, la pluralista y la integral. Y lo mismo podríamos decir de la secuencia de desarrollo tecnoeconómico esbozada por Gerhard Lenski que va desde el estadio recolector hasta el hortícola, el agrario, el industrial y el informático. Y es que, aunque estas tres secuencias sean ejemplos claros de holoarquías evolutivas o del desarrollo que, de algún modo, debían estar relacionadas, no quedaba clara la pauta de relación que existe entre todas ellas.

Aunque la solución parezca hoy evidente (sobre todo si estás familiarizado con la metateoría integral), lo cierto es que ese fue un problema cuya solución me llevó bastante tiempo. Cada vez que encontraba una holoarquía evolutiva o una secuencia de desarrollo, la anotaba en una hoja de papel y la dejaba en el suelo hasta tenerlo alfombrado con más de cien hojas. Ahí había esparcidos ejemplos del desarrollo lingüístico, del desarrollo estelar, del desarrollo bioquímico, de los numerosos grados y clados de la evolución biológica, de los estadios del desarrollo humano de casi todos los tipos de inteligencia, del desarrollo evolutivo de las formas de gobierno, de diferentes desarrollos tecnológicos, de los distintos niveles evolutivos que configuran las visiones del mundo, de los sistemas de valores, del desarrollo cognitivo, etcétera. Todos los días daba vueltas por casa y me quedaba mirando esas páginas amarillas diseminadas por el suelo procurando descubrir algún marco de referencia que me permitiera explicar la relación entre ellas.

Finalmente caí en la cuenta –y debo decir que esa fue una auténtica epifanía– de que la mitad de la mitad de esas secuencias parecían girar en torno a realidades interiores y subjetivas o de la conciencia (como, por ejemplo, la jerarquía de necesidades de Maslow) y la otra mitad se ocupaban de realidades exteriores o materiales (como, por ejemplo, los estadios del desarrollo tecnoeconómico de Lenski), de modo que tenía cierto sentido separarlas en interiores y exteriores (o subjetivas y objetivas). Poco después caí también en la cuenta de que la mitad de ellas se centraban en cuestiones individuales (como sucede, por ejemplo, con la evolución que va desde los átomos hasta las moléculas, las células y los organismos multicelulares), mientras que la otra mitad giraba en torno al desarrollo colectivo o grupal (como, por ejemplo, los holones individuales que se unen en grupos para formar, respectivamente, estrellas [átomos], planetas [moléculas], biosferas [células] y un ecosistema concreto [organismos]). Y eso también parecía funcionar bastante bien.

Cuando finalmente recopilé y organicé todos esos descubrimientos obtuve cuatro grandes grupos muy bien definidos: las realidades subjetivas y objetivas del individuo y del colectivo o grupo. En el diagrama original, los dos cuadrantes de la izquierda eran los cuadrantes interiores (o subjetivos) y los dos de la derecha eran los cuadrantes exteriores (u objetivos). Por su parte, los dos cuadrantes superiores se ocupaban de las dimensiones individuales o singulares (izquierda subjetiva y derecha objetiva) y los dos cuadrantes inferiores hacían lo propio con las visiones colectivas plurales o grupales (izquierda intersubjetiva y derecha interobjetiva). Véase, en este sentido, la figura 11.1. Así pues, tenemos el interior (subjetivo) y el exterior (objetivo) de lo singular (individual o personal) y de lo plural (colectivo o grupal) que, según parece, tetraemergen, tetraevolucionan y «tetraenactúan» simultáneamente. Estas son, de hecho, las cuatro dimensiones que caracterizan a todos los holones existentes.

Figura 11.1. Los cuatro cuadrantes

	Interior	Exterior
Individual	superior-izquierdo	inferior-izquierdo
Grupal	superior-derecho	inferior-derecho

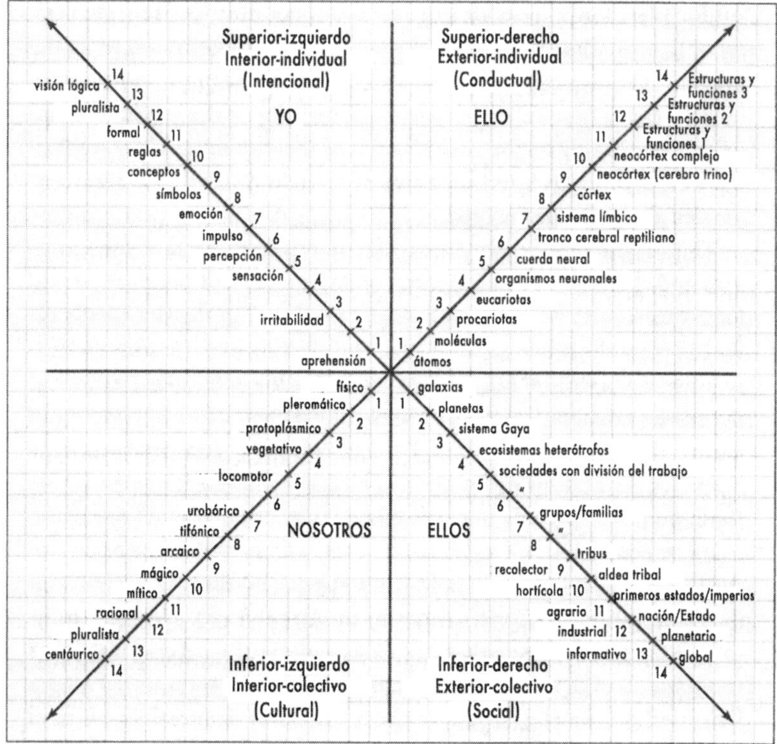

Figura 11.2. Ejemplo de los holones en los cuatro cuadrantes

Las figuras 11.2 y 11.3 son dos ejemplos de los cuatro cuadrantes. La figura 11.2 es una muestra de los holones que ocupan cada cuadrante, desde el más bajo hasta el más elevado y la figura 11.3 es una muestra de holones en los cuadrantes tal y como aparecen en el ser humano.

Estas dimensiones se refieren a cuestiones básicas y parecen basarse en distinciones fundamentales (sujeto versus objeto y singular versus plural), las mismas dimensiones, en fin, que nos dieron los pronombres de primera, segunda y tercera persona.

Lo más sorprendente de los cuatro cuadrantes es la cantidad de clasificaciones conocidas que parecen admitir. Ya hemos visto que esto puede referirse a los pronombres de primera, segunda y tercera

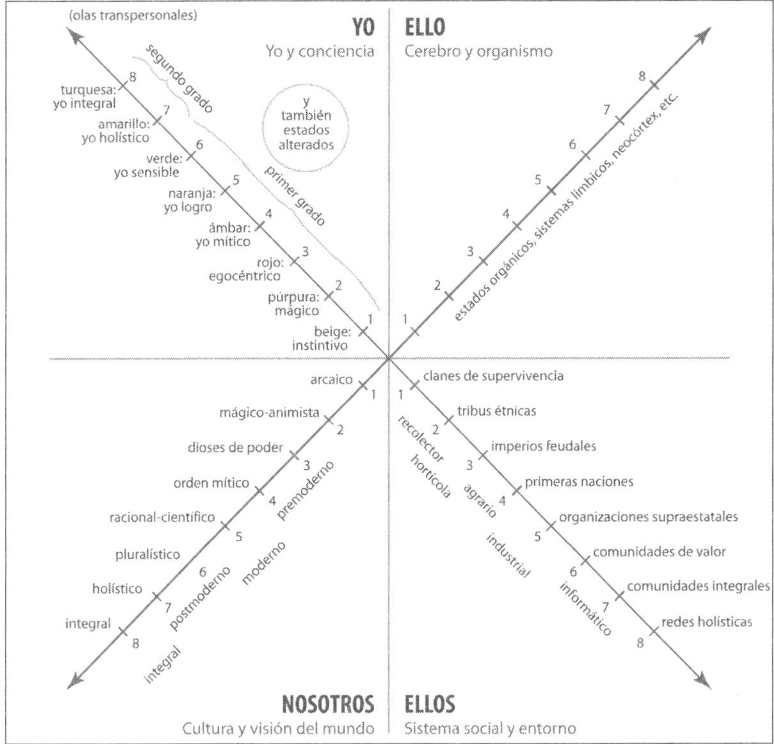

Figura 11.3. Algunos holones de los cuatro cuadrantes tal como se presentan en el ser humano.

persona y a la trinidad cristiana, pero también podríamos hablar de la Bondad, la Verdad y la Belleza; del Buda, el Dharma y el Sangha; de las tres diferentes afirmaciones de validez de Habermas; de los tres mundos de Popper; de las tres críticas de Kant (la Razón Pura, la Razón Práctica y el Poder del Juicio), etcétera. Los cuadrantes parecen ser su fundamento original. Todas esas clasificaciones, dicho en otras palabras, parecen ser versiones diferentes de los cuadrantes, que son los principios ontológicos de los que parecen derivarse. Una vez más, los cuadrantes parecen estar conectados con algunas dimensiones fundamentales de la creación de este universo. Es difícil pensar en otros pares de opuestos más prevalentes e irreductibles que los de sujeto/

objeto y singular/plural, que son realmente fundamentales. Por ello me parece excelente la idea de «mostrarse» en todos ellos.

¿Los cuatro cuadrantes o el gran tres?

¿Con qué nos quedamos, pues, con los cuatro cuadrantes o con el Gran Tres? Advirtamos que, casi desde el mismo comienzo, ha habido –hasta en el campo de las ciencias objetivas naturales– una discusión sobre cuál es, en el mundo material objetivo en tercera persona, la realidad «realmente real»: la totalidad del sistema (cuadrante inferior derecho) o sus aspectos exclusivamente individuales (cuadrante superior derecho). Lo único que ven los atomistas cuando contemplan una rueda son sus elementos compositivos (y lo mismo sucede también cuando lo que se tiene en cuenta son las partes, una visión que acaba atribuyendo la realidad última a los «átomos» o «partículas últimas» elementales). En parecido error incurren los teóricos sistémicos solo que, en este caso, lo hacen en la dirección contraria porque, desde su perspectiva, las partes o elementos individuales constitutivos son meras abstracciones o fragmentos de la única realidad subyacente que, para ellos, es el sistema.

La visión integral siempre ha subrayado la realidad de los cuatro cuadrantes. Porque si afirmas, como hacen los teóricos de sistemas, la realidad de los *dos* cuadrantes objetivos de tercera persona o de la Mano Derecha obtenemos cuatro cuadrantes (dos cuadrantes de la Mano Derecha y dos cuadrantes de la Mano Izquierda). Mientras que si, por el contrario, afirmas, como hacen los atomistas, que el único cuadrante real de la Mano Derecha es el superior derecho de los átomos individuales, son tres los grupos que obtienes (el Gran Tres). Pues, aunque los cuatro cuadrantes sean obviamente reales, es bastante habitual reducirlos al Gran Tres. Aun Habermas –considerado por muchos (entre los que me cuento) el principal filósofo actual– unifica, en sus tres afirmaciones de validez, en un solo entorno objetivo en tercera persona lo que yo llamo cuadrante superior derecho y cuadrante inferior derecho. Esto es algo que hay que tener muy en cuenta.

Por más espinosas que sean estas cuestiones relativas a la relación entre lo individual y lo colectivo (es decir, la relación entre los cuadrantes superiores e inferiores), lo más difícil siempre ha sido la relación entre los cuadrantes subjetivos o interiores y los cuadrantes objetivos o exteriores (es decir, la relación entre los cuadrantes de la Mano Izquierda y los cuadrantes de la Mano Derecha). Echemos ahora un vistazo un poco más detallado, sin olvidar que la visión integral siempre ha afirmado la irreductible realidad de los cuatro cuadrantes, el sujeto y el objeto, el tema que Occidente considera «el problema más difícil» de la filosofía, «el problema mente-cuerpo» (o, más recientemente, el «problema mente-cerebro»).

El meollo del problema cuerpo-mente

Siendo aspectos fundamentales de la realidad, los cuatro contribuyen a resolver (o explicar) un gran número de problemas. Entre ellos cabe destacar el problema mente-cuerpo que, como acabamos de ver, se considera el más difícil de toda la filosofía occidental. Pero este solo es un problema porque todos los intentos realizados para resolverlo se han limitado a reducir un cuadrante a otro, algo que, para el enfoque integral, resulta inadmisible. Así pues, mientras que la mente (o la conciencia) tiene que ver con el cuadrante superior izquierdo, es decir, con lo que vemos cuando observamos desde dentro, desde una perspectiva subjetiva o de primera persona, un organismo individual, el cerebro es una parte del cuerpo y tiene que ver con el cuadrante superior derecho, es decir, con lo que vemos cuando observamos un organismo individual desde fuera, desde una perspectiva objetiva o de tercera persona. Es por ello por lo que, aunque la única persona que pueda ver tu mente eres tú (el único que tiene acceso a tu propia perspectiva en primera persona), un cirujano que abriese tu cráneo podría contemplar directamente tu cerebro (y lo mismo podría hacer cualquier otra persona, cualquier tercera persona que observase desde fuera esa operación). Y, si bien el aspecto de tu cerebro se asemeja a un pomelo arrugado, el aspecto de tu mente es algo completamente diferente. Mente y cerebro son cosas muy distintas, al menos en algunos aspectos importantes; y tan imposible es reducir la mente de primera persona al cerebro sin destruirla como reducir el cerebro de tercera persona a la mente. (Aunque no hay que olvidar que las dimensiones en juego no son solo dos, la subjetiva y la objetiva, sino cuatro, porque no debemos olvidar la existencia de las dimensiones intersubjetiva e interobjetiva que, como más adelante veremos, siempre están tetraenactuando).

El problema mente-cuerpo del que hablábamos al comienzo de esta sección se conoce hoy en día como problema mente-cerebro. Son tantas las investigaciones que han demostrado la existencia de una clara correlación entre ciertos estados de conciencia (o la mente) y la neurofisiología cerebral que existe la tendencia a reducir la mente o conciencia (que es una perspectiva de primera persona) a esos estados cerebrales o estados corporales objetivos (que son una perspectiva de tercera persona). Esto es lo que explica el mencionado cambio de la expresión mente-cuerpo a la expresión mente-cerebro. Es también por ello que los materialistas no tienen empacho alguno en reducir la mente al cerebro y se quedan tan panchos creyendo que, de ese modo, han resuelto el problema mente-cuerpo. Reducir el cuadrante de la conciencia en primera persona (cuadrante superior izquierdo) al cuadrante de la neurofisiología cerebral en tercera persona (cuadrante superior derecho) en modo alguno explica la conciencia en primera persona, sino que simplemente elude toda explicación. Porque no tener en cuenta la dimensión de la primera persona no explica absolutamente nada, sino que simplemente soslaya toda explicación. Reemplazar los acontecimientos mentales en primera persona por sucesos neurofisiológicos en tercera persona no explica aquellos, sino que sencillamente los evita.

Pero hay que decir que, en sus aspectos más fundamentales, el problema mente-cuerpo no comienza con el ser humano. Al tratarse esencialmente de la relación existente entre las dimensiones de la Mano Izquierda y las de la Mano Derecha, esa «división» afecta a las perspectivas interior y exterior, una división que se remonta al mismo Big Bang cuando, por vez primera, apareció un universo manifiesto y, como tal, tuvo lugar una diferenciación entre el interior de un átomo (su protosentimiento o aprehensión) y su exterior (su forma visible de materia/energía). En breve veremos lo que entendemos exactamente por el interior (o aprehensión) de un átomo, pero limitémonos, por el momento, a señalar que, como ilustra la figura 11.2, las dimensiones izquierda (interior) y derecha (exterior) están presentes en todos los niveles importantes desde el comienzo mismo de la evolución, desde el interior y el exterior de los quarks y los átomos hasta el interior de la mente humana y el cerebro/cuerpo material exterior. Se trata de dos perspectivas y de dos visiones diferentes del mismo holón subyacente y completo.

Y, como esto ocurre en cada nivel, donde el interior y el exterior son dos dimensiones distintas de la misma totalidad subyacente (o no-dualidad), cuando se manifiestan lo hacen necesariamente como parcialidad. Es precisamente esta parcialidad la que convierte al problema cuerpo/mente en algo tan difícil de entender. El problema mente-cerebro no podrá resolverse (de un modo adecuado) hasta que se disuelva el dualismo primario entre sujeto y objeto y entre interior y exterior, cosa que solo ocurre durante el despertar a la conciencia no-dual subyacente de Un Solo Sabor. No hay lógica, razonamiento ni evidencia que pueda superar el dualismo cartesiano (el problema más difícil de toda la lógica occidental), un problema que solo se desvanece ante un despertar directo a la Realidad Última omnipresente de la Talidad no-dual. Es en ese preciso momento –el momento en el que cielo se convierte en una inmensa tarta azul que cae sobre tu cabeza y en el que interior y exterior dejan de verse como dos– cuando desaparece el problema mente-cuerpo (o mente-cerebro). Es cierto que entonces todavía hay, en el mundo relativo, un número extraordinario de correlaciones que deben cartografiarse: ¿cuáles son las principales relaciones existentes entre los estados cerebrales del cuadrante superior derecho y los estados mentales propios del cuadrante superior izquierdo? Pero el único modo de superar la dualidad es mediante la comprensión, revelada por un auténtico despertar, de que ambas dimensiones son aspectos parciales de la misma totalidad subyacente.

En este sentido debo mencionar que, para empezar a mostrarte, no necesitas un gran despertar. Solo es necesario, para ello, que te des cuenta de que, sea cual fuere el nivel de desarrollo en el que te encuentres, cuentas con esas cuatro grandes dimensiones. Esta toma de conciencia puede darse prácticamente en todos los niveles del desarrollo, porque los cuadrantes «están presentes todo el camino de ascenso y todo el camino de descenso», y que eso, como bien muestran las figuras 11.2 y 11.3, está totalmente presente en todos y cada uno de los niveles. Veremos qué significa esto en tu vida, por qué es tan importante y cómo puede provocar un cambio tan significativo.

Resumiendo deberíamos decir que los cuatro cuadrantes son manifestaciones de una Realidad auténticamente no-dual. Instante tras instante, el Espíritu no-dual *manifiesta* la totalidad del mundo relativo y *lo hace simultáneamente en los cuatro cuadrantes*. Emerge como un sujeto con varios objetos y como un holón individual indisolublemente unido a un holón grupal o colectivo. Como veremos luego con más detenimiento, no puede haber sujetos sin objetos ni holones individuales sin holones colectivos, porque los cuatro cuadrantes aparecen juntos, evolucionan juntos y tetraenactúan juntos.

El verdadero significado de la materia

Hay otra razón por la cual los cuatro cuadrantes nos cuentan algo muy importante sobre las realidades espirituales, algo que llega a modificar el núcleo mismo de nuestra comprensión de la espiritualidad.

Cuando, en las grandes tradiciones, aparece algo como la Gran Cadena del Ser (una visión que adoptan la gran mayoría de las tradiciones), la «materia» *siempre* ocupa el escalón inferior. La versión cristiana típica de la Gran Cadena del Ser, por ejemplo, va desde la materia hasta el cuerpo, la mente, el alma y el espíritu (un esquema en el que «materia» significa materia muerta, mientras que «cuerpo» significa el cuerpo vivo lleno de sentimientos y deseos o, dicho en otras palabras, la materia es el mundo físico existente antes de la aparición de cualquier forma de vida que, a su vez, comenzó con la aparición del nivel corporal). Todo lo que está por encima de la materia o de la dimensión física de la realidad se considera «metafísico», «sobrenatural» o «transmaterial», es decir, se cree que todos esos niveles superiores (cuerpo, mente, alma y espíritu) están completamente más allá de la materia y pueden existir en ausencia de soporte material. Y hay que advertir que, según ese esquema, los sentimientos del cuerpo vivo de un gusano existen en el segundo nivel, es decir, en el nivel corporal de los sentimientos y de los deseos, mientras que el cerebro trino humano, considerado exclusivamente en su forma material, existe en el primer nivel, el nivel de la materia (aunque el verdadero cerebro humano solo existe, al menos, en el tercer nivel, el nivel de la mente). Según eso, los sentimientos de un gusano ocuparían un lugar superior al del cerebro humano, de modo que, en ese esquema, hay algo que no parece cuadrar. Es por este tipo de cuestiones por lo que la modernidad y la postmodernidad acabaron rechazando completamente casi todas las ideas de las grandes tradiciones premodernas de sabiduría y, en consecuencia, la idea también de la Gran Cadena.

La materia no es, según la visión integral, el nivel *inferior* de la realidad, sino la dimensión *exterior* de cada uno de sus niveles (es la realidad en la Mano Derecha de cada suceso de la Mano Izquierda), una idea que, como luego veremos, posibilita también el encaje de la ciencia y la religión. Así pues, cuando mi mente tiene un pensamiento *lógico* en primera persona (cuadrante superior izquierdo interior), mi cerebro *material* está generando impulsos eléctricos de tercera persona (cuadrante superior derecho exterior). Hasta los estados *espirituales* del cuadrante superior izquierdo (como, por ejemplo, el satori zen) tienen correlatos *materiales* en estados cerebrales del cuadrante superior derecho (los cambios en la fisiología cerebral provocados por un satori). Son muchas las investigaciones recientes que han puesto de relieve la existencia de pautas cerebrales concretas que acompañan a los principales estados místicos, incluida la sensación de Unidad con todo el universo. Algunos investigadores bromistas han llegado a referirse a la región o pauta del cerebro que se activa con una determinada experiencia mística como «punto D» [o, en inglés, «punto G»]. Pero, por más simultáneamente que emerjan, está del todo injustificado reducir las experiencias místicas del cuadrante superior izquierdo de la conciencia a sus correlatos cerebrales materiales en el cuadrante superior derecho, porque, como ya hemos dicho, los cuatro cuadrantes están siempre tetraemergiendo y tetraenactuando.

Por eso, lo que las tradiciones consideraban sobrenatural o metafísico –es decir, que se encontraba más allá de lo físico– resulta ser, en realidad, intrafísico y no es tanto una visión desde más allá de la materia, sino una visión desde dentro de la materia, desde una conciencia interior que siempre tiene una dimensión material o un correlato exterior.[2] Y, del mismo modo, lo que se llamaba sobrenatural no está más allá de la naturaleza, sino que es intranatural, es decir, que está dentro de la Naturaleza. La Naturaleza no se deja atrás ni se identifica tampoco exclusivamente al Espíritu con la Naturaleza. No es que los sucesos de la conciencia de la Mano Izquierda estén más allá de la materia o de la Naturaleza, sino que, como bien ilustran las figuras 11.2 y 11.3, son los cuadrantes interiores o de la Mano Izquierda correspondientes a los cuadrantes exteriores o de la Mano Derecha. Así pues, la materia no es el nivel más bajo de la existencia, sino la dimensión exterior de todos los niveles de la existencia.

Y esto provoca un cambio muy importante en nuestra forma de ver la relación que existe entre la conciencia y la materia o entre el espíritu y la materia. Y lo que todavía es más importante, permite la coexistencia legítima de una perspectiva auténticamente espiritual en un mundo que tiene correlatos materiales por doquier (es decir, que puede coexistir perfectamente *con* el mundo del materialismo científico y ocuparse de los cuadrantes interior subjetivos, mientras el materialismo científico se ocupa de los cuadrantes exterior objetivos). Pues, por más que el materialismo científico se equivoque al reducir el mundo a la mera materia, no tenemos por qué negar la existencia de esos correlatos materiales que, como ya hemos visto, están ahí y son muy reales. Ninguna perspectiva objetiva y en tercera persona de un materialismo científico podrá proporcionarnos una visión subjetiva en primera persona y, en consecuencia, ninguna realidad de tercera persona bastará para explicar (y, mucho menos, para negar) la existencia de las realidades de primera persona. También es por ello por lo que ninguna investigación científica puede reemplazar la visión espiritual, porque la ciencia exterior de tercera persona no puede demostrar ni refutar la conciencia interior ni el espíritu de primera persona.

Una forma muy sencilla de pensar en esta acepción de la materia como realidad exterior de cualquier holón es que su aspecto exterior o material siempre puede ser visto, fotografiado, grabado en vídeo o detectado de algún modo por los sentidos o sus extensiones. Obviamente hay casos en los que, para ello, necesitaríamos una cámara de vídeo más pequeña que cualquiera de las que ahora poseemos pero, si contásemos con ella, podríamos ver cualquier exterior que exista (incluidos, por supuesto, el exterior de los quarks y de las cuerdas). Si echamos un vistazo a las figuras 11.2 y 11.3, también podremos ver que todos los holones exteriores o de la Mano Derecha pueden ser vistos o fotografiados, cosa que no ocurre con ninguno de los holones interiores o de la Mano Izquierda.

La única razón por la cual las grandes tradiciones soslayaron este punto (y ubicaron, en consecuencia, la materia en el nivel más bajo de la Gran Cadena) es que, como ninguna de ellas contaba con las herramientas necesarias para ver dimensiones materiales a escalas mucho más pequeñas o mucho más grandes (cosas a las que solo tuvimos acceso después de la invención del microscopio y del telescopio), tampoco tenían forma alguna de advertir la existencia de estas correlaciones. Y, del mismo modo, también experimentaban satoris, pero nadie podía ver los correlatos cerebrales y fisiológicos que acompañan a esas experiencias. La aparición de la ciencia moderna que tuvo lugar durante la Ilustración occidental y el correspondiente desarrollo de herramientas que permitieron ver esas correlaciones desembocó en la tendencia contraria a rechazar todas las tradiciones espirituales por no ser lo suficientemente «inteligentes» como para advertir esas correlaciones. Dicho en otras palabras, cada vez que la ciencia y la religión comienzan a emerger y a coexistir, cada una de ellas niega la existencia de la otra.

Pero también podemos reconocer la realidad de esas correlaciones de tercera persona sin necesidad de colapsarlo y reducirlo todo a ellas. Es decir, podemos aceptar completamente la existencia de realidades de la Mano Derecha sin tener la necesidad de rechazar y negar completamente las realidades de la Mano Izquierda. Y con ello no quiero decir que nuestras afirmaciones de verdad subjetiva carezcan de toda evidencia que las corrobore. Porque, aunque la ciencia objetiva no pueda demostrar, refutar ni desplazar, de ningún modo, una realidad espiritual, lo cierto es que un estadio más elevado del desarrollo puede corregir errores de la inteligencia espiritual de algún estadio inferior (de la misma manera que la inteligencia espiritual racional corrigió gran parte de los errores cometidos por la inteligencia espiritual mítica). Y, del mismo modo, un estado superior de conciencia del despertar puede corregir o subsanar las insuficiencias de un estado inferior (igual que el quinto estado puede corregir o ir más allá del segundo estado). Pero el hecho es que el materialismo científico de tercera persona no tiene posibilidad alguna de demostrar ni refutar las realidades interiores de la primera persona.

Así pues, cualquier estado espiritual de los cuadrantes de la Mano Izquierda tendrá correlatos materiales en los cuadrantes de la Mano Derecha (ya que hasta un satori, como hemos dicho, va acompañado de cambios cerebrales). La materia no es, pues, el último escalón de la Gran Cadena, sino el aspecto exterior de cada uno de sus peldaños. Aun los niveles más bajos de la realidad (el significado que anteriormente dábamos a la «materia») tienen, además de una dimensión exterior, otra dimensión interior. Whitehead denominó «aprehensión» a las interioridades de este nivel más bajo y fundamental (véase la figura 11.2). Sea cual fuere, sin embargo, la *exterioridad* de este nivel inferior, puede verse o grabarse con algún tipo de instrumento objetivo de detección (de modo que hasta las partículas subatómicas, los fotones, los quarks y las cuerdas decadimensionales tendrán algún tipo de *interioridad*, es decir, de aquello a lo que Whitehead denominó «el átomo de la experiencia»). Cabe decir, pues, que la aprehensión aparece en el nivel inferior y, desde ahí, va ascendiendo por el espectro de la conciencia atravesando una secuencia de formas cada vez más complejas (las dimensiones de la Mano Izquierda).

A medida que el nivel material sigue evolucionando –a través de una secuencia de complejidad y aprehensión creciente– da origen a una dimensión de la realidad viva que comienza en los procariotas, las primeras células, cuya interioridad tiene que ver con lo que los biólogos denominan «irritabilidad» (su forma peculiar de aprehensión), lo que significa que, si tocas una célula viva, esta reacciona. Las formas colectivas del primer nivel inerte (o insintiente), se conocen como «fisiosfera» y las del segundo nivel, o nivel vivo, configuran la llamada «biosfera».

Utilizando el término «materia» en su segunda acepción como correlato externo de toda interioridad, la biosfera sigue siendo, como todos los holones, *externamente* material, porque es posible ver y fotografiar de manera objetiva una célula viva (empleando un microscopio). En su primera acepción como fisiosfera inerte e insensible, la biosfera no es material. El exterior de una célula viva (tal como la ves al observarla con un microscopio) es, está claro, materia visible (es decir, una forma observable que existe en el espacio-tiempo de la masa/energía y algo que, en consecuencia, puedes ver, fotografiar, grabar en vídeo o percibir objetivamente). En la medida en que la materia sigue evolucionando y asumiendo formas cada vez más complejas (Mano Derecha), la emergencia del cerebro trino material va acompañada de un nivel de realidad conocido como «noosfera» y su interioridad (Mano Izquierda) ha evolucionado en consecuencia y es capaz de crear imágenes y símbolos. (A partir del nivel 9 del cuadrante superior izquierdo de la figura 11.2, la conciencia avanza hacia el desarrollo de conceptos, reglas, metarreglas, etcétera; la biosfera comienza con la irritabilidad en el nivel 3 y la forma más baja o temprana de aprehensión empieza en el nivel 1). A diferencia de lo que ocurre con sus formas exteriores o materiales, todos los niveles interiores son formas complejas de aprehensión, el aspecto sensible e interior de los holones.

Este sencillo ejemplo pone de relieve la existencia de tres grandes dominios del ser: la fisiosfera, la biosfera y la noosfera, cada uno de los cuales tiene un aspecto exterior (distintos tipos de materia) y un aspecto interior (distintas formas de aprehensión). Los cuadrantes de la Mano Izquierda incluyen interioridades que van desde la primera y más rudimentaria forma de aprehensión (la fisiosfera) hasta formas de aprehensión que incluyen la irritabilidad de las células vivas (biosfera) y los símbolos y conceptos de la mente (noosfera). Los cuadrantes de la Mano Derecha, por su parte, asumen formas exteriores que van desde las cuerdas hasta los quarks y los átomos (fisiosfera), las formas de los organismos biológicos (biosfera) y el complejo cerebro trino (noosfera). La «materia», por último, puede seguir refiriéndose al nivel más bajo, inerte e insensible de la realidad (que sigue teniendo como interioridad una forma rudimentaria de aprehensión), pero también puede referirse al exterior de cualquier nivel de la realidad (y no limitarse entonces al nivel inerte o insensible).

Aunque muchos filósofos importantes como Whitehead, Leibniz y Spinoza asumen la etiqueta de «panpsiquismo» con las que suele conocérseles (no olvidemos que Einstein dijo, en este mismo sentido, «yo creo en el Dios de Spinoza»), ese es un calificativo con el que no me siento muy identificado. Mis reticencias al respecto se derivan del hecho de que, en mi opinión, la psique (que da origen a la misma expresión *pan-psique-ismo*) es una entidad demasiado compleja para encontrarse en el interior de los quarks o los protones (o, hablando en términos generales, de la fisiosfera inerte) y creo que la «aprehensión», es decir, el sentimiento presente en este nivel tan rudimentario, es demasiado simple como para considerarlo psique. La más baja de las capacidades que suele atribuirse a una psique (es decir, a un «alma» o una «mente») es la de emplear imágenes y símbolos, algo demasiado complejo para ser *pan* (es decir, para ser aplicable a «todo»), o, dicho en otras palabras, para encontrarlo hasta en los holones más rudimentarios y fundamentales de la existencia.

Yo prefiero, en lugar de hablar de panpsiquismo, la expresión *paninteriorismo*, porque, si estos holones tienen algo llamado «exterior», también deben tener algo que podamos llamar «interior» (ya que, como sucede con todos los pares de opuestos, esos términos solo tienen sentido con respecto a su opuesto). Mal podríamos entender el significado de la expresión «es posible detectar el modo en que los quarks se ven desde fuera» si no hubiera simultáneamente también algún tipo de «visión desde dentro». ¿Podríamos acaso reconocer la existencia de aspectos exteriores (es decir, vistos objetivamente desde fuera) si no hubiera también interiores (es decir, vistos subjetivamente desde dentro)? Dondequiera que veamos una realidad objetiva (es decir, el *exterior* del holón individual o colectivo) hay también una realidad subjetiva (es decir, el *interior* del holón individual o colectivo). Repitamos una vez más y digamos que subjetivo y objetivo son términos opuestos que siempre van juntos y dependen íntimamente el uno del otro.

Es por ello por lo que no me declaro panpsiquista, sino paninteriorista. Es tan imposible tener un mundo de pura exterioridad y despojado de toda interioridad como tener un mundo de arriba sin abajo, de izquierda sin derecha y de dentro sin fuera. Tal posibilidad carece de todo sentido.

Pero debemos ser muy cuidadosos en no dejarnos seducir por el materialismo científico. Los niveles de creciente ser y conciencia (es decir, los niveles de aprehensión) que podemos advertir en los cuadrantes de la Mano Izquierda se expresarán, en los cuadrantes de la Mano Derecha, como una *creciente complejidad material*. Así pues –por seguir utilizando la versión cristiana de la Gran Cadena–, donde, en la Mano Izquierda, advertimos una evolución que va desde la materia hasta la vida, la mente, el alma y el espíritu (realidades interiores muy reales todas ellas como formas de aprehensión), podemos advertir la existencia, en la medida en que vamos ascendiendo por los distintos niveles de la Mano Derecha, de una *complejificación material creciente* que va desde los átomos y las moléculas insensibles hasta las primeras células vivas, los organismos pluricelulares más complejos, los organismos más complejos dotados de un tronco cerebral reptiliano y los organismos poseedores de un cerebro trino todavía más complejo (tan complejo que el número de *sus conexiones neuronales supera al de las estrellas del universo conocido*). Y, como ha demostrado la reciente investigación hecha al respecto, las experiencias espirituales, como, por ejemplo, un satori en el nivel del alma, tienen correlatos en el complejo cerebro trino.[3]

Teilhard de Chardin denominó «ley de la complejidad y la conciencia» a la gran correlación existente entre la conciencia y la materia (es decir, a la correlación entre la Mano Izquierda y la Mano Derecha), según la cual, cuanto más compleja es la estructura material, mayor es su grado de conciencia; el mismo tipo de respuesta, dicho sea de paso, dada por Alan Watts cuando, a la pregunta de por qué era vegetariano, respondió «porque, cuando las matas, se escuchan más los gritos de las vacas que los de las zanahorias». Así pues, mientras que, en la Mano Derecha, la materia se torna cada vez más compleja, en la Mano Izquierda la conciencia (es decir, la aprehensión) es cada vez mayor. Pero debemos tener mucho cuidado, como ya he dicho, en no permitir que esta definición general de la materia nos aboque a un materialismo científico, ya que el hecho de que la materia sea el exterior de todos los niveles no implica que puedas limitarte a abordar simplemente la materia creyendo que, de ese modo, has tenido en cuenta todas las posibilidades. Ese movimiento destripa toda interioridad y desemboca, como ya hemos visto, en lo que se conoce como «el crimen de la Ilustración».

Neutralizar el debate sobre la identidad transgénero

También podemos emplear los cuatro cuadrantes para atenuar la intensidad de las disputas que tienen lugar en torno al tema de la identidad transgénero. Pensemos, por ejemplo, en una persona que, en el momento del nacimiento, fue identificada como varón y que luego transiciona a mujer mediante hormonas y cirugía. Su sexo biológico (cuadrante superior derecho) sigue siendo masculino, porque cada una de las células de su cuerpo siguen teniendo un cromosoma X y un cromosoma Y.[4] Por ello son muchas las personas implicadas en las guerras culturales que, centrando exclusivamente su atención en el cuadrante científico superior derecho, afirman que las mujeres trans no son mujeres debido al hecho incontrovertible de que la configuración biológica de los varones que han hecho la transición a mujer sigue siendo masculina (o XY). En el otro bando de esta disputa, sin embargo, se hallan quienes, centrando exclusivamente su atención en los cuadrantes interior subjetivos (superior e inferior), afirman que la identidad de género depende del modo en que uno se siente y sostienen que es la cultura la que construye y define las normas propias de cada género. (Recordemos, en este sentido, que las palabras *varón* y *mujer* se refieren al sexo asignado al nacer, mientras que los términos *masculino* y *femenino* se refieren al género). Desde la perspectiva del cuadrante superior izquierdo, pues, los varones que han transicionado a mujer son, de hecho, mujeres, porque sienten que su identidad de género es femenina.

Los estudios de género suelen sostener que, al margen del sexo asignado en el momento del nacimiento, el género es, de hecho, no binario, es decir, que no solo hay dos géneros (tengamos en cuenta, por ejemplo, que Facebook reconoce ahora la existencia de más de cien géneros diferentes). Quienes afirman que solo es real el sexo biológico científico creen que quienes consideran que el género puede ser diferente al sexo están delirando, mientras que, quienes defienden la realidad de las personas transgénero, afirman que sus oponentes son tránsfobos que expresan sus prejuicios y sesgos desagradables contra esa minoría. Este es un ejemplo perfecto de una guerra cultural muy polarizada sobre la realidad de los cuadrantes y en donde ninguno de los bandos en liza está dispuesto a admitir que las afirmaciones del otro bando son, como las suyas, verdaderas pero parciales. Ambos cuadrantes son igualmente reales y el hecho de centrarnos tan solo en uno de ellos nos proporciona una visión unilateral del tema. Si nos limitamos a asumir una perspectiva de tercera persona y únicamente reconocemos la realidad del cuadrante superior derecho (científico), nos veremos de manera irrevocable condenados a concluir la inmutabilidad de las células sexuales del cuerpo de una persona nacida varón (XY) y de una persona nacida mujer (XX). Pero si, por el contrario, asumimos una perspectiva en primera persona y reconocemos los dos cuadrantes subjetivos (personal y cultural), vemos que la identidad sexual (género) no es binaria y que existen más de cien identidades sexuales posibles diferentes. Ambas perspectivas son ciertas y ambos puntos de vista son al mismo tiempo verdaderos pero parciales.

Los cuadrantes en la vida cotidiana

Mostrar significa reconocer y habitar del todo los cuatro cuadrantes de la existencia sin empeñarse en negar, ignorar o reducir ninguno de ellos a los demás, sino viéndolos a todos como igualmente reales e importantes que tetraevolucionan y tetraenactúan. Esto no solo pone fin a los numerosos e interminables debates sobre qué cuadrantes son reales y cuáles irrelevantes, sino que también nos permite empezar a reconocer estas realidades en nuestra propia vida, porque, aunque todavía no te resulte evidente, es muy probable que, en este mismo instante, estés ignorando, negando, reduciendo o confundiendo alguno o más de uno de los cuatro cuadrantes de alguna de las actividades en la que estés implicado, lo que seguramente tendrá consecuencias desagradables en tu vida.

Permíteme explicar este punto. Aunque es probable que no lo veas así, porque los ejemplos que he dado hasta el momento se basan en controversias muy abstractas y académicas, el reconocimiento de los cuadrantes en tu vida es algo muy importante. Ilustraremos esta cuestión con un ejemplo directamente relacionado con tu vida, la experiencia de tener un pensamiento concreto, como, por ejemplo, «es hora de escuchar mi pódcast favorito». Trataré de mostrar el modo en que ese pensamiento tiene correlatos inmediatos en los cuatro cuadrantes, cada uno de los cuales resulta simplemente crucial; porque no debes olvidar que la presencia de un solo pensamiento (o de una experiencia individual) implica a los cuatro cuadrantes.

Ese pensamiento «existe» (es decir, «se manifiesta primariamente») en el cuadrante superior izquierdo. Esta es la perspectiva de la primera persona singular («yo», «mí» y «lo mío»), que existe junto a un número extraordinario de otros pensamientos (sobre el pasado, el presente y el futuro). La suma de todos los pensamientos y otras experiencias subjetivas de primera persona suelen conocerse, sin entrar en más detalles filosóficos, como «mente» (y, a veces, también como «conciencia» o «experiencia»). Tu mente es aquello de lo que cobras conciencia de manera directa e inmediata si, en este mismo instante, miras hacia dentro y percibes que algo está ocurriendo en tu interior y esa faceta de la primera persona es la que se convierte en tu yo, tu mente, tu sujeto o tu experiencia. Obviamente, también puedes usar esa conciencia para mirar fuera de ti, pero, *en cualquiera de los casos*, esa realidad de primera persona tiene una existencia ontológica (es decir, se trata de una dimensión real) que contempla el mundo desde una postura de primera persona (es decir, se trata de una perspectiva real). Es precisamente por ello que denominamos «dimensiones/perspectivas» a los cuadrantes, porque son dimensiones reales con perspectivas reales.

Si en este mismo instante, por ejemplo, estás leyendo, escuchando o viendo esto, por tu mente fluye una corriente de pensamiento que está tratando de traducir lo que digo en algo que, para ti, tenga sentido. Pero ese proceso de traslación solo es posible si tú y yo pertenecemos a la misma cultura. Y no olvides que, en el marco de referencia integral, el término «cultura» se refiere, específicamente, a los holones colectivos vistos o experimentados desde dentro, es decir, al cuadrante inferior izquierdo. Por supuesto, hay dos cuadrantes en la Mano Izquierda, el superior izquierdo y el inferior izquierdo. Aquel tiene que ver con la primera persona del *singular* («yo», «mí» o «lo mío», es decir, el interior de la realidad subjetiva individual), mientras que el inferior izquierdo tiene que ver con la primera persona del *plural* (que tiene que ver con «nosotros», con «lo nuestro» o «los nuestros», es decir, con el interior de una realidad colectiva o de una realidad intersubjetiva). Antes he dicho que el cuadrante inferior izquierdo tiene que ver con la segunda persona («tú» o «usted»), lo cual es muy cierto, pero, si me relaciono contigo como una segunda persona («la persona a la que se habla») y luego descubro que no hablas inglés y que yo tampoco puedo hablar tu idioma, no tendremos modo alguno de comunicarnos y acabaremos viéndonos reducidos a ser, para el otro, terceras personas, como si cada uno de nosotros estuviera hablando con una piedra o un martillo.

Dicho en otras palabras, para que un «tú» y un «yo» reales puedan crear un auténtico «nosotros» debe haber, al menos, algún grado de comunicación y comprensión entre nosotros. De modo que el cuadrante inferior izquierdo es, de hecho, un «tú» de segunda persona, pero, para que ese «tú» siga siendo un verdadero «tú» de segunda persona, debe poder crearse algún tipo de «nosotros» que suele establecerse a través de un intercambio verbal o lingüístico entre nosotros (el lenguaje es una parte importante del cuadrante inferior izquierdo). Pero, si no hay modo de que nos entendamos, tampoco hay un verdadero «tú» de segunda persona y cada uno de nosotros aparece, ante el otro, como un «ello» de tercera persona. Este «ello» es el exterior (o la «materia» en la segunda acepción del término), en cuyo caso nos limitamos a ver nuestras realidades exteriores de la Mano Derecha sin poder atisbar ninguna de nuestras realidades interiores de la Mano Izquierda. Es por ello por lo que aunque, a menudo, me refiera al cuadrante inferior izquierdo como «segunda persona», como cualquier conciencia de esto exige un «nosotros», a veces lo llamo «tú/nosotros» o simplemente «nosotros» (y date cuenta de que «nosotros» es un pronombre de primera persona *plural*, que es exactamente lo que, para poder comunicarnos, necesitamos tú y yo). Este «nosotros» incluye un «yo» y un «tú» ya que no es posible compartir nada a menos que se establezca un auténtico «nosotros». Cualquier «tú» real existente implica y exige un «nosotros» igualmente real.

Los cuadrantes son coherentes aquí. Recuerda que los dos cuadrantes superiores son singulares (o individuales) y que los dos cuadrantes inferiores son plurales (o colectivos) y que los dos cuadrantes de la izquierda son subjetivos (aprehensión o interior) y los dos de la derecha son objetivos (materia o exterior). El cuadrante inferior izquierdo cultural exige que mi «yo» y tu «yo» –realidades subjetivas *singulares* de primera persona de la Mano Izquierda– se hayan unido para formar un *plural* de primera persona, y ese «nosotros» es la cultura. En ese caso, el cuadrante superior izquierdo, es decir, las dimensiones singulares y *subjetivas* de primera persona se unen para formar una dimensión *intersubjetiva* o plural en el cuadrante inferior izquierdo, que es el modo en que definimos la «cultura». Ambas son dimensiones interiores (Mano Izquierda), una singular y la otra plural. *La cultura incluye, en este sentido, un extraordinario número de áreas compartidas* (como un idioma, unos valores, un sistema de significado, unos ideales, una moral, unas normas y un acuerdo colectivo compartido sobre las acciones que deben ser recompensadas y las que, por el contrario, deben ser castigadas, hábitos culturales, metas comunes, etcétera).

A diferencia de lo que ocurre con las realidades de los cuadrantes de la Mano Derecha, no hay *nada* en las dimensiones internas de los cuadrantes de la Mano Izquierda que pueda fotografiarse o grabarse en vídeo. Es decir que, en sí mismas, esas realidades no pueden ser contempladas como objetos materiales exteriores. Lo único que puede ser fotografiado o grabado en vídeo son las realidades de la Mano Derecha. A veces, la gente se confunde en este punto porque hay cosas, como el lenguaje, que pueden verse en un documento escrito. Pero lo cierto es que ese documento escrito no es más que el correlato externo y en tercera persona de una experiencia y de una comprensión interna de la primera persona. Si, por ejemplo, tú y yo estamos mirando la misma página escrita en castellano, pongamos por caso, y tú entiendes el castellano pero yo no, por más que la misma imagen exterior en tercera persona esté llegando a tus ojos y a los míos, las palabras significarán mucho para tu mente en primera persona, pero absolutamente nada para la mía. Mientras que las formas materiales del lenguaje pueden asumir una forma objetiva en el mundo exterior (como documentos que pueden ser grabados en vídeo), la comprensión de estas formas materiales no tiene lugar en esa misma dimensión. Esa comprensión no es un objeto exterior de tercera persona como el cuerpo o el cerebro, sino una experiencia interior del sujeto o mente en primera persona. Desde la perspectiva integral, por supuesto, ambas existen y ambas están implicadas y simplemente no pueden reducirse una a la otra.

El solo hecho de que haya algún tipo de comunicación entre nosotros significa que los pensamientos de tu «yo» están con los de mi «yo» en algún tipo de «espacio del nosotros». Es decir, estás implicando a tu «yo» y, al asumir el papel del otro, estás tratando de ver y entender cómo mi «yo» ve el mundo. Especialmente en el caso de que compartiéramos la misma habitación estaría muy claro que eso está sucediendo y, si estuviéramos participando en un diálogo, ese espacio del nosotros sería un espacio de *comprensión mutua* (que es el núcleo mismo de nuestra cultura). Es cierto que, si estás leyendo este libro y yo no estuviera físicamente presente, no formaríamos parte directa y explícitamente de una comprensión mutua; pero la implicación es que, si comprendes este texto y ambos estamos presentes, podemos hablar y participar en un intercambio obvio de comprensión mutua. En la medida en que somos un verdadero «tú» el uno para el otro, también hay en juego un auténtico «nosotros», razón por la cual el cuadrante inferior izquierdo es siempre un «tú/nosotros». Y, aun en el caso de que estuvieras solo en una cueva, mientras seas un verdadero «tú» (es decir, «la persona a la que se habla»), eres parte implícita de un «nosotros» (en realidad de varios «nosotros», «subnosotros» o «subsubnosotros»). Es por ello por lo que, siempre que piensas, aun en el caso de que estés solo, estás empleando un idioma y ese idioma es una verdadera entidad colectiva que solo existe como estructura del nosotros real, significados y comprensiones mutuas compartidas colectivamente. Cualquier «tú» real es siempre un «tú/nosotros».

Pero esto, como todo lo que hay en los cuadrantes de la Mano Izquierda, no es un objeto exterior; de ahí la regla de que «no puede grabarse en vídeo». Solo puedes grabar en vídeo –o, dicho de un modo metafórico, «tocar con el dedo»– algo perteneciente a los cuadrantes exteriores de la Mano Derecha. Puedes tocar con el dedo un átomo (es decir, puedes verlo con un microscopio electrónico), puedes tocar con el dedo una molécula (es decir, puedes verla con un microscopio) y, del mismo modo, puedes tocar con el dedo una célula, un organismo, una planta o un animal y hacer lo mismo con colectivos exteriores (como ecosistemas, galaxias, nebulosas y planetas) y artefactos exteriores (como las actividades de recolección, hortícolas, agrarias e industriales) aunque, para ello, necesitarías, ciertamente, un tipo de dedo mucho más grande. Las exterioridades, dicho en otras palabras, existen en una dimensión objetiva que puede ser vista desde fuera, en tercera persona, en una dimensión material, que puede ser grabada en vídeo o poner tu dedo en ellas y, en muchos casos, llegar incluso a tocarla.

¿Pero puedes tocar acaso, por ejemplo, la comprensión mutua? ¿Puedes tocarla de algún modo? ¿Puedes tocarla en el mismo lugar en el que existe? ¿Puedes grabarla en vídeo? No, no hay modo alguno de hacer eso. Y eso no funciona –y nunca funcionará– porque, aunque estrechamente relacionados, el sujeto de la primera persona y el objeto de la tercera persona son dimensiones muy diferentes que solo pueden detectarse utilizando perspectivas muy diferentes e igualmente reales.

Todas las realidades de primera persona pueden experimentarse, pero no pueden grabarse en vídeo; no hay modo alguno de tocar tu mente (aunque sí que puedes dejar tus huellas dactilares en un cerebro). Es imposible ver en el mundo exterior las experiencias de amor, envidia, misericordia, cuidado, compasión, miedo, malicia, esperanza, celos y hasta las experiencias de la lógica y de las matemáticas (porque nadie ha visto nunca, dando vueltas por el espacio material del mundo, la raíz cuadrada de un número negativo). Es imposible fotografiar y tocar ninguna de esas experiencias.

El simple hecho de que tú y yo estemos participando en un proceso de comunicación significa que, aunque haya una cantidad extraordinaria de procesos objetivos de tercera persona que estén ocurriendo en ambos –desde los estímulos luminosos que llegan a nuestros ojos hasta los bits de datos digitales que discurren por nuestros circuitos neuronales–, estos procesos deben convertirse en comprensión subjetiva a través de un conjunto *diferente* de sucesos y condiciones, y ambos tenemos que conocer el mismo idioma (para que el mismo idioma se mueva a través de nuestras mentes de primera persona, algo muy diferente al hecho de que la luz se refleje en lo que cada uno de nosotros está leyendo con nuestros ojos de tercera persona). Ambos debemos tener acceso a un ordenador y, lo que es más importante, ambos debemos saber cómo se emplea (para que, una vez más, la misma comprensión se mueva a través de nuestras mentes, lo que asimismo es diferente del hecho de que la luz llegue a nuestros ojos desde la pantalla del ordenador); ambos debemos estar familiarizados y compartir mucho conocimiento previo; ambos debemos tener interés en estas cuestiones, etcétera. Todos estos sucesos y condiciones exigen, de cada uno de nosotros, ciertas realidades subjetivas de primera persona. Satisfecho este requisito, cada uno de nosotros tendrá, además de nuestro «yo» subjetivo de primera persona *singular*, un «nosotros» intersubjetivo, es decir, una especie de cultura compartida de la primera persona del *plural*.

Y lo más importante es que no hay un solo pensamiento en la mente que no esté de manera profunda combinado y determinado por una cultura de otras mentes. Esas mentes individuales no solo se unen en una cultura porque a sus ojos llegan las mismas ondas luminosas y los *inputs* que provocan llegan hasta sus cerebros (una dimensión de tercera persona), sino porque sus mentes comparten el mismo espacio de comprensión (una dimensión de la primera persona). Se sabe que no hay tal cosa como un «lenguaje privado», es decir, un lenguaje que solo tú puedas entender. Y, aun en el caso de que pudieras crear algo así (y te aseguro que se han creado formas simples de esto), sería completamente inútil como medio de comunicación porque, por definición, solo podrías entenderlo tú. La comunicación y la comprensión exigiría enseñar ese idioma a otra persona, momento en el cual dejaría de ser privado.

Ten muy en cuenta estas cosas mientras pienses en la cultura y en cualquier pensamiento que puedas tener, incluyendo algo tan sencillo como «ha llegado la hora de escuchar mi pódcast favorito». No se trata de algo individual y que exista de manera autónoma. Formas parte y perteneces a un número extraordinario de culturas (y subculturas y subsubculturas) y todos tus pensamientos individuales tienen algún tipo de contexto y significado en una o más de una de esas culturas. Todo pensamiento subjetivo tiene, dicho en otras palabras, un significado intersubjetivo que no puede grabarse en vídeo ni tocarse con el dedo. Son holones directos, interiores y subjetivos singulares o plurales, cada uno de los cuales tiene un correlato en la Mano Derecha que sí puede verse o grabarse en vídeo. Pero no hay que confundir ni equiparar las realidades de la Mano Izquierda con las realidades de la Mano Derecha.

De modo que, donde haya algún tipo de pensamiento o hecho individual en el cuadrante superior izquierdo también hay algún tipo de suceso colectivo del cuadrante inferior izquierdo, especialmente algún tipo de estructura de lenguaje, conjunto de normas y reglas o de comprensión mutua con tal o cual grupo, etcétera. Pero lo contrario también es igualmente cierto, porque cualquier grupo o colectivo siempre incluye, por definición, uno o más miembros individuales, ya que, de lo contrario, no sería un grupo. Resumiendo, cuando uno de estos cuadrantes (superior izquierdo o inferior izquierdo) está presente, también lo está el otro, porque no hay mente subjetiva sin cultura intersubjetiva, y viceversa.

Como ya hemos visto, el *correlato* objetivo de la mente es el «cerebro». No suelo hablar del cerebro con mucho detalle por el simple hecho de que el estudio neurofisiológico del cerebro es, de hecho, una ciencia natural y objetiva de la Mano Derecha que, pase lo que pase, seguirá progresando y avanzando. Cada semana aparece un nuevo estudio que muestra que, cuando se experimenta ira o ansiedad (o cualquier otro estado mental), se activa tal o cual parte del cerebro, o que, cuando la persona experimenta un estado de unidad con la Divinidad, se activa tal otra parte (llamado «punto Dios» o «punto D»), pero eso no significa que podamos reducir una cosa a la otra. Obviamente, no podemos equiparar un tipo de Dios o Espíritu a una ubicación concreta del cerebro físico o del organismo aislado, porque se trata de dos realidades diferentes. ¿Qué tipo de Dios sería ese? Es cierto que un satori mental podría tener un correlato en el punto D físico y material en el cerebro, pero es evidente que lo que ese satori pone de relieve (la unidad absoluta de todo el universo) no puede existir ni reducirse a ese diminuto punto D. ¡Eso sería como reducir el universo entero a un área del tamaño aproximado de una nuez! O, dicho en otras palabras, aunque ambos surjan juntos y dependan íntimamente el uno del otro hay una gran diferencia entre lo que sucede en el cuadrante superior derecho y lo que sucede en el cuadrante superior izquierdo.

Como la neurofisiología es una ciencia que se halla en proceso de avance y expansión continua –y cuyos resultados pueden consultarse en cualquier buen libro de texto– rara vez entro en detalles en este sentido excepto para subrayar, como ocurre prácticamente con todos los fenómenos, su naturaleza holónica.[5] De hecho, como sucede en todos los cuadrantes, el cuadrante superior derecho muestra una tendencia holística. No hay la menor duda de que la evolución tiende hacia una mayor complejidad y autoorganización material, algo que se pone de relieve en la secuencia que va desde los quarks hasta los átomos, las moléculas y los organismos (y desde las plantas hasta los peces, los anfibios, los reptiles, los mamíferos y los primates y, de estos, a los seres humanos); es decir, holón tras holón tras holón, un proceso de trascendencia e inclusión que afecta también al cerebro. (Date cuenta de que, si no fuera por el materialismo científico, esas cadenas de creciente complejidad indicarían –como, de hecho, indica la llamada «ley de la complejidad y la conciencia»– secuencias de *creciente conciencia* entre holones cada vez más complejos).

Obviamente, el cerebro objetivo *singular* de tercera persona también está entrelazado con un gran número de sistemas interobjetivos *plurales* de tercera persona, es decir, que el cuadrante superior derecho está muy conectado con distintos sistemas ecológicos y tecnoeconómicos colectivos y con muchos artefactos del cuadrante inferior derecho. Estos fenómenos materiales son realidades exteriores muy reales de la Mano Derecha (es decir, de la «materia» en la segunda de sus acepciones). Y, como acabo de señalar, existe un continuo intercambio entre el cerebro individual en tercera persona y su organismo en un número casi ilimitado de holones colectivos y plurales en tercera persona, como el suministro de agua, de alimentos y oxígeno y todo tipo de correlatos ecológicos y tecnoeconómicos (desde el sistema recolector hasta el hortícola, el agrario, el industrial y el informático).

En realidad, no existen holones individuales aisladamente considerados que no formen parte de grupos, colectivos o sistemas. Dicho en otras palabras, del mismo modo que cada realidad del cuadrante superior izquierdo tiene uno o más correlatos en el cuadrante inferior izquierdo, cada realidad del cuadrante superior derecho tiene también algún correlato en el cuadrante inferior derecho. Tomemos, por ejemplo, la existencia de una rana. En realidad, nunca ha habido una sola rana. Aun cuando apareció por primera vez, debía haber, al menos, una rana macho y una rana hembra. Macho y hembra no pueden existir el uno sin el otro, sin mencionar su absoluta dependencia de los colectivos formados por los animales y plantas circundantes. Es por ello por lo que cualquier realidad biológica individual depende de complejas realidades ecológicas. Y las realidades ecológicas no solo contienen seres vivos, sino también sus artefactos, que son los productos inanimados de las distintas formas de vida animal (como el nido del pájaro, la presa del castor, el hormiguero, etcétera).

Los seres humanos producen un gran número de artefactos, desde automóviles hasta casas, trenes, rascacielos, ordenadores y sistemas de procesamiento de información. Y date cuenta de que todos esos artefactos son objetos inanimados de tercera persona (cuadrante inferior derecho). Resulta que por más que, en sí mismos, esos artefactos sean inanimados, también han atravesado diferentes estadios de evolución, o, al menos, siempre es posible disponerlos en una secuencia de estadios del desarrollo. Es decir, a medida que el ser humano pasó por diferentes estadios de la evolución, produjo tipos de artefactos cada vez más evolucionados que discurren paralelos a los estadios correlativos de la evolución humana que los produjo. Esto es algo que resulta evidente en el desarrollo de las armas de guerra (desde el arco y flecha hasta las ballestas, las catapultas, los aviones, las bombas, las armas nucleares, etcétera). Gerhard Lenski examinó estos niveles de artefactos y descubrió, en el área tecnoeconómica, una serie muy importante de estadios, cada uno de los cuales presentaba, al igual que los niveles de evolución correspondientes en el despliegue humano, un aumento en su grado de complejidad. Estos artefactos evolucionaron desde sistemas de recolección (cazadores y recolectores) hasta estadios hortícolas (agricultura usando simples palos de cavar o azadas), estadios agrarios (arados pesados tirados por animales), estadios industriales (máquinas) y estadios informáticos (ordenadores). Todos estos artefactos son realidades inertes, plurales y de tercera persona, es decir, objetos colectivos exteriores que existen en el cuadrante inferior derecho.

El cuadrante inferior derecho también incluye sistemas de seres vivos, como familias, ecosistemas y naciones-Estado; después de todo, los seres vivos son los que producen artefactos. Pero los artefactos encontrados en esos sistemas son, por definición, *inertes*, se encuentran en el cuadrante inferior derecho y son, en la segunda acepción del término, una forma de «materia». El cuadrante inferior derecho, por ejemplo, incluye los artefactos tecnoeconómicos de recolección, hortícola, agrario, industrial e informático y, aunque todos ellos son formas tecnoeconómicas inertes, incluyen seres humanos vivos junto a plantas y animales en un ecosistema. Y, en tanto sistemas, son considerados por la teoría sistémica como auténticas realidades.

Como ya hemos visto, la batalla que tiene lugar en el campo de la ciencia es la que enfrenta el atomismo con la teoría sistémica (ambos tratan con realidades materiales objetivas o exteriores). Pero, según la metateoría integral, las partes de una rueda son tan reales como la rueda, es decir, los individuos son tan reales como los colectivos (por eso prácticamente todos los fenómenos de los distintos cuadrantes son, en realidad, holones, es decir, totalidades-parte). Es por ese motivo por lo que, según la teoría integral, tan reales son las realidades interiores como las realidades exteriores; es decir, tan reales son los holones interiores como los holones exteriores. Los cerebros (cuadrante superior derecho), por ejemplo, están relacionados con las mentes (cuadrante superior izquierdo), las mentes están relacionadas con las culturas (cuadrante inferior izquierdo) y los cerebros existen en sistemas ecológicos (cuadrante inferior derecho). Los cuatro cuadrantes, en suma, están profundamente interrelacionados.

Por eso, cada vez que tienes un pensamiento (como «ha llegado la hora de escuchar mi pódcast favorito»), estás activando también, en el cerebro, algún tipo de red neuronal que, en tanto cuerpo biológico, está profundamente relacionado con innumerables fenómenos ecológicos y procesos sistémicos exteriores. Y este colectivo exterior no solo puede observarse desde fuera como una dimensión interobjetiva o plural en tercera persona –es decir, como un sistema o un «ello» del cuadrante inferior derecho–, sino que *el mismo colectivo* también puede ser observado desde dentro como una dimensión intersubjetiva o plural de primera persona en el cuadrante inferior izquierdo, es decir, como un «nosotros» cultural. O sea, no solo es posible grabar en vídeo el grupo exterior desde fuera, sino que también podemos sentirlo, compartirlo y conocerlo desde dentro. Esto es cultura. Ya hemos visto lo profundamente entrelazada que está la cultura con los demás cuadrantes. Así, por ejemplo, en correspondencia con las realidades interobjetivas tecnoeconómicas propias del cuadrante inferior derecho (en orden jerárquico: recolector, hortícola, agrario, industrial e informático), están las visiones culturales del mundo interiores e intersubjetivas del cuadrante inferior izquierdo que *necesariamente acompañan a esos niveles* (arcaico, mágico, mítico, racional naranja y pluralista verde, respectivamente). Todos los espacios del «nosotros» están inextricablemente unidos a los distintos sistemas de «ellos» que los acompañan (como podemos ver en la figura 11.2).

Aunque un determinado fenómeno subraye básicamente a un determinado cuadrante (como sucede con la cultura, que enfatiza el cuadrante inferior izquierdo, y con la conciencia, que hace lo propio con el cuadrante superior izquierdo), los fenómenos de cada cuadrante tienen correlatos en todos los demás cuadrantes. Aparecen y coexisten juntos o, como ya hemos dicho, tretraemergen, tetraenactúan y tetraevolucionan, de modo que, cuando tienes el pensamiento aparentemente individual y autónomo en la mente del cuadrante inferior izquierdo de que «ha llegado la hora de escuchar mi pódcast favorito», estás, en realidad, conectado con los cuatro cuadrantes.

Esta es la razón que explica cómo y por qué el universo se mantiene unido. Y con «se mantiene unido» no me refiero solo a átomos objetivos o sistemas interobjetivos, sino a dimensiones/perspectivas subjetivas, objetivas, intersubjetivas e interobjetivas, es decir, a los cuatro cuadrantes. Cuando el universo advino a la existencia, no solo implicó una gran cantidad de fuerzas físicas (como, por ejemplo, la gravedad, las fuerzas nuclear fuerte y débil y el electromagnetismo, todas ellas realidades exclusivas de la tercera persona), sino que también lo hizo acompañado de las distinciones fundamentales entre lo individual y lo colectivo (es decir, entre lo singular y lo plural) y entre lo interior y lo exterior (es decir, entre la aprehensión subjetiva y el espacio/tiempo objetivo). Estas son las distintas formas en que el universo –el universo autoorganizado– se ve y es consciente de sí. Es algo que implica a los cuatro cuadrantes. Es justo la naturaleza profundamente interrelacionada del universo lo que te permite tener una experiencia real de la Conciencia de Unidad o de la Conciencia Kósmica, algo cuya existencia es, de hecho, repitámoslo, «incuestionable».

La importancia de los cuatro cuadrantes en la Gran Totalidad

La importancia de los cuatro cuadrantes resulta especialmente importante en lo que respecta al mostrar, es decir, a «mostrar todas las perspectivas y dimensiones importantes del universo», a saber, los cuatro cuadrantes. Esto es fácil de ver cuando tenemos en cuenta las distintas metodologías desarrolladas por el ser humano para acceder a distintas regiones de la realidad. Porque, para acceder a cada una de estas diferentes dimensiones (la subjetiva, la objetiva, la intersubjetiva y la interobjetiva), hemos desarrollado epistemologías diferentes. Y, aunque los seguidores del método y la epistemología propios de un determinado cuadrante hayan discutido con los seguidores de otro cuadrante sobre cuál es el único cuadrante verdadero, está claro que cualquier enfoque de la realidad que aspire a ser holístico debe incluir todos esos métodos. Además, la mera existencia de estos métodos es una pruebe flagrante de la realidad de los cuadrantes.

Para el estudio del cuadrante superior derecho hemos desarrollado métodos y una epistemología empirista. Estos métodos afirman que la realidad consiste sobre todo en lo que podemos ver o detectar (lo que realmente significa cualquier cosa «que pueda ser vista por el cuerpo en el cuadrante superior derecho» o, lo que es lo mismo, cualquier cosa que pueda ser grabada en vídeo). Este empirismo colectivo se refiere también a las totalidades que pueden ser grabadas (como, por ejemplo, un ecosistema, que es un sistema colectivo de «materia» en el segundo sentido del término que puede ser grabado, aunque no se limite a ser, como exige el empirismo del cuadrante superior derecho, un holón individual). Dicho en otras palabras, el empirismo colectivo se aplica al estudio de cualquier realidad del cuadrante inferior derecho. La teoría de sistemas y la epistemología que ha desarrollado es una forma de empirismo colectivo y, como ya hemos visto, siempre ha habido, en la ciencia, una lucha entre el atomismo y la teoría sistémica, porque hay una gran diferencia entre el cuadrante superior derecho y el cuadrante inferior derecho. Tanto el atomismo como la teoría sistémica han desarrollado metodologías que capturan adecuadamente sus respectivas realidades (el empirismo dirigido al cuadrante superior derecho y la teoría de sistemas dirigida al cuadrante inferior derecho), y ambas deben ser igualmente tenidas en cuenta.

Aunque los defensores de los dominios exteriores u objetivos siempre han sostenido tener un acceso predominante o exclusivo a cualquier «realidad real», ha habido genios que han afirmado que tenemos acceso a realidades extraordinariamente importantes que deben ser abrazadas en los dominios interiores o subjetivos, enfoques a menudo llamados «fenomenológicos». Como sucede con sus correlatos exteriores y materiales, estos enfoques suelen dividirse entre los métodos que abordan el interior individual (superior izquierdo) y los que abordan los interiores colectivos (inferior izquierdo).

Los enfoques fenomenológicos individuales incluyen las metodologías que se ocupan del estudio de la mente humana o de las realidades mentales. Entre ellos se encuentran métodos tan bien conocidos como el psicoanálisis, el estructuralismo, la terapia humanista-existencial, otras formas de terapia psicológica y, por supuesto, la misma fenomenología. Todos estos casos emplean, para revelar o verificar sus resultados, alguna que otra versión de introspección o de «mirar hacia dentro» (ya que esta área se refiere al interior de las mentes), así como al modo en que otros individuos reproducen esas realidades introspectivas. Especialmente importante para cualquier modalidad verdadera de mostrar fue el desarrollo del estructuralismo evolutivo, es decir, el descubrimiento de métodos para investigar las estructuras reales de la mente (que no pueden ser grabadas en vídeo). Ya hemos examinado estas estructuras cuando hablamos de las seis grandes estructuras del desarrollo. Y aunque estas estructuras, como ya he dicho, solo fueron descubiertas hace aproximadamente un siglo (porque no pueden verse mirando solo hacia dentro), resulta imposible subestimar la importancia de los distintos abordajes desarrollados para comprender la realidad. Estos métodos fenomenológicos que se ocupan de las mentes del cuadrante superior izquierdo y de su interioridad son cruciales para cualquier acceso a la verdad que pretenda ser holístico.

También encontramos enfoques fenomenológicos de las realidades colectivas, intersubjetivas o culturales. Son muchas las disciplinas que cabe destacar entre los enfoques que tratan con el cuadrante inferior izquierdo, es decir, con colectivos de mentes subjetivas, con culturas intersubjetivas (como, por ejemplo, los estudios culturales, la etnometodología, la semiótica, el derecho y la sociología, entre otros). Estas realidades intersubjetivas, culturales o propias del cuadrante inferior izquierdo son muy numerosas y van desde los valores compartidos hasta los significados, los idiomas, las normas sociales, las costumbres y los hábitos culturales, así como el enfoque de Heidegger sobre el *Dasein* (ser cultural) y el estudio de Foucault sobre las estructuras de poder (cultural). Y, como hay varios contextos culturales o subculturales para casi todos los fenómenos mentales, el estudio de estos contextos, a menudo llamado «estudios culturales», es extraordinariamente importante para cualquier tipo de metodología que aspire a ser en efecto inclusiva.

Estos cuatro enfoques de la epistemología (el empirismo, la teoría de sistemas, la fenomenología y los estudios culturales) son fundamentales porque se dirigen al interior y el exterior (es decir, a las dimensiones subjetiva y objetiva) del individuo y del colectivo (es decir, de lo singular y de lo plural). Dicho en otras palabras, abordan los cuatro cuadrantes que son, de hecho, las cuatro dimensiones/perspectivas principales de la realidad. Y el hecho de que cada una de ellas haya desarrollado una poderosa metodología destinada a su estudio demuestra la realidad de esas dimensiones.

El hecho de que haya diferentes dimensiones/perspectivas sobre la realidad implica que, cuando se ven abordadas por diferentes epistemologías, los implicados acaben enzarzándose en disputas sobre cuál de todas es la más importante o la única verdadera, como sucede, por ejemplo, con la mencionada batalla, dentro de la ciencia, entre el atomismo y la teoría sistémica (individual versus colectivo), por no mencionar la lucha entre lo subjetivo y lo objetivo (mente versus cerebro). Dada la tendencia de los partidarios de un cuadrante a negar la realidad del resto de los cuadrantes, es especialmente importante asumir el compromiso de tenerlos a todos en cuenta. Si estamos hablando de una Gran Totalidad, debemos asegurarnos de que cada una de las áreas que la componen (despertar, crecer, abrir, limpiar y mostrar) sea lo más completa y global posible. Y ello implica que debemos llevar a cabo un estudio exhaustivo de esas distintas regiones para conocer todos los aspectos de cada una de ellas que deberíamos incluir. Piensa, por ejemplo, en el crecer y en el cuidado que se necesitó para descubrir las distintas estructuras del desarrollo de la mente que debíamos incluir e integrar. Y lo mismo podríamos decir con respecto al mostrar. Es necesario tener cuidadosamente en cuenta los distintos aspectos del mostrar (es decir, los cuatro cuadrantes) lo que, dada la guerra entre los partidarios de los distintos cuadrantes, podrá requerir un cierto esfuerzo.

Espero que este capítulo te haya proporcionado una comprensión amplia de las distintas áreas que hay que incluir en un «mostrar» verdadero y realmente inclusivo, lo que implica tener en cuenta el interior y el exterior tanto de lo individual como de lo colectivo, es decir, los cuatro cuadrantes. También hemos visto otras muchas realidades que dependen de estos cuadrantes, desde los cuadrantes de primera, segunda y tercera persona del 1-2-3 del Espíritu que tienen que ver con hablar, por ejemplo, *como* Cristo, *a* Cristo y *sobre* Cristo. Los cuadrantes son tan fundamentales porque giran en torno a dos de las principales dualidades de la existencia: la oposición entre lo interior y lo exterior (sujeto versus objeto) y la oposición entre lo individual y lo colectivo (singular versus plural). Es imposible encontrar uno de esos pares sin su opuesto: los sujetos siempre aparecen y existen con los objetos y los individuos, del mismo modo, siempre aparecen y existen con los colectivos. Por ello decimos que los cuatro cuadrantes operan «todo el camino de ascenso y todo el camino de descenso», razón por la cual son tantos los sistemas que dependen de ellos o los incluyen.

Ahora podemos entender más fácilmente por qué cada pensamiento está conectado con los cuatro cuadrantes de tu ser. Cada vez que tienes un pensamiento subjetivo (en el cuadrante superior izquierdo), como, por ejemplo, el mencionado «ha llegado la hora de escuchar mi pódcast favorito», estás activando también (en el cuadrante superior derecho) alguna región objetiva de tu fisiología cerebral. Y además, cada objeto del cuadrante superior derecho no solo tiene un correlato en el cuadrante superior izquierdo subjetivo (porque cada estado cerebral tiene su correlato en un determinado estado mental), sino que algo similar ocurre también en el contexto de un colectivo o sistema de objetos del cuadrante inferior derecho, donde cada objeto del cuadrante superior derecho tiene un correlato interobjetivo contextual en el cuadrante inferior derecho. Además, cada sistema interobjetivo del cuadrante inferior derecho tiene uno o más correlatos no solo en su propio dominio objetal del cuadrante superior derecho, sino también en el dominio cultural intersubjetivo del cuadrante inferior izquierdo (como vimos que ocurría con la investigación de Lenski sobre la evolución de los artefactos). No olvidemos, pues, que cada fenómeno en el mundo real siempre tetraevoluciona y tetraenactúa en los cuatro cuadrantes.

Por más que estas dimensiones y perspectivas parezcan separadas y aisladas, lo cierto es que están muy entrelazadas y se apoyan mutuamente. Es por ello por lo que, en cada momento de tu vida, estás conectado con las dimensiones y perspectivas más básicas del universo porque en cada momento de tu vida estás, al margen de lo aislado que puedas estar, en casa en el universo.

Y, por introducirnos directamente en el tema del que vamos a ocuparnos en el siguiente capítulo, puedes reconocer esta «sensación de estar en casa» no solo a través de una inteligencia, sino a través de muchas modalidades diferentes de inteligencia. Porque, de hecho, eres, al menos, una decena de veces más inteligente de lo que nunca imaginaste.

Veamos ahora cómo puedes asumir el compromiso de abrirte a estas múltiples inteligencias. ¿Te parece?

12. Abrir

Nuestras inteligencias múltiples

Ya hemos visto la necesidad de estudiar a fondo los distintos cuadrantes para ser conscientes de todos los elementos que, en cada uno de ellos, deberíamos tener en cuenta para poder mostrarnos plenamente. Y una de las cosas que descubrimos cuando hacemos esto con el cuadrante superior izquierdo, por ejemplo, es que nuestra conciencia experimenta un proceso de desarrollo evolutivo que atraviesa diferentes estadios. También hay patologías que pueden acompañar a cada uno de esos estadios y tratar de corregirlas es el objetivo de un proceso al que llamamos «limpiar». El estudio exhaustivo del cuadrante superior izquierdo también pone de relieve la extraordinaria importancia de Despertar. Y la integración de todas estas áreas (despertar, crecer y limpiar) es necesaria para un mostrar completo, lo que nos acerca mucho a una auténtica Gran Totalidad.

El cuadrante superior izquierdo también nos proporciona otro dominio al que llamamos «abrir» y que implica cobrar conciencia de nuestras inteligencias múltiples y abrirnos por completo a todas ellas. Porque los seres humanos no tenemos una sola inteligencia básica, una inteligencia llamada «cognitiva», que se mide con el importantísimo test de CI. La investigación realizada recientemente al respecto por el psicólogo de Harvard Howard Gardner ha revelado la existencia de una buena decena de inteligencias diferentes y que, además de la inteligencia cognitiva, contamos, entre otras, con una inteligencia emocional, una inteligencia moral, una inteligencia musical, una inteligencia estética, una inteligencia intrapersonal, una inteligencia cinestésica o corporal, una inteligencia matemática, una inteligencia social o interpersonal, una inteligencia de valores y una inteligencia espiritual. Además de la inteligencia cognitiva, pues, el ser humano cuenta con todas esas otras inteligencias adicionales.

El número total de inteligencias es un tema controvertido en los círculos especializados en el desarrollo (y, en este sentido, se ha sugerido la existencia de otras inteligencias como la lingüística, la psicosexual, la de la fe, la del ego o de la idea de uno mismo, la del género, la de las visiones del mundo, la de la voluntad, la de la motivación y la de las necesidades). En cualquiera de los casos, las once inteligencias enumeradas en el párrafo anterior gozan de un amplio consenso.[1]

Revisemos brevemente ahora el proceso de abrir que proporciona a nuestra conciencia una modalidad nueva y muy importante de Totalidad, pero no permitas que la brevedad te confunda y te lleve a concluir erróneamente que este es un proceso poco importante de la Gran Totalidad. Abrir es, junto a crecer y despertar, tan importante como cualquier otro de los dominios de la Gran Totalidad.

La evolución y las inteligencias múltiples

Una de las razones que explica la existencia de un abanico tan amplio de inteligencias es que, a lo largo de los centenares de miles de años que ha durado nuestra evolución, la vida nos ha obligado a responder a preguntas fundamentales como ¿qué es lo real?, ¿qué es lo correcto?, ¿qué me parece atractivo o hermoso? o ¿qué estará pensando esa persona?, a las que, en tanto especie, debemos encontrar respuesta. Y, para responder a cada una de esas preguntas, la evolución nos ha obligado a desarrollar esas distintas inteligencias. No solo desarrollamos, pues, la inteligencia cognitiva (¿qué estoy pensando? o ¿de qué soy consciente ahora mismo?), sino también la inteligencia emocional (¿qué estoy sintiendo?), la inteligencia estética (¿qué me parece atractivo o hermoso?), la inteligencia moral (¿qué es lo correcto?) y la inteligencia espiritual (¿qué es, para mí, lo más importante y más real?). Precisamente, para responder a cada una de esas preguntas básicas nos hemos visto obligados a heredar y legar, por vía lamarckiana o darviniana, una buena decena de inteligencias. (En la tabla 7 presentamos una lista de las inteligencias básicas y las preguntas fundamentales a las que trataban de dar respuesta). Aun contamos con la posibilidad de acceder a esas inteligencias y el proceso de abrir consiste precisamente en darnos cuenta de ellas y expandir así, al mismo tiempo, el alcance de nuestra conciencia.

Tabla 7. Las inteligencias múltiples y las preguntas vitales que tratan de responder

Inteligencia	Pregunta vital
Inteligencia estética	¿Qué me parece atractivo o hermoso?
Inteligencia cognitiva	¿Qué estoy pensando o de qué soy consciente en este momento?
Inteligencia del ego	¿Quién soy?
Inteligencia emocional	¿Qué siento en este momento?
Inteligencia intrapersonal	¿De qué soy consciente internamente?
Inteligencia cinestésica o corporal	¿Qué siente mi cuerpo?
Inteligencia matemática	¿Cuántas manzanas tengo si cojo dos manzanas de este árbol y tres manzanas de aquel?
Inteligencia moral	¿Cuál sería mi respuesta más correcta?
Inteligencia de las necesidades motivacionales	¿Qué es lo que más necesito en este momento?
Inteligencia musical	¿Qué me dice esa música?
Inteligencia social o interpersonal	¿Qué piensa esa persona?
Inteligencia espiritual	¿Qué es lo más importante y lo más real para mí en este momento?
Inteligencia de los valores	¿Qué es lo que más valoro de esta situación?

La capacidad de pensar (es decir, la inteligencia cognitiva) no es la única inteligencia de la que disponemos. Abrirnos a esas otras inteligencias consiste, de hecho, en abrirnos a la amplia variedad de inteligencias con las que contamos y a las diferentes capacidades (de desarrollo y de aprendizaje cognitivo, emocional, moral, estético y espiritual) que, de ellas, se derivan.

Creo que esta nueva incorporación a nuestra Gran Totalidad nos permite atisbar lo extraordinariamente «grande» que puede llegar a ser nuestra conciencia y lo elevada, profunda y amplia que es o que, si realmente sabemos dónde mirar, puede llegar a ser.

Todos deberíamos aspirar, en nuestra vida, al logro de esta Gran Totalidad. ¿Y qué te parece, dadas las circunstancias que actualmente nos rodean, qué sería lo contrario a esa Gran Totalidad? ¿No te parece acaso que podría tratarse de una especie de suicidio global?

13. Los peligros que nos acechan

La especie humana es la única que ha desarrollado la capacidad de autodestruirse, es decir, de incurrir en un suicidio de alcance global, una posibilidad que, pese a haberse logrado en la era industrial moderna (naranja), no resultó evidente hasta comienzos de la era informática postmoderna (verde).

La destrucción mutua asegurada

El primer ejemplo de esta posibilidad se conoce técnicamente como doctrina DMA [acrónimo de «destrucción mutua asegurada»], la actitud político-militar deliberadamente asumida durante la Guerra Fría por Estados Unidos y la Unión Soviética. Ambos bandos creían que esa actitud podría evitar que el conflicto que los enfrentaba se «calentara» porque, independientemente del bando que disparase primero, el otro bando poseía la capacidad nuclear suficiente para garantizar la destrucción total y mutua de los bandos implicados (de ahí lo de «destrucción mutua asegurada»), y las explosiones atómicas y el invierno nuclear que seguirían a tal escalada acarrearía la muerte de casi todos los seres humanos y la extinción de gran parte de la vida sobre la Tierra. Y, aunque esa actitud era obviamente insensata, lo más curioso era la lógica implacable que justificaba su inevitabilidad.

La «crisis de los misiles» de Cuba supuso un punto álgido en este proceso que podríamos considerar que inauguró la era postmoderna. Durante esos «trece días que, en 1963, estremecieron al mundo», Estados Unidos y la Unión Soviética se vieron irrevocablemente abocados a un conflicto nuclear que comenzó cuando la Unión Soviética trasladó misiles nucleares de alcance medio a Cuba, su estado satélite, que se encuentra a pocos kilómetros de la región continental de Estados Unidos, un problema que le tocó afrontar al presidente John F. Kennedy.[1] Lo más revelador de esta crisis –y lo que la convierte en el punto de partida del mundo postmoderno– es que, por más que los bandos implicados desearan desesperadamente no presionar el botón que provocaría que ambas partes se vieran envueltas en una nube en forma de hongo que acabaría devorando el globo, cada nuevo paso que daban para evitar la destrucción les acercaba de manera inexorable a una conflagración que podría acabar con el mundo. Esa crisis es un rasgo característico de la postmodernidad porque, por más que las partes implicadas sabían muy bien lo que estaba en juego, no parecía importarles. Ambos eran muy conscientes de que ninguno de ellos quería iniciar la Tercera Guerra Mundial (y la correspondiente MAD), pero, por más medidas que tomaran para evitarla, cada nuevo paso que daban les acercaba a la destrucción mutua. ¿Qué puedes hacer cuando los intentos de evitar algo te acercan cada vez más a lo que pretendes evitar y de poco parece servir el hecho de ser plenamente consciente de lo que está en juego?

Otro rasgo que nos lleva a considerar la «crisis de los misiles» como el pistoletazo de salida de la era postmoderna fue el tono implacablemente negativo que contrastaba de manera profunda con el talante progresista y positivo característico de casi todos los pensadores modernos. Al establecimiento del mundo postmoderno contribuyeron el postestructuralismo de filósofos franceses como Derrida, Foucault y Lyotard y la creación de la tecnología digital e informática (como el desarrollo de la inteligencia artificial que, según muchos expertos, podría conducir al fin de la humanidad). Sea como fuere, la «crisis de los misiles» fue la primera vez que nos vimos amenazados por lo más negativo que podíamos imaginar, la destrucción del planeta.

Esos trece días de infarto jalonaron la transición que puso punto final al mundo moderno y dio la bienvenida al mundo postmoderno. En ese momento fue cuando la modernidad –es decir, el estadio naranja racional, entusiásticamente orientado hacia el logro, el progreso, el beneficio, la excelencia y la meritocracia, asentado en verdades verificables y entregado a la idea de que todo el mundo debía tener las mismas oportunidades de disfrutar de la vida– tocó a su fin como filosofía oficial de la vanguardia de la evolución cultural y pasó el testigo a la postmodernidad verde, postracional, relativista, igualitaria, multicultural y más consciente de incertidumbres que de verdades. Verde, como ya hemos dicho, no está tan interesado en la igualdad de oportunidades como en la igualdad de resultados y se inclina, en consecuencia, hacia un deseo de justicia para todas las víctimas (un deseo que, pese a salir de un corazón de oro, tuvo como consecuencia indeseada la sacralización del victimismo y su conversión en un objetivo que hay que buscar activamente). Y es que, mientras el mundo moderno (caracterizado por los rasgos de la libertad, el provecho, el logro y el avance feliz de la verdad) recompensaba a los ganadores, el mundo postmoderno (caracterizado por la volatilidad, la incertidumbre, la complejidad y la ambigüedad [un conjunto de actitudes conocidas, en inglés, con el acrónimo VUCA]) recompensa a las víctimas. Así pues, mientras la modernidad introdujo el avance, el crecimiento, la riqueza para combatir la pobreza y un progreso ilimitado en casi todas las áreas que tocó, la postmodernidad no solo tuvo que lidiar con los inconvenientes de todas esas novedades, sino que se vio obligada a pagar los platos rotos (algo que ella, como cualquier otro estadio propio de la conciencia de primer grado, estaba mal equipada para llevar adecuadamente a cabo).

Así fue como la expansión optimista de la modernidad dio paso a la contracción pesimista de la postmodernidad, que no estaba anclada en la verdad, la belleza, el progreso y el beneficio, sino en la conciencia de la muerte, la decadencia, la desigualdad, el poder y la consiguiente exigencia de justicia social. (Y esa justicia social no giraba en torno, como ya hemos dicho, a la libertad proporcionada por la igualdad de oportunidades a la que aspiraba naranja, sino a la igualdad de resultados exigida por verde, algo que necesariamente debe ser forzado, porque los seres humanos somos tan diferentes que la exigencia de igualdad niega la diversidad y solo puede imponerse por la fuerza). Como ya hemos visto, libertad e igualdad son opuestas y, como las personas son extraordinariamente distintas, es posible tener libertad o igualdad pero no ambas. El estadio integral propio de la conciencia de segundo grado es el único que puede empezar a integrar con cuidado esos dos valores, pero naranja y verde están condenados a pelearse, porque, mientras no alcancemos un punto de inflexión en el que el estadio integral global ocupe el lugar que le corresponde como nueva vanguardia, seguiremos inmersos en este tipo de guerras culturales.

Así fue como, donde la modernidad había sido pionera en el progreso en un extraordinario número de áreas (sin que casi nadie advirtiese, por cierto, las consecuencias indeseadas de ese progreso, algunas de las cuales –como, por ejemplo, la contaminación provocada por la industria– eran, de hecho, globalmente suicidas), la postmodernidad tuvo que enfrentarse a la irrefutable necesidad de hacerse cargo de la factura de todos los excesos provocados por naranja, una factura de alcance ciertamente global (que va desde la MAD militar hasta el colapso de la biosfera, pasando por la desenfrenada codicia capitalista, el desastre nuclear o la comprensión de que es posible –y hasta probable– que la inteligencia artificial acabe destruyendo a la humanidad).

El hecho de que la humanidad pueda llegar ¡literalmente! a autodestruirse se convirtió en una posibilidad estremecedora y *radicalmente nueva en la historia de la humanidad.* Nunca antes la humanidad había atisbado la posibilidad de una autodestrucción *absolutamente* global y menos aún cobrado clara conciencia como ahora de esa posibilidad.

Esa comprensión empezó a calar hondo en el mundo y provocó un cambio muy profundo en la naturaleza humana. El ser humano se había convertido en una especie que podía llegar a suicidarse, y que era consciente de ello. ¿Cómo se puede vivir con eso?

Así pues, mientras la mayoría de los pensadores de la vanguardia de la modernidad se dedicaban a perfeccionar la excelencia de su campo, la mayoría de los pensadores de la vanguardia de la postmodernidad se preguntaban cómo corregir los desastres provocados por la modernidad. O, dicho de otro modo: si bien, con la modernidad, la humanidad empezó a fumar, con la postmodernidad acabó descubriendo que tenía cáncer de pulmón, y lo peor de todo era reconocer que ese cáncer era incurable.

Todos estos factores nos ofrecen la imagen de una evolución que, con naranja, alcanzó un nivel global y universal, pero que, con verde, cobró conciencia de sus costes (y fueron muchas y muy devastadoras las consecuencias imprevistas de naranja). La misma humanidad que, hace más de un millón de años, había comenzado su periplo en un pequeño clan local de caza o una tribu inmersa en el seno de una realidad social que no superaba las cuarenta personas (estadio arcaico carmesí), fue evolucionando a través de holones sociales cada vez mayores, desde tribus cazadoras, compuestas por varios centenares de personas (estadio mágico magenta), hasta grandes aldeas multitribales de varios miles de personas (estadio mágico-mítico rojo), imperios militares megatribales que agrupaban a millones de personas (estadio mítico ámbar), imperios militares tardíos y Estados-nación modernos globalmente interconectados compuestos por millones de personas (estadio mítico-racional ámbar),[2] una Ilustración científica universal que afectó en origen a millones de personas y al final, a todo el planeta (racional naranja) hasta una aldea global postmoderna de unos 7.000 millones de personas (pluralista verde).

Cada una de estas transiciones supuso un gran avance evolutivo, pero, entre todos ellos, debemos destacar el salto que condujo desde los niveles *etnocéntricos* (e inferiores) a los *mundicéntricos* (y más elevados), es decir, desde el estadio mítico tradicional ámbar hasta el estadio racional moderno naranja; la primera vez que la evolución humana alcanzó dimensiones universales *globales* y en las que el ser y la identidad de cada ser humano estaban inextricablemente unidos al ser y la identidad de todos los seres humanos (por no hablar de la vida entera) de nuestro planeta. La emergencia de esos niveles globales (los estadios universal mundicéntricos que comienzan en naranja y llegan hasta verde) aceleraron extraordinariamente la evolución humana. Al comienzo, sobre todo con la aparición de naranja mundicéntrico, los seres humanos advirtieron los grandes avances que acompañaron a ese salto. Ese fue, en realidad, el comienzo de una modernidad caracterizada por los grandes avances cognitivos llevados a cabo por la Ilustración occidental, evidentes en cosas tales como la invención de casi todas las ciencias occidentales modernas (como la física, la astronomía, la química y la biología), sus avances en cuestiones morales (evidentes en cosas tales como la abolición de la esclavitud y su énfasis en los derechos universales para todos los seres humanos) y sus avances en cuestiones económicas (evidentes en cosas como el capitalismo que, pese a todos sus problemas, conllevaría un gran aumento de beneficios para los propietarios). Esos fueron los primeros pasos de un desarrollo que acabaría tornándose global y universal. Obviamente cada uno de los distintos estadios de ese desarrollo tiene, como dicta la llamada dialéctica del progreso, sus ventajas y sus inconvenientes, pero esos inconvenientes no se vieron al comienzo y tampoco había motivos, en este caso, para sospechar siquiera que pudiesen poner en peligro la vida en este planeta.

La razón por la que ilustro esta situación con el hecho de fumar es porque los inconvenientes de la modernidad no resultaron evidentes al comienzo. Hicieron falta siglos para empezar a advertir algunos de los alarmantes –y, en su mayoría, imprevistos– efectos secundarios provocados por el extraordinario avance global de la modernidad. Esa toma de conciencia jalonó, en mi opinión, el comienzo oficial de la postmodernidad; en vano el mismo nombre de «postmodernidad» con el que acabaría siendo conocida era, de hecho, una especie de profecía autocumplida: «¡Mira lo que hemos hecho! ¿Cómo podemos corregir las desastres generados por la modernidad? Pero, como no podemos deshacernos de la modernidad, ¡avanzaremos hacia la postmodernidad!».

Ninguno de los problemáticos efectos ecológicos provocados por el capitalismo industrial resultó evidente al comienzo. Si se hubiera advertido o sospechado la estrecha relación existente, por ejemplo, entre la producción de dióxido de carbono y el calentamiento global (con su potencial inconveniente último de un colapso de la biosfera y el fin de la humanidad y de la mayor parte de la vida sobre la Tierra), es muy probable que el desarrollo de la industrialización hubiese seguido un camino muy diferente. Y es que, por más desagradable que, según sus críticos, sea el capitalismo, ningún director general estaría tan loco como para tomar medidas que supiera que acabarían poniendo en peligro la vida de sus hijos y de sus nietos.

Solo recientemente –en pleno mundo postmoderno– hemos contado con las suficientes evidencias científicas para no seguir negando las terribles consecuencias del calentamiento global. Por ello digo que si bien, con la modernidad, la humanidad empezó a fumar, con la postmodernidad descubrió que tenía cáncer de pulmón. Y lo realmente sorprendente es que tampoco hay, en este caso, como la «crisis de los misiles» de Cuba estuvo a punto de demostrar, cura alguna para este cáncer. Pero sí que consiguió dejar en la mente humana la huella indeleble de una posible extinción global, un lugar que no tardará en ocupar su sitio junto a la amenaza de la bomba demográfica, la devastación ecológica global y la posibilidad de un suicidio de la humanidad provocado por la inteligencia artificial, entre otras. Bienvenido, pues, a la era postmoderna.

Esto nos lleva de nuevo al punto en el que estábamos sobre la modernidad y la postmodernidad, es decir, que ambas se mueven en un rango del desarrollo que, por vez primera en la historia de la humanidad, se ha tornado global y mundicéntrico y del que se derivan, por cierto, muchos de los peligros que actualmente amenazan a la humanidad. El alcance global del progreso introducido por la modernidad generó asimismo problemas globales. Cuando la conciencia pasó de etnocéntrica al mundicéntrica, la humanidad no solo empezó a beneficiarse de los sorprendentes avances y beneficios de la conciencia global, sino que también empezó a darse cuenta de sus principales efectos secundarios indeseables.

Y ello significó, por primera vez en la historia, que la humanidad había desarrollado los medios para autodestruirse. Los mundos moderno y postmoderno no solo son más evolucionados que el mundo de nuestros antepasados tribales arcaicos, sino que también pueden ser peligrosamente suicidas de un modo que nuestros antepasados ni siquiera podían imaginar. Es muy escaso el número de seres humanos a los que puede darse muerte con un arco y una flecha, pero el botón rojo nuclear es un botón de «borrado global» y basta con pulsarlo una sola vez para que la humanidad desaparezca de la faz de la Tierra. ¿Son estas buenas o malas noticias?

Ambas cosas obviamente. La buena noticia es que la persona normal posee hoy más cantidad de ser, conciencia e identidad debido a un desarrollo y a una evolución continua y con avances y beneficios que, entre otras muchas cosas, han dado lugar a un aumento en la esperanza media de vida que, de menos de veinticinco años en las primeras tribus, ha pasado a cerca de setenta y cinco años en los pueblos de todo el mundo en la actualidad. (¿Están acaso dispuestos los críticos de la modernidad a renunciar a esos cincuenta años extra de vida? Es por ello por lo que, cada vez que un crítico adulto de la modernidad me pregunta «¿Sabes dónde estaríamos hoy si siguiéramos a nivel tribal?», respondo: «¡Sí! ¡Estaríamos muertos!»).

Pero la modernidad también tiene sus aspectos negativos y las malas noticias al respecto son las siguientes: bienvenidos a la «crisis de los misiles» de Cuba, a la DMA, a un calentamiento global que puede provocar el colapso de la biosfera y a un avance en la inteligencia artificial que bien podría suponer la muerte de todos nosotros. Nada parecido podía haber existido antes de la modernidad naranja.

He dedicado bastante tiempo al estudio de la globalización porque hay, en ella, algo que me parece tan catastrófico como cualquiera de los inconvenientes de la modernidad. Me refiero al hecho de contemplar estas cuestiones (y sus muchos problemas) *únicamente* desde la perspectiva de los cuadrantes exteriores de la Mano Derecha en los que se encuentran las cosas que pueden verse con los sentidos humanos o sus extensiones, es decir, la «materia» (en su segunda acepción del término) o, dicho en otras palabras, cualquier cosa que pueda grabarse en vídeo. No hay que olvidar las importantes verdades que se ocultan tras esto porque, por más que *podamos rastrear el aumento del tamaño de las sociedades humanas observando exclusivamente su aspecto exterior* (sus dimensiones objetivas y mensurables), también podemos rastrear su crecimiento observando las realidades interiores igualmente reales que van, como ya hemos visto, desde el nivel arcaico hasta el mágico, el mítico, el racional, el pluralista y el integral, o, lo que es lo mismo, desde lo egocéntrico hasta lo etnocéntrico, lo mundicéntrico y lo integral (que es verdaderamente global, lo que llamaremos «integral global» o «global propio de la conciencia de segundo grado»).

Ahora bien, lo normal es que el ser humano estudie estas cuestiones centrando exclusivamente su atención en sus dimensiones exteriores. Para ello centran su atención, por ejemplo, en el aumento de la población, rastrean la ubicación geopolítica de determinadas culturas o se ocupan del tamaño de la cultura, la cantidad de dinero en circulación, la tasa de natalidad, etcétera, ignorando por completo, con más frecuencia de la deseable, el desarrollo interior correlativo que está –o debería estar– produciéndose. Con demasiada frecuencia, sin embargo, ese desarrollo interior no avanza al mismo ritmo que el desarrollo exterior, aunque el *verdadero* problema es que ni siquiera hacemos un seguimiento de este desarrollo interior, lo que nos lleva simplemente a esquivar las interioridades. Mal podremos, ignorando el problema, encontrar una solución eficaz.

Tenemos abundantes pruebas de que el hecho de que todo ser humano nazca hoy en una aldea global *no* significa, en modo alguno, que comience teniendo una conciencia global. Sabemos muy bien que eso no es así. La conciencia auténticamente global es el resultado de un largo proceso que atraviesa unos seis grandes estadios del desarrollo (de entre 6 y 8 por término medio, que también resumimos en 4 diciendo egoísta o egocéntrico, cuidado o etnocéntrico, cuidado universal o mundicéntrico e integral o integrado). Afirmar que «todo el mundo vive hoy en una aldea global» no nos dice absolutamente nada sobre dónde está de verdad la conciencia de una determinada persona. ¿Se encuentra en uno de los estadios de un egocentrismo egoísta e impulsado por el poder, en uno de los estadios de un etnocentrismo culturalmente imperialista o yihadista, adentrándose acaso en los estadios mundicéntricos globales del estadio moderno naranja, más adelante aún en el estadio mundicéntrico verde más global o en el estadio integral turquesa más global todavía?

Ya hemos visto que una parte muy importante de cualquier problema global actual es el hecho de que entre el 60 % y el 70 % de la población mundial se mueve en los estadios etnocéntricos o inferiores del desarrollo, es decir, que su conciencia es considerablemente inferior a la global. Y es que, por más que su aspecto exterior (es decir, su tecnología y sus artefactos) pueda ser global, su interioridad (es decir, su conciencia y su cultura) con seguridad no lo es. El hecho de que ese 60 %-70 % viva en una aldea global en modo alguno garantiza que una determinada persona se halle en una conciencia global (y, lo que todavía es peor, es que el porcentaje de la población que se encuentra en el nivel integral global turquesa, un estadio propio de la conciencia de segundo grado, el único que puede empezar a resolver los problemas generados por la conciencia de primer grado, es inferior al 8 %). Y todo ello por no mencionar que dejar fuera todas las interioridades de la Mano Izquierda obstaculiza cualquier posibilidad de despertar a un estado iluminado de conciencia. Hablando en términos generales, cuando los investigadores examinan los problemas que aquejan a nuestro planeta y solo tienen en cuenta las exterioridades de la Mano Derecha ignoran por completo las realidades interiores propias de los cuadrantes de la Mano Izquierda.

La humanidad, dicho en otras palabras, está experimentando un profundo fracaso en la dimensión «mostrar».

Y el problema central al que nos enfrentamos no se limita a la existencia de una aldea global con economías, finanzas, comercio, tecnología, educación y política globalizadas compuesta por unos siete mil millones de personas. El principal problema es que la capacidad de gestionar adecuadamente esta realidad global exige niveles del desarrollo interior mundicéntrico del ser humano que, en la actualidad, solo ha alcanzado menos del 30 % de la población.[3] Y esto significa que la solución a esos problemas se halla, como afirma el título de uno de los libros de Robert Kegan (con este problema precisamente en mente), «por encima de la cabeza» [publicado en castellano con el título *Desbordados*] de quienes todavía no han alcanzado un nivel de conciencia global. Según la investigación hecha al respecto por Robert Kegan, tres de cada cinco personas no han alcanzado los niveles mundicéntricos, lo que significa que entre el 60% y el 70 % de la población mundial no posee la sofisticación ni la complejidad necesarias para responder de manera adecuada a los problemas que aquejan a nuestro mundo, problemas que, en ese sentido, se hallan, metafóricamente hablando, «por encima de su cabeza».

Pero el problema es todavía peor, porque, como no somos conscientes de esta evolución interior, tampoco tenemos la menor idea de que, al respecto, haya un problema y tampoco sabemos lo que habría que hacer para resolverlo. No estamos habitando todas las dimensiones de nuestro ser, especialmente las dimensiones de la Mano Izquierda, lo que, en última instancia, es una postura cobarde (una postura cargada de miedo a realidades cuya existencia hemos negado).

¿Y por qué decimos que este es un gran problema? Porque, por más que las culturas que han alcanzado un nivel de desarrollo mundicéntrico naranja quieran tratar de manera justa a todas las personas, independientemente de su raza, color, sexo, género, etnia o credo (sin caer en prejuicios etnocéntricos, racistas, sexistas, homófobos o xenófobos), lo cierto es que entre el 60 % y el 70 % de los ciudadanos del mundo tienen una conciencia etnocéntrica o inferior, con impulsos muy estrechos, valores limitados y opiniones imperialistas y yihadistas (y llegando, en sus versiones extremas, a los casos de ISIS, Hamás y Hizbulá). No es de extrañar, pues, que, al no tener en cuenta la existencia de esos niveles internos, tampoco conozca el camino que conduce desde la parcialidad etnocéntrica a la equidad mundicéntrica.

Quienes se hallan en uno de esos niveles más desarrollados (naranja o verde) dan por sentado que, por ser miembros de la misma aldea global, todo el mundo puede pensar como ellos. Por desgracia, sin embargo, eso queda muy lejos del alcance de la gran mayoría de las personas y no suele tenerse en cuenta, con consecuencias muy desastrosas. Y con ello no quiero decir que haya algo intrínsecamente malo en cualquiera de esos niveles inferiores –como tampoco es ninguna enfermedad tener cinco años–, sino porque, al no poder identificar de manera adecuada estas realidades interiores, nuestra cultura carece de la información y la sabiduría necesarias sobre lo que debe hacer para avanzar a través de estos niveles y desarrollar sus potencialidades más elevadas, lo que deja a todo el mundo deambulando a la deriva en este inhóspito desierto.

Aunque la población mundial haya alcanzado niveles de desarrollo naranja y globales en lo que se refiere a los cuadrantes exteriores (es decir, en lo que respecta a su tecnología y a todos sus artefactos), el logro de ese mismo nivel en relación con el desarrollo de los cuadrantes interiores de la izquierda –es decir, el logro de un nivel de conciencia global– queda todavía muy lejos y es algo que la mayoría de las personas deben descubrir por sí solas. Y lo que es todavía peor es que, en aquellas culturas en las que la vanguardia dominante gira en torno a los niveles naranja o verde, muchos de sus grandes problemas siguen atrapados en enormes bolsas de subculturas infradesarrolladas en estadios premundicéntricos (es decir, ámbar, rojo o incluso carmesí), con toda la criminalidad, pobreza y miseria que, de ello, se deriva.

Parte del problema que nos aqueja es que los gobiernos y muchas organizaciones (incluidas las empresas), tanto nacionales como internacionales, suelen operar a un nivel etnocéntrico. Y eso también significa que, si bien la ciencia y la tecnología que utilizan son globales y mundicéntricas, su motivación interna suele girar en torno a cuestiones tribales de poder rojo o tradicional yihadista ámbar (algo que también afecta a las organizaciones militares, sistemas financieros, política internacional y empresas transnacionales, porque, aunque su tecnología haya alcanzado niveles mundicéntricos globales, sus líderes no suelen haberlo hecho). La humanidad, dicho en otras palabras, no está actualizando sus potencialidades interiores más elevadas. ¡Y esto es algo que se ve agravado por el hecho de que ni siquiera somos conscientes de esa dimensión interior! No solo no tenemos idea de que el desarrollo interior está estancado, sino que ni siquiera reconocemos la existencia de ningún desarrollo interior.

Dicho en otras palabras, hemos renunciado a la necesidad de «mostrar». Y ese es un problema que, con el paso del tiempo, no hace sino empeorar…

Los auténticos pecados de la modernidad

Cualquier persona o cultura que se halle en uno de los niveles mundicéntricos naranja o superior (de los cuadrantes superior e inferior izquierdos) procura tratar justamente a todo el mundo al margen de su raza, color, sexo o credo. La esclavitud, desde esos elevados niveles del desarrollo interior, resulta inconcebible, porque es imposible tratar justamente a una persona *y* esclavizarla. Es por ello por lo que la abolición de la esclavitud solo pudo aparecer en aquellos países que habían alcanzado el nivel naranja. Según los datos proporcionados por la investigación realizada al respecto por Lenski, la esclavitud acompañó al ser humano desde sus mismos inicios y en torno al 15 % de las primeras sociedades tribales tenían esclavos. A partir de ese comienzo mágico y tribal rojo, la esclavitud fue expandiéndose espectacularmente durante la era etnocéntrica ámbar llegando a abarcar, en algunos casos, a un sorprendente 90 % de la población. Baste con decir, para ilustrar este punto, por ejemplo, que un tercio de la población de Atenas, la famosa cuna de la democracia, eran esclavos.

En las primeras etapas de la modernidad naranja, la esclavitud empezó a adquirir dimensiones globales. Los sistemas de transporte modernos (desde los barcos hasta los ferrocarriles) convirtieron la esclavitud en un negocio muy lucrativo. Al mismo tiempo, sin embargo, el desarrollo que tuvo lugar en los cuadrantes interiores de la Mano Izquierda (la conciencia y la cultura) llevó a un gran número de personas a alcanzar el estadio mundicéntrico naranja e impulsar un movimiento abolicionista cada vez más poderoso que acabó extendiéndose a todos los países del mundo que habían empezado a verse motivados por los valores de la libertad naranja. Y, como suele ocurrir a lo largo de la historia de la humanidad, la esclavitud no solo se vio impulsada por un sistema económico *global*, sino también por niveles de desarrollo moral inferiores a global (razón por la cual la esclavitud afectó, en algún que otro momento, a casi todos los países premodernos y preglobales). Y esto también pone de relieve el problema que supone que las tecnologías y los sistemas globales modernos de la Mano Derecha se vean utilizados por personas motivadas, en la Mano Izquierda, por impulsos y valores premodernos inferiores a globales.

Pero debemos señalar que la ilegalización de la esclavitud no corrige por completo la existencia, en una cultura, de actividades racistas. Como ya dijimos al hablar de las guerras culturales en Estados Unidos, hoy es ilegal participar en cualquier actividad explícitamente racista, pero hubo un tiempo en el que no solo era legal crear hoteles segregados para blancos y para negros, sino que también estaban las leyes Jim Crow [que, entre 1870 y 1970, institucionalizaban la segregación racial]. Aunque tiempo atrás hubo, en Estados Unidos, un racismo legal y sistémico en los cuadrantes de la Mano Derecha, todas esas leyes han acabado viéndose derogadas. Pero, como no dejan de recordarnos los defensores de la justicia social, todavía queda mucho racismo en nuestro país, porque eliminar el racismo del sistema legal de la Mano Derecha no modifica la estructura de valores interna de la Mano Izquierda de todo el mundo. Puedes ilegalizar la *conducta* externa, pero es imposible ilegalizar *pensar* en términos racistas (porque no podemos prohibir formas de pensar).

Es por ello por lo que las personas encargadas de hacer cumplir la ley de la Mano Derecha seguirán aplicándola en términos de su propio sistema de valores interno de la Mano Izquierda. A ello se debe por ejemplo que, aunque no haya ninguna ley que diga a la policía que detenga con más frecuencia a personas negras que a personas blancas, ese acto claramente racista sigue ocurriendo, una conducta más habitual por cierto en aquellos oficiales de policía cuyo desarrollo interior no ha superado el nivel etnocéntrico. Mal podremos desembarazarnos del racismo mientras no alentemos el desarrollo de ese 60 % de la población que, por hallarse todavía en estadios etnocéntricos o inferiores del desarrollo, sigue pensando en términos racistas. Y lo mismo podríamos decir con respecto al pensamiento sexista (o patriarcal), homófobo, tránsfobo, etcétera. Por ello necesitamos llevar a cabo un seguimiento consciente del desarrollo interno de la Mano Izquierda de cada cultura, algo que quedará siempre lejos del alcance de los enfoques de la Mano Derecha.

Por más que hayamos solucionado los problemas en los cuadrantes de la Mano Derecha (es decir, por más que hayamos elevado nuestra tecnología y artefactos externos de la Mano Derecha a niveles mundicéntricos globales), ni siquiera hemos abordado esta cuestión en lo que respecta a los cuadrantes de la Mano Izquierda. Y lo mismo sucede en casi todos los problemas globales potencialmente suicidas que hoy nos aquejan. Estos problemas se deben sobre todo al evidente desequilibrio existente entre el progreso en los cuadrantes de la Mano Derecha (que ha alcanzado, al menos, un nivel mundicéntrico naranja, especialmente en el caso de la tecnología y los artefactos) y el progreso en los cuadrantes de la Mano Izquierda (en donde cerca del 60% no ha alcanzado siquiera un nivel mundicéntrico), un desequilibrio que fácilmente podría acabar con todos nosotros.

Deberíamos esforzarnos en equilibrar el desarrollo de las interioridades de la conciencia y la cultura al mismo ritmo en que lo hacen nuestra tecnología y los artefactos externos. Con demasiada frecuencia, como hemos visto, el desarrollo promedio de los cuadrantes de la Mano Derecha avanza mucho más rápido que el desarrollo promedio de los cuadrantes de la Mano Izquierda que están utilizándolos y, cuando tal cosa ocurre, las tecnologías de la Mano Derecha acaban poniéndose al servicio de impulsos y valores inferiores, menos cuidadosos, menos compasivos y más dominantes, opresivos y explotadores de la Mano Izquierda. El problema (habitualmente suicida) que aqueja al mundo contemporáneo es el resultado del empleo de tecnología y artefactos modernos y globales naranja (o superior) de la Mano Derecha al servicio de impulsos premodernos e inferiores a naranja en la Mano Izquierda.

Es aquí donde podemos advertir el efecto potencialmente catastrófico que afecta a los artefactos. Hablando en términos generales, un genio o varios de ellos que se encuentren en los niveles más avanzados del crecimiento pueden concebir y contribuir a crear una versión de un artefacto muy sofisticado de la Mano Derecha (como, por ejemplo, un automóvil, un avión, un ordenador o internet), pero, una vez creado, ese artefacto queda al alcance de casi cualquier persona independientemente del nivel de desarrollo en que se encuentre. Quizás tú no tengas la capacidad de concebir y fabricar un ordenador, pero, una vez que construido, podrá utilizarlo cualquiera, sea cual sea su nivel de desarrollo. Es por ello por lo que la tecnología y los artefactos exteriores de la Mano Derecha pueden avanzar con mucha más rapidez que el grado de conciencia y la cultura de la Mano Izquierda (una dialéctica a partir de la cual Marx esbozó casi toda su teoría).

Nuestro planeta está siendo explotado por personas que tienen acceso a tecnología y artefactos mundicéntricos naranja de la Mano Derecha desde niveles de desarrollo premundicéntricos y prenaranja de la Mano Izquierda que no alcanzan a ver o se desentienden de las realidades globales. Y eso es algo que, como evidencia la crisis climática, acaba poniéndonos a todos en peligro.

A continuación veremos algunos ejemplos de los problemas globales modernos potencialmente suicidas que nos aquejan y trataremos de demostrar que son el fruto de un desarrollo científico y tecnológico de la Mano Derecha derivado del nivel mundicéntrico naranja (o superior) utilizado por personas que se hallan en niveles de desarrollo de la Mano Izquierda premundicéntricos, prenaranja y preglobales. Comenzaremos ilustrando este problema con el ejemplo que, al respecto, nos proporciona la crisis climática.

Sabemos lo bastante sobre el clima global como para identificar los problemas implicados en la crisis climática. Los logros de la modernidad naranja en los cuadrantes de la Mano Derecha, especialmente la revolución industrial y sus subproductos contaminantes, han liberado a la atmósfera una extraordinaria cantidad de gases de efecto invernadero cuyos efectos han acabado elevando la temperatura de nuestro planeta. Pese a ello, sin embargo, la respuesta que la Mano Izquierda ha dado a este problema ha sido muy lamentable. Aunque exista cierta discrepancia en los círculos científicos sobre la gravedad de este problema, no hay argumento alguno que refute la amenaza y el peligro que implica (una reciente encuesta a expertos de todo el mundo mostró que casi la *mitad* de ellos cree que el calentamiento global *acabará con la humanidad*… ¡con toda ella!).[4]

Lamentablemente son muchas las personas que, hallándose en los niveles etnocéntricos o inferiores del desarrollo cognitivo y moral, siguen cuestionando las posibles consecuencias catastróficas de esta situación o, peor aún, que se toman el calentamiento global como una simple «broma». Basta con pensar de un modo global y saber un poco de ciencia para examinar las evidencias de las pautas climáticas universales y tomar una decisión informada. Pero, como el 60% de la población del mundo no ha alcanzado todavía, en las dimensiones de la Mano Izquierda, el nivel moderno y mundicéntrico del desarrollo, vamos a tener algunos problemas para responder de manera adecuada al reto al que nos enfrentamos. El componente derecho del calentamiento global es evidente (debido fundamentalmente a una tecnología naranja que afecta a todo el planeta); lo que no resulta tan evidente es el componente derivado de un desarrollo interior de la Mano Izquierda que se encuentra en niveles de desarrollo prenaranja, premundicéntricos y preuniversales. Pero ¿cómo podríamos saberlo si ni siquiera hemos prestado atención a esas dimensiones interiores?

Otro problema de alcance global es el derivado del sistema empresarial moderno. Casi todo el sistema de artefactos materiales que configuran el mundo empresarial moderno ha sido elaborado y puesto en marcha como un sistema naranja de la Mano Derecha sostenido por el dinero material (asimismo concebido en gran medida por genios globales modernos como Adam Smith) que puede ser poseído, utilizado y dirigido por personas cuya interioridad es profundamente egocéntrica y roja y cree que la codicia es buena y que el mundo está gobernado por la supervivencia del más apto. En tales condiciones, el sistema empresarial naranja de la Mano Derecha puede verse dirigido por personas con motivaciones bárbaras prenaranja de la Mano

Izquierda que no tienen problema alguno en derramar por doquier residuos tóxicos de todo tipo (tanto medioambientales como emocionales). O, en un nivel algo mejor –aunque todavía profundamente problemático–, el mundo empresarial naranja puede verse dirigido por personas que se encuentran en estadios etnocéntrico ámbar y, creyendo que el mundo es un lugar en el que «el pez grande se come al chico», se ven sometidos a intensos impulsos del tipo «nosotros contra ellos». Su actitud es la de «luchar hasta la muerte» y están decididos a conquistar el planeta (o, al menos, su mercado) sin preocuparse demasiado por la agresividad de los métodos utilizados para alcanzar sus objetivos (y despreocupándose, en consecuencia, de los efectos que ello pueda ocasionar en el medio ambiente).

Deberíamos tomarnos el tiempo necesario para subrayar que la mayoría de los críticos del capitalismo moderno consideran que se trata de una enorme fuente de «avaricia», cuando lo cierto es que solo lo es en aquellas empresas dirigidas por administraciones que se encuentran dominadas por niveles preglobales rojo o ámbar. Esta es la principal razón por la que tantos intelectuales han mantenido, durante tanto tiempo, una actitud crítica hacia el capitalismo. Cuando la administración y la cultura empresarial alcanzan el nivel naranja –y, muy especialmente, el nivel verde–, la actitud moral de la empresa empieza a orientarse hacia cosas tales como el aumento de la sostenibilidad y los beneficios para los empleados, demostrando que las barbaridades egocéntricas y etnocéntricas no son inherentes al sistema capitalista. Este es un problema derivado de la misma condición que el resto de las crisis que afectan a nuestro mundo: un conjunto de artefactos económicos y globales naranja de la Mano Derecha impulsados por personas cuyas necesidades y valores no han superado, en la Mano Izquierda, los niveles premodernos rojo y ámbar. No es de extrañar que, dada la sencillez de inventar artefactos de la Mano Derecha, este aspecto acabe desarrollándose más que las realidades de la Mano Izquierda. El único problema aquí es la gran disparidad de nivel existente entre los artefactos de la Mano Derecha y la sabiduría de la Mano Izquierda. Y, cuando tenemos en cuenta el trabajo realizado por Robert Kegan y su DDO (acrónimo inglés de organización deliberadamente evolutiva), que, en breve veremos, coincidiremos en la necesidad de restablecer un cierto equilibrio en esta disparidad que pueda permitir a las empresas empezar a comportarse de un modo realmente sabio. Cuando las interioridades de una empresa alcanzan los niveles naranja o verde (o superior) empezamos a advertir los signos de la presencia de una cultura de verdad equilibrada en donde el capitalismo encuentra su verdadero hogar.

El cibercrimen, que el Foro Económico Mundial de 2019 incluyó como uno de los tres grandes peligros a los que se enfrenta nuestro mundo, puede someterse a un análisis semejante a los que acabamos de hacer sobre los problemas provocados por la crisis climática y por el capitalismo. El cibercrimen consiste en la utilización, por parte de mentes criminales fundamentalmente egocéntricas (rojo) o de mentes militares etnocéntricamente obsesionadas (ámbar), de un nivel bastante sofisticado (naranja o superior) de tecnología informática propia de la Mano Derecha. Una vez creado el artefacto (en este caso, un *hardware* informático muy sofisticado), cualquier persona puede utilizarlo, incluidos aquellos que tienen en mente objetivos muy negativos. Menciono este ejemplo no solo porque ilustra perfectamente el caso de la típica amenaza suicida que he estado describiendo (una considerable disparidad entre las velocidades del desarrollo de artefactos de la Mano Derecha y el desarrollo de la conciencia y la sabiduría de la Mano Izquierda), sino también porque la mayoría de las personas no son conscientes de los graves riesgos que ello conlleva. Baste con decir que un ciberataque ingenioso en Estados Unidos, por ejemplo, podría cortar fácilmente durante varios días el suministro de electricidad a todo el país, algo que, en grados muy diversos, está ocurriendo a diario en todo el mundo. El hecho de que el Foro Económico Mundial ubique el cibercrimen en un lugar tan elevado en su *ranking* de las amenazas serias a las que se enfrenta la humanidad (el tercer lugar, justo detrás de la emergencia climática y la amenaza nuclear) debería alertarnos sobre los peligros derivados de esta situación.

Y lo mismo podríamos decir con respecto a MAD (la «destrucción mutua asegurada» por la amenaza nuclear). Si alguna vez hubo un peligro impulsado por la ciencia y artefactos de la Mano Derecha global mundicéntricos acompañando a una motivación interior preglobal y premundicéntrica en la Mano Izquierda (niveles ámbar o rojo), ese es MAD. De alguna manera, en los años transcurridos desde la crisis de los misiles de Cuba logramos funcionar, al menos de manera provisional, desde un nivel interior de desarrollo mundicéntrico lo suficientemente elevado como para evitar la Tercera Guerra Mundial (aunque también hay que subrayar la importancia que, en este sentido, tuvo el colapso de la Unión Soviética en 1989). ¿Pero qué sucederá, por ejemplo, cuando Irán desarrolle una tecnología nuclear propia de la Mano Derecha, pero siga impulsada por motivaciones interiores basadas en el fundamentalismo religioso etnocéntrico de la Mano Izquierda? ¿O qué pasará en el caso de que Corea del Norte, que obviamente tiene una capacidad nuclear global de la Mano Derecha y un gobernante idiota en la Mano Izquierda, decida apretar el gatillo? No me extraña que el Foro Económico Mundial coloque la amenaza nuclear en segundo lugar, justo detrás de la crisis climática, entre los problemas que amenazan a nuestro mundo.

El tema principal en esta sección es que el desarrollo de las realidades, artefactos y tecnologías materiales de la Mano Derecha avanza mucho más aprisa que el desarrollo de la moral y la sabiduría de la Mano Izquierda necesarias para emplearlas de un modo adecuado y responsable, algo que se ve agravado por el hecho de que ni siquiera estamos teniendo en cuenta la realidad de estas últimas. Esto resulta especialmente importante, porque explica que el nivel de desarrollo global va acompañado de una capacidad asimismo global de destruir a la humanidad. La crisis climática, el cibercrimen y la doctrina MAD (o, hablando en términos generales, las armas nucleares), algunas de las amenazas que actualmente se ciernen sobre nosotros, son fruto del desequilibrio existente entre una tecnología de alcance global en la Mano Derecha al servicio de una sabiduría mucho menos que global en la Mano Izquierda.

Una cultura deliberadamente evolutiva

El informe de los riesgos globales del Foro Económico Mundial de 2019 enumera cinco áreas de riesgo general y tres grandes peligros a los que nos enfrentamos. Las cinco áreas generales son: 1) preocupaciones económicas, 2) tensiones geopolíticas, 3) tensiones sociales y políticas, 4) cambio climático y eventos medioambientales extremos e 5) inestabilidades tecnológicas. Los tres grandes peligros son, por su parte: 1) la emergencia climática, 2) la amenaza nuclear y 3) el ciberataque. Adviértase que lo implicado en cada uno de ellos se limita al cuadrante inferior derecho, o sea, al exterior de los sistemas colectivos de tercera persona, es decir, los sistemas dinámicamente interconectados de «ellos» colectivos. Todos los problemas enumerados en esta lista sugieren que las dimensiones de primera persona («yo» y «nosotros») y las dimensiones de segunda persona («tú», «vosotros» y «todos vosotros») no han contribuido en nada a la generación de los problemas a los que nos enfrentamos y que todas ellos se derivan, en consecuencia, de realidades propias de la tercera persona. De modo que solo se ha tenido en cuenta al «ello» y los «ellos» sin prestar la menor atención al «yo», al «nosotros» y al «tú». Aunque esta sea una imagen que incluye ciertas verdades parciales, se trata de una conclusión reduccionista, fragmentada y chata y un claro ejemplo del profundo fracaso de la humanidad en la dimensión del mostrar.

Los estudios llevados a cabo sobre el desarrollo han añadido otra perspectiva a los problemas a los que se enfrenta la humanidad: la distinción entre los estadios del desarrollo propios de la conciencia de primer grado y los propios de la conciencia de segundo grado. El rasgo característico de los estadios de primer grado es la creencia en que sus verdades y valores son las únicas verdades y valores reales y que todos los demás son infantiles o están sencillamente equivocados. Por su parte, los estadios que forman parte de la conciencia de segundo grado (como el estadio integral global, por ejemplo) entienden de manera intuitiva que cada nivel no solo es importante, sino absolutamente necesario, aunque solo sea porque cada uno de ellos es un estadio necesario del desarrollo humano e imposible, en consecuencia, de soslayar, omitir o eliminar. Del mismo modo que sucede en la secuencia que va desde los átomos hasta las moléculas, las células y los organismos, es imposible llegar a verde saltándose los estadios ámbar o naranja. Esta es una verdad profunda de los estadios de la conciencia de segundo grado, razón por la cual decimos que estadios como el integral global son los primeros estadios realmente holísticos, inclusivos y comprehensivos de la historia de la humanidad.

Así pues, la aparición de los estadios integral globales de segundo grado hace cada vez más difícil eludir la dimensión mostrar. Es muy probable que, debido a ello, alienten una transformación mundial asombrosamente profunda que al final sea integral, algo que la humanidad nunca –absolutamente *nunca*– había visto antes. ¿No te parece así dados los rasgos distintivos mencionados de los niveles de primero y de segundo grado?

En su libro *An Everyone Culture*, Robert Kegan y Lisa Laskow Lahey exponen lo que ocurre cuando las empresas incluyen en su cultura una conciencia de los estadios del desarrollo y relacionan el desarrollo y logros exteriores de la empresa con el desarrollo interior de sus empleados. Los descubrimientos hechos por estos investigadores han puesto de relieve que, cuando una empresa hace esto, casi todos los indicadores del éxito de su negocio, como la felicidad del personal, la reducción de la tasa de rotación de los empleados y el nivel de beneficios, experimentan un aumento considerable. Kegan, profesor en la Escuela de Graduados de Educación de Harvard, ha pasado toda su vida trabajando con organizaciones tratando de ayudarlas a tornarse conscientes del desarrollo y ha llegado a la conclusión de que la evidencia demuestra de manera abrumadora la importancia de que una organización se convierta en una DDO (siglas inglesas de organización deliberadamente evolutiva). Las DDO no solo prestan atención a las dimensiones interiores, sino también a los *estadios reales* del desarrollo interior, es decir, a los niveles reales de desarrollo e incluyen ese conocimiento (del cuadrante superior izquierdo) en la cultura corporativa (del cuadrante inferior izquierdo), ambas realidades interiores de la Mano Izquierda. Cuando hacen eso, el crecimiento real de su capital humano, así como el desarrollo real en el negocio en sí, resulta evidente para todos los implicados y las cosas empiezan a mejorar considerablemente.

Adviértase que Kegan y Laskow Lahey son muy conscientes de la necesidad de no limitarse a tener exclusivamente en cuenta las realidades y el desarrollo del interior del cuadrante superior izquierdo del individuo, sino de prestar atención a los cuatro cuadrantes. En su libro *An Everyone Culture* explican que, durante un período muy fructífero trabajando con varias organizaciones de alto nivel para ayudarlas a convertirse en DDO (entre las que se hallaban empresas como Bridgewater, que *The Economist* llegó a catalogar como «el fondo de inversión más exitoso de la historia humana»), señalaron que, debido a su centramiento casi exclusivo en las dimensiones interiores, estaban soslayando otras dimensiones realmente importantes, sobre todo las exteriores. Habían superado el sesgo materialista occidental de considerar que solo son reales las exterioridades, pero habían caído en el otro extremo y se centraban exclusivamente en las interioridades (conciencia y cultura). Entonces fue cuando pusieron deliberadamente en marcha un curso centrado en el «mostrar». En sus propias palabras: «Nuestro colega Ken Wilber ha creado un modelo de cuatro cuadrantes que sirve de valiosa herramienta heurística para proporcionarnos una visión más comprehensiva de cualquier fenómeno psicosocial complejo. Este modelo heurístico de cuatro cuadrantes invita a las personas que pretenden avanzar en la dirección de una DDO a asumir una perspectiva que tenga en cuenta los cuatro cuadrantes, es decir, lo que Wilber denomina una perspectiva "integral" o, mejor dicho, holística»[5] o, dicho en otras palabras, a mostrarse plenamente. Y Kegan y Laskow Lahey saben por experiencia que esto es algo que requiere cierto esfuerzo y práctica y, como ellos mismos dicen, «somos [en lo que se refiere a mostrar] un *proyecto en curso*».[6]

Cualquier aproximación de verdad integral a los problemas que nos aquejan debería subrayar la necesidad de que nuestra sociedad se convierta en una DDC (es decir, en una cultura deliberadamente evolutiva). Y esto encaja con lo que estábamos diciendo acerca de que los seres humanos están alcanzando estadios globales de desarrollo, lo que no solo implica que son globales nuestros avances, sino que también lo son nuestros problemas. Alan Watkins y yo tenemos una expresión para referirnos a estos problemas globales especialmente complejos, los llamamos «problemas retorcidos».[7] Son muchos los factores que determinan que un problema sea «retorcido», como, por ejemplo, que son multidimensionales, que afectan a muchas partes interesadas, que tienen muchas causas, muchos síntomas y muchas soluciones y que están en continua evolución. A esto precisamente nos referimos cuando hablamos de problemas globales.

La humanidad alcanzó por primera vez un estadio global de la evolución con la aparición del primer estadio mundicéntrico, es decir, el estadio racional moderno naranja (que comenzó, como muy pronto, en torno a 1600). Este estadio trajo consigo la primera ola de las sorprendentes ventajas y extraordinarios beneficios que acompañan a un nivel de conciencia global o mundicéntrico. El segundo gran estadio global de la humanidad tuvo lugar con el advenimiento del estadio postmoderno verde (que comenzó en torno a 1960). Este estadio advirtió y reconoció todos los inconvenientes que acompañan a una realidad global moderna y lo relativizó todo (razón por la cual se le conoce también como estadio «relativista»), adentrándose en el laberinto de la postverdad, pero sin encontrar el modo de salir de él. Vio los problemas de la modernidad, pero poco pudo hacer por resolverlos, porque, recodémoslo, se trata de un estadio propio de la conciencia de primer grado. El estadio postmoderno verde, de hecho, es el más elevado de todos los estadios propios de la conciencia de primer grado. La regla fundamental del desarrollo es el hecho tantas veces repetido de que es imposible resolver un problema desde el mismo nivel que lo creó. Es por ello por lo que ninguno de los estadios de la conciencia de primer grado puede solucionar los problemas inherentes a la conciencia de primer grado. Estos problemas solo pueden resolverse mediante un «salto trascendental» a la conciencia integral de segundo grado (que es, hasta la fecha, en tanto estadio, el más global de todos los estadios alcanzados por la humanidad).[8]

Tomemos, a modo de simple ejemplo, los principales objetivos del postmodernismo y veamos cómo ese estadio genera problemas que, en sí mismo, no puede resolver, cosa que sí pueden hacer, por su parte, los estadios integrales de segundo grado. Es posible resumir los deseos centrales de la justicia social postmoderna con las palabras *diversidad*, *igualdad* e *inclusividad*. Lo que, por encima de todo, quiere el estadio verde es incluir a todos los seres en una igualdad perfecta que abarque, bajo el paraguas de la igualdad, toda diversidad. En cierto sentido se trata de un ideal muy noble y hermoso, pero que, por desgracia, queda muy lejos del alcance de las herramientas exclusivamente verdes. Verde aborda la cuestión del logro de la justicia o la igualdad identificando las áreas en que todas las personas deben recibir el mismo trato (social, cultural, sexual, racial, educativa y político) y rastreando todas las medidas exteriores que parecen indicar que las personas son injustamente tratadas (como la supuesta brecha salarial que afecta a las mujeres, la cultura de la violación presente en los campus universitarios, la epidemia de privilegios blancos evidente en cosas tales como la desproporción del reparto de la riqueza, los derechos de uso de baño de las personas transgénero, etcétera). Por desgracia, como verde sigue siendo un estadio propio de la conciencia de primer grado y no es, por tanto, plenamente inclusivo, adopta un enfoque demasiado chato para abordar estas cuestiones que solo tiene en cuenta medidas exteriores (como la igualdad de resultados). Y, cuando habla de *diversidad*, solo se centra en cuestiones exteriores que pueden verse, como el color de la piel (racismo) y el sexo biológico (sexismo y patriarcado). Verde, a fin de cuentas, se desentiende de cosas como, por ejemplo, del carácter de Martin Luther King y se limita a tener en cuenta el color de su piel.

Verde no está en condiciones de rastrear –y, de hecho, ni siquiera es consciente– de las profundas diferencias existentes en *el modo en que los distintos estadios del desarrollo interior abordan estas cuestiones*. El deseo de justicia social como igualdad, por ejemplo, *solo puede aparecer al llegar al nivel verde* que, como ya hemos visto, solo puede aparecer después de atravesar unos seis grandes estadios del desarrollo. Verde ataca las actitudes y prácticas etnocéntricas, es decir, las prácticas racistas, sexistas, misóginas, homófobas, tránsfobas, xenófobas, religiosamente fundamentalistas, hiperpatrióticas, colonialistas, etcétera, que se originan en el estadio ámbar. Cabe decir que todas estas prácticas se originan en el etnocentrismo ámbar y pueden verse unificadas bajo el epígrafe de «políticas de identidad», lo que, en realidad, significa «políticas de identidad etnocéntrica» (porque es precisamente en ese nivel donde se generan todas las políticas de identidad). Si eliges una determinada identidad –ser blanco, negro, mujer, etcétera–, estás decidiendo identificarte con un determinado grupo etnocéntrico, razón por la cual decimos que todas las políticas de identidad se generan en el estadio ámbar etnocéntrico. Y, como ya hemos visto que en torno al 60 % de la población estadounidense se encuentra en estadios etnocéntricos (o inferiores) del desarrollo, no hay modo de que los individuos que se hallan en esos estadios inferiores se pongan de acuerdo en aceptar los valores derivados de verde (lo que harían, sin embargo, es elegir como presidente a alguien como Trump, que es una persona esencialmente antiverde y políticamente muy incorrecta).

Es por ello por lo que el elemento central de cualquier agenda social postmoderna verde –que pretenda ser de verdad eficaz y promover el avance de los valores verde– debería ocuparse de implementar seriamente las formas y los medios (educativos, económicos, tecnológicos y culturales) que puedan ayudar a los individuos a crecer y desarrollarse *internamente* hasta alcanzar los estadios superiores y mundicéntricos (y verde apuntaría sobre todo al estadio mundicéntrico postmoderno). Dicho en otras palabras, debería contribuir establecimiento de una DDC, es decir, de una cultura deliberadamente evolutiva. Este sería el *único* modo de alentar y mejorar el nivel verde.

Pero lo curioso es que verde hace justo lo contrario. Considera que ideas como el desarrollo «superior» son, en sí mismas, evidencias de una espantosa jerarquía de poder y que están, por tanto, cargadas de etnocentrismo, racismo, sexismo, etcétera. O, por decirlo de otro modo, que, al no establecer diferencia alguna entre las jerarquías de desarrollo y las jerarquías de dominio, no advierte que la inmensa mayoría de las jerarquías del mundo natural (como la que va, por ejemplo, de los quarks a los átomos, las moléculas, las células y los organismos) son jerarquías del desarrollo y las trata a todas por igual, provocando, de ese modo, un estancamiento del desarrollo. Pero, como he dicho anteriormente, las moléculas no odian ni oprimen a los átomos, sino que los aman hasta el punto de llegar a abrazarlos e incluirlos en su propia estructura. También hemos visto que, en los entornos de la Ivy League, hasta la simple mención del concepto de evolución cultural se ve rápidamente rechazada. Así es, pues, como el mismo curso de acción de verde acaba obstaculizando justo lo que más desea. Al negarse a reconocer la misma existencia de los estadios acaba impidiendo el avance a estadios mundicéntricos verde más elevados y a todas las formas y medios que podrían contribuir a reducir el racismo, el sexismo, la homofobia y la xenofobia y soslayan o niegan explícitamente la causa fundamental de esos mismos prejuicios. Por ello digo que, aunque identifica por completo el problema, sus intentos de solución son completamente incapaces de resolverlo.

El estadio integral global propio de la conciencia de segundo grado es el primer estadio real y verdaderamente inclusivo. Y, ahí donde verde anhela con desesperación, sin conseguirlo, diversidad e inclusión, integral realmente la proporciona. Incluye de manera adecuada la diversidad real de las interioridades (y de sus diferentes visiones del mundo), así como sus estadios de desarrollo y considera cuidadosamente el mejor modo de potenciar –e incluir también– el crecimiento individual a través de esos estadios. Así es como el estadio integral global *incluye* la diversidad real de todos los estadios del desarrollo y descubre formas legítimas de abrazarlos a todos de un modo mundicéntrico que sea realmente *inclusivo* y abarque tanto crecer como mostrar (así como también despertar, abrir y limpiar).

El nivel integral, en suma, introduce una DDC y, como Kegan, lo hace en los cuatro cuadrantes, lo que la convierte auténticamente en una forma de mostrar. Y con toda probabilidad te habrás dado también cuenta de que la misma noción de cinta transportadora implica la idea de una DDC. Por supuesto, sería necesario que nuestra sociedad presentara, alentase y potenciase todas nuestras inteligencias múltiples como si de cintas transportadoras se tratara.

Para acabar con la narración con la que iniciábamos este capítulo digamos que la crisis de los misiles de Cuba se resolvió (si es que esa es la palabra adecuada) por un hecho fortuito durante una reunión entre Bobby Kennedy (hermano de John Kennedy, a quien este había nombrado fiscal general) y el embajador soviético Anatoly Dobrynin. Y, aunque nunca sabremos a ciencia cierta lo que ocurrió durante ese encuentro, el resultado fue que, mediante diversas acciones negociadas (entre las cuales se cuenta el hecho no menor de que Estados Unidos retirase también de Turquía sus misiles), los soviéticos aceptaron quitar sus misiles de Cuba y no volvieron a ponerlos. Así fue como logramos evitar –momentáneamente al menos– la Tercera Guerra Mundial y la correspondiente destrucción mutua asegurada.

Pero el resto de los inconvenientes de la modernidad no solo no se evitaron, sino que siguieron avanzando a toda velocidad. Pues siendo, como ya hemos dicho, global el alcance y las ventajas de la modernidad, también lo son necesariamente sus inconvenientes. Así fue como el horror y el pánico generado por la posibilidad de un suicidio global acabó contagiando casi inmediatamente de MAD a todos los problemas generados por la modernidad, cada uno de los cuales empezó a padecer una u otra forma de cáncer e ir acompañado (a menudo como efecto secundario accidental) de la amenaza de una catástrofe a escala mundial, y cada uno de los cuales obligaba a la vanguardia postmoderna (y a la gente cuerda de todo el mundo) a tomar ISRS (antidepresivos). El resumen de la lista de catástrofes potencialmente suicidas (de dimensiones globales o cuasi globales) resulta muy muy inquietante:

- una extraordinaria explosión demográfica (conocida también, dadas sus increíbles posibilidades destructivas, como «bomba demográfica»);
- un calentamiento global cada vez más alarmante (y una auténtica amenaza, si no se ataja, para la vida humana en todo el planeta, convirtiéndose en la principal causa del paralizante miedo al suicidio global introducido por primera vez por la crisis de los misiles de Cuba);

- una crisis financiera mundial que amenaza con un colapso económico igualmente global;
- un movimiento terrorista de alcance global cuyos tentáculos parecen estar en condiciones de llegar con impunidad a casi todo el mundo;
- la presencia de armas nucleares (y la aparente voluntad de utilizarlas) en lugares que van desde Irán hasta Corea del Norte;
- una guerra cada vez más extendida por todo el planeta llevada a cabo por crueles señores de la guerra que emplean tecnología moderna naranja al servicio de sus impulsos tribales religiosos rojos;
- una grave escasez de agua en todo el planeta;
- un tráfico de seres humanos y una esclavitud que afectan al año a más de 60 millones de personas;
- la asombrosa cifra de cincuenta mil niños que mueren de hambre cada día;
- la inestabilidad medioambiental en todo el planeta;
- la creación de una superinteligencia artificial que, en el momento en que supere a la humana alcanzará la llamada «singularidad» que, según muchos expertos, acarreará el fin de la humanidad;
- la ciberdelincuencia se convertirá en la principal forma de guerra mundial, con capacidad para cortocircuitar los sistemas eléctricos de todo un país;
- una de las cosas más parecidas al mal que existen en esta Tierra es que cinco personas en el planeta ostentan la misma riqueza que posee el 50 % más pobre.[9]

Todas estas crisis (y estoy seguro de que se te ocurrirán más) han convertido al nuestro en un planeta profundamente cancerígeno. Y como esto les afectaba de manera directa, el 75 % de la generación más joven desarrolló algún tipo de depresión clínica (la revista *Time* informa de que el 75 % de la generación Z se vio obligado a faltar al trabajo debido a niveles clínicos de ansiedad o depresión, lo que también ha afectado al 50% de los mileniales).

La causa fundamental de esos desastrosos problemas no tiene que ver tanto con el crecimiento exponencial del desarrollo tecnológico como con la falta de un nivel de desarrollo interior semejante en los niveles interiores que pueda avanzar al ritmo de la tecnología y equilibrar, de ese modo, el desarrollo tecnológico con algún tipo de sabiduría y sensatez. Se ha dicho que la democracia es una apuesta de que la mitad de la población están en lo cierto al menos la mitad del tiempo. Y esto es algo que, desde el punto de vista del desarrollo, implica que la democracia solo funcionará adecuadamente cuando la mitad de las decisiones de la mitad de la población alcancen el nivel mundicéntrico naranja (o superior). (¿Qué crees que puedes conseguir si una gran mayoría de la población –en torno al 60%– se halla todavía en un nivel inferior al mundicéntrico naranja?).

Insisto en que nadie que se halle en un estadio mundicéntrico de la moral (naranja o superior) querrá tener nada que ver con la esclavitud, el Holocausto, el tráfico de personas, las prácticas bancarias globales fraudulentas, los actos terroristas promovidos por este o aquel fundamentalismo etnocéntrico o yihadista, los señores de la guerra y sus prácticas habituales de limpieza étnica y violaciones masivas, el vertido de residuos tóxicos contaminadores de la biosfera (siempre y cuando proporcione beneficios económicos) o los actos racistas, sexistas, homófobos o misóginos. ¿Cómo solemos abordar todos estos problemas? Ignoramos total y completamente los estadios interiores de los que se derivan, algo tan descabellado como pretender tratar el sida negando la existencia del VIH.

Desde la emergencia misma de los niveles de conciencia globales –tanto de la modernidad como de la postmodernidad– la humanidad ha fracasado rotundamente en la dimensión mostrar, una profunda falta de autenticidad. ¿Cómo podría haber salido tan mal y casi desde el mismo comienzo algo tan evolutivamente avanzado como el salto del etnocentrismo al mundicentrismo? ¿Fue algo intencionado o se trató simplemente de una consecuencia imprevista? Sea como fuese, el cielo se empañó entonces con las nubes más oscuras y tenebrosas que, desde hace tres o cuatro siglos, se ciernen sobre los mundos moderno y postmoderno. Esta completa incapacidad para mostrar, esta profunda falta de integridad, refleja claramente el abandono y el intento de la humanidad de soslayar muchas áreas fundamentales de la realidad en el mismo momento en que estaba llevando a cabo una sorprendente serie de profundos avances en las exterioridades que modificaron el curso mismo de la historia. ¿Cómo pudo ocurrir tal *desequilibrio* en la vanguardia misma de la evolución?

¿Qué podemos hacer para superar este colosal fracaso en la dimensión mostrar? Si queremos remediarlo, deberemos conocer antes sus causas.

14. La pesadilla de la modernidad

Junto a sus extraordinarios avances en las dimensiones exteriores de la Mano Derecha de la realidad, la modernidad incurrió en el pecado de renunciar a casi todas las realidades interiores de la Mano Izquierda. La filosofía oficial del mundo moderno occidental es hoy en día el materialismo científico, según el cual la única ruta segura para llegar a un conocimiento real y duradero consiste en la exploración científica de las dimensiones materiales de la realidad (entendiendo la «materia» en la segunda acepción del término como cualquier dimensión exterior o de la Mano Derecha). En palabras de Jürgen Habermas, a quien muchos académicos (incluido yo) consideran el filósofo más importante del mundo actual, uno de los principales problemas de la visión moderna del mundo ha sido «la colonización del mundo de la vida por parte de la ciencia» y la catástrofe cultural provocada por la eliminación de las interioridades propias de la Mano Izquierda. ¿Cómo diablos pudo ocurrir algo así?

El gran sistema de la naturaleza

Ya hemos identificado que el origen del problema radica en la negación completa, por parte de la modernidad global, de las realidades interiores de la Mano Izquierda. El acceso al estadio mundicéntrico naranja supuso, en términos evolutivos, un salto auténticamente revolucionario de la humanidad a estadios más elevados del ser y la conciencia que, si bien trajo consigo la aparición de muchas virtudes nuevas y emergentes, empezó a malograrse también casi desde el mismo comienzo. Es cierto que se trató de un nivel más elevado, pero de un nivel que no tardó en experimentar un profundo deterioro y pronto se reveló como una versión enferma de un nivel superior. ¿Y esas fueron buenas o malas noticias?

En mi opinión, ambas cosas.

Contrariamente a la creencia popular, en mi opinión equivocada, según la cual el concepto central de la Ilustración occidental (que jalonó el comienzo de la modernidad) no fueron el materialismo (en la primera de las acepciones del término «materia» como reducción de toda realidad a partículas fundamentales insensibles e inertes), el mecanicismo ni el atomismo. Es habitual afirmarlo así y atribuir todos los problemas de la modernidad señalados en el capítulo anterior a la emergencia de sus derivados, el atomismo y el mecanicismo materialistas. Pero esta conclusión, por más generalizada que se encuentre, está profundamente equivocada porque, cuando lo que buscamos es la verdadera causa de todos los problemas generados por la Ilustración, esta es una explicación confusa que nos orienta en una dirección equivocada.

Como bien ilustra Charles Taylor en *Las fuentes del yo. La construcción de la identidad moderna*, la idea central que impulsó la Ilustración fue la noción de un orden completamente entrelazado y unificado de la Naturaleza que algunos filósofos franceses denominaron *le Système de la Nature*. Según esta idea (a la que John Locke llamó «gran orden interrelacionado»), la Realidad o la Naturaleza es un sistema muy entrelazado e interconectado en el que cada una de sus realidades está íntimamente unida a todas las demás. Esa visión de la gran red interrelacionada de la Naturaleza fue la que se vio entronizada cuando la modernidad proclamó la muerte del dios mítico.

Es importante que nos demos cuenta de lo extendida e influyente que fue esta idea de una Naturaleza profundamente sistémica y unificada, porque hay, en ella, algo implícito que es responsable del profundo fracaso en la dimensión mostrar que, a partir de entonces, empezó a afligir a la humanidad. ¿De qué estamos hablando?

Todo comenzó de un modo muy prometedor. Según se decía, el gran sistema de la Naturaleza se basaba en la Gran Cadena del Ser (un elemento habitualmente soslayado en los relatos que tratan de explicar el núcleo de la Ilustración). Ya hemos visto la forma cristiana que asumió la noción de Gran Cadena del Ser (o de Gran Nido del Ser) como «materia, cuerpo, mente, alma y Espíritu». La idea implícita en esta noción de que los distintos eslabones que la componían se hallaban íntimamente unidos y no había, entre ellos, «eslabones perdidos», se vio aceptada a fondo décadas antes de que Darwin se empeñase enseguida en descubrir evidencias de ella en el ámbito de la biología. La creencia de que no había «eslabones perdidos» no era el resultado de ningún descubrimiento científico (aunque estos contribuirían a corroborarla), sino que se derivaba directamente de la noción misma de Gran Cadena.

El libro *La gran cadena del ser*, de Arthur Lovejoy, es el texto más reconocido y autorizado sobre esta idea, según el cual la Gran Cadena fue la cosmovisión más ampliamente aceptada de toda la historia. Versiones diferentes de ella se vieron aceptadas por la gran mayoría de los líderes del pensamiento del mundo entero. Como dijo el mismo Lovejoy, la visión del mundo proporcionada por la Gran Cadena del Ser ha sido la «filosofía oficial de la mayor parte de la humanidad civilizada a lo largo de toda la historia».[1]

Ciertamente fue abordada por la Ilustración. Según Lovejoy: «Junto a la palabra "Naturaleza", la "Gran Cadena del Ser" fue, durante todo el siglo XVIII, una expresión sagrada».[2] La Gran Cadena afirmaba que, al margen de lo separadas o aisladas que parecieran estar, las distintas partes que la componían estaban unidas en una gran totalidad que era la realidad última, razón por la cual el objetivo de cualquier verdadero pensador era demostrar esa Totalidad. La *Encyclopédie* de Diderot (biblia racional de la Ilustración) comienza su entrada sobre el avance del conocimiento con las siguientes palabras: «Todo en la Naturaleza está relacionado» y que «el arte del filósofo consiste en descubrir los vínculos existentes entre las partes separadas».[3] No es de extrañar que «cuando alcanzaban la cima de su exposición», científicos y filósofos «disertaran con elocuencia sobre la perfección del Sistema Universal como una totalidad». Como dijo el mismo Pascal: «Las distintas partes que lo componen están tan relacionadas e interconectadas que es tan imposible conocer las partes sin conocer el todo como conocer el todo sin conocer las partes».[4]

Así es como llegamos a esbozar la imagen de una Gran Holoarquía del Ser, una Gran Cadena que no tenía tanto que ver con una serie de eslabones lineales, sino de esferas concéntricas y en donde cada nueva esfera mayor engloba a las esferas anidadas más pequeñas (razón por la cual se la conoce también como el «Gran Nido del Ser»). ¡Esta idea nos proporcionó la visión sistémica de una Naturaleza completamente interrelacionada que jalonó el extraordinario comienzo para la modernidad! Así fue como la Gran Cadena del Ser, una idea que había sido una de las más prevalentes de la humanidad civilizada hasta entonces, se coló de rondón en el advenimiento mismo de la modernidad en el que la humanidad estaba dando el paso que conducía del estadio ámbar al estadio naranja.

Una de las consecuencias más importantes asociadas a la emergencia de naranja y el correspondiente salto a la modernidad fue, como sucede con la emergencia de cualquier nuevo estadio, su mayor capacidad de «diferenciación e integración». Recordemos aquí la definición de Max Weber, según la cual la modernidad se caracterizaba por la «diferenciación de las esferas de valor» (una expresión aceptada por Habermas) del Bien (la moral), la Verdad (la ciencia) y la Belleza (el arte) con la que Weber se refería al Gran Tres (otro modo de referirse a los cuatro cuadrantes), lo que posibilitó un extraordinario paso adelante en todas esas dimensiones.

En el estadio anterior (mítico-religioso tradicional ámbar), los cuadrantes se hallaban, en gran medida, fusionados, es decir, todavía no se habían diferenciado y se creía simplemente en lo que decía la

Iglesia sobre el Bien, la Verdad o la Belleza. Esas tres esferas aún no se habían diferenciado claramente y permanecían atadas al yugo de la Iglesia. ¿Cómo iban a dignarse a mirar a través del telescopio de Galileo si la Biblia ya les decía lo que iban a ver?

La aparición del estadio moderno posibilitó precisamente esa diferenciación y permitió que la Belleza artística, la Bondad moral y la Verdad filosófica y científica siguieran su propio camino y desarrollasen sus medios, sus métodos y sus lógicas. Esto permitió que el arte, la moral y la ciencia (es decir, el Gran Tres) empezasen a desarrollar sus potenciales más elevados, que comenzaron de inmediato. Los resultados positivos de esa diferenciación y el enorme progreso que provocó en áreas tan diversas ha acabado conociéndose como «las dignidades de la modernidad» y fue precisamente eso, una auténtica y profunda dignidad que incluyó, entre otras muchas cosas –y por primera vez en la historia–, la abolición masiva de la esclavitud, por no mencionar el descubrimiento de las ciencias modernas (desde la física hasta la biología, la astronomía, la química, la geología, etcétera).

Y esto abrió también la nueva y emocionante oportunidad de mostrar plenamente todas estas dimensiones recién liberadas de la realidad; una oportunidad no solo para verlas como algo diferenciado y separado, sino también para unificarlas e integrarlas, así como para habitarlas de pleno, encarnando una integridad y una autenticidad todavía mayores. Dicho en otras palabras, el nuevo estadio mundicéntrico naranja trajo consigo una forma nueva y más elevada de mostrar que consistía en habitar con confianza, sinceridad e integridad los cuatro cuadrantes. Esos cuadrantes siempre habían estado allí pero hasta ese momento no nos dimos cuenta de ello. Ahora había elementos naranja nuevos y más elevados en los cuatro grandes aspectos de la existencia humana, y la humanidad se vio invitada, de un modo nunca antes visto, a dar un paso adelante y mostrarse. Y la aparición de este nuevo y más elevado nivel naranja global abrió un horizonte sin precedentes en el que la humanidad se vio invitada a entrar.

Y eso fue exactamente lo que, durante un siglo o dos, hizo con resultados que hoy definen muchos de los fundamentos del mundo en el que vivimos y a los que en general se agrupan y reconocen como «los valores de la Ilustración» o «las dignidades de la modernidad». En algún momento de ese proceso, sin embargo, la diferenciación de las esferas de valor fue tan excesiva que acabó desembocando en una auténtica disociación. Entonces fue cuando las esferas de la Bondad y la Belleza (moral y estética interiores de la Mano Izquierda en general), al ser subjetivas –y, por tanto, no realmente reales–, se vieron relegadas al cubo de la basura y la esfera de la Verdad (es decir, los cuadrantes exteriores de la Mano Derecha) acabó convirtiéndose en la única realidad. Los cuadrantes de la Mano Izquierda, al ser tan solo subjetivos, no eran importantes y no se consideraron realmente reales. Así fue como la visión oficial de la realidad fue asemejándose cada vez más a un materialismo científico objetivo puro y llegamos a un universo descualificado, momento en el cual una nube de desencanto se posó sobre la humanidad aplastándola como una sofocante almohada. Y lo peor de todo fue que los líderes culturales que habían participado en ello ni siquiera se dieron cuenta de lo que estaba ocurriendo.

Y, si bien la diferenciación de las esferas de valor nos proporcionó las dignidades de la modernidad, su disociación nos abocó a los desastres de la modernidad, un desenlace al que también se conoce, en ocasiones, como «el crimen de la Ilustración». De ese desastre se derivan casi todas las pesadillas (ecológicas, militares, económicas, espirituales y transnacionales) que aquejaron al mundo moderno y resultaron evidentes durante la postmodernidad. Las ideas centrales de la Ilustración (es decir, las ideas del Sistema de la Naturaleza y de la Gran Holoarquía del Ser) no fueron el pecado de la modernidad. El pecado fue la corrupción y la disociación de estas ideas que llevaron a la humanidad a dejar de mostrarse en toda su plenitud. Así fue como acabó instalándose, en el mundo, un materialismo científico que no abrazaba los cuatro cuadrantes, sino tan solo los cuadrantes externos de la Mano Derecha, un mundo limitado a realidades materiales, formas y superficies sensoriales estrictamente exteriores. Y así fue también como el viento de la modernidad acabó arrastrando y eliminando las interioridades de la conciencia, la cultura, lo subjetivo, lo bueno y lo bello.

El extraordinario y confuso avance de la medición

¿Qué fue exactamente lo que pasó? ¿Qué ocurrió, teniendo sobre todo en cuenta su extraordinaria entrada en escena, con la idea de la modernidad de una Gran Holoarquía completamente interrelacionada y de un Sistema de la Naturaleza que todo lo incluía? Como telón de fondo para poder responder a esta pregunta debemos reconocer que, en el transcurso de uno o dos siglos, tuvo lugar el profundo cambio en el significado del término «materia» del que antes hablábamos (es decir, que la materia que, durante la mayor parte de la historia, se había referido al escalón inferior de la Gran Cadena empezó a considerarse la dimensión exterior de cada uno de sus peldaños). La materia, dicho de otro modo, es el correlato exterior de cuestiones como el cuerpo vivo, la mente y el alma y en donde cada una de esas formas interiores posee un grado más elevado de conciencia en la Mano Izquierda que correlaciona con el grado de complejidad creciente de la materia en los cuadrantes de la Mano Derecha.

En el mundo antiguo, por ejemplo, la gente pensaba igual que hoy, pero casi nadie conocía entonces los correlatos inmediatos de sus pensamientos en el cerebro físico. A medida que, en el mundo moderno, se inventaron los microscopios y otros instrumentos de detección (como las grabaciones de vídeo), esto resultó cada vez más evidente y fueron muchos los científicos que llegaron a la conclusión de que la conciencia en primera persona no es más que un proceso cerebral material en tercera persona. Así fue como empezó a perpetrarse lentamente lo que, con el tiempo, ha acabado conociéndose como «el crimen de la Ilustración».

La visión integral sugiere que, durante esa época, empezó a reconocerse esa segunda acepción del término «materia» que no pudo haberse descubierto antes porque la humanidad carecía de instrumentos, herramientas o cintas de vídeo que contribuyesen a poner de relieve esas estructuras materiales.

Fue entonces cuando la materia dejó de verse como el nivel inferior de la Gran Cadena y empezó a considerarse como el exterior de todos los niveles (y donde su creciente complejidad exterior iba acompañada de una conciencia interior cada vez mayor). Para la mayoría de los investigadores, sin embargo, la relación entre materia y conciencia no era obvia y la materia se limitaba a ser materia (aunque son muchos los panpsiquistas que, como veremos, consideran que la materia también posee grados de mente).

Esta relación no supuso ningún problema durante uno o dos siglos. Los científicos centraron su atención en el estudio de las exterioridades (recordemos que el cerebro es una visión exterior y objetiva en tercera persona de la mente interior del individuo), algo que fue especialmente posible gracias a los avances tecnológicos alcanzados por el nivel naranja (desde el microscopio hasta el telescopio y la placa fotográfica). Al centrarse en estas dimensiones exteriores, las ciencias naturales empezaron a hacer sorprendentes descubrimientos en los campos de la física, la química, la biología, la evolución, la geología y la astronomía (todo lo cual forma parte de las llamadas dignidades de la modernidad). Es cierto que también estaban llevándose a cabo impresionantes avances en las esferas de valor de la estética y de la moral, pero el ritmo de ese avance no tenía parangón con el llevado a cabo en la esfera de la ciencia. En la época de la Revolución industrial, la humanidad estaba empezando a construir una ciencia y una tecnología objetivas naranja mundicéntrica global y a crear un mundo de artefactos materiales en la Mano Derecha, pero estaba mucho menos interesada y era mucho menos consciente de las realidades interiores que habitaban ese nuevo espacio en los cuadrantes de la Mano Izquierda, una desproporción que acabó ocultando las interioridades. ¡Era como si todo el mundo se hubiese quedado hipnotizado por los asombrosos avances realizados por la física y las ciencias centradas en las dimensiones exteriores de la realidad! Aquí es donde empezamos a advertir el desajuste que existe entre una sabiduría interior que no supo mantener el ritmo del avance hecho por la tecnología exterior y acabó desembocando en el crimen de la Ilustración.

Hay que destacar que había cosas, en la ciencia moderna, que invitaban a este desastre y esto nos lleva al factor probablemente más importante y la causa real del crimen de la Ilustración. Porque la ciencia, en su definición más básica, no se limita al estudio de los datos revelados por los sentidos humanos y sus extensiones. Es cierto que la ciencia es sin duda alguna empírica y debe apoyarse en la evidencia, pero, como bien sabía William James, no solo hay experiencias sensoriales, sino que también hay experiencias mentales y experiencias espirituales y todas ellas pueden ser legítimamente investigadas desde un enfoque científico-experiencial (los lectores que quieran obtener más información al respecto harían bien en consultar mi libro *Los tres ojos del conocimiento*).

Que la ciencia moderna redujese su interés al estudio de los datos proporcionados por la experiencia (incluyendo, por supuesto, la experiencia de los dominios sensoriales, mentales y espirituales) no suponía ningún problema. El problema fue que la ciencia acabó circunscribiendo exclusivamente su campo de aplicación a aquellas experiencias que pudieran medirse.

La ciencia moderna no se contentó con buscar la realidad empírica, la realidad experiencial o la evidencia, sino que quería una evidencia empírica que pudiera medirse. Como afirma Whitehead en *La cien-*

cia y el mundo moderno, el verdadero núcleo del método científico moderno fue inventado simultánea e independientemente en 1605 por Galileo Galilei y Johannes Kepler. Ambos introdujeron la idea central de que la medición podía ayudarnos a entender mejor las leyes de la Naturaleza. Fue entonces cuando Kepler descubrió, midiendo el movimiento de los cuerpos celestes, las leyes del movimiento planetario; y algo parecido sucedió con el descubrimiento realizado por Galileo de las leyes del movimiento terrestre. El megagenio Isaac Newton unió luego ambas medidas y esbozó las leyes universales de la gravedad y el movimiento. La imaginación popular afirma que estas leyes se le ocurrieron cuando una manzana cayó sobre su cabeza, una metáfora perfecta de que la fuerza que hizo que la manzana cayera es la misma que hace que la Tierra gire en torno al Sol, es decir, la gravedad. Este enfoque combinó las leyes terrenales y las celestiales en una gran unidad poniendo de nuevo en primer plano el gran Sistema de la Naturaleza.

Pero hay que advertir que las realidades colectivas exteriores que se veían como un Gran Sistema eran solo las relativas al cuadrante inferior derecho y que podían medirse. Y, como ninguna de las leyes de Kepler, Galileo o Newton menciona interioridad alguna, se llegó a la conclusión de que no debería haber ninguna y centraron exclusivamente su atención en las exterioridades. El trasfondo de la idea de la Gran Cadena –que la Ilustración, por cierto, comenzó abrazando con fuerza– era que cada realidad material exterior mensurable está íntimamente ligada a todas las realidades interiores (porque, en el Gran Nido del Ser, existe una gran interrelación entre los niveles superiores, incluidos el cuerpo, la mente y el alma). Así fue como, al limitar su estudio a los aspectos mensurables del mundo material de la Mano Derecha, los primeros científicos se despojaron sin querer de algo muy importante.

La adopción a gran escala de la medición fue una novedad que acabó convirtiéndose en el rasgo distintivo de las ciencias modernas. Los científicos anteriores se habían limitado a la observación detenida de la naturaleza y se habían acercado a la naturaleza desde una perspectiva empíricamente agresiva, *pero ninguno de ellos midió absolutamente nada*. Es cierto que, comenzando en el mismo Aristóteles, se habían limitado al empleo de un rudimentario método científico que se dedicaba a observar y clasificar detenida y empíricamente la naturaleza, pero que ninguno de ellos llegó a esbozar leyes como las de Galileo, Kepler o Newton, razón por la cual su enfoque quedó muy lejos de lo que, con el tiempo, hemos acabado conociendo como ciencia. Parte del genio de Whitehead consistió en señalar que la ciencia empírica había existido, en diversas formas, al menos desde los griegos, pero la ciencia empírica *moderna* solo emergió en 1605 con Galileo, Kepler y el descubrimiento de la extraordinaria importancia de la medición.

De hecho, es mucho más difícil medir la mente o las realidades mentales interiores que la materia o las realidades físicas exteriores. Si nos atenemos escrupulosamente a la regla de que las leyes de la naturaleza se entienden mejor mediante la medición, correremos el riesgo de reducir la Naturaleza a lo material, es decir, a los cuadrantes de la Mano Derecha. Y, como todavía creemos en el Gran Sistema de la Naturaleza, acabaremos entonces reduciendo la Naturaleza al cuadrante inferior derecho, el cuadrante material sistémico. Es por ello por lo que ninguno de los descubrimientos llevados a cabo por las ciencias modernas (desde la química hasta la biología, la física, la astronomía, la geología, etcétera) descubrió ecuaciones aplicables a las realidades interiores y se limitó exclusivamente a la materia exterior (en la segunda acepción del término) y, cuando se referían al gran Sistema de la Naturaleza, centraban su atención en las formas colectivas o sistémicas de la materia, es decir, en el cuadrante inferior derecho.

El modelo integral sugiere que ese «gran orden interrelacionado» no tardó en limitarse al cuadrante inferior derecho. Es cierto que era un gran Sistema de la Naturaleza y que todavía estaba completamente interconectado, pero solo en la medida en que podía ser visto y medido con los sentidos o sus extensiones. El gran orden entrelazado solo se contemplaba a través de una perspectiva plural de tercera persona que se limitaba a ver las dimensiones materiales colectivas del cuadrante inferior derecho del Sistema de la Naturaleza. Así fue como la disociación de las esferas de valor acabó desembocando en el «desastre de la modernidad» y la realidad dominante acabó convirtiéndose en el mundo desencantado en el que hoy vivimos.

Quizás la aplicación más impactante y que acabaría afectando a más personas que cualquier otra idea en la historia de este nuevo enfoque fue la máquina de vapor inventada en la década de 1760 por James Watt. Ese fue un invento que lo cambió absolutamente todo. Fue la idea que, junto a algunas otras invenciones importantes pero secundarias, jalonó el inicio de la Era de la Máquina, el inicio de la Revolución industrial y el inicio de la modernidad.

Según casi todos los relatos, el primer filósofo moderno fue René Descartes, que expuso esta nueva realidad afirmando que la mente (es decir, las dimensiones interiores o de la Mano Izquierda) posee *intención* y la materia (es decir, las dimensiones exteriores de la Mano Derecha) posee *extensión*. Y esta extensión se refería al despliegue en el espacio, el tiempo y sus aspectos cuantitativos, lo que llevó a la conclusión categórica, como acabamos de señalar, de que las dimensiones objetivas de la materia –es decir, las exterioridades– eran las únicas que poseían extensión y las únicas, en consecuencia, que podían medirse. (Es cierto que la intención interior puede también medirse, pero el hecho de que eso resulte mucho más complicado y de que las interioridades parezcan «privadas» supuso el rechazo, desde el mismo momento de partida, de casi toda interioridad). Pero la afirmación de que la medición es la clave de la realidad no significaba automáticamente que solo deberíamos considerar reales las realidades objetivas de tercera persona. Como resultado de todo ello, el nuevo método científico no tardó en llevar a la gente a abrazar el materialismo científico, lo que implicó la promesa profundamente sincera y oficial de Occidente de que, a partir de ese momento, la modernidad dejaría de mostrarse.

Así fue como la Naturaleza acabó concibiéndose como un gran sistema entrelazado e interconectado exclusivamente compuesto de elementos físicos, superficies sensoriales y realidades materiales. Y así fue también, dicho en otras palabras, como todos los cuadrantes se vieron reducidos al inferior derecho incurriendo en lo que yo llamo un tipo de «reduccionismo sutil». Y digo «sutil» porque es fácil pasar por alto un tipo de reduccionismo que, pese a tener en cuenta el correlato material de los cuadrantes, se desentiende de sus interioridades. Cree en el Gran Sistema de la Naturaleza, pero solo en la parte de la naturaleza que puede ser vista (es decir, grabada en vídeo) con los sentidos o sus extensiones, es decir, en sus evidencias en tercera persona. (Digamos de pasada que el reduccionismo burdo llega más lejos aún y acaba reduciendo esas totalidades a sus elementos compositivos atomísticos, es decir, reduce el cuadrante inferior derecho al cuadrante superior derecho. Este fue un problema que, si bien comenzó durante la Ilustración y a menudo se confunde con el principal «crimen» de la Ilustración, no fue, en realidad, más que uno de sus efectos secundarios).

Pero este reduccionismo sutil no fue evidente desde el mismo comienzo. Después de todo, en principio se creía que, como todas las realidades materiales mensurables estaban interrelacionadas con todos los niveles del Gran Nido, no había nada de lo que preocuparse.

Aunque la materia es, de hecho, el correlato exterior de cada dimensión interior, esa exterioridad no es, por definición, en sí misma, interior ni puede verse sustituida o reemplazada por ningún tipo de exterior. Entre otras cosas, las realidades interiores de la Mano Izquierda poseen valores, como mejor y peor, correcto e incorrecto, más valioso y menos valioso o bueno y malo, completamente ajenos a los reinos exteriores de la Mano Derecha. Aunque un árbol sea más grande que una rana, ello no implica que sea mejor; aunque una montaña pese más que un bosque no, por ello, es más moral; y, aunque la cola del pavo real macho sea más vistosa que la de la hembra tampoco, por ello, es más valiosa. Pero una identidad mundicéntrica interior, por el contrario, es mejor que una identidad etnocéntrica sexista o racista. Los valores, dicho en otras palabras, se encuentran en los dominios interiores de la Mano Izquierda, y, en la medida en que esos fueron perdiendo terreno, el universo fue perdiendo valor hasta acabar convertido en un mundo chato «desencantado» y «despojado de cualidades».

Adiós, pues, a las dimensiones interiores, adiós a las virtudes, adiós a los valores y los propósitos, adiós a lo bueno y a lo bello y bienvenidos a un mundo chato, un mundo de «ellos» dinámicamente relacionados ajeno a todo «yo», todo «tú» y todo «nosotros». Pues, al referirse a verdades subjetivas y carecer de toda verdad objetiva, las dimensiones interiores se vieron simplemente descartadas. Se trata, sin la menor duda, de una forma «ingenua» de ecología de verdad entrelazada, pero compuesta tan solo de dimensiones exteriores y objetivas, es decir, de superficies. Es lo que ves si, en este mismo instante, miras la imagen total que tienes ante ti y acabas concluyendo que se trata de un enorme sistema por entero interrelacionado. Es cierto que ves un sistema ecológico o una totalidad, pero no lo es menos que lo único que ves son dimensiones exteriores o superficiales. Así es exactamente el cuadrante inferior derecho, un cuadrante compuesto de árboles, hierba, ranas, perros, gatos y seres humanos (y sus artefactos), pero solo en lo que respecta a sus superficies objetivas, exteriores y materiales, todas las cuales pueden verse o grabarse en vídeo, pero en las que no hay una sola interioridad.

Esa fue la imagen –respaldada por una ciencia empírica basada en la medición– que la Ilustración asumió como suprema y que sirvió de guía a la modernidad. También es cierto que, en esa misma época, asistimos a la emergencia de movimientos de rechazo de ese reduccionismo chato y limitado (como el romanticismo y el idealismo). Como exclamó uno de sus críticos, «había que ser insensible o estar muerto para aceptar ese reduccionismo». Ninguna de esas objeciones, sin embargo, consiguió frenar el respaldo oficial al materialismo científico y a su racionalidad instrumental. Así fue como el sistema holístico de la Naturaleza, con sus interiores y exteriores muy interrelacionados, acabó colapsándose en un holismo materialista. Es cierto que se reconoció la existencia de un Sistema de la Naturaleza total y perfectamente entrelazado, pero solo en lo que respecta al cuadrante inferior derecho (es decir, a sus dimensiones colectivas exteriores). Se trata, sin duda, de un holismo, pero de un holismo chato, de un holismo que carece de autenticidad y de un holismo que se niega a mostrarse.

Esta versión chata del gran orden interrelacionado es el auténtico pecado de la Ilustración y explica que el materialismo científico siga siendo la filosofía oficial sobre la que se sustenta el mundo occidental. A partir de ese momento, si querías saber qué era «realmente real», ya no preguntabas a la religión, sino que te dirigías a la ciencia.

Lo peor de todo es que el crimen de la Ilustración no se limitó a reducir toda realidad al cuadrante inferior derecho, sino que se esforzó denodadamente en borrar y erradicar los cuadrantes de la Mano Izquierda. Así fue como, al no poder someterse a la medición científica, la conciencia, la cultura, la mente y los sujetos acabaron viéndose erradicados. Y ya hemos visto que casi todos los problemas de la modernidad y la postmodernidad se derivan de este alejamiento y esta renuncia a las realidades interiores. Este no es un subproducto de la Ilustración, sino del crimen de la Ilustración, es decir, de la reducción del gran Sistema de la Naturaleza, de la reducción de un gran orden interrelacionado de los cuatro cuadrantes a la consideración exclusiva del cuadrante inferior derecho.

El resultado final de esta situación fue que, aunque la ciencia alcanzó niveles de desarrollo global, el desarrollo de sus dimensiones interiores quedó muy por detrás, porque ni siquiera se las consideraba realmente reales. Los problemas generados por ese extraordinario desequilibrio entre los niveles alcanzados por la ciencia, la tecnología y los artefactos exteriores y los niveles alcanzados por la conciencia, la cultura y la sabiduría interior pusieron entonces de relieve su potencialidad globalmente suicida. Ahí es donde se encuentra todavía el mundo moderno.

Entonces fue cuando, en el rostro mismo de la modernidad, empezamos a reconocer sus *desastres*.

Atomismo versus teoría de sistemas: ¿un nuevo paradigma?

Como acabamos de ver, desde el origen mismo de la ciencia moderna ha habido, dentro de la ciencia, un apasionado debate entre los seguidores del reduccionismo sutil (según los cuales, la realidad está compuesta de totalidades sistémicas hechas de elementos y procesos materiales dinámicamente interrelacionados) y el reduccionismo burdo (que afirma que la realidad está tan solo compuesta por esos mismos elementos materiales aislados), dos bandos que concitaban, respectivamente, el apoyo de las versiones contrapuestas de la teoría sistémica y del materialismo atomístico. Pero todo este debate se ha movido en el seno de los cuadrantes exteriores de la Mano Derecha excluyendo toda interioridad (porque la teoría sistémica se desentiende de realidades fenoménicas como la belleza, la moral, el amor, la bondad, el valor o la conciencia de primera persona). Se trata, en fin, de una batalla entre dos bandos de la Mano Derecha: los partidarios de la visión sistémica centrada en los holones colectivos (cuadrante inferior derecho) y los partidarios de la visión atomística que gira exclusivamente en torno a los holones individuales (cuadrante superior derecho).

Esta escisión ocurrió durante la Ilustración cuando el gran orden interrelacionado que había comenzado como un reflejo del Gran Nido del Ser acabó exclusivamente reducido a los sistemas materiales interrelacionados del cuadrante inferior derecho. También hubo quienes, llevando este reduccionismo sutil más lejos todavía, acabaron cayendo en el reduccionismo burdo de tratar de explicar el universo en términos solo «atomísticos», «fisicalistas» o «mecanicistas». Los términos asociados a ese reduccionismo burdo suelen considerarse el núcleo mismo de la Ilustración, derivado, como ya hemos visto, de una distorsión y corrupción de sus ideas centrales, la Gran Holarquía del Ser y el Sistema completamente interrelacionado de la Naturaleza. Y lo más revelador es que los pensadores que negaban con mayor vehemencia el reduccionismo burdo eran los defensores del reduccionismo sutil.

Así fue como la teoría sistémica (que *acepto* plenamente, aunque solo dentro del ámbito del cuadrante inferior derecho) no deja de esgrimir su reconocimiento de que todo está relacionado con todo y que incluye toda la realidad que puede –y debe– ser incluida. Lo curioso es que sus relatos ni siquiera mencionan cuestiones tan importantes como la estética, la ética, la moral, la virtud, la visión y el propósito; tampoco dicen nada sobre los estadios del crecimiento, los estados del despertar, las formas de limpiar o la importancia de abrir y de mostrar, es decir, no mencionan nada en absoluto sobre las dimensiones interiores o de la Mano Izquierda. Esta es simplemente una forma de reducir la Red de la Vida y el gran orden interrelacionado a su versión más chata de meras exterioridades, sin advertir siquiera cuál es el verdadero problema.

Los defensores del enfoque sistémico suelen estar muy orgullosos de ser tan inclusivos. Presentan el atomismo como el gran enemigo y afirman abogar por una realidad completa e interrelacionada compuesta de procesos dinámicos extraordinariamente interrelacionados y en los que todo está conectado con todo; presentan el universo como una gran armonía de sistemas dentro de sistemas y te invitan a unirte a su cruzada por la unidad y la totalidad. Y, desde su perspectiva, tienen toda la razón, porque la realidad es en verdad un sistema extraordinariamente interrelacionado. El problema es que ese abordaje al parecer tan «holístico» e interrelacionado se desentiende por completo de la mitad del universo. La suya es una visión en tercera persona de las dimensiones exteriores de la Mano Derecha, una visión que soslaya por completo las dimensiones interiores de la Mano Izquierda y sus propios términos de primera y segunda persona. Así es como reduce la conciencia de primera persona y la conciencia del cuadrante superior izquierdo a meros bits de información que discurren por las redes neuronales y las estructuras cerebrales del cuadrante superior derecho. De manera parecida, los teóricos de sistemas, armados con una plétora de «nuevos paradigmas» (que afirman que «transformarán el mundo»), sostienen que la vanguardia de las ciencias naturales más avanzadas apunta a un mundo completamente unificado (semejante, según dicen, al que los místicos han sostenido desde el comienzo de la historia). En este sentido, por ejemplo, toman el «entrelazamiento cuántico» como prueba de que «todo está interrelacionado».

(Recordemos que el entrelazamiento cuántico se refiere al hecho de que, cuando se separan dos partículas subatómicas cuyas características se determinan de manera mutua, las características de una de ellas determinan instantánea y simultáneamente las de la otra al margen de la distancia a la que, en ese momento, se encuentren). Y, como esto ni siquiera podría ser explicado por una información que viajase a la velocidad de la luz, la interdependencia de ambas partículas (el llamado «entrelazamiento») debe hallarse, de algún modo, incorporada a su misma existencia. Eso está muy bien, pero las leyes cuánticas que se aplican a esas dos partículas subatómicas no nos dicen casi nada sobre dimensiones más elevadas o complejas de la realidad, ni siquiera dentro de la ciencia misma. Nada nos dice ni explica la física cuántica sobre biología, psicología, ecología o sociología. Tampoco nos dice nada sobre el funcionamiento del ADN ni la genética; pasa de puntillas sobre la mayoría de las formas de bioquímica y la compleja interacción que existe entre las moléculas; mantiene silencio sobre la ecología y el posible colapso biosférico al que estamos condenados; calla sobre el material de la sombra y el modo de limpiarlo, y no nos dice absolutamente nada sobre crecer, mostrar y cosas por el estilo. Y, aun en el caso de que las leyes que gobiernan esas partículas subatómicas se aplicasen por igual a las demás partículas físicas (cosa que ni de lejos hacen), tampoco resultan aplicables a ningún nivel superior de la realidad. Sostener que lo hacen es, en sí mismo, el *summum* del reduccionismo.

Y ya hemos visto el hecho realmente vergonzoso de que, si la mecánica cuántica revelase realmente la realidad a la que accede el practicante zen cuando experimenta un satori (es decir, la Conciencia de Unidad Última), cualquier físico habría tenido un satori importante, cosa que casi ninguno de ellos parece haber experimentado. ¡No, el estudio de la mecánica cuántica no te acerca un ápice a la experiencia del despertar!

Pero los teóricos de los nuevos paradigmas no dejan de hablar –apasionadamente y sin duda con la mejor de las intenciones– en favor del gran orden interrelacionado (colapsado) del Sistema de la Naturaleza (roto); y casi todos afirman a voz en grito haber superado el obsoleto paradigma del atomismo y el mecanicismo de la Ilustración… cuando lo único que hacen es ofrecernos una nueva versión del reduccionismo sutil colapsado durante la Ilustración. Y, por más que insistan en que el verdadero enemigo es el atomismo, las ciencias naturales avanzadas –es decir, las «nuevas ciencias» y el «nuevo paradigma» que sustentan– no dejan de hablar de la naturaleza holística de la naturaleza, aunque solo en sus aspectos materiales, objetivos y exteriores y en sus «ellos» dinámicos. No son más que variaciones de las ciencias sistémicas *tradicionales* que, como hacen las ciencias ortodoxas, solo nos ofrecen últimas novedades del materialismo científico. Pero una ciencia tradicional centrada en una red de la realidad no deja de ser una ciencia tradicional, es decir, una forma de materialismo científico. Y, como sucede con las demás nuevas teorías materialistas científicas, los nuevos paradigmas insisten enérgicamente en que el auténtico enemigo es el atomismo que, centrado en el hiperindividualismo, deja el mundo en manos de las jerarquías de dominio y de un capitalismo codicioso que puede acabar provocando una catástrofe medioambiental. Solo una visión sistémica unificada podrá –según insisten estos nuevos paradigmas– invertir esta terrible situación e insuflar vida nueva en este planeta.

La versión reduccionista del gran orden interrelacionado –es decir, «el crimen de la Ilustración»– sigue estando bien viva. Esta visión encarna los desastres de la modernidad que, pese a afirmar tener en cuenta el mundo entero, sigue aplastando y destripando las interioridades. Se trata de una forma sutil de reduccionismo porque, por más que insistan estos nuevos paradigmas en que la solución de las crisis globalmente suicidas a las que se enfrenta la humanidad dependen de abrazar este gran orden interrelacionado, sus afirmaciones implican reducir los cuatro cuadrantes a formas de tercera persona que son plurales, colectivas e interrelacionadas. Pero ese es precisamente el problema. Esos enfoques son, en última instancia, síntomas de la misma enfermedad que pretenden curar.

Comienza simplemente mostrándote. Renuncia al legado de los desastres de la modernidad que nos ha conducido hasta el umbral mismo del apocalipsis suicida al que hoy se enfrenta la modernidad. No incurras, en el intento de insuflar, en tu vida, más unidad, armonía y totalidad, en el error de quedarte con las meras superficies, las fachadas y las capas de barniz. Ten mucho cuidado en no caer en la versión colapsada y reduccionista del gran orden interrelacionado, el grandioso Sistema de la Naturaleza, y tampoco permitas que el hecho de que todas las superficies y exterioridades estén completamente interconectadas te distraiga del hecho devastador de que ese gran orden no es más que un orden de «ellos» dinámicamente interrelacionados. De ese modo sacamos por completo de escena todo «yo», «tú» o «nosotros», lo que evidencia un colosal fracaso en la dimensión «mostrar». Y lo peor no es que no solo no sabemos –sino que ni siquiera sospechamos– que esto no tiene nada que ver con mostrar. Ten cuidado, pues, cuando apliques esta gran «red de ellos» a tu propia vida, a no ser, claro está, que quieras acabar convirtiéndote en un «ello».

El mundo del mañana: ¿un transhumanismo global?

Quizás ahora tengas la posibilidad de comprometerte con todas estas prácticas de la Gran Totalidad –mostrar, crecer, despertar, abrir y limpiar– pero, en el momento en que el enfoque integral se convierta en una parte completa y significativa de una sociedad futura, la robótica se habrá hecho cargo casi por completo de cualquier tipo de trabajo humano. Existiremos en una cultura del ocio que nos permitirá vivir varios centenares de años para hacer lo que queramos. Y gran parte de lo que entonces querremos serán formas de despertar, crecer, limpiar y mostrar, aunque solo sea porque eso sea lo único que nos quede por hacer. Ningún robot podrá hacerlo por nosotros y, por tanto, deberemos hacerlo nosotros mismos. Entonces podremos volcarnos con entusiasmo en el viaje y la aventura de crecer, expandirnos y evolucionar desde una identidad exclusiva con este organismo aislado hasta una identidad con todas las cosas y acontecimientos del Kosmos, una Conciencia Kósmica que es nuestro Rostro Original y nuestra Naturaleza más profunda y verdadera.

En cuanto a las previsiones tecnológicas debemos decir que la expectativa generalizada en Silicon Valley es que nos dirigimos hacia un futuro «transhumanista» en el que los seres humanos podrán descargar su conciencia en ordenadores y vivir, en consecuencia, indefinidamente. Pero ten cuidado, porque esa vida eterna durará hasta el momento en que a alguien se le caiga tu ordenador y se haga añicos. No hay ordenador que sea indestructible y que, en consecuencia, pueda durar eternamente y tampoco lo hará nada que dependa de él. ¿No te parece terrible que tu vida pueda acabar por un accidente tan estúpido como que a alguien se le caiga el ordenador a través del cual estabas mirando?

Y tampoco estaría mal que te preguntases en qué nivel de conciencia te gustaría estar cuando tu conciencia se descargue (sin olvidar que eso sería básicamente para siempre). ¿Quieres pasar el resto de la eternidad en un estado de conciencia egoico y sumido en la ilusión? Porque lo que ese transhumanismo nos promete no se asemeja tanto a la iluminación como a la ignorancia eterna. ¿De verdad quieres seguir siendo tan estúpido como ahora... por toda la eternidad? ¿Y qué podríamos decir con respecto a la evolución? Porque tu conciencia no evolucionará, crecerá ni se desarrollará un ápice más allá del momento en que se descargó, de modo que te verás obligado a pasar el resto de la eternidad en un estado relativa pero generalizadamente limitado y sin posibilidad alguna de seguir evolucionando. ¿De verdad te gustaría pasar el resto de tu vida en la Tierra en un estado de conciencia mítico etnocéntrico? ¿No te das cuenta de lo espantoso que eso podría llegar a ser?

Ahora mismo tienes la posibilidad de elegir un futuro que rechace el «mucho chato». Ahora mismo tienes la posibilidad de albergar la plenitud de tu ser, mostrarte e irradiar por doquier tu Fuente y tu Talidad. En modo alguno estás obligado a aceptar los desastres de la modernidad y resignarte a ellos. Tampoco estás condenado a abrazar nuevos paradigmas que, al tiempo que cantan las glorias del gran orden entrelazado, destripan sus interioridades y dejan sus vísceras esparcidas por todo el camino que conduce a una supuesta gloria futura. En modo alguno debes borrar las interioridades de la Mano Izquierda y colapsar sus realidades en superficies y fachadas exteriores brillantes y barnizadas de la Mano Derecha poniendo fin así a cualquier esperanza de crecer, despertar y limpiar y quedándote únicamente con la cáscara superficial de tu ser y un núcleo hueco de conciencia, que es lo que quedará de tu auténtica conciencia después de «la colonización total y completa del mundo de la vida por parte la ciencia».

Este libro te ha presentado evidencias bastante convincentes de la existencia de un crecimiento (en el que, si quieres, puedes empezar a participar desde ahora mismo); de un despertar (que puedes experimentar directamente en este mismo instante); de algo llamado limpiar (que puede aportarte cierta plenitud y paz mental), y de algo llamado abrir (a los múltiples potenciales que descansan en tu interior), algo que puedes abrazar y encarnar efectivamente en este mismo instante, permitiendo que tu vida irradie en todas direcciones hasta el mismo infinito ida y vuelta.

En los últimos capítulos me he centrado en lo que entiendo que es mostrar, subrayando lo que significa, el modo en que nuestra cultura se ha desconectado de esta dimensión y lo que podemos hacer para recuperarla. Echemos ahora un vistazo serio al despertar, tanto a lo que es como al modo en que podemos experimentarlo ahora mismo. Al comienzo de este libro presenté el tema del despertar, pero ahora me gustaría entrar con más detalle en este punto porque se trata de una faceta muy importante de una realización total y verdadera de la Gran Totalidad. También quiero dar algunas instrucciones para señalar y presentar algunas prácticas sobre el despertar, incluidas las prácticas de un tantra sexual integral que te ayuden a emprender, cada vez que mantengas relaciones sexuales, el camino hacia un verdadero despertar.

Te invito, pues, a que me acompañes en un viaje a tu Yo Real, a tu Verdadera Naturaleza y a la Condición y Realidad fundamental de tu ser. Se trata de un camino que se encuentra más allá del tiempo y del espacio, de un camino sin meta ni objetivo y de una realización que carece de principio y de final. Creo que no te decepcionarás.

15. El despertar

Visión general

Comenzaremos con una breve introducción al proceso fundamental del despertar. Creo que encontrarás esto interesante, porque lo haremos centrándonos en los dos estados más elevados de conciencia: *turiya* (el Testigo o la Conciencia pura) y *turiyatita* (la conciencia de Unidad no-dual, la Unidad Suprema o, simplemente, la Talidad). También exploraremos las sensaciones inmediatas que acompañan a ambos estados, o, dicho en otras palabras, las sensaciones que acompañan a la iluminación o el modo en que se experimenta el hecho de estar iluminado.

Acceder al Testigo, por ejemplo, implica pasar de la identificación con un yo pequeño, finito, limitado y *visto* (al que generalmente se conoce como ego) al amplio, infinito, omnipresente Testigo que no es algo visto (sino Lo Que Ve) ni tampoco un contenido de conciencia, sino la Conciencia (es decir, algo que va acompañado de una sensación de liberación total y profunda). El Testigo puede decir: «Veo esa montaña, pero no soy esa montaña. Tengo sensaciones, pero no soy esas sensaciones. Tengo sentimientos, pero no soy esos sentimientos. Tengo pensamientos, pero no soy esos pensamientos». El Testigo es el Vidente puro que no puede ser visto ni observado. No es un contenido de conciencia, sino la Conciencia libre y completamente ajena a todo contenido. El Testigo, dicho en otras palabras, es *neti, neti*, es decir, «ni esto ni aquello».

Si buscas este Yo Verdadero, *no lo encontrarás viendo algo* porque lo único que puedes ver son objetos, contenidos y cosas («Yo no soy esto; yo no soy eso»). Veas lo que veas está bien, pero no te identifiques con ello, porque Tú no eres eso. Empieza experimentando la inmensa libertad que acompaña a ese estado, una especie de apertura y amplitud que no es tanto un objeto como un clima. El Testigo de todos los objetos está profundamente libre de ellos y se experimenta como una Gran Liberación ajena a *dukkha*, al sufrimiento y a todo indicio de ansiedad, depresión y angustia. Ya no eres una víctima de la vida, sino el Testigo radicalmente libre de la vida. Esta es la sensación de inmensa libertad que experimentarás en el momento en que reconozcas directamente, en ti, al verdadero Testigo.

La *sensación* que acompaña a esta inmensa libertad es muchas cosas, una sensación de liberación extática, una sensación de alegría y felicidad profundas que muchas tradiciones resumen con una sola palabra: beatitud o *éxtasis*. El Testigo existe como una libertad radical que se experimenta como beatitud, un término que, en sánscrito, es *ananda*, una de las metáforas centrales del Espíritu. Casi todas las tradiciones diferencian muy claramente el «Espíritu último» (del cual –*à la* Nagarjuna–, nada podemos decir) del Espíritu cualificado (del cual podemos decir metafóricamente alguna que otra cosa). A veces se conoce el Espíritu último como «nirguna Brahman» (en donde *nirguna* significa «totalmente incalificable»). Dicho en otras palabras, se trata de un verdadero Vacío (vacío de todos los pensamientos y vacío de todas las cosas). «Saguna Brahman», por el contrario, se refiere al «Espíritu con cualidades metafóricas», es decir, cualidades que solo son verdaderas en un sentido metafórico. Es innecesario decir que, como nada podemos decir de *nirguna* Brahman, todo lo que digamos sobre el Espíritu se refiere a *saguna* Brahman. El único modo de entender *nirguna* Brahman es experimentando un despertar, de lo cual hablaremos más adelante en esta misma sección.

La tradición india define *saguna* Brahman como *satchitananda*, una expresión sánscrita compuesta por *sat* (que significa «ser»), *chit* (que significa «conciencia») y *ananda* (que significa «beatitud»). Ser-Conciencia-Beatitud es, pues, el núcleo metafórico del despertar. Y, como el Testigo es la realidad omnipresente –nos demos o no cuenta, en este mismo instante, está completamente presente–, también lo están igualmente, lo advirtamos o no, su libertad y su beatitud. Cuanto más ejercitemos el reconocimiento de este Yo Verdadero y de su correspondiente sensación de libertad radical más conciencia cobraremos de esta omnipresente beatitud. Porque es esa sensación la que nos advierte de la omnipresencia del Yo Verdadero, algo que podemos experimentar directamente aquí y ahora, en este mismo lugar y en este mismo instante.

No olvidemos, pues, que la libertad radical que acompaña al Testigo se experimenta como beatitud.

A medida que sigamos explorando estos estados más elevados pasaremos de *turiya* (que literalmente significa «el cuarto») a *turiyatita* (que literalmente significa «más allá del cuarto») que, según se dice, es el estado último y más elevado de conciencia. Este quinto estado no es un Yo o un Testigo, sino la simple Talidad, Esencia o Presencia pura e indivisa (Un Solo Sabor). Aquí ya no atestiguo la montaña, sino que soy la montaña; ya no veo las estrellas, sino que *soy* las estrellas; ya no observo las nubes, sino que *soy* las nubes y ya no siento la Tierra, sino que *soy* la Tierra. Cuando la sensación de identidad da un nuevo paso atrás y atestigua el mundo, se disuelve en una *unidad pura* con la totalidad del mundo… y yo soy Eso. Todavía queda una sensación de libertad, pero la sensación que acompaña a Eso es la de *plenitud*. Literalmente, no hay nada que esté fuera o separado de mí. Solo hay yo, pero no se trata de un «yo», sino de Esto, de la Talidad, la Esidad, la Esencia de este y de todos los instantes, sin dentro y sin fuera, sin pasado y sin futuro, solo *Esto*.

La libertad siempre es *libertad de algo* (la liberación consiste en zafarse de algún tipo de condicionamiento). La libertad radical que acompaña al Testigo es una libertad de todo el reino manifiesto, una libertad gozosa y ajena a todo *samsara*, a todo sufrimiento, a toda ansiedad, depresión, tormento y terror. Y es libre, porque está más allá de todo eso. Es *neti, neti*, es decir, «ni esto ni aquello». Pero la *plenitud* que acompaña a Un Solo Sabor no es ajena a ninguna manifestación, sino que es una con todas ellas (de ahí lo de Un Solo Sabor o No-dualidad pura). Es un tipo de libertad que no es ajena a nada, sino que es radicalmente Una con Todo. Y como Un Solo Sabor es uno con todo lo que emerge –una Conciencia de Unidad Última–, nada hay que pueda limitarlo, amenazarlo, dañarlo o mortificarlo. Así es la exuberante plenitud que acompaña a la sensación de Un Solo Sabor.

La sensación que acompaña a esta plenitud no es, pues, la beatitud, sino el *amor* (aunque, obviamente, ambas estén presentes en el estado Último). El amor es la sensación que acompaña al hecho de ser uno con algo, lo que, en este caso, es un amor infinito y último porque Un Solo Sabor es una unidad con el universo entero, con todo lo que emerge. Aquí soy literalmente uno (es decir, no dos) con la totalidad del kosmos, una Conciencia Kósmica inmersa en la Talidad o Esidad de este momento. Y ya no se trata de que esté experimentando este momento, sino de que soy la totalidad de este Ahora, en todo su resplandeciente amor.

Resumiendo, pues, el reconocimiento de estos dos estados más elevados –el Testigo puro y Un Solo Sabor– va acompañado del reconocimiento de una libertad radical y una plenitud profunda que se experimentan como una beatitud y un amor que todo lo incluyen. Esta beatitud amorosa (o este amor beatífico) es la textura misma de todos los Ahora que tendremos y refleja la libertad última y la plenitud radical de nuestra naturaleza omnipresente más profunda. En esta parte del libro nos ocuparemos del Testigo puro y de Un Solo Sabor y de sus correlatos, la libertad radical y la plenitud pura, experimentados como una beatitud continua y un amor que todo lo abraza.

Comenzando en este capítulo y continuando en el siguiente (capítulo 16) volveremos a estos dos estados superiores de conciencia (*turiya* y *turiyatita*) y proporcionaremos algunas instrucciones para ayudarte a llevar a cabo su omnipresencia. En el capítulo 17 nos ocuparemos de los sentimientos que acompañan a la iluminación (beatitud y amor) y daremos varias instrucciones para ayudarte a reconocer esa omnipresencia. Y, como parte final de nuestra aventura en el despertar, hablaremos de un tantra sexual integral. El tantra es muchas cosas pero, por encima de todo, es una forma de usar las sensaciones de beatitud y amor que emanan naturalmente del sexo como camino hacia la beatitud y el amor del Espíritu último. Ya hemos dicho que la beatitud y el amor son los dos sentimientos básicos de la auténtica Conciencia Espiritual. El tantra es una forma directa de usar los sentimientos temporales y finitos del amor y la beatitud sexual para recordar, evocar y perfeccionar la beatitud y el amor infinitos y omnipresentes de nuestra verdadera naturaleza. La sexualidad, en suma, puede emplearse como un medio para despertar, de modo que, cada vez que tengas sexo, puedas sumirte directamente en el Espíritu divino y quedarte frente a tu Yo y tu Talidad más profunda y verdadera. A este tantra sexual dedicaremos precisamente los capítulos 18 y 19 y presentaremos también ejercicios y prácticas concretas para llevarlo a la práctica, lo que con toda probabilidad transformará para siempre la imagen que tengas de la sexualidad.

El olvido histórico del despertar

El despertar probablemente sea una de las dimensiones más profundas de la Totalidad que el mundo moderno ha acabado negando, olvidando e ignorando. Se trata de un área rechazada en gran medida por la modernidad. ¿Por qué? Ya hemos visto la importante distinción que hemos hecho entre la inteligencia espiritual (que es un conocimiento indirecto «por descripción» que acompaña al crecimiento) y la experiencia espiritual (que es un conocimiento directo «por familiaridad» que acompaña al despertar). A medida que la humanidad evolucionaba y se desarrollaba, especialmente en Occidente, desde el estadio mítico tradicional ámbar hasta la racionalidad característica del estadio moderno naranja (Era de la Razón), la vanguardia se quedó cada vez más impresionada –y por muy buenas razones, todo hay que decirlo– con el conocimiento generado por la ciencia racional y más tendente también a oponerse a los aspectos más desastrosos de una religión estrictamente mítica. De hecho, la Europa moderna (de 1700 en adelante) acababa de pasar por varias décadas de guerras religiosas muy sanguinarias (del tipo «mi Dios es mejor que el tuyo») y la modernidad afirmaba que «Dios ha muerto» (y lo cierto es que, para la vanguardia más avanzada, el dios mítico ámbar estaba agonizando).

Y cada paso hacia delante que daba la visión científica de la racionalidad naranja iba acompañado de un paso atrás de los dogmatismos míticos. Uno o dos siglos después, la mayoría de los pensadores de vanguardia habían abandonado su confianza en la religión mítica y la habían depositado en la ciencia racional. Hoy en día, la filosofía cultural oficial de Occidente sigue siendo el materialismo científico (un logro histórico del que nos hemos ocupado en el capítulo anterior).

Sin embargo, cuando la modernidad descartó la religión, incurrió en el error de confundir la inteligencia espiritual (que es una línea del crecer) con la experiencia espiritual (que es un estado directo del despertar). Pues, aunque no cabe duda de que los fundadores de la mayoría de las grandes religiones del mundo habían experimentado algún despertar profundo, no podía decirse lo mismo de sus seguidores. El objetivo esencial de la religión se concebía como el logro de un estado de conciencia semejante al de su fundador y a ello apuntaban muchas de sus prácticas religiosas. Y, aunque siempre hubo unas pocas personas que alcanzaron esos estados superiores del despertar, la mayoría, sin embargo, no lo hizo. Pero todo el mundo, sin excepción, había llegado a algún estadio del desarrollo (principalmente mítico) y había desarrollado también, en consecuencia, algún nivel de inteligencia espiritual. El nivel más común de inteligencia espiritual de la Edad Media, por ejemplo, era mítico ámbar, y este era, en consecuencia, el dogma típico instalado en los distintos credos que, por aquel entonces, definían la cristiandad (como el Credo de Nicea y el Credo de los Apóstoles, que se caracterizan por un núcleo fuertemente mítico-literal etnocéntrico ámbar). Y el cristianismo también acogió, aunque en un número mucho menor, a practicantes de la meditación, de la contemplación o de algo así como *La nube del no-saber* que aspiraban a un auténtico despertar (normalmente de una forma de misticismo apofático *turiya* o *neti, neti*). A menudo se trataba de monjes, y aunque, de entre ellos, un pequeño número es posible que tuviera un auténtico despertar, para el resto de la población, la inteligencia espiritual no superaba el estadio mítico-literal.

Muy poca gente entendía entonces la diferencia entre inteligencia espiritual y experiencia espiritual. Por una parte, aún no se habían descubierto los estadios del desarrollo y, por la otra, el porcentaje de personas que habían experimentado un auténtico despertar era bastante escaso, y, como resultado, al no haber una clara línea divisoria entre la espiritualidad que acompañaba al desarrollo y la espiritualidad que acompañaba al despertar, ambas parecían, ante el ojo profano, igualmente «religiosas». La inmensa mayoría de las personas que afirmaban creer en el Dios cristiano lo hacían basándose en algún tipo de creencia mítico-literal. Es por ello por lo que, en el momento en que la ciencia descartó la religión, también se desembarazó de la espiritualidad. No solo rechazó la religión mítica ámbar, sino que se desentendió de cualquier forma de despertar. Dios había muerto y punto. Así fue como Occidente olvidó el despertar.

Por ello no me limito a anunciar la necesidad de resucitar el despertar, sino que te lo recomiendo encarecidamente.

El testigo versus Un Solo Sabor

Las personas suelen tener dificultades en distinguir –o, al menos, en recordar– la diferencia entre el Testigo y Un Solo Sabor. Pero esta es una diferencia que se centra en la relación que mantenemos con la imagen de Todo Lo Que Es. En el caso del Testigo, permaneces libre de la totalidad y te limitas a atestiguar (como Subjetividad Absoluta, Vidente puro o Yo Verdadero) su presencia como un objeto total y completamente ajeno a ti (*neti, neti*). En el caso de Un Solo Sabor, sin embargo, das un paso adicional hasta que el Testigo acaba disolviéndose en la Imagen Total y desaparece la sensación de estar separado de cualquier cosa que aparezca (conciencia pura de Un Solo Sabor). La sensación básica que acompaña a Un Solo Sabor no es tanto, como ocurre en el caso del Testigo, una sensación de *libertad de todo*, sino una sensación de *plenitud* y *unidad con todo y como todo*.

La Imagen Total, en ambos casos, es la suma de todas las cosas y sucesos que, en este momento, emergen en tu conciencia, sin eludir, negar ni resistirte a nada (independientemente de que lo atestigües todo o de que te fundas con todo). El primer paso, en ambos casos, consiste en descansar de verdad en la más total de las totalidades de las que puedas ser consciente. *Experimenta todo lo que aflore sin negar absolutamente nada*. Empieza descansando en una conciencia del Testigo y contempla Todo Lo Que Es (y con ello me refiero a cualquier cosa, suceso, sensación, impulso, sentimiento o deseo que, en ese mismo instante, emerjan en tu campo de experiencia.

Conviene reconocer que, en cada uno de estos casos, nuestra conciencia habitual está sometida a una evitación fundamental, a un miedo primordial, a una contracción. En cada momento hay algo –una idea, un pensamiento, una percepción, un impulso, una sensación, una cosa o un suceso– que *no queremos ver*. Esta evitación fundamental que nos lleva a alejarnos, a mirar hacia otro lado o a hablar de otras cosas es la causa de toda la miseria que aqueja a la humanidad. Así es como se inicia una reacción en cadena que genera una cascada de dualidades, una fragmentación tras otra, una ruptura tras otra, y no olvides que una de las expresiones de la *ruptura* es el *sufrimiento*.

Una de las manifestaciones más habituales de esta evitación primordial es una tensión difusa –pero no, por ello, menos evidente–, de contracción en uno mismo y del consiguiente estrechamiento de la experiencia. No hay entonces una *conciencia* total de la experiencia, sino una *atención* y un centramiento focalizados en una determinada región de la experiencia. Pero advierte que, además de experimentar esa contracción en ti mismo, también puedes ser consciente de ella; momento en el cual lo que es consciente de esa contracción se libera de ella. En ese instante, tu conciencia ya no está identificada con la contracción, sino que solo se limita a atestiguarla. Y, en esa conciencia pura, todo aflora de un modo sencillo, completo y total. Esta conciencia puede llegar a incluir la contracción en ti, que entonces aflora junto a todo lo demás y con la conciencia primordial espontánea, natural y sencilla de Todo Eso, consciente del canto de los pájaros, del sonido de ese claxon, del murmullo de la gente y del paso de las nubes surcando el cielo, y todo ello aflorando en ese espacio inmenso y abierto que es la Conciencia misma.

La clave de cualquier entrenamiento genuino de la atención plena tanto del Testigo como de Un Solo Sabor consiste en reconocer la Conciencia Testigo primordial omnipresente que *no* está atrapada en la evitación y que permite que todo, absolutamente todo (todas las cosas y todos los acontecimiento), aflore y se manifieste espontáneamente en tu conciencia tal como es. A eso me refiero cuando hablo de la Imagen de Todo Lo Que Es. Y como sucede con todas las imágenes, para que la imagen tenga sentido son necesarias todas las cualidades que forman parte del momento presente. Para que todas esas cualidades se manifiesten son necesarias las luces y las sombras, las montañas y los valles, el bien y el mal, el placer y el dolor y la felicidad y la tristeza. Si pretendiéramos desembarazarnos del mal y persiguiéramos exclusivamente el bien, si quisiéramos alejarnos del dolor y buscásemos solo el placer, si pretendiéramos despojarnos de la tristeza y nos empeñásemos en aferrarnos exclusivamente a la felicidad, estaríamos buscando un mundo de arriba sin abajo, de dentro sin fuera y de izquierda sin derecha. Cuando las grandes tradiciones afirman de manera unánime que la iluminación consiste en «liberarnos de los pares», se refieren a los pares de opuestos, a *todos* los opuestos. El Espíritu no es solo bueno, sino que está más allá del bien y del mal; el Espíritu no solo es placer, sino que está más allá del placer y del dolor, y el Espíritu tampoco es solo luz, éxtasis, libertad, liberación, salvación o cualquier otro concepto que tenga sentido en términos de su opuesto (recuerda que ese fue el punto subrayado por Nagarjuna sobre la Vacuidad). A ello se referían precisamente los místicos cristianos cuando hablaban de la *coincidentia oppositorum*, es decir, «la coincidencia de los opuestos», la unidad de los opuestos. Darnos cuenta de esto nos libera del empeño de quedarnos únicamente con la mitad que nos gusta de cualquier par de opuestos y que nos condenaría a deshacernos de la mitad que nos desagrada, dividiendo así el universo en dos. (Alan Watts escribió un libro extraordinario sobre la *coincidentia oppositorum* titulado *Las dos manos de Dios*, en el que subraya que Dios tiene una mano izquierda y una mano derecha y que siempre van juntas, ¿entiendes?).

De modo que el primer paso tanto de la práctica del Testigo como de la práctica de Un Solo Sabor consiste en empezar descansando en una Conciencia Testigo omniinclusiva de la Imagen de Todo Lo Que Es. La clave consiste en permitir que la conciencia de la Mente-Espejo opere sin contraerse, sin evitar nada y sin mirar hacia otro lado, sino en *darse permiso para experimentar toda experiencia, en permitir que toda experiencia aflore por completo tal como es en este mismo instante y permitir que todo fluya a través de ti sin contraerte ni negar absolutamente nada. Míralo todo y no evites nada.*

Y, si te descubres evitando esto o contrayéndote ante aquello, no pasa absolutamente nada. Tan solo observa esa evitación, dale permiso y deja que aflore en tu conciencia tal como es. No te empeñes en negar nada pero, si lo haces, tampoco pasa absolutamente nada. Tan solo date cuenta de esa negación. No pretendas apartarte de nada pero, si lo haces, tampoco pasa absolutamente nada. Tan solo date cuenta de eso. *No te equivoques en este punto.* Y lo cierto es que no puedes equivocarte, porque alguna parte de tu conciencia está haciendo las cosas perfectamente bien. Tan solo advierte lo que emerge en tu conciencia y reconoce que esta conciencia misma es una Mente-Espejo que todo lo abarca, que advierte y atestigua de manera espontánea y sencilla todo lo que ocurre instante tras instante. Tan solo date cuenta de esa Conciencia presente, de ese Testigo puro y descansa ahí.

Los dos pasos de esta práctica

Así pues, el primer paso tanto de la práctica del Testigo como de Un Solo Sabor es el mismo y consiste simplemente en atestiguarlo todo. Puedes distinguir estas dos prácticas viendo –como *segundo* paso– la relación que mantienes con esa Imagen Total.

Recordemos que la Imagen Total es la totalidad de los fenómenos que aparecen en cualquier momento, la totalidad de tu experiencia presente (lo que incluye también cualquier pensamiento relativo al pasado y cualquier pensamiento presente relativo al futuro; deja que todo aflore como quiera). Si procuras permanecer del todo consciente de esa Imagen Total observando ininterrumpidamente todo fenómeno que aflore sin identificarte con él, evitarlo y sin alejarte de él, de modo que esos fenómenos aparezcan como objetos ante el Testigo, te liberarás por completo de todos los objetos. Serás un Yo Verdadero, la Subjetividad Absoluta y todos estos objetos aparecerán «frente» a ti. Si eso es lo que estás haciendo, estarás practicando *turiya* (la práctica del Testigo), empleando la conciencia de la Mente-Espejo para atestiguar completamente la Imagen Total.

Si, por otro lado, das un paso más y acabas disolviendo el Testigo en la Imagen de Todo Lo Que Es, dejarás de ser testigo de la Imagen Total y *te convertirás* en la Imagen Total.[1] Ya no estarás entonces atrás observando todo lo que aflora, sino que serás plenamente uno con todo, *serás* Eso, serás Un Solo Sabor. Y, cuando esta realización madure, estarás más allá de todas las dualidades en una Talidad No-Dual completamente despierta. Entonces ya no te sentirás un yo separado y ajeno a todo, sino que sentirás de verdad que eres uno con todo, una Conciencia Kósmica total. Como dijo con precisión un maestro zen: «Cuando escuché el sonido de la campana, no había campana ni yo, solo había tañido».

En la mayoría de los casos quieres entrar plenamente en el Testigo antes de pasar a reconocer Un Solo Sabor, porque, desidentificándote de todos los objetos que componen la Imagen Total («yo *no soy* esto, yo *no soy* eso») y quedándote como Testigo, eliminas todo apego, fijación o identificación con cualquier cosa o suceso manifiesto. Y después de haberte desidentificado de ese modo de todo resulta más sencillo fundirte con *todas* las cosas («yo *soy* esto, yo *soy* eso, yo *soy* uno absolutamente con todo»). Esto último es algo imposible si aún te identificas con alguna cosa *concreta*, porque esa identificación previa y oculta con una cosa evitará la identificación completa y total con *todas* las cosas.

Quieres pasar de estar exclusivamente identificado con algunos elementos o grupo de elementos preferidos (incluido ese montón de *objetos* que has convertido en un *falso sujeto* al que llamas «yo» que, en cualquiera de los estadios del desarrollo, es la composición habitual del ego) a no estar identificado con nada en absoluto en ningún lugar, lo que solo puede ocurrir cuando estás completamente libre como Testigo vacío. Solo a partir de ese momento puedes pasar a ser uno absolutamente con *todo* en todas partes. La práctica consiste literalmente en pasar de ser algo (el ego) a ser nada (el Testigo) y, por fin, a serlo todo (Un Solo Sabor). De algo a nada y de nada a todo.

(En los siguientes capítulos revisaremos cuidadosamente varios ejercicios e instrucciones para señalar que te enseñarán a reconocer con exactitud los estados del Testigo y de Un Solo Sabor).

Instrucciones para señalar

Hablando en un sentido muy amplio, hay dos tipos de actividades que pueden ayudarte a elevar tu estado de conciencia. Estas dos actividades son la «práctica» y el «reconocimiento». Las prácticas meditativas te invitan a hacer determinados ejercicios destinados a elevar tu conciencia desde un punto en el que el estado superior no está a otro en el que sí que está. El resultado de la práctica es un logro, es decir, algo que ha permitido llevar tu conciencia de un estado inferior a un estado superior. Este es, probablemente, el tipo más habitual de meditación y no hay la menor duda de que funciona.

Este es un tipo de actividad que, si bien ayuda a llegar a estados *superiores*, no sirve para llegar a los estados *más elevados*. Puedes llegar a estados *superiores*, porque son relativos, pero no son estados últimos. No son los estados *más elevados*, porque los estados más elevados son absolutos y últimos, lo que significa que son eternos o atemporales, es decir, que están siempre presentes, que se encuentran plenamente aquí y ahora y que, por ello mismo, no hay modo alguno de entrar en ellos, de alcanzarlos ni de conseguirlos. Debes tener en cuenta que los estados más elevados *siempre están presentes*, razón por la cual es sencillamente imposible entrar en ellos o pasar de un punto en el que no estén a otro en el que sí que están, porque no hay ningún punto en el que no estén. Son últimos, absolutos, omnicomprensivos, omniabarcadores, no nacidos (porque no se originan en ningún momento del tiempo) y eternos (porque no finalizan en ningún momento del tiempo) y siempre están total y completamente presentes.

En realidad, su verdadera naturaleza no es la de estados, porque los estados van y vienen, sino que son más bien condiciones omnipresentes. Para diferenciarlos de las «experiencias cumbre», que son provisionales, Maslow los llamaba «experiencias meseta». Un estado relativo es diferente de otro estado relativo y la presencia de uno implica la ausencia de los demás. No se puede estar simultáneamente borracho y sobrio como tampoco se puede estar simultáneamente despierto y dormido. Los estados relativos se alternan y turnan.

Estos estados últimos no son diferentes de otros estados porque, a modo de sustrato permanente, siempre están presentes. Esto es precisamente lo que ocurre con el Testigo, que perdura y siempre está presente, mientras todos los demás estados van y vienen. El Testigo no aparece ni desaparece, sino que atestigua de continuo la aparición y desaparición de todos los estados. (Y, cuando experimentes el Testigo, reconocerás claramente que, aunque antes no hubieses cobrado conciencia de ello, siempre había estado ahí. Y también es por ello por lo que, te des o no cuenta de ello, el Testigo también está presente ahora). Lo mismo sucede con Un Solo Sabor: no aparece, desaparece ni fluye con los estados, sino que existe a modo de sustrato a todos y los abarca y engloba plenamente. Esta es la razón por la cual el Testigo (*turiya*) y Un Solo Sabor (*turiyatita*) se consideran los dos principales estados *últimos* de conciencia. Los estados ordinario, sutil y causal, por el contrario, son estados *relativos*; aparecen, perduran un tiempo y acaban desvaneciéndose para verse reemplazados por otros, pero ninguno de ellos es omnipresente, atemporal o último.

Así que el tipo de actividad necesaria para acceder a estos estados últimos no es tanto la práctica como el simple *reconocimiento* o realización; es decir, el maestro señala este estado más elevado, a menudo tan solo hablando de él, hasta que al final reconoces que siempre había estado ahí. Y es que, cuando reconoces ese estado omnipresente, también reconoces que, aunque antes no te hubieras dado cuenta, siempre había estado ahí, completamente presente y operativo. Por ello no puedes decir que has entrado ahí –porque ahí has estado siempre–, y ahora estás reconociendo o dándote cuenta simplemente de algo que siempre había estado ahí (y también advertir esto con el Testigo porque, cada vez que «entras» en él, reconoces que nunca había dejado de estar ahí).

Esto es algo a lo que el zen llama tu «Rostro Original», es decir, «el rostro que tenías antes de que tus padres nacieran». Con ello no quiero decir que existiera en un momento temporal anterior al nacimiento de tus padres, sino tan solo que nunca ha entrado en la corriente del tiempo y, en ese sentido, es completamente anterior y ajeno al tiempo. Tu Rostro Original, tu Yo Verdadero es anterior al nacimiento de tus padres, anterior al nacimiento del sistema solar, anterior al espacio-tiempo creado por el Big Bang, por el simple hecho de que es anterior al tiempo. Eso es todo.

Empieza relajándote en la conciencia del Testigo y dedícate sencillamente a advertir el momento presente. Observa la emergencia de este momento, observa su persistencia un segundo o dos y observa cómo se desvanece en el pasado y aflora un nuevo momento que ocupa el espacio de tu conciencia dejando al viejo convertido en un recuerdo. Este nuevo momento perdura un instante y acaba desvaneciéndose también en el pasado dando paso a un nuevo momento. Y ese es un movimiento continuo que fluye y fluye y fluye. Los místicos cristianos lo llaman el *nunc fluens*, es decir, «el presente que fluye», «el presente que pasa».

Pero fíjate ahora en lo que ocurre con el Testigo. Fíjate en la conciencia de este presente pasajero, un presente que va continuamente del presente al pasado. El Testigo puro de este momento no cambia, es una Presencia constante, una presencia consciente, un punto inmóvil que es simplemente consciente, una Mente-Espejo constante. Tan solo observa cómo aflora un presente, permanece un poco y acaba desvaneciéndose para dejar paso a otro presente, que permanece también un poco y acaba asimismo desvaneciéndose. El Testigo permanece impasible e inmóvil, un Ahora atemporal o un Presente puro e interminable, lo que Daniel P. Brown denomina una «Conciencia ilimitada e inmutable».

Los místicos cristianos llaman *nunc stans*, es decir, «presente que perdura», «presente inmóvil» o «Ahora atemporal», a este Presente inmutable. Según ellos, el verdadero presente, el presente eterno, el presente divino, es este presente permanente, no el *nunc fluens*, sino el *nunc stans*, el ahora que existe plenamente en este presente que jamás concluye. Este Ahora sin tiempo es un Presente inmutable, omnipresente y puro. El presente que pasa, lo que imaginas que ocurrirá en el futuro y lo que recuerdas que pasó emergen en este Presente que nunca pasa. Como dijo Schrödinger, cofundador de la mecánica cuántica moderna: «El presente es lo único que no tiene fin».[2]

El Testigo es siempre consciente del Ahora intemporal. Es desde esta conciencia Presente inmutable, atemporal e inmóvil desde donde el Testigo contempla todo lo que aflora. Este Presente permanente es consciente del presente que pasa y de todo lo que hay en él –experiencias presentes, recuerdos del pasado y pensamientos sobre el futuro–, es decir, de todo lo que aflora en este Ahora atemporal omnipresente. Este Presente permanente, que es inmutable, es plenamente consciente del presente pasajero, que no hace sino cambiar.

Dicho en otras palabras, el Testigo puro o la conciencia Testigo siempre existe en el Ahora atemporal omnipresente. Normalmente, si te recomiendan una práctica de mindfulness, te dirán que centres tu atención en el presente inmediato y que no prestes atención a los acontecimientos pasados o futuros. A esto se le llama «ser consciente solo del presente inmediato». Pero lo único que de ese modo conseguirás experimentar es el *nunc fluens*, el presente pasajero; jamás conseguirás así el verdadero *nunc stans*, porque el Ahora atemporal no es difícil de alcanzar, sino imposible de evitar.

Para ver esto –y para ver que el Testigo siempre existe plenamente en el Ahora atemporal (tu «Rostro Original»)– te pediré que repitas el experimento que hicimos por primera vez cuando hablamos del significado de la *eternidad* como un Ahora interminable y, por tanto, atemporal. Piensa en algún acontecimiento que creas que existió en el pasado. Imagina ese acontecimiento pasado tan clara y vívidamente como puedas. Fíjate en que de lo único de lo que eres consciente es de un recuerdo y que ese recuerdo solo existe en el Ahora de este instante. Piensa, del mismo modo, en algo que creas que ocurrirá en el futuro y date cuenta de que ese no es más que un pensamiento y que, como tal, solo existe en el Ahora atemporal. Y, si en algún momento se convierte en un acontecimiento real, ese acontecimiento siempre ocurrirá en el Ahora atemporal.

El único momento, dicho en otras palabras, del que eres realmente consciente es el Ahora de este instante, un Ahora omnipresente (y, en consecuencia, eterno) que no es difícil de alcanzar, sino imposible de evitar.

De modo que el Testigo –que solo atestigua realidades– siempre está operando plenamente en este Ahora atemporal y eterno a través del cual se mueve el presente que pasa. Los *contenidos* de conciencia existen en el tiempo, pero la conciencia no. La conciencia siempre opera, te des o no cuenta de ello, en el Ahora atemporal y omnipresente. Pero es de esperar que, con este tipo de indicaciones, empieces a reconocer este Ahora atemporal y omnipresente que no es una estrecha rendija de conciencia presente y provisional, sino una conciencia inmensa que todo lo incluye y todo lo abarca y que tampoco excluye el pasado o el futuro, sino que los abraza por completo a ambos.

Este es tu Rostro Original. Existe antes del nacimiento de tus padres porque existe antes del tiempo, eso es todo. Otra forma de decir esto es que es anterior al tiempo porque, de hecho, es eterno;

siempre y cuando recordemos que eternidad no significa perpetuarse en el tiempo, sino existir en un punto sin tiempo, un tiempo que existe plenamente en el Ahora atemporal. Y ya hemos visto que Wittgenstein dio perfectamente en el clavo en algo cuando dijo aquello con lo que casi todos los místicos del mundo están de acuerdo: «Si por eternidad no entendemos una duración temporal eterna, sino un momento sin tiempo, la vida eterna pertenece a quienes viven en el presente».[3]

Nunca habrá un futuro en el que estés más presente de lo que ahora estás. Nunca jamás. Lo que exista mañana pero no esté presente ahora no es eterno, sino provisional. Esta es la razón por la que Shankara, el principal fundador del Vedanta Advaita, dijo que la autorrealización no puede alcanzarse porque, si se alcanzara, tendría un comienzo en el tiempo –y, por ello mismo, no sería eterna, sino estrictamente temporal– y tampoco sería, por tanto, una auténtica autorrealización.

Su absoluta simplicidad es una de las razones por las cuales nos pasa desapercibida, ni siquiera la advertimos y la soslayamos con tanta facilidad. Un ejemplo de esta simplicidad absoluta es tu propio Yo Soy (que es el Testigo que existe en ti ahora mismo). Ya vimos en un capítulo anterior que esto es exactamente lo que Cristo quería decir cuando afirmó: «Antes de que Abraham existiera, Yo Soy». Esta sensación de Yo Soy, como el Testigo, es omnipresente, pero casi siempre –y debido precisamente a su simplicidad– nos perdemos su profundidad porque lo identificamos enseguida con algo más complejo. Entonces no se trata solo de un Yo Soy puro e inmediato, tal como es, sino de yo soy esto o yo soy aquello; de que soy médico, soy abogado, soy estudiante o soy actriz; de que mido tanto, peso tanto, voy a esta escuela, tengo este empleo, etcétera. Nunca realizamos el Yo Soy atemporal, omnipresente y puro como la *simple sensación de Ser* lo que es.

Despertar al yo soy

La simple sensación de ser resulta especialmente evidente si haces algún tipo de yoga del sueño que te enseñe a mantener la conciencia o permanecer despierto en el estado de sueño. Al comienzo te identificas, en el estado de vigilia, con centenares o miles de cosas –especialmente cuestiones relativas al estado ordinario o físico– como, por ejemplo, tu profesión, tu cuenta corriente, tus deseos, tus anhelos, tu coche, tu casa, etcétera. En el estado de vigilia, tu Yo Soy se identifica con la relación que mantienes con todos estos objetos ordinarios, y así no reconoces la simple sensación de ser –siempre eres esto o eres aquello, donde «esto» y «aquello» se refieren a una red de objetos burdos o físicos–. Nunca te das cuenta del Yo Soy, de la simple sensación de ser.

Luego pasas al estado de sueño, pero, debido a tu práctica meditativa (porque esta sí que es una práctica), sigues siendo consciente de que estás soñando, es decir, tienes un sueño lúcido. Ahora ya no estás identificado con ningún objeto burdo, porque todos los objetos han desaparecido (no hay naturaleza, no hay Gaia y tampoco hay realidad física alguna). Ahora eres consciente de los objetos sutiles que pueblan el estado de sueño: imágenes luminosas, impulsos y visiones vibrantes. Y tú, es decir, tu Yo Soy (tu Testigo), se identifica entonces con varios objetos e imágenes sutiles y te pierdes en la conciencia de ellos. Y, cuando te identificas con algún tipo de sensación de identidad separada, aunque se trate de una sensación del yo sutil, pierdes la oportunidad de reconocerte en la absoluta simplicidad de tu Yo Verdadero y de tu Presencia omnipresente.

Luego pasas al estado de sueño profundo sin sueños –el estado causal– cuyo límite final es una nada pura, sin forma, no manifestada, un inmenso vacío, un abismo infinito. Gracias a tu práctica meditativa del yoga del sueño, permaneces tácitamente consciente en este estado (y hay muchas investigaciones que utilizan el electroencefalograma para investigar la actividad cerebral durante el sueño que evidencian la realidad de estos estados de una conciencia durante el estado de sueño profundo sin sueño). En este estado de sueño sin sueños, sin embargo, no hay objetos de ningún tipo; literalmente, no hay nada con lo que identificarte y, sin embargo, sigues siendo consciente y te das cuenta de que solo eres consciente de lo único que sigue existiendo, es decir, de la simple sensación de Yo Soy, un Testigo que, siendo omnipresente, está siempre completamente ahí en todos los estados, incluido el estado de sueño profundo sin sueños.

Ahí, en el límite de lo causal –donde ya no queda nada con lo que identificarse y nada con lo que confundir tu Yo Soy–, puedes reconocer de repente este Yo Soy omnipresente tal cual es. Aquí es donde reconoces el estado de *turiya* puro más allá de lo causal, el cuarto estado del Testigo o Yo Soy puro.

Así es como llegas a darte cuenta de que todas las cosas que, en tu vida cotidiana, creías ser no tenían nada que ver con tu Yo Verdadero, sino que eran objetos de tu conciencia, objetos ordinarios, objetos sutiles u objetos causales que existían en el tiempo, objetos que eran relativos, objetos que iban y venían en la corriente del tiempo y eran, por tanto, finitos, mortales y cargados de sufrimiento. Tú no eres eso, tú eres el infinito, eterno, vasto e ilimitado Fundamento del Ser que nunca ha nacido y que nunca morirá.

Todo el mundo tiene alguna conciencia de este Yo Soy omnipresente, porque, por ejemplo –como decía a menudo Ramana Maharshi–, aun cuando van a dormir, se despojan de su ego ordinario y, después de pasar por estados como el sueño y el sueño profundo, se despiertan al llegar la mañana diciendo: «¡Qué bien he dormido!», porque saben que hay, en ellos, algo que nunca cambia.

En la medida en que reconozcas este Yo Soy omnipresente, reconocerás también que se trata de la misma sensación de Ser que siempre has tenido. Hasta donde puedes recordar (es decir, hasta donde, en tu caso individual, se remonta el tiempo), siempre fuiste este Yo Soy y nunca puedes recordar un tiempo en el que no fueras *tú*. Este Testigo fundamental siempre fue el aspecto cognoscente de tu conciencia actual, el «quién» de tu conciencia que, pese a existir en el Presente permanente, jamás reconociste porque lo identificaste de inmediato con este o aquel objeto, cosa, cualidad, rasgo o característica (tu ego), convirtiendo al conocedor en algo conocido y perdiendo así el anclaje en la simple sensación del Ser, perdiéndote en el mundo de las cosas y sucesos separados y extraviándote en el mundo del sufrimiento, el tormento, la ilusión y la carencia.

Los estados ordinario (vigilia), sutil (sueño) y causal (sueño profundo) son *relativos*. Todos ellos existen en la corriente del tiempo, la corriente del presente que pasa; todos ellos comienzan, permanecen un tiempo y acaban desapareciendo; todos ellos pueden ser ejercitados, alcanzados y asentados, y todos ellos, en fin, pueden ser objeto de práctica y meditación (como, por ejemplo, el yoga del sueño). El cuarto estado (*turiya*, el Testigo o Yo Soy) y el quinto estado (*turiyatita*, la Talidad o Un Solo Sabor) son estados absolutos o últimos: son atemporales, omnipresentes, omniinclusivos y omniabarcantes.[4] Siempre están total y completamente presentes y operativos en el Ahora atemporal, razón por la cual no puedes entrar en ellos, alcanzarlos ni lograrlos, sino que solo puedes reconocerlos o realizarlos. El Ahora atemporal o presente permanente abarca fácil y completamente el pasado, el presente y el futuro y permite que todos los pensamientos pasados, todos los pensamientos presentes y todos los pensamientos futuros emerjan ahora en un Presente que perdura y que es, por tanto, omnipresente y omniinclusivo.

Y, a diferencia de lo que ocurre con el presente pasajero, que excluye los pensamientos del pasado y del futuro, el Presente que perdura los incluye plenamente a todos y permite que afloren como quieran: todos surgen por igual en el Ahora atemporal y se ven plenamente abrazados por él. (Por ello los místicos cristianos sostienen que el *nunc stans*, o Presente permanente, es el verdadero Presente, el Presente real y divino, mientras que el *nunc fluens*, o presente pasajero, es el núcleo del mundo temporal e ilusorio).

Esta es la «no práctica» del reconocimiento. No consiste en entrar en un estado en el que antes no se estaba, pero que, gracias a la práctica, hemos alcanzado, sino en el reconocimiento simple e inmediato de un estado del que, pese a haber estado siempre presente, no habíamos advertido ni caído en cuenta. Cabe pensar aquí en la existencia de una pequeña paradoja y en que también podría decirse que, aunque este estado siempre ha estado presente, no se había advertido ni reconocido y, por tanto, hay una especie de comienzo, entrada o logro, lo que, desde alguna perspectiva, es muy cierto. Por ello, el zen dice cosas tan paradójicas como: «Si en el Tao hay alguna disciplina [o práctica], su realización marca la destrucción del Tao, pero, si no hay disciplina, uno sigue siendo un idiota». Muy bien, pero lo cierto es que, en casi todos los casos, el reconocimiento no solo va acompañado de la comprensión de ese estado que siempre había estado presente, sino de que *siempre* lo habíamos sabido. Esta es la famosa «barrera sin puerta» de la que habla el zen: de este lado de la puerta (de la puerta que conduce a la iluminación) parece haber una puerta, pero, cuando la atraviesas, te das cuenta de que no hay –ni nunca hubo– puerta alguna. Bienvenido a la paradoja de la instrucción: ¡necesitas un satori para darte cuenta de que no necesitas un satori!

Este tipo de paradojas se derivan, en última instancia, como ya hemos visto en el caso de Nagarjuna, de la necesidad de hablar de estas cuestiones empleando conceptos que solo tienen sentido en términos de sus opuestos, un intento tan infructuoso de tratar de explicar una totalidad apelando a las partes que la componen. Mientras no exploremos algunas instrucciones puntuales para el logro de la verdadera realización –cosa que haremos en el siguiente capítulo en donde podrás ver de manera directa por ti mismo–, la aproximación más cercana a la realidad consiste en tener asimismo simultáneamente en cuenta ambos aspectos de la paradoja.

No te equivoques, pues, en lo fundamental, porque lo que, en última instancia, estás tratando de realizar es un estado que, de hecho, está completamente presente ahora mismo y que en modo alguno puede ser alcanzado ni logrado. Debes tener muy claro que, si el Fundamento de Todo Ser no estuviera del todo presente en este momento, tú simplemente dejarías de existir. El *Prajnaparamita Sutra* –texto fundamental del budismo Mahayana– repite una y otra vez que, si entendieras que la iluminación, en sí misma, es inalcanzable, estarías plenamente iluminado. Ese es en concreto el término que usan: *inalcanzable*. Y la iluminación es, de hecho, inalcanzable –no puede ser alcanzada– porque ya está presente y no puedes alcanzarla como tampoco puedes alcanzar tus pulmones o llegar a tus pies. ¿Para qué sirven entonces las instrucciones para señalar? Vas al maestro, le miras inocentemente a los ojos y le cuentas que no estás iluminado, pero que quieres estarlo. Y un verdadero maestro –que te ve diciendo que no tienes pies y que quieres que te ayude a encontrar tus pies, no te enseña prácticas que puedan ayudarte a alcanzar tus pies, sino que, en lugar de ello, empieza a pisarte hasta que gritas: «¡Vale! ¡Vale! ¡Ya lo entiendo! ¡Tengo pies, y la verdad es que siempre los he tenido!».

Esos «pisotones» son precisamente las instrucciones para señalar una verdadera «barrera sin puerta». Y eso es también lo que vamos a hacer aquí. A lo largo de los años, ha habido decenas –y hasta centenares– de instrucciones para señalar que me han impactado y me han mostrado lo que siempre había sabido. Permíteme comentarte un par que fueron, para mí, muy importantes.

Una de ellas es una frase muy simple de Sri Ramana Maharshi que dice: «Lo que no está presente en el sueño profundo sin sueños no es real». Esta frase me inquietó profundamente porque, por aquel entonces, llevaba casi una década practicando meditación zen y había tenido varias realizaciones *kensho* o satoris confirmados. Tan solo apuntaba a ese Yo Soy omnipresente que no es un estado relativo diferente de otros estados, un estado que va y viene y existe en el tiempo, sino algo que es consciente y está presente en *todos* los estados, una Mente-Espejo omnipresente que no va ni viene con ningún estado, sino que es, de hecho, el Testigo presente en todos los estados. Se trata de una conciencia constante, es decir, de una conciencia que está presente durante las veinticuatro horas del día, aun en el sueño profundo sin sueños. La afirmación de Ramana señalaba algo siempre presente que yo no reconocí plenamente hasta ese momento.

La otra tiene que ver con mi maestro raíz en el budismo Dzogchen (del que a menudo se afirma que es la más elevada de las enseñanzas del Buda). Durante los retiros de invierno, a veces dejaba la puerta abierta y los discípulos podían entrar y hacerle preguntas cuando quisieran, y, si permanecías callado, podías sentarte en un rincón y escuchar. Y entonces asistías como espectador una y otra vez al mismo espectáculo. Llegaba un discípulo y decía algo así como:

–¡Por fin lo veo! ¡No me lo puedo creer! Después de estar sentado meditando durante una hora aproximadamente de repente desaparecí, me fundí con todo y me convertí en todo. ¿Por qué no lo había visto antes?

–¿Y eso tuvo algún comienzo en el tiempo? –preguntaba entonces el maestro.

–Sí, como ya he dicho, hace aproximadamente una hora –respondía el discípulo.

–Muy bien. Ahora vete y vuelve cuando puedas mostrarme aquello que no tiene un comienzo en el tiempo.

Quería que reconocieran lo que siempre está presente, lo que siempre es, lo que no tiene comienzo en el tiempo, sino que mora siempre en el Ahora. Y el 100 % de esa Mente Iluminada está aquí y ahora mismo en tu conciencia. No el 90 % ni el 95 %, sino el 100 %. Nunca podrás alcanzar eso. Empieza a mirar, pues, a tu alrededor en tu propia conciencia, lo que está surgiendo ahora mismo, instante tras instante, tal como es y prepárate para sorprenderte.

Veamos ahora algunas instrucciones para señalar que pueden ayudarte a tener este reconocimiento.

Los temas fundamentales en los que trabajaremos para reconocer en los próximos capítulos sobre el despertar son los grandes estados del Testigo y de Un Solo Sabor (los estados cuarto y quinto, los dos estados últimos que no pueden alcanzarse, sino que solo pueden reconocerse), con sus rasgos primordiales de libertad y plenitud, respectivamente, y sus tonos afectivos predominantes que son, respectivamente, la beatitud y el amor. La libertad del Testigo se experimenta como beatitud y la plenitud de Un Solo Sabor se experimenta como amor. Lo sepas o no, el núcleo de ellos está presente ahora mismo –y si no lo sabes, ten en cuenta que te pisaré los pies, especialmente cuando nos adentremos en el tantra sexual integral–. Hablaremos de estas cosas, repasaremos los mismos puntos con pequeñas variaciones y repetiremos los temas fundamentales una o dos veces en la presentación principal hasta que reconozcas en tu conciencia esos estados últimos omnipresentes.

¿Preparado?

16. Señalando al Testigo y a Un Solo Sabor

Empezaremos dando un paso atrás y considerando los dos grandes estados del Testigo y Un Solo Sabor, cuyo reconocimiento es una introducción directa a lo Último que hay en ti y, en ese mismo sentido, una introducción a tu realización, tu despertar o tu iluminación.

El Testigo. Primera parte

Ya hemos visto que, si nos permitimos ser conscientes de los fenómenos que componen la Imagen de Todo Lo Que Es y tratamos luego de atestiguarlos con libertad –es decir, de atestiguar toda experiencia sin evitar absolutamente nada–, todos esos fenómenos aparecerán como objetos ante el Testigo, un Testigo que, en sí mismo, es Subjetividad pura o Subjetividad Absoluta. Descansando en el Testigo, una conciencia ilimitada e inmutable, permanecerás en el Ahora atemporal, en el Presente Permanente, y todas las experiencias, cosas y sucesos pasarán «frente» a ti como el presente que pasa y serás fácil, plena e igualmente consciente de todo. Todos los fenómenos desfilarán entonces como objetos ante el Testigo y, en cuanto tal, no te identificarás con ninguno de ellos o, dicho en otras palabras, estarás completamente libre de todos los objetos, libre toda manifestación, lo que se experimenta como una gran liberación.

Al atestiguar la Imagen Total que aparece ante el Testigo descubres la libertad primordial, la liberación absoluta, la relajación completa. Si el Testigo pudiese hablar diría: «Veo la montaña, pero no soy la montaña y estoy libre de ella. Tengo sensaciones, pero no soy esas sensaciones y estoy libre de ellas. Tengo sentimientos, pero no soy esos sentimientos y estoy libre de ellos. Tengo pensamientos, pero no soy esos pensamientos y estoy libre de ellos». Esta es la Iluminación como gran liberación, como emancipación total, un nirvana absolutamente ajeno a todo *samsara.*

Toma una hoja de papel y anota en ella tus respuestas a la pregunta «¿Quién soy yo?». Quizás escribas entonces cosas tales como me llamo Fulano de Tal; mido tanto; peso tanto; estudié tal o cual carrera; gano tanto dinero; vivo en tal lugar; tengo una pareja que se llama así o asá; me gustan estas películas; leo este tipo de libros; disfruto de los videojuegos; tengo varias mascotas, incluidos un par de perros; mis pasatiempos son estos y aquellos; me gusta este tipo de comida, etcétera. Pero, si te das cuenta, mientras pensabas en todas esas cosas estabas viéndolas como objetos, por lo que ninguna de ellas puede ser tu verdadero Yo, tu verdadero sujeto. Esos objetos, dicho en otras palabras, son precisamente lo que no eres. Todas esas son identidades ilusorias, falsos sujetos y ninguno de ellos es tu Yo Verdadero. Todas esas son cosas que pueden ser vistas y, en consecuencia, no son El Que Ve, no son tu Yo Verdadero. Todo lo que pensaste que era tu Yo Verdadero y que anotaste en la hoja de papel es precisamente lo que no eres. Tu Yo Verdadero es *neti, neti* (es decir, ni esto ni aquello), por completo libre de todos los objetos. Tu Yo Verdadero es la Subjetividad pura, la Subjetividad Absoluta.

Continúa con este proceso de desidentificación hasta que llegues a reconocer la libertad básica y profunda que yace en el fondo de tu ser. Ese reconocimiento no solo es fundamental para cualquier forma madura de realización e iluminación espiritual, sino que es una introducción también a un estado realmente último, el estado de *turiya.* Esta práctica resulta muy útil para liberarte de los estados negativos, desagradables y hasta aterradores. Lleva a cabo esta práctica directamente con la comprensión de que «soy del todo consciente de ese estado de dolor, ansiedad o depresión y, aunque tenga este estado, *no soy este estado*» y concluye que «y, por tanto, estoy libre de él». Si, en este momento, eres consciente de tu cuerpo, *sabrás* de inmediato que *no* eres tu cuerpo (porque, al verlo como un objeto, te resultará evidente que no es tu Sujeto Verdadero). Y si, del mismo modo, eres consciente de tu mente (o de tus pensamientos), te resultará asimismo evidente que tampoco eres tu mente (que no es más que otra secuencia de pensamientos pasajeros, objetos que puedes ver y que nada tienen que ver, por tanto, con tu Sujeto Verdadero). La experiencia de que «tengo un cuerpo y una mente, pero no soy mi cuerpo ni mi mente» va acompañada de una sensación de libertad, relajación, de dejar ir, apertura, claridad, felicidad y alegría.

El Yo Verdadero es el Observador puro que, en sí mismo, nunca puede ser visto. De modo que, cuando buscas ese Yo verdadero, simplemente *no lo ves*. Sea lo que sea lo que aflore está bien, tan solo deja que aparezca, con la conciencia clara de que «no soy esto y tampoco soy eso». Descansa como el Testigo verdadero de este y de todos los momentos, relájate en el Presente puro, suéltalo todo y no te identifiques con nada de lo que aparezca. De lo único que entonces eres consciente es de una sensación de libertad inmensa, de relajación profunda y de relajación completa. En lugar de identificarte con una imagen, concepto o contracción egoica aislada, permanece en un clima de Conciencia Pura que todo lo ve, una Mente-Espejo que refleja, sin esfuerzo alguno, cualquier cosa y acontecimiento que aparezca, pero que no se identifica ni se queda atrapada en nada de eso. Eres una Mente-Espejo, *neti, neti*, una conciencia fácil y sin esfuerzo que no se identifica con ninguno de sus contenidos, sino que se limita a descansar como Libertad infinita completamente ajena a cualquier contracción, tormento, tortura, agonía y sufrimiento que acompaña a todas las cosas, objetos y acontecimientos del mundo manifiesto, una tortura que tu ego conoce demasiado bien y que es del todo ajena al Testigo. Pero eso no significa que los tormentos dejen de aparecer, sino más bien que «no hay nadie a quien le preocupe que lo hagan», porque esos no son más que objetos transitorios que vienen y van y cuyo paso simplemente atestiguas como cualquier otra cosa. Y, aunque algunas de esas cosas puedan llegar a dañarte, lo cierto es que eso apenas te preocupa.

El mundo objetivo entero emerge ante ti y tú eres libre de él, incluidos todos los objetos que puedes ver dirigiendo tu mirada al interior (como las ideas, los deseos, las necesidades, las motivaciones, los objetivos, las imágenes y los conceptos). No eres ninguno de los objetos, tanto exteriores como interiores, de los que puedes ser consciente. Ninguno de ellos es tu Yo Verdadero. En lugar de identificarte con este o aquel conjunto de ideas, cosas e imágenes –es decir, en lugar de identificarte con algún tipo de ego–, solo hay una inmensa Apertura, Vacío, Espacio y Libertad absolutos. Cuando de verdad reconoces que eres *neti, neti*, la sensación de contracción en ti y de ser un ego encapsulado en la piel deja paso a una libertad total y completamente ilimitada. Este es tu Rostro Original, el rostro que tenías antes de que tus padres nacieran, el rostro que tenías antes de que naciera el universo, antes de que la corriente del tiempo entrase en la existencia para cegarte con sus pesadillas y sus tormentos. Así es como dejo de ser una víctima de la vida y me convierto en el Testigo de la Vida.

Este Yo Verdadero es tu propio Yo Soy fundamental. Esta sensación de Yo Soy es, como el Testigo, una realidad atemporal omnipresente. Cuando Cristo dijo «Antes de que Abraham fuera, Yo Soy» estaba expresando su intuición de esta eternidad fundamental. Tú también puedes decir lo mismo que Cristo, porque tu propio Yo Soy lleva la impronta de la atemporalidad y la eternidad.

Piensa en lo que estabas haciendo hace una semana a esta misma hora. Y, aunque no puedas recordar con detalle ninguno de tus pensamientos ni de tu conducta, de lo que sí estás seguro es de que entonces estaba presente la misma sensación de Yo Soy. Piensa también en lo que estabas haciendo hace un mes y, de nuevo, aunque no puedas recordar ningún detalle de lo que ocurría, sabes que Yo Soy estaba allí y que es la misma sensación de Yo Soy que ahora tienes, porque Yo Soy, el Observador puro, es la Apertura o Vacuidad pura sin rasgos ni cualidades que puedan cambiar con el tiempo. Recuerda que el Yo Soy no se mueve en el tiempo.

Piensa, del mismo modo, en lo que estabas haciendo hace un año y reconocerás que el mismo Yo Soy estaba igualmente presente. ¿Y no podrías decir acaso lo mismo de hace una década, de hace un siglo o hasta de hace un milenio? El mismo Yo Soy atemporal y omnipresente, que jamás ha entrado en la corriente del tiempo y es, por tanto, anterior al nacimiento de tus padres, anterior al nacimiento del sistema solar, anterior al Big Bang y anterior incluso a la puesta en marcha de la corriente del tiempo.

Erwin Schrödinger, el cofundador (junto a Heisenberg) de la moderna mecánica cuántica, cuenta una hermosa historia sobre una persona que, según él, *hace muchos siglos* se sentó en el mismo lugar en que ahora estás sentado tú; como tú, esa persona contemplaba con el corazón inflamado la puesta de sol; como tú, había nacido de mujer y había experimentado sufrimiento; como tú, tenía deseos, metas y objetivos, y, como tú, tenía sueños, visiones y anhelos. Y finalmente llega a la siguiente extraordinaria conclusión: «¿Crees que se trataba de otra persona? ¿No eras acaso tú mismo?».

¡Increíble! El Yo Soy puro de esa persona es el mismo Yo Soy que ahora eres («¿No eras acaso tú mismo?»). Las tradiciones están, en este punto, completamente de acuerdo: el número de Yo Soy del universo es uno. Un solo Yo, un solo Espíritu, una sola Realidad o, en la extraordinaria conclusión de Schrödinger, «la conciencia es ese singular cuyo plural es desconocido».[1] Es por ello por lo que, en el mismo momento en que te das profunda cuenta de tu propio Yo Soy, también te das cuenta de que eres atemporal y eterno y de que nunca morirás (aunque, obviamente, *sabes* que lo que no morirá es la parte más profunda de ti ¿verdad? Eso es lo que supone la realización de la eternidad). Con ello no quiero decir que tu cuerpo físico no vaya a morir, sino tan solo que hay, en ti, una parte profunda que jamás se ve mancillada por la corriente del tiempo y que, al no haber entrado nunca en la corriente del tiempo, nunca ha nacido y que, por tanto, tampoco abandona nunca la corriente del tiempo y, en consecuencia, nunca morirá. Como uno y único Yo Soy, estás presente en todos los seres sintientes y observas el mundo que estás enactuando a través de sus ojos. Tanto abajo como arriba, Tú eres el Único y, en esa Unidad, resplandece tu Libertad infinita.

Y, como el Testigo es completamente ajeno a todos los objetos, no está sujeto a nada de lo que discurre por el presente que pasa y es, en sí mismo, un Vacío verdadero (vacío de todos los pensamientos y vacío de todas las cosas). Y esto también significa que el Yo Verdadero jamás puede convertirse en un objeto, que el verdadero Vidente nunca puede ser visto y que, metafóricamente, es lo que el maestro zen Shibayama denominó «Subjetividad Absoluta», «Gran Sujeto» o «Gran Yo» que no solo está más allá de todos los objetos, sino más allá también de cualquier yo o pequeño sujeto. Este es el Yo-Yo, el Conocedor que nunca puede ser conocido; la beatitud cognitiva que, en sí misma, tampoco puede ser conocida; el Yo Soy omnipresente que no puede verse objetivado ni se puede identificar concretamente con nada. Y, como tu núcleo más profundo, al no poder verse atado ni condicionado por nada, es verdadera, profunda y continuamente libre. Te des o no cuenta de ello, así son las cosas.

Un Solo Sabor. Primera parte

Pero el Yo Verdadero, *turiya* o el cuarto estado no es la Realidad Última no-dual (esto es algo que le corresponde al quinto y último estado). El Yo Verdadero es muy real; es atemporal, eterno, último e indiscutible, pero (paradójicamente) no es lo Último. Si tenemos en cuenta que el *yo* es una sensación distinta y ajena, como sucede con todos los yoes, a cualquier «otro», mal podría el Yo Verdadero ser un estado último no-dual. Este estado último no está dividido y fragmentado en yo versus otro o en sujeto (ni siquiera un Sujeto Absoluto) versus objeto. Ten en cuenta que, para el Testigo, el mundo entero parece «otro», es decir, aparece «frente» a uno. Esta es la razón por la cual decimos que el Testigo, es decir, la Subjetividad Absoluta, no es un estado unificado y no-dual, sino que sigue siendo un estado subjetivo. Es precisamente por ello que Daniel P. Brown, que llama «Conciencia Ilimitada e Inmutable» a este cuarto estado, también sostiene que se trata del penúltimo estado (el cuarto de los cinco grandes estados) y denomina «individualidad» a la parte ilusoria de este estado. También hay que decir que *turiya* es, desde otro punto de vista, el germen mismo de la dualidad sujeto versus objeto (que, junto a la dualidad singular versus plural configuran los cuatro cuadrantes de los que habla la metateoría integral) que, separados del Espíritu último, jalonan el comienzo de la ilusión. Por ello decimos que el Yo Verdadero es, al mismo tiempo, la realidad más elevada del reino de la dualidad y la última barrera o umbral de acceso al dominio último de lo no-dual o, dicho en otras palabras, la más elevada de las indicaciones y el último de los obstáculos.

Esta es la razón por la cual, aunque te halles en el estado del Testigo profundo y omnipresente, aún estás a un paso –es cierto que muy pequeño– de tu Realidad más profunda y verdadera. Ya hemos visto que el Testigo y Un Solo Sabor son ambos muy conscientes de la Imagen de Todo Lo Que Es (y que, *en última instancia*, podemos referirnos perfectamente a ellos como «estados últimos», de modo que, en este punto, no debemos confundirnos). El Testigo ha conseguido alejarse de esa Imagen Total y atestiguarlo todo con una ecuanimidad perfecta y una Mente-Espejo que se queda silenciosa y beatíficamente extasiada ante la liberación de todo lo que es y permanece libre en un estado inmensamente espacioso y vacío (es decir, en un nirvana puro ajeno a todo *samsara*). El Testigo atestigua la totalidad del mundo como un objeto y contempla su propia Vacuidad como el aspecto cognoscente de cada instante, el aspecto que «ve», «mira» y «conoce» todos los fenómenos, convirtiéndolos en objetos que aparecen «ahí» mientras el Testigo, asentado en su propia vacuidad, queda libre de ellos.

El paso final necesario para llegar al quinto estado de Un Solo Sabor consiste en seguir atestiguando sin inmutarse la Imagen de Todo Lo Que Es y dejar luego amablemente que el Testigo se disuelva por completo en todo lo que está atestiguando. Entonces es cuando pasas de mirar simplemente la montaña a *ser* la montaña; cuando dejas de ver las nubes y *te conviertes* en las nubes; cuando ya no sientes la Tierra, sino que *te conviertes* en la Tierra y cuando ya no ves el Sol, sino que *eres* el Sol. Esta Unidad no-dual implica que la sensación de ser un Vidente (o un Testigo) deviene *idéntica* a la sensación de aquello que estás mirando. Si, en este mismo instante, por ejemplo, dicho en otras palabras, estás experimentando el Testigo o el Vidente, concéntrate directamente en la sensación de lo que estás mirando –un árbol, un coche, un edificio o la pantalla de un ordenador– y advierte que *no hay, entre ambas sensaciones, diferencia alguna*. De pronto, «ahí fuera» y «aquí dentro» se evaporan en «solo Esto», en la experiencia única y presente de la Talidad o Esidad, en Un Solo Sabor.

Hay una forma muy sencilla de experimentar completamente este estado de Unidad no-dual haciendo un ejercicio propuesto por Douglas Harding (razón por la cual, dicho sea de paso, a menudo denomino también estado «sin cabeza» a la conciencia de Un Solo Sabor).[2] La descripción que hace Harding de este estado sin cabeza es una instrucción para señalar extraordinariamente útil en el reconocimiento de Un Solo Sabor. Para ello, Harding nos invita a darnos cuenta de que, en este mismo instante, «tú no puedes ver directamente tu cabeza». Lo único que puedes ver, si diriges tu atención a la zona en la que está tu cabeza, son dos pequeñas protuberancias carnosas que corresponden a tu nariz. Pero tu cabeza, en sí, no llegas a verla. Puedes sentir que, desde ella, estás mirando el mundo que te rodea, pero en modo alguno puedes ver tu cabeza, de manera que bien podríamos decir que «careces de cabeza».

Veamos a continuación las instrucciones para señalar necesarias a fin de llevar a cabo este ejercicio: elige, mientras observas el mundo, un objeto que puedas ver claramente como, por ejemplo, una montaña, un edificio, un automóvil, un árbol o el libro que tienes frente a ti. Trata de hacerlo ahora mismo, elige un objeto y míralo directamente.

Dirige ahora, mientras contemplas ese objeto, tu atención a la zona en la que está tu cabeza. Entonces advertirás que, en lugar de ver una cabeza apoyada sobre tus hombros, lo único que ves es el objeto, es decir, la montaña, el edificio, el árbol, etcétera, justo ahí, sobre tus hombros, en el mismo espacio que antes solía ocupar tu cabeza. El edificio no está «ahí fuera», del otro lado de tu cara, sino que está emergiendo «aquí», de *este lado* de tu cara. De hecho, el edificio o lo que fuere a lo que prestes atención aparece *en tu interior, aparece en el espacio vacío en el que antes creías que estaba tu cabeza*. De hecho, *todo* lo que estás mirando ahora aparece en el espacio en el que pensabas que estaba tu cabeza sin que haya, entre eso y tú, la menor separación. Si tienes esta percepción, te darás cuenta de que, independientemente de lo que estés mirando, no hay un «aquí dentro» separado y ajeno a un «ahí fuera» y separado también del que mira; lo único que hay es «solo Esto», una única experiencia presente, que es el objeto que aparece de este lado de tu cara en el mismo espacio que antes solía ocupar tu cabeza. Esta experiencia es tan clara que hablar de «ahí fuera» y de «aquí dentro» empieza entonces a perder sentido. Lo que queremos decir cuando afirmamos que «la montaña aparece en este lado de tu cara, justo donde antes solía estar tu cabeza» es que no hay separación alguna entre sujeto y objeto; que, en el presente, solo hay una experiencia y que tú eres la totalidad de esa única experiencia que emerge «en este lado de tu cara» donde solía estar tu cabeza (aunque la diferencia entre «este lado» y «ese lado» empieza a perder ahora también todo sentido). *La totalidad del universo surge*, dicho en otras palabras, *instante tras instante dentro de ti* (sin que haya un «tú» separado; lo único que hay es *esto*).

Y, cuando te das cuenta de que todo lo que parecía estar «ahí fuera» está surgiendo «de este lado de tu cara», justo donde antes creías que estaba tu cabeza, la sensación del espacio que hay «a este lado de tu cara» –que ahora está fundida por completo con todo lo que hay «ahí fuera»– explota hasta incluir y abrazar *la expansión total* de todo lo que hay «ahí fuera». Se expande hasta incluir la inmensa amplitud de Todo el Espacio y eres completamente uno con cada uno de los detalles de Todo el Espacio (que ahora aflora donde antes solía estar tu cabeza, con la salvedad de que tu cabeza y tu Ser son ahora Todo y que Todo surge exactamente en el mismo espacio que antes solía ocupar tu cabeza). Este es el colapso de la dualidad sujeto/objeto en la experiencia unitaria y no-dual de Un Solo Sabor.

Me gusta citar, en este punto, a Trungpa Rinpoche, que nos proporcionó otra descripción, a mi juicio perfecta, de la experiencia de iluminación de Un Solo Sabor. Mientras explicaba cómo era la experiencia del estadio último del camino *maha ati* dijo: «y entonces el cielo se convierte en una inmensa tarta azul que cae sobre nuestra cabeza».[3] Esto, que parece un chiste, refleja exactamente el modo en que se experimenta. Lo que pensabas que era un «cielo» que estaba «ahí fuera» o «ahí arriba» es, en realidad, una inmensa tarta azul que ocupa justo el lugar en el que antes creías que estaba tu cabeza, sin que haya separación alguna entre tú y la totalidad del cielo, *eres* el cielo y ese cielo está justo donde antes solía estar tu cabeza. Está tan cerca que bien podrías llegar a *degustar* el cielo.

La simple metáfora de «vivir sin cabeza» resulta ser un indicador tan sencillo como claro de la conciencia omnipresente de *turiyatita*, la conciencia pura de Un Solo Sabor. Al emplear el recurso de ver que no tenemos cabeza y que todo emerge «aquí dentro», justo donde antes solía estar nuestra cabeza, estamos conectando con una realidad muy profunda en la que el mundo no se ve absurdamente dividido en un sujeto y un objeto, en un estado que ve y otro estado que es visto. Lo que, en lugar de ello, emerge entonces es una totalidad única e inconsútil que no está, sin embargo, exenta de rasgos distintivos. Si sientes que la sensación de tu «yo» («ubicada» en tu cabeza) y la sensación de esa «totalidad» son exactamente la misma (una inmensa tarta azul que ha caído en el espacio que antes ocupaba tu cabeza), has dejado de ser Testigo del mundo y *te has convertido* en él. El universo entero emerge en tu interior, donde no hay «dentro» ni «tú», sino tan solo *Esto*, solo Talidad o Esidad, exactamente tal como emerge justo donde antes solía estar tu cabeza, tu «individualidad».

Cuando se disuelve lo que Daniel Brown llamó «individualidad» –porque se ha fundido con todo–, estás en Un Solo Sabor, el estado último y más elevado. A la disolución de esa individualidad me refería con la expresión «donde antes solía estar tu cabeza, donde antes solía estar tu "individualidad"». La sensación de ser un yo individual frente a otro jalona el cuarto estado y te mantiene lejos del quinto. Esa es la última barrera a la No-Dualidad pura y ocurre porque te identificas exclusivamente con el espacio que hay justo detrás de tus ojos y sientes que, desde ahí, estás contemplando el mundo, dando por sentado que es ahí donde reside tu yo personal (tu «individualidad»). Pero, cuando la totalidad del cielo se convierte en una inmensa tarta azul que cae sobre tu cabeza, no queda espacio «aquí dentro» para tu individualidad (porque entonces deja de haber un «aquí dentro»). El lugar en el que antes ubicabas tu individualidad, es decir, tu cabeza, se ha desvanecido como algo separado. Y lo mismo ocurre con tu individualidad, que se ha disuelto en una fusión con el cielo (y con todo lo demás) dejando tan solo la Unidad del quinto estado de Un Solo Sabor: la Conciencia Kósmica o la Conciencia de Unidad Última. Eres Uno con todo lo que percibes: una auténtica experiencia de Un Solo Sabor. ¡Bienvenido a casa!

El testigo. Segunda parte

Volvamos al comienzo y asumamos otro enfoque con el fin de proporcionar otras instrucciones para señalar de cara al acceso a estos estados últimos.

Comenzaremos descansando en la conciencia pura del Testigo que, como ya hemos dicho, no es ningún contenido de conciencia, sino una Subjetividad Absoluta que no es un objeto ni un pequeño sujeto. No es algo que pueda ser visto, sino tan solo un Testigo, un Espacio inmenso, puro y vacío, una Apertura o Claro en la que todo aflora ahora mismo instante tras instante.

Esto también significa que estoy descansando en el Ahora atemporal, en el Presente Permanente, que no es un presente pasajero inmediato distinto al pasado y al futuro, sino el Ahora atemporal que reconoce que cualquier recuerdo pasado y cualquier pensamiento sobre el futuro están ocurriendo en este momento presente. Así es como los límites de este momento presente se expanden y abrazan la totalidad del tiempo: todo el pasado, todo el presente pasajero y todo el futuro ocurren –y atraviesan– este Ahora atemporal, este Presente Permanente. Ahora atestiguo fácil y completamente todo desde el punto de este momento omnipresente, omniabarcador y atemporal que, en sí mismo, es ilimitado, inmutable e inmóvil y observo cómo el mundo entero atraviesa la extraordinaria Amplitud de este Ahora atemporal. En cuanto Presente Permanente, observo el presente pasajero. Así pues, mientras que el presente pasajero se halla en continuo movimiento, el Presente Permanente está inmóvil.

Luego me desidentifico de cualquier cosa que pueda ser vista, sentida o percibida y descanso en el Yo soy puro, donde no soy esto *ni* aquello, sino la simple sensación de Ser antes de ser cualquier otra cosa. Soy una conciencia Testigo pura, libre, abierta, espaciosa, clara y vacía y soy consciente de la Imagen de Todo Lo Que Es, mientras permanezco completamente libre de todo.

Quiero señalar, en este estadio, la naturaleza *omniinclusiva* de la Imagen Total. Queremos ser conscientes de todo sin eludir nada. Nuestra práctica debe centrarse en no permitir la menor evitación, contracción, aferramiento o desviación… pero, si ocurre alguna de estas cosas, no te preocupes, sé simplemente consciente de ellas. *No evites ninguna experiencia. Deja que todo sea tal como es, sin evitar nada. Experimenta toda experiencia y deja que todo emerja libremente tal como es*. Esto no requiere ningún esfuerzo, sino que, muy al contrario, se trata de una tarea completamente *despojada de todo esfuerzo*. Y recuerda que, en este sentido, no puedes equivocarte.

Luego, como ya hemos dicho, puedes seguir uno de los dos caminos siguientes: continuar con el Testigo o pasar a Un Solo Sabor, de modo que comenzaremos con el Testigo y seguiremos luego con Un Solo Sabor. Aquí quiero subrayar que, como Mente-Espejo consciente de la Imagen Total, estás alejado de toda experiencia al tiempo que permites que *toda* experiencia aflore como quiera. Y, mientras te mantienes al margen de toda experiencia, te limitas solo a atestiguarla. No te empeñas en que se mantenga ni en que desaparezca, tampoco la evitas, la deseas, te aferras a ella, la juzgas ni te identificas con ella (aunque de nuevo debo decir que, si ocurre alguna de estas cosas, no debes preocuparte, sino atestiguarla y ser simplemente consciente de ella).

En este mismo instante ya eres simple y plenamente consciente de este Yo Soy, de la simple sensación de Ser. Dicho en otras palabras, en este momento *tienes la clara sensación de ser tú*. Ese es el Yo Soy, eso es todo y ya estás en casa. Tan solo permanece con esa conciencia de ser (Yo Soy) de manera continua, instante tras instante, en el Presente Permanente. Esto significa atestiguar la Imagen de Todo Lo Que Es como «no yo», como algo con lo que mi Yo Soy no está identificado: «Tengo sentimientos, pero no soy esos sentimientos y estoy libre de ellos. Tengo pensamientos, pero no soy esos pensamientos y estoy libre de ellos». Todos los fenómenos de la totalidad de la Imagen Total no solo son «fenómenos», sino «objetos» reales. Aparecen «frente» al Testigo y el Testigo mismo se experimenta como un Yo Verdadero, como un Yo Real, como una Subjetividad Absoluta, como un puro Yo-Yo.

Sri Ramana Maharshi utilizaba la expresión Yo-Yo para referirse a tu Rostro Original, tu Verdadera Naturaleza o tu Yo Real, porque, en esos momentos, el «Yo» puro en tanto Testigo es consciente del pequeño «yo» o ego. Puedes ser consciente de ti en este momento, es decir, puedes ver el ego, el pequeño «yo», porque no es el Vidente Verdadero, no es el Yo Real, no es más que otro objeto que puede ser visto. El Yo Verdadero es el Yo Real que ve todos los objetos, incluido el pequeño ego o «yo» que se experimenta como un «Yo» puro que atestigua al pequeño ego o «yo» y que, en sí mismo, se experimenta como una Claridad, una Libertad, una Amplitud, una Espaciosidad y una Apertura radicalmente inagotable.

Hay una prueba muy sencilla para ver si estás haciendo bien las cosas. Sabrás que lo haces bien si descubres que la relación que mantienes con tus pensamientos es la misma que la que mantienes con los objetos exteriores; es decir, si la relación que tienes con los pensamientos que, en este mismo instante, afloran «en ti» es la misma que la relación que mantienes con este edificio, con ese automóvil, con aquel árbol, con aquellas estrellas distantes o con la pantalla de este ordenador. Ninguno de esos pensamientos es «más tú» que ese edificio de los que el Testigo es asimismo consciente. Los pensamientos que ahora afloran no son «más tú» que aquel edificio o esa pantalla de ordenador; ambos son igualmente objetos que aparecen frente a tu conciencia de Testigo y tú no eres ninguno de ellos. Esta conciencia de Testigo no está ni dentro ni fuera, sino que *atestigua del mismo modo tanto el interior como el exterior*. Sé consciente, pues, del interior, luego sé consciente del exterior y, al final, atestígualos ambos sin identificarte con ninguno.

Yo no soy, dicho en otras palabras, una sensación de identidad separada encerrada en el interior de mi cabeza que solo existe en estrecha relación con los pensamientos, ideas e imágenes que aparecen «aquí» y que suelo considerar mi «yo». Todos esos pensamientos e imágenes son meros objetos que solo pretendían ser sujetos reales por el simple hecho de que me había identificado sin querer con ellos. Pero ahora me doy cuenta de que, contemplándolos como meros objetos, he vuelto al Yo Verdadero, al Testigo y a la Mente-Espejo pura. El Testigo mantiene la misma relación con cualquier pensamiento o sentimiento interior que con cualquier cosa o acontecimiento exterior, porque todos ellos son meros objetos de mi conciencia Testigo. Y repitamos que este Testigo no está dentro ni fuera, sino que es igualmente consciente de ambos al tiempo que permanece libre, lo que provoca una liberación gozosa de todo. Y corroboro esto yendo de un lado a otro, dirigiendo mi mirada hacia los objetos que están «dentro» y hacia los objetos que están «fuera» y reconociendo que todos ellos son igualmente objetos de mi Testigo, reflejos iguales de mi Mente-Espejo.

Un Solo Sabor. Segunda parte

Si lo que estás haciendo es un reconocimiento de *turiya*, tan solo sigue practicando ese estado del Testigo descansando en el Presente Permanente. Y, si decides pasar al reconocimiento de *turiyatita* o de Un Solo Sabor, no te empeñes en ver la Imagen Total como algo que emerge frente a ti o fuera de ti, sino como algo que emerge *en tu interior*, *dentro* de tu conciencia, *dentro* de tu Ser, «de este lado de tu cara donde antes solía estar tu cabeza». Entonces ya no atestiguas la Imagen de Todo Lo Que Es, sino que *te conviertes* en la Imagen de Todo Lo Que Es. La totalidad de la imagen surge en tu interior como este momento presente único y unificado; ya no está fuera de ti como objeto, sino dentro de ti como conciencia. *Entonces ya no estás en esta habitación, sino que la habitación está dentro de ti*, lo que significa que ya no eres un sujeto (ni siquiera un sujeto con «ese» mayúscula). Entonces ya no eres Sujeto ni Yo, sino que eres simplemente la Talidad, la experiencia unificada de Un Solo Sabor. El cielo se ha convertido en una inmensa tarta azul que ocupa el lugar que antes solía ocupar tu cabeza y ahora es uno contigo. Está «dentro» de ti y tú eres Un Solo Sabor que lo incluye plenamente todo, tanto «dentro» como «fuera».

Esta conciencia de Un Solo Sabor te ayudará a interrumpir el hábito adquirido de mantenerte alejado de cada sensación y de flotar sobre ella y reconocer, en cambio, el trasfondo más profundo que engloba cada sensación, para que el mundo deje de presentarse absurdamente un par de veces: una primera vez tal como se da, y luego tal como se representa en mi conciencia. Entonces el mundo se presenta de una sola vez y yo no veo ese objeto, sino que soy ese objeto (que emerge precisamente aquí donde antes solía estar mi cabeza). Por repetir el modo en que describió esto un maestro zen: «Cuando escuché el tañido de la campana sonando, no hubo campana ni yo, solo tañido».

Una de las formas más sencillas de comenzar este reconocimiento de Un Solo Sabor es haciendo el ejercicio «sin cabeza», que ahora veremos un poco más aprisa, pero con alguna variación, para que la repetición no se te haga pesada. Comienza dándote cuenta de que estás «aquí dentro», de este lado de tu cara, y de que el resto del mundo está surgiendo «ahí fuera», del otro lado de tu cara. Pero, por más que haya, en esto, cierta verdad relativa –porque hay un yo relativo y un otro relativo–, por debajo de ambos hay un trasfondo unificado e indiviso, un trasfondo unitario (o, dicho más técnicamente, un no dos). La conciencia de la división entre sujeto y objeto evidencia una *contracción en ti*, la entidad restringida, rota y estrecha que es una forma de atención dualista. Esta es la forma que suele asumir la Evitación Primordial (que te lleva a contraerte ante la unidad del momento presente y, aunque nunca comienza dividida, a escindirla en un «dentro» versus un «fuera»).

Elige, en lugar de contraerte, algún objeto de conciencia (este árbol, ese automóvil o aquella nube) y siente, mientras lo miras, en «este lado» de tu cara, la sensación inmediata de «aquí dentro» que parece ser la ubicación de la sensación de ti como observador o vidente (a menudo sentimos que el «yo» existe en el interior de nuestra cabeza, contemplando, a través de los ojos, un mundo que se encuentra ahí fuera). Siente luego el espacio de «aquí dentro» durante un minuto aproximadamente. Después, en lugar de centrar tu atención en la sensación del árbol objetivo «ahí fuera», siente la sensación del «árbol ahí fuera»; alterna luego varias veces entre la sensación de «yo aquí dentro» y «árbol ahí fuera» y acaba reconociendo finalmente la unidad que existe entre esas dos sensaciones (es decir, reconoce que, en la inmediatez de la conciencia presente, no hay más que una sensación). Reconoce que el objeto «ahí fuera» emerge junto al sujeto «aquí dentro» justo donde antes solía estar tu cabeza. Reconoce, dicho de otro modo, que objeto y sujeto son *una sola experiencia* que emerge justo aquí, en este instante, que «ahí fuera» está surgiendo «aquí dentro» en el mismo lugar en el que antes solía estar tu cabeza, de modo que «aquí dentro» y «ahí fuera» se funden en «solo Esto», la emergencia de la simple y única experiencia de Un Solo Sabor.

Reconoce, para ayudarte a hacer esto, la *distancia* que parece haber entre esas dos sensaciones: la sensación de «aquí dentro» y, en apariencia separada de ella, la sensación del árbol «ahí fuera». Deja luego que esa distancia se desvanezca y que el árbol acabe literalmente apoyado entre tus hombros, justo aquí donde antes solía estar tu cabeza, sin distancia ni separación alguna entre «el árbol» y «aquí dentro». El árbol parece surgir ahora «aquí adentro», de este lado de tu rostro, justo donde antes solía estar tu cabeza. Luego permanece simplemente con esa unidad, instante tras instante, en el Presente Permanente.

En la medida en que queden vestigios de alguna sensación de espacio «aquí dentro», en la medida en que perdure una sensación «de este lado de mi cara», el árbol aparecerá en ese espacio, es decir, el árbol aparecerá «aquí dentro», en este lado de mi cara. El árbol está surgiendo ahora *dentro de mí*. La sensación de que hay un «aquí dentro» separado no tardará en desvanecerse y lo que sientes como «tú» (este «yo que está aquí dentro») se expandirá literal e inmediatamente hasta abarcar a todo el mundo de «ahí fuera» momento en el cual toda separación se desvanecerá. De pronto, no solo el árbol, sino la totalidad del mundo que estás mirando surgirá *en tu interior*. Pero no habrá entonces ninguna sensación de «dentro» ni ninguna sensación de «tú» separado; solo el universo entero emergiendo instante tras instante y *tú eres eso*. Eres *todo* eso. Todo el universo surge dentro de ti (pero no habrá entonces «dentro» ni tampoco «tú»). O, dicho en otras palabras, serás uno con la Imagen de Todo Lo Que Es.

Cuando adviertes, pues, que el espacio de ahí fuera aparece justo aquí donde antes solía estar tu cabeza y, cuando esas dos cosas se funden en la misma sensación, una experiencia única y presente (la gran tarta azul que ha caído sobre tu cabeza), el espacio de «aquí dentro» incluye o abarca todo el espacio de «ahí fuera» y explota en una inmensidad que abarca hasta incluir la totalidad del espacio. Se expande hasta abrazar todo el espacio y lo que solía ser tu «yo aquí dentro» se expande hasta incluir el espacio inmenso y sin cabeza de Todo Lo Que Es. Todo el cielo emerge entonces donde antes solía estar tu cabeza y tu cabeza está ahora donde antes solía estar el cielo. El mundo no se presenta un par de veces, una vez como si estuviera «ahí fuera» y otra cuando lo miras desde «aquí dentro», y sientes la existencia de dos mundos. Muy al contrario, el mundo se presenta en una única experiencia, y tú eres Eso: una Unicidad, Talidad o Esencia que abarca Todo lo que emerge. Ya no hay un «yo aquí dentro», porque «aquí dentro» y «ahí fuera» son directamente Un Solo Sabor sin cabeza. Si eres algo, eres la Totalidad del Espacio, eres Todo Esto, sin dentro ni fuera, solo Esto, la Talidad de Un Solo Sabor.

Aquí no hay un sujeto versus un objeto, sino tan solo la emergencia de la singularidad o Talidad de la experiencia presente que te permite abrazarlo absolutamente todo. No sientes este mundo, sino que tienes la sensación de *ser-el-mundo*. El mundo no surge dos veces, sino como Un Solo Sabor.

Una de las formas más sencillas de llevar a cabo este ejercicio, si estás leyendo esto en un libro o en la pantalla de un ordenador, es practicar el estado sin cabeza mientras estás leyendo. Date cuenta mientras lees esto de que, en realidad, no tienes una cabeza, sino que lo que estás leyendo aparece justo ahí, donde antes creías que estaba tu cabeza, y date cuenta de que eres uno con ese espacio y con el contenido de este texto que emerge en un solo espacio (y esta es realmente una experiencia muy real de Un Solo Sabor). Luego sigue leyendo desde ese estado unificado sin cabeza de Un Solo Sabor aunque, como estamos tan acostumbrados a leer con la cabeza, esto puede exigirte un poco de tiempo y práctica. Pero permanece ahí, porque se trata de una experiencia muy sorprendente.

Esta sensación de Unidad también es bastante fácil de reconocer mientras escuchas música. Pruébalo. Empieza reproduciendo una de tus canciones favoritas. Luego cierra los ojos y date cuenta de que escuchas la música como si viniera «de aquí dentro», de lo más profundo de tu cerebro. Luego, piensa en todo lo que has aprendido sobre la naturaleza de la experiencia de Unidad y aplícalo directamente al sonido de la música. Empieza disolviendo la distancia que percibes entre la música y tú; disuélvete en la corriente misma de la música, borrando cualquier diferencia entre tú y la música y escúchala como si fuese una corriente que todo lo impregna; eliminando cualquier sensación de ser un yo separado y fundiéndote por completo con la música. No hay ahí dos experiencias, el sonido de la música y tú que la escuchas, sino tan solo una experiencia: tú *eres* la música (la misma experiencia que tienes cuando llevas a cabo el ejercicio de «vivir sin cabeza»). Parafraseando de nuevo al maestro zen: «Cuando escuché el sonido de la música que venía de la radio, no había radio ni yo, solo había música».

Haz, en este estado, un rápido experimento. Deja que esta conciencia de Un Solo Sabor se expanda hasta el infinito. Es decir, deja que, partiendo de donde estás, tu conciencia se expanda cada vez más hasta llegar a incluir el planeta, el sistema solar (el Sol, la Luna y los planetas), la galaxia, con sus billones de estrellas, y todas las galaxias, la totalidad de las galaxias. Deja que tu conciencia siga expandiéndose más allá todavía hasta que llegue a incluir a todas las galaxias, hasta que llegue al infinito, hasta que llegue más allá incluso del infinito y sé consciente de ese infinito absoluto. Expande tu conciencia tan lejos como puedas hasta llegar a los confines mismos del universo.

Date cuenta de que llega un momento en que el movimiento expansivo de tu conciencia se detiene. ¿Pero por qué se detiene? ¿Cómo sabe que debe detenerse? ¿Cómo sabe que ha llegado al infinito? La respuesta a esa pregunta es que siempre has estado ahí. Sabes que has llegado al infinito porque tu conciencia es infinita. Siempre lo fue, pero ahora simplemente lo reconoces.

Esta es una sencilla técnica de visualización que no solo resulta más o menos adecuada, sino que representa también la auténtica realidad de tu Conciencia primordial, de tu Conciencia pura, que ya es infinita y eterna. Simplemente no hay nada fuera de ella. Esta es tu Identidad Suprema y esa realidad infinita y eterna que es tu Conciencia es una con el Espíritu mismo. Esta es la Conciencia de Unidad Última y No-Dual, tu Rostro Original que realmente eres, que siempre has sido y que siempre serás. Cuando practicas un ejercicio simple como el estado «sin cabeza» estás conectando con esta Gran Mente, lo que no solo evidencia la unidad entre el árbol y tú o entre la música y tú, sino que también incluye la totalidad del universo. Las supernovas explotan dentro de tu mente; las estrellas son el centelleo de las neuronas de tu cerebro; el amor irradia de tu corazón en todas direcciones; los seres sintientes de todo el mundo están en tu Conciencia pura y tu sensación de identidad llega a los confines del infinito que es tu propia Identidad Suprema. En ese momento sientes como si todo, absolutamente todo, emergiese dentro de tu propio Yo. El universo entero emerge en tu interior y ese «interior» acaba desvaneciéndose hasta que lo único que queda es Todo Esto, que aflora, se manifiesta y se libera de manera espontánea y llegas a palpar directa y sencillamente todo lo que emerge en este y en todos los mundos, ahora y siempre (porque, al ser omnipresente, no hay momento en que no esté). Y, aunque el universo entero desapareciese y jamás sucediera nada, tú seguirías siendo la pura Esencia del Ser.

Esta es una Totalidad colosal. El Ahora atemporal es eterno y está completamente presente el cien por cien de cada momento del tiempo y, del mismo modo, al ser infinito, el cien por cien del Aquí despojado de espacio está completamente presente en cada punto del espacio. Y es que, aunque *Ser aquí y ahora* sea un viejo cliché, lo cierto es que apunta directamente al hecho de que eres un infinito que subyace y abraza todo espacio finito (no en vano «el infinito está enamorado de las producciones del espacio») y una eternidad que subyace y abraza todo despliegue temporal (no en vano «la eternidad está enamorada de las producciones del tiempo»). Esta es la asombrosa Totalidad de tu Identidad Suprema.

Pero no todo termina aquí…

17. Los sentimientos de la iluminación

El núcleo de este capítulo gira en torno al hecho de que, aunque la iluminación carezca de sujeto y de objeto (es decir, que no hay en ella nadie que sienta ni cosa sentida), lo cierto es que va acompañada de determinados sentimientos no-duales. O, dicho de otro modo, no solo hay conciencia iluminada, sino que también hay sentimientos iluminados. En este capítulo vamos a examinar, por tanto, los sentimientos asociados a la iluminación. Y aunque, para ello, me centre fundamentalmente en la Beatitud y el Amor, también apelaré a algún que otro par de términos más o menos sinónimos, como, por ejemplo, la alegría y la compasión o la felicidad y el cuidado. Con ello quiero decir que, para llegar a la iluminación, no solo puedes seguir el camino de tu conciencia, sino que también puedes seguir el camino de tus sentimientos.

Una gran beatitud más allá de la beatitud

La conciencia pura del Testigo conlleva la liberación de la sensación de estar atrapado en un yo aislado, finito y contraído y la apertura a una Beatitud (*ananda*) y una Alegría que todo lo impregna... o tan solo a un bienestar profundo aparentemente infinito. Pero debes reconocer que esta Beatitud no es una emoción separada que vaya y venga, una emoción que tenga un opuesto como la angustia o la desdicha y que aparezca, perdure y acabe desapareciendo. No, de lo que aquí estamos hablando es de una Beatitud que, como carece de opuesto, lo abarca completamente todo. No se trata de un estado relativo y provisional, sino de un estado último, atemporal y omnipresente. Se trata de una Beatitud (con «be» mayúscula) que subyace y se encuentra más allá de las idas y venidas de las beatitudes y las desdichas normales y corrientes. Esta Gran Beatitud es la sensación que acompaña a la libertad radical del Testigo y que, como este, no viene ni va, sino que es literalmente omnipresente.

Esta Beatitud que trasciende la beatitud y la desdicha es un rasgo omnipresente de la Libertad del aspecto trascendente de la conciencia primordial (el modo en que se experimenta la libertad radical del Testigo cognoscente) y que, al igual que este, es omnipresente, porque nunca ha nacido y nunca morirá. Esta Beatitud, por decirlo sin rodeos, *es el sentimiento que acompaña a la libertad del Testigo*. Del mismo modo que la Libertad del Testigo está muy presente mientras contempla libre y desinteresadamente todo lo que aparece, la Beatitud está total y completamente presente en cada momento como el modo en que se experimenta esa libertad. Se trata de una liberación extática de todos los yoes pequeños, estrechos, limitados y sufrientes tan constante y omnipresente como la Conciencia primordial, una conciencia que no va ni viene, que nunca aparece y nunca desaparece, una conciencia primordialmente libre (en las dos posibles acepciones del término como «libertad de» y «libertad para») y extáticamente embelesada con todas y cada una de las experiencias que aparecen.

La sensación que acompaña a la libertad, sobre todo en el primero de los sentidos mencionados, que consiste en liberarnos de algo que nos oprime, es algún tipo de alegría o felicidad. No es de extrañar, por tanto, que la felicidad que acompaña a la liberación de la totalidad del mundo manifiesto pueda llegar a ser inmensa. A ella precisamente nos referimos cuando hablamos de la Gran Beatitud.

Mientras permanecemos en la libertad del Testigo (que no está dentro ni tampoco fuera) y nos permitimos sentir esa gran libertad, empezamos a advertir –no tanto como objeto, sino como clima– un sentimiento profundo que las tradiciones han denominado «ananda» (es decir, la Beatitud o la alegría), el sentimiento extático que acompaña a la sensación de habernos liberado de este reino doloroso de fragmentos angustiados y contraídos. Cuando soy consciente de la totalidad de todo lo que emerge en el instante presente, me doy cuenta de que soy absolutamente libre de todo eso. Soy *neti, neti*, es decir, no estoy identificado con nada, no estoy aferrado a nada y no estoy atado a nada. Lo he soltado todo y estoy completamente libre del dolor, el sufrimiento y la angustia que ello pueda llegar a causar. Soy, por el contrario, un inmenso espacio de libertad total y simplemente experimento la extraordinaria liberación, relajación extática y Beatitud cognitiva que acompaña a esta inmensa amplitud y libertad última.

Esta experiencia de liberación extática y gozosa implica la comprensión profunda de que, aun en el caso de que aparezca el dolor, lo hace en una conciencia que ya no está dolida, sino que simplemente atestigua el dolor. El dolor ya no soy *yo*; el dolor es *mío*. Me he desidentificado del dolor que, aunque *era un sujeto, ha acabado convertido en un objeto*. Y, cuando todos los sujetos se han convertido en objeto de modo que ya no queda nada que pueda convertirse en objeto, solo queda una Subjetividad Absoluta que va acompañada de una sensación de libertad, liberación y Beatitud gozosa que todo lo impregna. Cuando descanso en el Testigo, lo hago en una libertad que se experimenta como Beatitud, por el simple hecho de que toda liberación suscita alegría.

Quienes lo han experimentado afirman que se trata de «una Beatitud que puede sentirse en todas y cada una de las células del cuerpo». Maslow lo describió hermosamente del siguiente modo: «Uno puede aprender a ver, desde esta perspectiva unitiva, casi a voluntad y todo lo que ve se convierte en un testimonio, una apreciación y lo que podríamos llamar una serena beatitud cognitiva».[1] Me gusta mucho la expresión «serena beatitud cognitiva» porque integra perfectamente los dos ingredientes básicos de la conciencia (el Testigo cognoscente) y el sentimiento que la acompaña (la Beatitud). Y recuerda que esta expresión es el resultado de la investigación empírica de Maslow, de modo que se deriva de una evidencia asentada en estudios empíricos.

Cuando descanso como el Testigo abierto y vacío (como la inmensa amplitud de no estar atado a nada) porque la sensación que acompaña al hecho de haberse liberado de toda atadura es inherentemente gozosa y bienaventurada, descanso en la expansión sin límites de una libertad beatífica. Cuando soy consciente de ese árbol, ese árbol emerge directamente en la inmensa y abierta amplitud que es la misma Beatitud cognitiva. La Beatitud ve el árbol; la Beatitud ve el perro; la Beatitud piensa este pensamiento, y la Beatitud ve ese coche. Esta es la textura misma del Testigo, una libertad extraordinaria que va acompañada de una Alegría profunda, una relajación infinita y una auténtica Beatitud cognitiva.

En Oriente es habitual definir la realidad última como *satchitananda*, es decir, como Ser (*sat*), Conciencia (*chit*) y Beatitud (*ananda*). Tanto el Ser como la Conciencia están vacíos (y son, en consecuencia, incalificables), y esta vacuidad genera el sentimiento sutil de *ananda*, una Beatitud omnipresente. Y, como esto conlleva una sensación de infinitud y eternidad, se trata de un sentimiento distinto a todos los sentimientos relativos, un sentimiento realmente infinito y eterno, una Beatitud cognitiva, en suma, serena y omnipresente.

Si queda alguna identificación con algún objeto o sensación del pequeño yo, seguiré atado a *dukkha*, el sufrimiento o el pecado original inherente al mundo manifiesto. Es por ello por lo que, en tal caso, cualquier sentimiento positivo (como la beatitud) se verá afectado, en cierto grado, por ese sufrimiento y nunca se tratará, por tanto, de un sentimiento positivo puro (como la Beatitud). Pero, si soy un Yo puro y profundamente real y me he liberado del todo de esto y de aquello (*neti, neti*), mi Yo se habrá liberado asimismo de la prisión del *samsara* y me veré extáticamente embargado por un trasfondo constante de Gran Beatitud. Nada tiene que ver esta Gran Beatitud con la pequeña beatitud excluyente que existe en el mundo del tiempo y que aparece, permanece un poco y acaba desapareciendo, o que coexiste con opuestos como la desdicha, la angustia y el tormento, sino que se trata de una Beatitud permanente que es la textura misma de la conciencia Testigo omnipresente. La textura que acompaña al Testigo infinito y eterno es siempre la Beatitud. Si estás atestiguando el tormento, el dolor, el terror o la angustia, no solo no te aterrorizará, sino que conectarás, en su núcleo, con un trasfondo constante de Gran Beatitud, una alegría profunda que es el sustrato mismo del Testigo. Cuando reconozcas que el Testigo siempre está presente, mira a tu alrededor y verás –no como un objeto, sino como un clima que todo lo engloba– un sentimiento de libertad gozosa y de felicidad profunda. Entonces es cuando la Beatitud estará viendo (o conociendo) ese árbol como un Testigo Beatífico que atestigua el mundo. Ese es el verdadero sustrato del Yo Soy que ha estado presente desde toda la eternidad, *Satchitananda*, es decir, Ser-Conciencia-Beatitud.

La plenitud de un gran amor más allá del amor

Donde el sentimiento que acompaña a la *Libertad* radical del Testigo es una Beatitud profunda y alegre, el sentimiento que acompaña a la *Plenitud* radical de Un Solo Sabor es el Amor, un Amor que todo lo abarca. Este Amor (con «a» mayúscula) trasciende el amor ordinario y está más allá de su opuesto, el odio. Este Amor no tiene opuesto, sino que lo abarca absolutamente todo y, siendo omnipresente, está completamente presente tanto con el amor pequeño como con su opuesto, el odio pequeño. Este Gran Amor subyace y abraza –o, lo que es lo mismo, Ama y acepta– tanto el amor pequeño como el odio pequeño y todas las demás emociones temporales. Hay un sustrato emocional continuo de Amor puro cuyo omnipresente abrazo lo incluye todo. Mientras el resto de los sentimientos y emociones, sean negativos o positivos, atraviesan el presente pasajero con sus propios y espectaculares altibajos, el telón de fondo de este Amor omnipresente permanece estable en el Presente Permanente. Así es como se *experimenta* la Unidad del universo. *Este Amor, en suma, es el sentimiento que acompaña a la Plenitud de Un Solo Sabor.* Cuando eres uno con el mundo entero en un abrazo y una totalidad constantes, sientes, a modo de trasfondo continuo, un Amor total (con «a» mayúscula). Y repito que se trata de un sentimiento infinito que no se limita a amar a una persona o a una cosa concreta, sino que te lleva a amarlo absolutamente *todo*.

El abrazo de este Gran Amor *a* todo –y *como* todo– es un paso hacia la Totalidad pura, indivisa y no-dual que se encuentra más allá de toda evitación primordial. Esa Totalidad se experimenta como un Amor puro que brota directamente de tu Corazón, en una Unidad pura y resplandeciente, y todo lo que emerge lo hace siempre en una Plenitud sin límites, en una Totalidad ininterrumpida y en una expresión genuina del Amor puro de Un Solo Sabor.

La Gran Beatitud y el Gran Amor son aspectos inherentes a la Totalidad del Despertar a la infinitud y la eternidad. Aun cuando estés mirando algo tan sencillo como un árbol, la simple percepción de ese árbol te evoca y te recuerda una Beatitud omnipresente que no va ni viene, que nunca puede perderse ni dejar de ser, sino que constituye el trasfondo mismo de cada experiencia *porque siempre ya eres libre*. Cuando te conectes al sentimiento que acompaña a la Libertad omnipresente del Testigo y lo reconozcas como una Beatitud continua o como una Felicidad profunda reconocerás también que esta Gran Beatitud ha estado siempre presente burbujeando anteriormente como la pequeña felicidad básica que te permitía soportar las miserias de este mundo a modo de vislumbres de tu naturaleza más profunda. Pero, cuando realizas esto directa y plenamente, su naturaleza omnipresente te resulta tan evidente como el Testigo mismo, «una Beatitud cognitiva serena». En el hondón más profundo de tu ser siempre has sido libre, *siempre eres libre* y siempre serás gozosa y extraordinariamente libre. Esta libertad impregna todas y cada una de las células de tu cuerpo como una Alegría Beatífica profunda y duradera, porque, de hecho, siempre eres Libre *de todo*, razón por la cual nunca sucede nada.

Cuando te adentras en el núcleo de la simple percepción de un árbol, de tu corazón emerge un Amor ilimitado y omniabarcador que no solo impregna de cuidado, amabilidad y abrazo infinito a ese árbol, sino a todos los seres sin excepción alguna, porque todos ellos son texturas de Un Solo Sabor, tu Talidad más profunda. Esto, de hecho, *abre un espacio para todo*. Y, si te adentras en un estado «sin cabeza» en el que el universo entero, en tanto Totalidad o Plenitud infinita, emerge en tu interior, el sentimiento que acompaña a esa Plenitud es precisamente ese inmenso y omnipresente Amor. *Del mismo modo que la Beatitud es el sentimiento que acompaña a la Libertad del Testigo, el Amor es el sentimiento que acompaña a la Plenitud de Un Solo Sabor.* Y, cuanto más reconoces Un Solo Sabor, más te abres también, si observas con atención, al reconocimiento de que este Amor infinito es un sentimiento igualmente omnipresente, el fundamento de todos los sentimientos menores que desfilan en el tiempo. Lo ama y abraza profunda y completamente todo como texturas de la Plenitud de Un Solo Sabor instante tras instante tras instante. No hay absolutamente nada en el mundo, por debajo de todos los juicios convencionales sobre experiencias relativamente verdaderas o falsas, buenas o malas, elevadas o repugnantes, correctas o incorrectas, que quede fuera del abrazo de tu Amor profundo y total.

La Beatitud y el Amor son los correlatos afectivos de la Libertad y de la Plenitud y constituyen el fundamento mismo de cada percepción, impulso, sensación y experiencia que puedas tener. Date permiso, en la medida en que practicas, para reconocer tu Conciencia Testigo y advertir la naturaleza omnipresente de tu propio Un Solo Sabor sin cabeza y empieza a permitir que afloren también esta Felicidad profunda, esta Beatitud central, este Amor puro y este Abrazo total. Poco importa que pienses en ello como una Beatitud Amorosa o como un Amor Beatífico porque ambas emanan del núcleo más profundo del Ahora atemporal. Insisto en que esta Beatitud Amorosa no es un sentimiento ni una emoción individual que aparezca, permanezca un tiempo y acabe desapareciendo, sino que es el trasfondo más profundo, constante y omnipresente que, instante tras instante, constituye el sustrato de cada sentimiento superficial que viene y va. Es el sentimiento profundo de Amor Beatífico que acompaña al Presente Permanente que existe tras cada cosa y emoción que fluye a través del presente pasajero. Es el sentimiento de fondo incuestionable, imparable y continuo de una superabundancia espaciosa que irradia y emana de este Ahora atemporal abrazando el mundo entero.

El Amor Beatífico es el núcleo mismo de este Presente Permanente porque esta Beatitud (con «be» mayúscula) y este Amor (con «a» mayúscula), esta Beatitud Amorosa y este Amor Beatífico no son emociones típicas, como amor versus odio o beatitud versus desdicha, sino las cualidades *omnipresentes* que acompañan a la Libertad *omnipresente* del Testigo trascendental y a la Plenitud *omnipresente* de Un Solo Sabor no-dual.

Entonces empezarás a sentir, detrás de tus otros sentimientos –si es que todavía queda alguno–, el trasfondo continuo de un Amor Beatífico que recorre tu cuerpo de la cabeza a los pies y que, irradiando con suavidad de tus entrañas, acaba abrazando con amabilidad la totalidad del mundo. Y en la medida en que, a partir de ahora, sientas algo, será, de hecho, alguna variación de ese Amor Beatífico básico y del Amor profundo del Testigo y de Un Solo Sabor. Y ambos ocurren juntos porque Un Solo Sabor y su Amor transcienden e incluyen al Testigo y su Beatitud. (Quiero, en este punto, recordar a aquellos lectores que se quedaron impresionados con Adi Da, que eligió como su nombre espiritual las palabras que consideraba que mejor representaban la Realidad Última: Love-Ananda, es decir, Amor-Beatitud).

A medida que el reconocimiento del Testigo deja de aflorar como realidad separada y deja paso a Un Solo Sabor, más tiende a fusionarse tu Beatitud con un Amor que todo lo engloba. Los sentimientos beatíficos o profundamente felices del Testigo afloran porque el Testigo es radicalmente libre de la totalidad del mundo manifiesto. Con la emergencia de Un Solo Sabor, la *libertad* completa del mundo deja paso a una *unidad* radical con la totalidad del mundo. El paso de *turiya* a *turiyatita* constituye, en cierto modo, esa ruptura abrupta a la que el zen describe como «ese momento en el que el cubo se desfonda». Cualquier sensación de que el cubo tiene un fondo, es decir, cualquier sensación de que la conciencia tiene un fondo sólido, cualquier sensación de que hay, en la conciencia, un sujeto o un testigo, cualquier sensación de que hay un yo sólido aquí que contemple un mundo que está ahí fuera genera un dualismo primordial que eclipsa la Unidad o No-Dualidad verdadera de Un Solo Sabor. Cuando el Testigo se desvanece como realidad separada y se funde con el mundo entero a través de la unidad del estado «sin cabeza» vuelve a ser el aspecto inherente de una conciencia pura y no-dual que siempre es, la dimensión cognitiva o cognoscente de una No-Dualidad o de Un Solo Sabor.

Y, cuando tal cosa ocurre, el sentimiento de Beatitud del Testigo se repliega en la Plenitud Amorosa de Un Solo Sabor; de ahí el Amor Beatífico o la Beatitud Amorosa que instante tras instante acompaña a cualquier realidad. La libertad beatífica de ser *libre de todo* se fusiona, de hecho, con una *unidad amorosa con todo*. La sensación de que el Testigo está separado del mundo, descansando en su propia libertad beatífica y observando «ante él» el despliegue del mundo entero, se fusiona ahora en una Unidad radical y amorosa con la totalidad del mundo, que ahora no surge *frente* a él, sino *dentro* de él. Y, sobre todo en el caso de que entres en un estado de unidad sin cabeza, todavía queda una sensación de Conciencia Testigo que es plenamente *una* con el mundo entero que emerge *dentro* de tu Conciencia unitaria y sin cabeza. Ya no hay un sujeto ni una Subjetividad Absoluta ajena a todo, sino tan solo una Talidad o Esidad no-dual en la que sujeto y objeto son uno, de modo que el mundo de «ahí fuera» emerge plenamente dentro de tu propia conciencia (justo donde antes solía estar tu cabeza). Todavía queda una sensación de Libertad Beatífica que se expande y engloba, en su amoroso abrazo, cualquier cosa o acontecimiento que emerja en cualquier lugar. Tanto dentro como fuera dan lugar a Un Solo Sabor sin cabeza y esa es una Beatitud Amorosa y un Amor Beatífico en la que la Libertad abraza con todo su ser la Plenitud. Ya no eres libre del mundo, sino que eres uno sin cabeza con el mundo, sea cual sea ese mundo (ordinario, sutil, causal, *turiya*, *turiyatita*, o todos ellos).

Si tienes dificultades para integrar el Testigo con Un Solo Sabor, es decir, si tienes problemas para la práctica simultánea de la Beatitud y el Amor, en el capítulo 19 proporcionaré instrucciones sobre el modo adecuado de hacerlo en la sección titulada «La unidad última de la Beatitud y el Amor». En esa sección aprenderás a entrar en un estado «sin cabeza» en el que todos los objetos «fuera de aquí» se experimentan emergiendo «aquí» (justo donde antes solía estar tu cabeza), de modo que «ahí fuera» y «aquí dentro» se experimentan como uno, una experiencia unitaria de «solo Esto». Luego, toma exactamente el lugar donde sientes que el árbol de ahí fuera está de verdad sentado «aquí dentro», en el mismo lugar en el que antes solía estar tu cabeza, e identifícalo con un sentimiento de amor omniabarcador, de modo que experimentes el mundo como si estuviera emergiendo de ese Amor unitario y sin cabeza. Siente simplemente que tu estado sin cabeza está completamente unido a la conciencia de un Amor que todo lo abarca. Siente que esta unidad del estado sin cabeza es un Amor que abarca todo aquello de lo que eres consciente. En este estado sin cabeza, no-dual y unificado, el Testigo se colapsa en el estado de Un Solo Sabor, de modo que la Beatitud del Testigo se habrá unido también a ese Amor sin cabeza. Cuando mires el mundo, hazlo a través de esta conciencia amorosa y beatífica. O, dicho en otras palabras, empieza a sentir que Un Solo Sabor sin cabeza está impregnado de Beatitud, Un Solo Sabor sin cabeza está saturado de Amorosa Beatitud.

Date ahora cuenta de que los sentimientos de Beatitud y Amor están presentes durante el acto sexual (al menos como beatitud y amor finitos, relativos y convencionales que a menudo, en sus formas últimas, llegan a explotar). El tantra sexual utiliza esos sentimientos de beatitud y amor convencionales para apuntar a la Beatitud y el Amor últimos. Ese es el tema que abordaremos a continuación. Y también veremos que los sentimientos que suelen acompañar al sexo, es decir, el éxtasis beatífico y la unidad amorosa (es decir, el éxtasis y el amor sexual finitos), pueden ser utilizados para reconocer, recordar e intensificar la Beatitud y el Amor omnipresentes de tu Verdadera Naturaleza. En este sentido, el sexo deja de ser un pecado contra el Espíritu y se revela como un camino directo hacia el Espíritu, lo que probablemente transforme para siempre tu relación con la sexualidad.

18. El tantra sexual integral

En este capítulo nos ocuparemos del tantra, un tema nuevo tan fascinante como importante. Aquí veremos una serie de instrucciones para señalar y de prácticas muy útiles para facilitar la unión entre el sexo y el Espíritu y evocar, a través de esa vía, la Realidad Última y la No-dualidad subyacente omnipresente. Y también descubriremos la profunda relación entre esto y la Gran Beatitud y el Gran Amor.

Hay decenas de escuelas de tantra muy diferentes. Generalmente se considera que las más avanzadas de todas ellas, es decir, las que apuntan a los niveles más profundos y elevados, son el Shivaísmo de Cachemira y el Vajrayana (o budismo tibetano). Aunque el tantra alcanzó su plenitud entre los siglos VIII y XI en la India, especialmente en la extraordinaria universidad budista de Nalanda, lo cierto es que no está limitado al budismo. De hecho, casi todas las grandes tradiciones tienen alguna que otra versión de sus temas principales. En cualquiera de los casos, el tantra supuso una profunda culminación del impulso fundamental de trascender e incluir característico de la evolución.

Comenzaremos revisando brevemente la historia del tantra para ver con detalle qué es y lo que implica. Como existen formas budistas de tantra y ya hemos revisado la historia del budismo es posible que repita aquí algunas cuestiones. Sea como fuere, esto es importante para entender cómo y por qué apareció y de qué manera trascendió e incluyó a la mayoría de las religiones anteriores.

El budismo temprano apareció aproximadamente en el mismo período axial (o gran Era Mítica) en que lo hicieron las grandes religiones y se derivó de la creencia de que el mundo manifiesto del *samsara* es un mundo caído, un mundo manchado por el pecado original y lleno de lo que el budismo temprano denominaba *dukkha*, es decir, el sufrimiento (o la aflicción). El rasgo distintivo del mundo manifiesto del *samsara* es el sufrimiento. Dondequiera que haya un mundo manifiesto y un ser sintiente, ese ser sufre y no podemos hacer absolutamente nada para mitigar ese sufrimiento. Lo único que podemos hacer al respecto es salirnos de la rueda del *samsara*. Y, para ello, debemos adoptar un tipo de meditación que consiste en contemplar los contenidos de la conciencia hasta llegar a descubrir la fuente de la conciencia o la conciencia misma, es decir, hasta descubrir un nirvana puro, un Testigo vacío y puro libre de todos los objetos, libre de toda manifestación y libre de todo *samsara*. Esa conciencia pura, sin forma, vacía y sin contenido es *nirvana*, un estado atemporal que, al ser ajeno a toda manifestación, está libre también de ego, de deseo, de dolor y de sufrimiento (un semejante estado al estado profundo de sueño sin sueños).

El objetivo del budismo primitivo era, pues, tan claro como directo: como el *samsara* (es decir, el universo manifiesto) está indisolublemente unido al sufrimiento, hay que abandonar toda actividad que tenga que ver con *samsara* y meditar hasta llegar a descubrir la conciencia pura del Testigo. Y, como esa Conciencia pura está completamente libre de todo objeto y de toda manifestación, la liberación consiste en entrar en un estado de vacuidad –en la libertad pura del Testigo– ajeno a todo yo, a todo deseo y a todo sufrimiento. Realizado el Testigo como parte omnipresente de la conciencia, uno acaba morando definitivamente en un estado omnipresente de libertad ajeno a todo *samsara* al que el Buda llamó *nirvana*.

Nirvana es, como ya hemos dicho, un estado de conciencia muy profundo, un estado de absorción no manifiesta en el que uno descansa plenamente en una conciencia vacía y pura en la que nada emerge. A ese estado también se le llama *nirvikalpa samadhi* y su culminación es el estado de *nirodh* (cesación o extinción pura) –es decir, nirvana–, un estado tan real que, si permaneces en él, no puedes experimentar ningún dolor independientemente de su intensidad. Recuerda, si esto te parece increíble, a los monjes budistas vietnamitas mencionados en el capítulo 9 que, como protesta por la guerra de Vietnam, se sentaban plácidamente en meditación, se rociaban de gasolina y se prendían fuego. El nirvana es real, muy real y hace exactamente lo que afirma, liberarte por completo de todo dolor y de todo sufrimiento.

¿Pero es acaso nirvana el más elevado de todos los estados? Esta es una pregunta a la que el genio budista Nagarjuna respondió con un rotundo «¡No!». Nirvana no es el más elevado de los estados. Es cierto que se trata del más elevado de todos los estados dualistas, pero, en ese mismo sentido, está intrínsecamente atado a la ilusión. Si tenemos en cuenta que nirvana está separado de *samsara*, la vacuidad está separada de la forma y el cielo está separado de la tierra no nos quedará más remedio que reconocer que mal puede, un estado fragmentado, roto y dualista y que nada tiene de holístico, unificado y no-dual, proporcionarnos una iluminación completa y verdadera.

A posteriori, podemos ver que la aspiración de Nagarjuna no era tanto la de llegar a nirvana (como pretendía el budismo primitivo), sino a *shunyata*, un estado de no-dualidad pura y de Un Solo Sabor que no separa nirvana de *samsara* y que, trascendiendo e incluyendo el estado inferior de nirvana, los unifica a ambos en una Totalidad más profunda y no-dual (aunque debemos aclarar que la expresión «Totalidad» –como cualquier otro término que utilicemos para referirnos a ella– resulta completamente inadecuada). Nagarjuna había descubierto este estado más profundo y sabía que nirvana era un estado limitado y menos que último. Así fue como puso en marcha la revolución de la no-dualidad, un logro evolutivo todavía mayor que trascendía, al tiempo que incluía, a *samsara* y nirvana en una gran Totalidad no-dual. A partir de ese momento, nirvana dejó de estar separado de *samsara* y se llegó a una totalidad no-dual más profunda que los incluía a ambos. Y lo mismo pasó con la vacuidad y la forma, que se vieron igualmente unificadas en una totalidad no-dual más profunda que asimismo las incluía completamente a ambas. Esto es algo que el *Sutra del Corazón* no tardaría en resumir en la expresión «La Vacuidad no es diferente de la Forma y la Forma no es diferente de la Vacuidad», o, dicho en otras palabras, nirvana no es diferente de *samsara* y *samsara* no es diferente de nirvana. Y también supuso la unificación (en el estado no-dual) de todos los opuestos que reflejaban la supuesta dualidad entre nirvana y *samsara* como, por ejemplo, infinito y finito, bien y mal, eterno y temporal, espíritu y materia y espíritu y sexo.

Y esto lo cambió absolutamente todo. De repente, las cosas que antes se suponía que obstaculizaban la iluminación se unificaron (en una unidad no-dual) con las que la provocaban; las cosas que anteriormente se suponían pecaminosas revelaron ser una con el «despertar» y las cosas que anteriormente habían estado evitando se convirtieron en las cosas que había que abrazar. Y también experimentaron una profunda transformación las prácticas religiosas de aquellos lugares afectados por esta profunda percepción no-dual que, abandonando la renuncia puritana, abrazaron la transformación (porque hay que recordar que la mayoría de las religiones de esa época eran, en realidad, puritanas como ilustra el hecho, ya mencionado, de que la mayoría de las escuelas de misticismo teísta, de misticismo sin forma y de misticismo Yo-Soy recomendaban, entre otras formas de renuncia, el celibato).

Mientras que el budismo temprano, por ejemplo, se esforzaba en reprimir o eliminar emociones negativas como la ira apelando a todo tipo de antídotos, el tantra se limitaba a abrazar la emergencia de la ira con la conciencia no-dual de Un Solo Sabor permitiendo así la *transformación* de la emoción contaminada de la ira en la sabiduría trascendental de la lucidez. Y lo hacía así porque, siendo nirvana y *samsara* no dos, la ira contaminada y la lucidez dejan de ser polos opuestos irreconciliables condenados a pelear eternamente y se revelan como aspectos diferentes de la misma realidad subyacente. La iluminación no consiste, pues, en rechazar uno de los polos y quedarse con el otro, sino en trascenderlos e incluirlos a ambos. En lugar de contar con una lista de centenares de deseos, impulsos, imágenes e ideas a las que se suponía que la persona debía renunciar y reprimir puritanamente, la regla principal del tantra es muy simple: *conviértelo todo en camino*. Esta fue una práctica pura y omniabarcadora de *turiyatita* que sacudió hasta sus cimientos el mundo del Espíritu.

Así pues, mientras que el objetivo del budismo temprano era el de convertirse en un *arhat* (es decir, en un «liberado») que, después de haber renunciado por completo al *samsara* y de haberse refugiado en *nirodh* (es decir, en el nirvana puro), un estado completamente ajeno al mundo manifiesto y a todos los seres sufrientes, había acabado desapareciendo para siempre en la extinción pura del nirvana, el objetivo del nuevo camino no-dual era el de convertirse en un *bodhisattva*, cuyo voto principal era el de *no* diluirse en el *nirodh* o el nirvana y regresar, por el contrario, a *samsara*. Recordemos que el compromiso asumido con el voto del *bodhisattva* es el de realizar la unidad entre nirvana y *samsara* y permanecer en este ayudando a todos los seres a ver que *samsara* no es diferente a nirvana, o formulando la promesa, dicho en otras palabras, de ayudar a despertar a todos los seres sintientes.

La fórmula habitualmente asumida por el voto del *bodhisattva* suele ser algo así como: «Hago el voto de realizar la iluminación lo antes posible para poder ayudar así a todos los seres sintientes a experimentar también la iluminación». Se trata, en esencia, de la promesa de no quedarse en el *nirvikalpa samadhi*, en *nirodh* o en la cesación pura sin manifestar, sino de seguir adelante hasta *sahaja samadhi* o Un Solo Sabor no-dual unificado. Se trata, en fin, de la promesa de no adentrarse en una meditación tan ajena al mundo manifiesto que puedas quedarte contemplando despreocupadamente el colapso ecológico del planeta (porque es *samsara*), sino que te compromete a levantarte de la estera para ayudar al planeta y a los seres sufrientes que te rodean. Y esa ayuda no consiste en conducirlos al nirvana, sino en ayudarlos a despertar a la unidad o no-dualidad existente entre nirvana y *samsara*.

Probablemente estés ahora en condiciones de reconocer la extraordinaria transformación que, como consecuencia de este cambio, experimentó la espiritualidad: de buscar un Cielo que no está en esta Tierra a encontrar un Cielo en la Tierra y de buscar un Espíritu que reprime la carne a encontrar un Espíritu que mora plenamente en la carne. Ya hemos dicho que muchas iniciaciones tántricas indias incluían lo que se llamaba «las cinco "emes"», que eran las cinco cosas que el hinduismo brahmánico había declarado pecaminosas y a las que había que renunciar y evitar (cosas que, en sánscrito, comienzan con la letra «eme», como el alcohol, la carne roja, el grano tostado y, muy especialmente, el sexo). Pero las ceremonias de iniciación tántricas no evitaban *todas esas cosas*, sino que, de hecho, las incluían y ejercitaban de manera deliberada, lo que, sin duda alguna, también incluía el sexo. Difícilmente pudieron quedar entonces las cosas más claras: la creencia fundamental de cualquier realización auténticamente no-dual es que lo único que hay es el Espíritu; lo único que hay es Dios; lo único que hay en todas partes es el Uno sin segundo, razón por la cual el Uno no es algo difícil de encontrar, sino, por el contrario, imposible de evitar. No hay nada que no sea Espíritu. En consecuencia, todas las cosas que creías que obstaculizaban el acceso al Espíritu son, en realidad, un ornamento y una manifestación directa del Espíritu que no hay que negar ni reprimir, sino, por el contrario, abrazar y festejar: «Conviértelo *todo* en camino, porque lo *único* que hay es Espíritu».

En este sentido, la práctica del sexo como camino de realización espiritual ha convertido al tantra en algo muy conocido, aunque esa no sea más que una pequeña parte de sus enseñanzas. Pero las prácticas sexuales y su relación directa con el Espíritu que el tantra había puesto de relieve fueron realmente revolucionarias. Estas prácticas incluían cosas como el despertar de *kundalini*, una energía sexual sutil que, según se dice, está enroscada como una serpiente en la base de la columna vertebral y que, cuando despierta, asciende por la columna y se une con una Luz, una Conciencia y un Espíritu infinitos que yacen dentro, arriba y más allá de la cabeza. Estos descubrimientos fueron un resultado directo de la identificación original de Nagarjuna entre nirvana y *samsara*, de modo que las cosas que la mayoría de las religiones habían considerado diametralmente opuestas se reconocieron, a partir de entonces, como las dos caras de la misma moneda de la Realidad Última. Y como, desde esta perspectiva, el sexo no obstaculiza el camino al Espíritu, sino que es un camino directo hacia Él, es posible emplear uno para realizar el otro. La verdad del tantra se deriva directamente de la verdad de la no-dualidad: Espíritu y carne, infinito y finito, Vacuidad y Forma y nirvana y *samsara* son, de hecho, no dos.

Entonces fue cuando el tantra adquirió la reputación, en muchos lugares, de ser un camino tan sencillo como rápido (además de divertido) para el logro de la iluminación. El camino habitual anterior hacia la iluminación implicaba conocimiento, conciencia y una gran fuerza de voluntad. En el zen, por ejemplo, podías elegir un koan concreto, como, por ejemplo, «Mu», y emplear tu fuerza de voluntad para concentrarte en él día tras día. Y es probable que, si haces eso sin parar durante tres o cuatro años tengas, en algún momento, un satori o una realización de la Unidad o, mejor dicho, de la no-dualidad. Para algunas personas, sin embargo, el tantra consiste en implicarte con el sexo y dejar que siga su curso. ¿Te parece que puede haber algo más sencillo? ¿Te parece que puede haber algo más divertido? (En realidad, algunas de las prácticas de visualización tántrica son muy complejas y detalladas, pero la idea básica es que el impulso último que lo alienta no proviene de la fuerza de la voluntad, sino de la energía sexual beatífica o *kundalini*).

Breve nota sobre el tantra

Quisiera ahora hacer hincapié en el modo especial en que utilizo el término *tantra*. Aunque sus elementos fundamentales son muy parecidos en todo el mundo, existen algunas diferencias importantes. Ya he mencionado en varias ocasiones al genio budista Nagarjuna. Pues bien, Shankara es, para el hinduismo vedántico, lo que Nagarjuna para el budismo Mahayana, un genio de la no-dualidad, un maestro supremo en la teoría y en la práctica de lo no-dual.

Nagarjuna no era un practicante tántrico, sino un maestro de la no-dualidad de modo que, cuando el tantra –que es no-dual– se desarrolló por primera vez en el budismo, a menudo se basó en las ideas no-duales de Nagarjuna. Y lo mismo ocurrió con Shankara, que tampoco era un practicante tántrico –sino otro maestro de la no-dualidad–, y que el desarrollo, por tanto, del tantra hindú se asemejó al de algunas de las brillantes comprensiones de Shankara. Yo me baso en ambos y lo mismo hace también la visión integral que he desarrollado.

Mi enfoque combina el marco integral con las distintas versiones de tantra procedentes de todo el mundo. Y, aunque no pueda decir que se trate de un tantra budista, de un tantra hindú, de un tantra taoísta o de un tantra cristiano, se basa en una integración que, en mi opinión, combina los mejores principios de las escuelas tántricas procedentes de todo el mundo (que incluyen, entre otros muchos maestros, los abordajes de Nagarjuna, Shankara y el taoísta Chuang Tzu).

Conviene tener esto muy en cuenta, especialmente en el caso de que seas un experto en un determinado tantra. He tratado de integrar lo esencial del tantra no-dual con lo mejor de la metateoría integral para esbozar un supertantra que, en mi opinión, combina lo mejor de ambos enfoques.

El empleo de la beatitud y del amor relativos en el tantra

Obviamente son muchos los sentimientos asociados al sexo, entre los cuales destacan dos en los que el tantra centra especialmente su atención: 1) Por una parte, hay un sentimiento cálido, amoroso y acogedor, una sensación de unión con otro ser que, en ocasiones, puede llegar a ser abrumadora, y 2) por otra parte hay, en el caso del orgasmo, una sensación de éxtasis, felicidad, alegría explosiva y liberación que te hará sonreír y que, hablando en términos generales, se considera la cosa más divertida que puede hacerse sin pantalones. Este amor-beatitud de la sexualidad es tan desbordante que ha llevado a muchos pensadores (incluido el mismo Freud) a considerar que la pulsión sexual es el impulso más poderoso que tiene el ser humano; y no son pocos también los que han llegado a afirmar que se trata del *élan vital* fundamental que mueve el universo.

Pero ya hemos visto que los sentimientos asociados al Espíritu último son el Amor y la Beatitud (ambos con mayúsculas), y esto no es casual porque, como afirman las grandes tradiciones, las cualidades del Espíritu (en su sentido metafórico como *saguna* Brahman) emanan de él y se manifiestan –siguiendo el método a través del cual se crea el universo– generando una cascada de versiones escalonadas inferiores en el mundo manifiesto y finito. En este sentido, el Gran Amor y la Gran Beatitud son rasgos distintivos, metafóricamente hablando, del Espíritu Último que, cuando descienden al mundo finito y manifiesto, dan lugar y se presentan como el amor y la beatitud inferiores característicos de la sexualidad con la que, en virtud de la no-dualidad, están directamente conectados. Del mismo modo que, en la Realidad Última, la lucidez trascendente y la pequeña ira están directamente conectadas, también lo están el Gran Amor y el pequeño amor, la Gran Beatitud y la pequeña beatitud, como los dos polos opuestos de la misma dimensión o, mejor dicho, como los polos norte y sur de un mismo imán. Es por ello por lo que la conexión con uno de los polos puede llevarte, de manera directa e inmediata, al otro polo. Este es el principio básico en el que se asienta la famosa práctica del tantra sexual.

Actualmente (2022) estoy esbozando, como parte de una visión del mindfulness que abarque la totalidad del espectro, un curso muy detallado de tantra integral. En este sentido recomiendo al lector que esté interesado en esta práctica que permanezca atento (a las publicaciones en este sentido de www.IntegralLife.com). En el siguiente capítulo veremos algunas de estas prácticas para que puedas probarlas por ti mismo y ver exactamente lo que implican. También puedes incorporar fácilmente estas prácticas tántricas en tu práctica integral de vida (o en cualquier otra práctica espiritual que puedas tener). Aunque las ideas fundamentales sobre las que descansa este tantra integral estén clara y firmemente asentadas en las tradiciones tántricas de todo el mundo, gran parte de esta presentación es única y algunas de estas prácticas se derivan de las comprensiones proporcionadas por el marco de referencia integral. Sigamos adelante teniendo en cuenta todo lo dicho.

19. La práctica del tantra sexual integral

El reconocimiento en el tantra

Hay muchos tipos de *práctica* tántrica. Centrándonos, por el momento, en la sexualidad masculina, comenzaremos diciendo que hay prácticas que separan el orgasmo de la eyaculación de modo que es posible que el varón experimente una serie de orgasmos sin llegar, no obstante, a eyacular (un fascinante descubrimiento llevado a cabo por los practicantes del tantra que, como parte de su práctica espiritual, utilizaban el éxtasis o la beatitud). Tener muchos orgasmos sin llegar a eyacular puede ser utilizado para provocar una explosión de gozo que, originándose en la región genital, se expande por todo el cuerpo y acaba derramándose fuera de él hasta envolver en un orgasmo a la totalidad del mundo. Estas prácticas van siempre acompañadas (en ambos sexos) de ejercicios respiratorios destinados a impedir que las sensaciones sexuales se dirijan hacia abajo y hacia fuera y orientarlas deliberadamente, en su lugar, hacia dentro y hacia arriba. Así es como, partiendo de la región genital, las sensaciones se dirijen, durante la espiración, hasta la base de la columna y ascienden luego por toda ella hasta llegar al cerebro y, más allá todavía, hasta la Luz y la Conciencia infinitas que hay en la coronilla y más allá todavía, una secuencia que, durante la inspiración, se invierte. La mujer, durante la espiración, hace lo mismo dirigiendo cualquier sensación sexual presente en la región genital hacia la base de la columna y ascendiendo, desde ahí, por toda la columna, hasta llegar a la coronilla y más allá de ella hasta la totalidad del Kosmos e invirtiendo, durante la inspiración, ese mismo orden, recogiendo de nuevo la Luz y la

Conciencia hacia la coronilla y bajando después por el rostro y la parte anterior del cuerpo hasta llegar de nuevo a la región genital.

El tantra no solo es un camino sencillo, divertido y poderoso, sino que, según algunas tradiciones tántricas, es tan poderoso que puede llegar incluso a ser muy peligroso. Pero debo advertir que la versión integral que aquí presento tiene muy pocos peligros si es que tiene alguno. Yo mismo llevo unos cuarenta años practicándolo y, a estas alturas, conozco bastante bien sus riesgos y sé perfectamente lo que no debo hacer. Pero no solo se trata de que la versión integral sortee deliberadamente la mayoría de los escollos, sino que el marco integral resulta tan equilibrado que los peligros parecen desaparecer. También llevo unos treinta años enseñando tantra integral y debo decir que ninguno de mis alumnos ha tropezado con peligro alguno. Me tomo muy en serio esta parte del tantra y puedo asegurarte, con bastante certeza, que no hay mucho de lo que debas preocuparte.

Los *ejercicios* o *prácticas* típicos del tantra requieren un esfuerzo considerable y sus resultados no son inmediatos, sino que son necesarios uno o dos meses para empezar a ver (gracias a la neuroplasticidad del sistema nervioso) los resultados de la reconfiguración de ciertos circuitos cerebrales.[1]

El tantra integral, por su parte, trabaja con aspectos de esta unidad amorosa y beatífica expandida que, como siempre está presente, no solo puedes practicar durante la actividad sexual, sino en cualquier otro momento. Centremos, pues, nuestra atención en las *instrucciones para señalar* que constituyen el auténtico núcleo del tantra y facilitan, en cualquier momento, el *reconocimiento*.

Comienza visualizando, en el momento en que espiras, el ascenso de la conciencia por la columna hasta llegar a la coronilla y más allá de ella hasta su liberación en una Libertad Luminosa y una Conciencia Infinita y entra en contacto con *turiya*, el Testigo infinito, la Libertad pura y su Beatitud inherente. Inspira luego esa Luz y esa Conciencia infinitas y dirígela hacia la coronilla llevando consigo la Beatitud, que desciende luego por el rostro (con la boca completamente cerrada), la garganta, el pecho y el abdomen hasta llegar de nuevo a la región genital. Así es como la Luz infinita de Arriba (que es la conciencia pura del Testigo) desciende y lleva a toda la vida de abajo una combinación que evoca la Unidad o Plenitud de Un Solo Sabor (*turiyatita*), cuyo Amor está dispuesto a acoger y abrazar el mundo entero.

Esta combinación entre la Luz y la Vida, la Libertad y la Plenitud y la Gran Beatitud y el Gran Amor proporciona la fuerza y el impulso concretos de esa beatitud-amorosa que es la sexualidad. Así es como están conectados. Dicho en otras palabras, la Libertad Beatífica del Testigo y la Plenitud Amorosa de Un Solo Sabor son las cualidades espirituales supremas que se corresponden con la beatitud amorosa de la sexualidad, razón por la cual puede utilizarse esta para llegar hasta aquella. Así es también como el sexo deja de ser un obstáculo para el Espíritu y se convierte en un camino directo para llegar al Espíritu.

Y, como estamos hablando de los dos estados de conciencia más elevados (el Testigo y Un Solo Sabor), la corriente ascendente de la Vida-hacia-arriba-y-hacia-la-Luz y la corriente descendente de la Luz-hacia-abajo-y-hacia-la-Vida ponen de relieve un circuito omnipresente de energía divina que los taoístas denominan «órbita microcósmica» que, según dicen, reproduce en el cuerpo la misma dinámica que mueve al Kosmos. Y esta unión entre Libertad y Plenitud y entre Beatitud y Amor y su constante circulación por todo el cuerpo-mente, es realmente *omnipresente*.

Es importante señalar la relación existente entre el Amor Beatífico último (ambas con mayúsculas) y la beatitud y el amor relativos (ambos con minúsculas) asociados a la sexualidad. En primer lugar, la beatitud y el amor pequeños y relativos tienen sus opuestos: el infortunio, la angustia y el tormento son los opuestos a la pequeña beatitud y el odio, la hostilidad y, según algunos, el miedo son los opuestos del amor pequeño. Pero la Gran Beatitud y el Gran Amor (ambas con mayúsculas) son infinitos (y trascienden los opuestos del amor y el odio ordinarios) y atemporales (lo que significa que tampoco vienen y van, sino que son eternos, es decir, omnipresentes). La beatitud y el amor pequeños son finitos y provisionales, tienen fronteras, tienen facetas interiores y facetas exteriores, van y vienen, llegan, permanecen un tiempo y acaban desapareciendo, tienen límites y tienen un comienzo y un final. Pero la Gran Beatitud y el Gran Amor no son provisionales, sino eternos, es decir, no aparecen y acaban desapareciendo, sino que están siempre ahí y tampoco van y vienen, sino que constituyen el tono afectivo de la Libertad y la Plenitud omnipresentes del Testigo y de Un Solo Sabor. Estos son los tonos afectivos que subyacen –es decir, que atestiguan y unifican, respectivamente– y están presentes durante la beatitud, la aflicción, el amor y el odio pequeños; por completo presentes con todos los opuestos y emociones que no dejan de desfilar fugazmente por el escenario de la conciencia. La Beatitud-y-el-Amor son realidades últimas tan omnipresentes como la textura de este Ahora atemporal.

¿Cómo podemos reconocer verdaderamente esta Presencia?

Aquí es, en concreto, donde entra en juego la práctica del tantra sexual integral que emplea los sentimientos relativos y finitos de la beatitud y el amor sexuales para evocar y reconocer los sentimientos últimos y eternos de la Beatitud y el Amor espirituales. El tantra sexual integral emplea el éxtasis y el amor sexuales (que vienen y van) para reconocer directamente la Beatitud y el Amor espirituales (que siempre están presentes) o, dicho en otras palabras, utiliza la *práctica* del sexo para *reconocer* al Espíritu. Después de todos estos prolegómenos estamos en condiciones de emprender nuestra presentación del tantra integral.

El empleo del sexo para reconocer el testigo beatífico

Empezaré diferenciando la Beatitud del Amor (porque, técnicamente hablando, pertenecen a dos estados últimos diferentes, el Testigo y Un Solo Sabor), luego hablaré aisladamente de cada uno de ellos y, al final, acabaré unificándolos (en su Realidad o Condición última). Y si, en ese punto, tienes problemas para llevar a cabo esta práctica conjunta, te daré algunas instrucciones que pueden servirte de ayuda. Empezaré con la Gran Beatitud (es decir, con la Alegría profunda o la Felicidad básica), es decir, con la «serena Beatitud cognitiva» del Testigo.

Comenzaremos la actividad sexual (heterosexual, gay, lésbica, trans, bi o de cualquier otro tipo) descansando en el Testigo y centrando nuestra atención en la Beatitud.

Asegúrate de que, como Testigo, mantienes con tu cuerpo la misma relación que mantienes con el cuerpo de tu pareja. Recuerda que el Testigo no se identifica más con los sentimientos que ocurren «aquí dentro» (en tu cuerpo/cerebro) que con los objetos que aparecen «ahí fuera». El Testigo no está dentro ni fuera, porque es libre y registra del mismo modo lo que ocurre dentro y lo que ocurre fuera. Asegúrate, pues, de que la relación que tu Testigo mantiene con los objetos que aparecen «aquí» (en el interior) es exactamente la misma que la que mantiene con los objetos que aparecen «ahí» (en el exterior), es decir, asegúrate de que contemplas exactamente del mismo modo el interior y el exterior. Y asegúrate también de que la relación que, como Testigo, mantienes con tu cuerpo es la misma que mantienes con el cuerpo de tu pareja porque ambos son objetos iguales de tu Yo Testigo y no te identificas más con este que con aquel. Puede darse incluso el caso de que los veas a ambos como si de un solo cuerpo se tratara, pero, en cualquiera de los casos, no te identificas con ninguno de ellos. Eres el Testigo puro y libre (no soy esto ni soy eso y, por tanto, estoy tan libre de esto como de eso). Y, si no puedes entrar completamente en el Testigo, acércate a él todo lo que puedas y sumérgete luego en tu práctica sexual preferida.

Lo único que debes tener en cuenta en esta práctica *concreta* es no identificarte, como Testigo, con ningún objeto y limitarte a atestiguar simplemente la presencia de cualquier sensación de placer o dicha al margen del lugar en el que se origine. O, dicho de otro modo, siente el placer, luego «siente» el Testigo e identifica finalmente ambas sensaciones, las sensaciones inmediatas de placer o dicha y la sensación del Testigo puro. Deja luego que ese placer empiece a ver el mundo y permite que lo atestigüe. Ya hemos visto que, en última instancia, el Testigo Beatífico o la serena Beatitud cognitiva ve el mundo y hacia ahí es hacia donde debes dirigir esta práctica sexual.

Recuerda, si tienes problemas en establecer esta conexión entre la Beatitud y el Testigo, que nuestro objetivo es lo que Maslow denominó «una serena *Beatitud cognitiva*», lo que pone de relieve las dos facetas del Testigo: la cognitiva (o conocedora) y la afectiva (como Libertad/Beatitud), aunque también hay que precisar que, en realidad, no se trata de dos «facetas» diferentes del Testigo, sino de dos caras diferentes del Testigo contempladas desde dos perspectivas diferentes (una cognitiva y la otra afectiva). Durante esta práctica, pues, empiezas trabajando con la faceta *beatífica* identificando cualquier placer, éxtasis o gozo que experimentes con la faceta *cognitiva* del Testigo. Y, aunque el Testigo no sea nada cognoscible, sino una conciencia cognoscente, esta práctica te permitirá identificar cualquier placer o dicha que aparezca con la faceta cognitiva del Testigo porque tu objetivo es el de lograr una «serena Beatitud *cognitiva*». Cada vez, pues, que aparezca una sensación de placer o de gozo, identifícala con tu conciencia cognoscente y date cuenta luego de que «Beatitud es ver el mundo», «Beatitud es tocar a mi pareja», «Beatitud es hacer el amor», etcétera. Y no te preocupes, porque esto no interrumpirá la libertad natural del Testigo, porque el Testigo va acompañado también de una Libertad/Beatitud completamente no-dual, vacía y omniinclusiva. Esta identificación del Testigo con el placer convencional es un primer paso que no afectará a la infinitud o eternidad del Testigo, sino que simplemente te ayudará a recordar y evocar la Beatitud subyacente que la acompaña.

Los budistas tibetanos llaman al Testigo «conocimiento continuo», una expresión que unifica su dimensión cognitiva con su dimensión omnipresente o eterna. Sin embargo, esta es una expresión que utilizan en un sentido muy especial, con la que se refieren al hecho de que, mientras la experimentas, separas el contenido de la sensación de conocer, o, dicho en otras palabras, que no se trata tanto de conocer esto o de conocer aquello, sino de centrarse en la simple y pura sensación de conocer. No olvides que, después de todo, *el Testigo no es algo que se conozca, sino el Conocedor*. Además, la parte «continua» no deja espacio para conocer este, ese o aquel objeto, porque todos los objetos se mueven en el mundo del tiempo y no hay, en el presente que pasa, ningún objeto eterno u omnipresente. El «conocimiento continuo» implica, por tanto, un «Testigo omnipresente y continuo» que también es una «Beatitud cognitiva omnipresente» (especialmente cuando identificamos al Testigo con cualquier placer o beatitud que aparezca).

Digamos, para terminar con esta parte de las instrucciones que, cuando estás en el Testigo puro, estás asentado en el flujo continuo de la actividad mental que no se centra en algo conocido (porque cualquier cosa que aparezca está bien), sino que, en este caso, se identifica con cualquier sensación de placer o beatitud que aparezca. Entra en ese conocimiento continuo y empieza a identificar cualquier sensación de placer o beatitud que aparezca durante la relación sexual con la sensación de este conocimiento continuo, porque el objetivo de esta práctica consiste en evocar una serena Beatitud cognitiva.

Bien podrías decir, cuando identificas la Beatitud con el Testigo, cosas tales como «la Beatitud ve (o atestigua) el mundo», «la Beatitud ve ese edificio», «la Beatitud toca el árbol», «la Beatitud siente el perro», «la Beatitud está haciendo el amor», etcétera. Todos estos ejemplos ilustran perfectamente la dimensión *cognitiva* de la Beatitud que es, por tanto, la que realmente conoce, sabe o ve. La Beatitud, dicho en otras palabras, es completamente una con el Testigo conocedor, es una Beatitud Testigo, una Beatitud cognitiva o una Beatitud conocedora. La idea consiste simplemente en unir estos dos «componentes» fundamentales del Testigo, el cognitivo (o cognoscente) y el afectivo (o libertad/beatitud). Y, como ya hemos dedicado mucho tiempo a la Libertad como faceta inherente del Testigo, esa parte debe resultar sencilla. Ahora estamos trabajando con la faceta beatífica subrayando el hecho de que la Beatitud es el sentimiento inherente a la Libertad del Testigo. Una forma sencilla de recordar estos dos aspectos es recordar la frase de Maslow «un Testigo, una *Beatitud cognitiva*». Si has estado practicando la conciencia del Testigo, ya has ejercitado la dimensión cognitiva; ahora solo te queda añadirle la dimensión afectiva.

Veamos ahora un simple ejercicio de calentamiento para esta práctica fundamental.

Cuando se acerque el orgasmo relaja tu cuerpo en las intensas sensaciones presentes que lo acompañan y disponte a dirigirlas hacia el Testigo. Y, cuando adviertas el inicio de un intenso gozo orgásmico, siente que ese éxtasis es el mismo que tu Yo Testigo y contempla el mundo a través de la Beatitud del Testigo. Siente que ese éxtasis orgásmico es uno con el Testigo y que es la textura misma del Yo Observador, la naturaleza del Yo Que Ve y siente que ese éxtasis/Beatitud contempla el mundo entero a través del Testigo.

Utiliza, dicho en otras palabras, el pequeño éxtasis provisional de la liberación sexual como recordatorio para evocar e intensificar la Gran Beatitud omnipresente y atemporal que siempre está presente en la naturaleza del Testigo. Siente ese éxtasis sexual, siéntelo profundamente también en el Testigo y deja que ese pequeño éxtasis te recuerde y evoque una Beatitud cognitiva infinitamente mayor que se extiende hasta el infinito. Llegará un momento en el que la pequeña beatitud concluirá, pero no ocurrirá lo mismo con la Gran Beatitud. Utiliza, en fin, el pequeño éxtasis provisional para activar, evocar, hacer aflorar e intensificar esa Beatitud última, esa Beatitud cognitiva que siempre está presente.

Esta es una *práctica*, lo que significa que, hasta que empiece a encajar, deberás ejercitarla una y otra vez. Siente las cualidades y texturas que experimentas durante el éxtasis sexual y dirígelas luego hacia el Testigo. Siente esas cualidades en el Testigo y *atestigua luego el mundo desde esa Beatitud.* Deja que Yo Soy se convierta en esa Beatitud, que es una serena Beatitud cognitiva. Y, en la medida en que identifiques esa beatitud con el Testigo y empieces a contemplar el mundo a través de los ojos de un Testigo completamente Beatífico, esa beatitud empezará a evocar la Gran Beatitud porque, al estar conectada con las cualidades del Testigo infinito y omnipresente, facilitará la evocación de la Gran Beatitud infinita y omnipresente del auténtico Testigo. Así es como la Beatitud cognitiva del Yo-Yo atestigua mi cuerpo; como la Beatitud cognitiva del Yo-Yo es consciente del cuerpo de mi pareja; como la Beatitud cognitiva del Yo-Yo ve la cama en la que estamos, y como la Beatitud cognitiva del Yo-Yo es consciente de la habitación que emerge dentro de mi Conciencia Beatífica. La Libertad radical del Testigo evoca una Beatitud que encuentra extático hasta el *samsara.* Yo no estoy en la habitación, sino que es la habitación la que aparece en mi interior, dentro de mi propia Conciencia Beatífica. Yo no estoy en la cama, sino que es la cama la que emerge dentro de mi Conciencia Beatífica. Ya no estoy acostado junto al cuerpo de mi pareja, sino que son mi cuerpo y el cuerpo de mi pareja los que emergen dentro de mi propia Conciencia Beatífica. *Y me doy cuenta de que todo, absolutamente todo, emerge dentro del campo de mi profunda Conciencia Beatífica.* La beatitud del éxtasis sexual me ha ayudado a evocar, recordar e intensificar la Beatitud omnipresente que es el núcleo mismo de mi verdadero

Testigo; y, desde ese Testigo Beatífico, desde esa serena Beatitud cognitiva, contemplo el mundo entero. Cada sensación, cada sentimiento y cada pensamiento emerge dentro del campo del Testigo Beatífico y el mundo entero no es sino una modificación de esta Beatitud atemporal. Y esta Beatitud (con mayúscula porque, al no ir ni venir es, de hecho, la parte «continua», la parte omnipresente del Testigo Beatífico) subyace continuamente al flujo y el reflujo de todos los sentimientos menores. Esta es la conciencia de un Testigo Beatífico profundo y extáticamente libre.

Recuerda, cada vez que el goce sexual provisional se desvanezca, esta beatitud/Beatitud y sigue dirigiéndola hacia el Testigo. Esto es algo a lo que el tantra integral llama «recuerdo del orgasmo»: cada vez que tengas un orgasmo identifica ese éxtasis con el Testigo y, cuando la beatitud orgásmica se desvanezca, identifica el recuerdo de ese gozo con el Testigo. Y cuando, a lo largo del día, practiques la conciencia Testigo dirige inmediatamente, siempre que estés en contacto con el Testigo, el recuerdo de ese intenso goce sexual al Testigo y deja que esa Beatitud cognitiva observe el mundo. Date permiso para sentir la emoción extática del orgasmo sexual como el Testigo mismo que está contemplando el mundo. Siente directamente que Tú, como Beatitud, lo atestiguas todo. Este es el verdadero significado de la Beatitud cognitiva.

En este mismo momento puedes evocar ese recuerdo orgásmico. Entra en la conciencia del Testigo –o acércate a ella todo lo que puedas–, recuerda el intenso placer que acompaña al orgasmo, dirige luego esa sensación hacia el Testigo y contempla el mundo a través de ese Testigo beatífico, de esa Beatitud cognitiva. Es bastante sencillo, ¿no te parece?

Permanece atento, volviendo al acto sexual, mientras el pequeño gozo se desvanece, a esa Beatitud mayor que no concluye, sino que perdura. Deja que la pequeña beatitud despierte profundamente en tu conciencia los acordes de haberte liberado de toda angustia, de todo sufrimiento y de todo dolor. Esa liberación nirvánica es una realización extática mucho más intensa que el pequeño éxtasis de la sexualidad y no aparece de pronto, permanece un poco, te ilumina y acaba desvaneciéndose, sino que es omnipresente, eterna e ilimitada. Es el núcleo eterno de la libertad infinita que es tu propia Conciencia cognoscente, el Rostro Original que tenías antes de que tus padres nacieran, un rostro que lleva consigo la impronta de la sonrisa que acompaña a la Gran Beatitud.

Del mismo modo que se dice que, cuando la Gran Beatitud desciende de la cualidad original del Espíritu puro al mundo manifiesto dando lugar a un impulso sexual finito, temporal y limitado, también la intensidad original de la Gran Beatitud desciende varios grados y se experimenta con una intensidad inferior a la del goce sexual. Es por ello por lo que la intensidad del goce del orgasmo convencional es, para la mayoría de las personas, al menos al comienzo, considerablemente mayor que la Gran Beatitud de la libertad del Testigo. Es también por ello que, cuando transfieres la sensación del goce sexual a la sensación del Yo Testigo, experimentas una intensificación o magnificación de la sensación de Beatitud omnipresente. Esto te dará una idea de la intensidad de la Beatitud que empezarás a sentir cuando te adentres en los dominios del Testigo puro y su libertad (nirvánica). Y, en la medida en que empieces a resonar con la Beatitud (con mayúscula), su intensidad original acabará superando y eclipsando a la del gozo sexual finito. Por ello son tantas las personas que deciden entonces dejar de tener orgasmos ordinarios, porque resultan comparativamente muy decepcionantes y no hacen sino desperdiciar la bioenergía.

En resumen, este ejercicio emplea el éxtasis pequeño, relativo y finito del orgasmo sexual para recordarte, evocar e intensificar la Gran Beatitud omnipresente de tu Conciencia pura: una serena Beatitud cognitiva. Esta aplicación de los principios tántricos te ayudará a conectar directamente el Espíritu con el sexo y a emplear la intensidad del éxtasis sexual para reconocer, recordar e intensificar la Gran Beatitud que acompaña a la Conciencia espiritual. No en vano la principal metáfora utilizada por los místicos de todo el mundo a lo largo de la historia para referirse al estado de unión mística ha sido, con gran diferencia, la unión sexual. Y ello es así porque sexo y Espíritu están estrechamente relacionados. El sexo no es algo que impida la presencia del Espíritu, sino una de sus manifestaciones más directas y un camino, en consecuencia, que conduce directamente a Él. Esta comprensión es el fruto de la visión original que abrió a Nagarjuna la puerta a la comprensión de la no-dualidad (y que está empezando a aparecer también en los místicos occidentales). En la Realidad Última, sexo y Espíritu no son dos.

El empleo del sexo para reconocer Un Solo Sabor amoroso

Y lo mismo podríamos decir, hablando en términos generales, con respecto al Gran Amor y la unidad amorosa de la unión sexual. En este caso utilizaremos las sensaciones inmediatas de la unidad sexual y los sentimientos afectuosos y amorosos de unidad que aparecen durante la práctica del sexo como recordatorio para evocar e intensificar el Gran Amor que brota de la Plenitud radical de Un Solo Sabor. Estas dos modalidades de amor están conectadas y el amor presente durante la relación sexual es una versión reducida de la Unidad Amorosa atemporal que es el Espíritu último.

Entra, pues, en Un Solo Sabor y la Talidad no-dual empleando, para ello, el recurso que mejor te sirva. En este sentido recomiendo, para empezar, el ejercicio «sin cabeza», de modo que, en estas instrucciones, incluiré algunos comentarios al respecto. (Consulta la sección «Un Solo Sabor. Primera parte» del capítulo 16, «Señalando al Testigo y a Un Solo Sabor», para obtener instrucciones sobre el modo de entrar en el estado sin cabeza). Pero, si esta alternativa no te parece bien, no estás obligado a emplear esta práctica y puedes entrar simplemente en la experiencia de Un Solo Sabor utilizando el método que consideres más adecuado. Y tampoco pasa nada si no puedes acceder al estado de Un Solo Sabor, porque bastará con que te acerques a él todo lo que puedas y procedas luego siguiendo las instrucciones. Los sentimientos amorosos evocados durante el ejercicio te servirán de instrucciones para señalar que te ayudarán a identificar y reconocer la profunda Unidad Amorosa omnipresente como trasfondo que refleja la Plenitud absoluta de Un Solo Sabor (como también lo está, te des o no cuenta de ello, tu propio estado «sin cabeza»).

Si, cuando practicas sexo asumes, al menos en cierto grado, la actitud de Un Solo Sabor, experimentarás todo lo que emerge como una textura de tu Ser, como una modificación de tu conciencia y te darás cuenta de que tú eres todo eso. Si estás usando el ejercicio sin cabeza, tenderás a ser uno con el mundo entero, que surgirá entonces en el mismo lugar que antes ocupaba tu cabeza. Pero, independientemente de que estés o no utilizando ese ejercicio, asegúrate de prestar atención a las siguientes instrucciones, que tendrán un importante efecto en ti. Presta una especial atención, dentro de ese Gran Espacio que todo lo abarca, a las sensaciones de conexión afectuosa, cuidado profundo y abrazo amoroso y, muy en especial, a cualquiera de los sentimientos de unidad cordial y amorosa con tu pareja. Si realmente estás en la conciencia de Un Solo Sabor, esos sentimientos de unidad amorosa aparecerán en el espacio mayor de una Unidad Amorosa atemporal. Eso está bien y puede parecerte, sobre todo al comienzo, que la unión sexual amorosa con tu pareja es más intensa que la Plenitud Amorosa omnipresente de Un Solo Sabor, cuyo abrazo no se limita a tu pareja, sino que lo engloba todo y a todos. Esa intensa sensación sexual de unidad cordial te proporcionará un indicio claro y directo de la intensa Plenitud Amorosa que empezarás a sentir de manera casi continua a medida que vayas profundizando en tu conciencia directa como Un Solo Sabor y la Talidad pura.

Podríamos resumir diciendo que comienzas la práctica empleando la pequeña, relativa y finita sensación de unidad amorosa de la unión sexual para recordarte, evocar e intensificar la omnipresente Unidad Amorosa de tu conciencia no-dual. Y cada vez que, durante el acto sexual, experimentas la intensidad de cualquier tipo de contacto, cuidado o ternura amorosa –o, más especialmente, de unidad amorosa–, concéntrate en esa sensación y dirígela hacia la Plenitud de Un Solo Sabor.

En el caso de que aún no hayas podido acceder completamente al estado de Un Solo Sabor, esta práctica sigue siendo muy simple: acércate todo lo que puedas a Un Solo Sabor, empieza la actividad sexual y, en el momento en que sientas una abrumadora unidad amorosa con tu pareja («¡Te quiero tanto que no puedo soportarlo!»), expande esa sensación de amor y unidad hasta que llegue a abrazar al universo entero. Y, en el caso de que estés realizando la práctica del estado «sin cabeza» y seas uno con el mundo que es uno contigo y con tu estado sin cabeza, deja que la *intensidad* de esa sensación de amor y unidad se aplique a tu propio estado de unidad con el mundo. Contemplando, pues, esa inmensa extensión «fuera de aquí» fúndete directamente, cuando sientas «¡Te quiero tanto que no puedo soportarlo!», con el mundo («¡Te quiero tanto que *soy* tú!»). Y, cada vez que te preguntes cómo se experimenta exactamente ser uno con la totalidad del mundo, piensa tan solo en la sensación de ser uno con tu pareja y expande esa sensación hasta que llegue a abrazar al universo entero. (Y hazlo aun en el caso de que estés en un estado sin cabeza transfiriendo entonces esa *intensidad* al estado sin cabeza). O utiliza el sentimiento de unidad amorosa con tu pareja para reconocer y experimentar una Unidad Amorosa semejante que ya está presente en tu Corazón para abrazar al mundo entero: ese es tu omnipresente Un Solo Sabor.

Deja, en cualquiera de los casos, que tus sentimientos de unidad amorosa sexual se expandan hasta llegar a incluir la totalidad del universo. «¡Lo *amo* todo porque *soy* todo!». Comienza, al menos, con la primera de esas dos afirmaciones y siente «¡Lo *amo* todo!». Asume, dicho en otras palabras, la actitud de estar *haciendo el amor con el mundo entero* y aférrate a esa sensación. Y, mientras haces el amor con tu pareja –y, muy especialmente, en el caso de que aparezca un verdadero sentimiento de unidad amorosa–, expande ese sentimiento hasta llegar a abarcar la totalidad del mundo.

Transfiere, en suma, el sentimiento de amor por tu pareja al Amor a Un Solo Sabor por (y como) la totalidad del Mundo y *pasa entonces de pensar y sentir que estás haciendo el amor con tu pareja a pensar y sentir que estás haciendo el Amor con el mundo entero* y date así cuenta de que eres Uno con Todo.

Una de las formas más sencillas de llevar esto a la práctica consiste en emplear el ejercicio «sin cabeza». Observa, mientras haces el amor con tu pareja, la totalidad del campo visual del mundo que te rodea y date luego cuenta de que todo ese campo está surgiendo realmente «aquí dentro», justo donde antes creías que estaba tu cabeza y de que eres uno con todo. Dirige luego, sin dejar de sentir la unidad de ese estado sin cabeza, el sentimiento cordial de amor por tu pareja a la totalidad del campo visual y a todos los «objetos» que hay en él y que ahora surgen justo donde antes solía estar tu cabeza.

La experiencia sin cabeza colapsa sujeto y objeto unificando el mundo que estaba «ahí fuera» con el mundo que estaba «aquí dentro» en el mismo lugar que antes solía ocupar tu cabeza, que es una versión real de Un Solo Sabor. Cuando luego transfieras cualquier sentimiento de amor que experimentes por tu pareja a la totalidad de la unidad que te ofrece este mundo sin cabeza, el amor real (por tu pareja) se une al verdadero estado de unidad (en el estado sin cabeza), lo que hace que sea muy difícil ignorar o soslayar la Unidad Amorosa de Un Solo Sabor. Y esta unidad evocará directamente en ti Un Solo Sabor Amoroso.

Así es como el amor que experimentas por tu pareja se une a una auténtica unidad sin cabeza y te abre a la Unidad Amorosa de Un Solo Sabor. Siente el amor que, en ese momento, experimentas por tu pareja y date también cuenta de que, en tu campo visual, eres uno también con la totalidad del mundo. Esta faceta amorosa –que es la parte que añades cuando diriges hacia el estado de unidad sin cabeza los sentimientos de amor que experimentas por tu pareja– quizás estuviera ausente cuando practicaste, por ti mismo, el ejercicio sin cabeza. Y, como ese sentimiento amoroso y tu unidad con el mundo surgen ahora al mismo tiempo, probablemente empieces a recordar, evocar y cobrar conciencia de que la experiencia de amor-más-unidad es la misma que la Unidad Amorosa de Un Solo Sabor.

Esto, dicho en otras palabras, no solo intensificará los sentimientos de Un Solo Sabor, sino que también aumentará la intensidad del sentimiento amoroso generado por la Plenitud de Un Solo Sabor. Deja que estos sentimientos de amor sexual *se expandan* y se apliquen a *la totalidad del mundo* con el que ahora eres uno y que surgen justo aquí, el lugar que antes solía ocupar mi cabeza. Sea como fuere, esto es algo que ya está haciendo ahora mismo la Plenitud Amorosa de Un Solo Sabor, de modo que puedes buscar activamente en tu conciencia ese Amor Resplandeciente que te desborda y abrazar con él el universo entero en la Unidad de un Amor y reconocer tu propio Un Solo Sabor omnipresente brotando de manera directa como tu propio estado de Unidad sin cabeza, convertido ahora en una Unidad Amorosa.

Y haz lo mismo con la beatitud, evoca el intenso sentimiento de unidad amorosa generado durante el sexo y dirígelo, durante el día, a la conciencia de Un Solo Sabor (o, si estás empleando esa versión, como Un Solo Sabor sin cabeza). De esta manera evocas, recuerdas e intensificas tu sensación de unidad amorosa con el mundo entero, permitiendo que el sentimiento de tu unión sexual haga exactamente eso. Es importante que el sentimiento de amar a tu pareja se expanda hasta llegar a experimentar el sentimiento de amar al mundo entero (y pasar así de «estoy haciendo el amor con mi pareja» a «¡estoy haciendo el amor con el mundo entero!»).

Esta práctica tántrica (sin cabeza o con ella) consiste en identificar inmediatamente los sentimientos de unidad amorosa que aparecen durante el acto sexual con Un Solo Sabor para que, aun en el caso de que tan solo estés «mirando» un árbol o leyendo un libro, todas estas cosas afloren en el campo del Amor ilimitado y unitario que Yo-Yo soy. La misma unión que experimento cuando el árbol o el libro afloran en el mismo lugar en el que antes solía estar mi cabeza, o cuando la inmensa tarta azul del cielo ocupa el lugar que antes solía ocupar mi cabeza, se *siente* como un Amor directo e intenso, porque eso es precisamente lo que es, una unión fundamental, porque la unión es la naturaleza básica de cualquier tipo de Amor.

Y así, en el mismo lugar en el que el árbol, el libro o el cielo me tocan en una Unidad pura justo en el mismo lugar en el que antes solía estar mi cabeza, hay ahora un Espacio Inmenso que lo contiene absolutamente todo, un Amor infinito, un abrazo intenso, una bondad compasiva, una adoración absoluta y una atracción extraordinaria que lo engloba todo en una Unidad Última. Y esto es igualmente aplicable a algo tan sencillo como un árbol como a cualquier otra cosa. Así es como entonces empiezo a recordar, evocar y reconocer ese Amor como Unidad Amorosa omnipresente.

Cuando estoy, pues, haciendo el amor y empiezo a sentir la unidad con mi pareja, cuando nuestros cuerpos empiezan a fundirse o cuando experimento un amor tan intenso por mi pareja que mi identidad separada empieza a disolverse, dejo que ese amor se expanda hasta llegar a incluir a mi pareja y, más allá todavía, hasta abarcar el mundo entero. Entonces paso a sentir por el mundo entero la misma unidad que antes experimentaba por mi pareja. Así aplico esa unión sexual a Un Solo Sabor en donde el universo entero aflora dentro de mí en un abrazo realmente amoroso y en un estado de unidad sin cabeza.

También podemos llevar a cabo esta práctica expandiendo todas las sensaciones de unidad erótica y sexual hasta llenar uniformemente el campo entero de la Conciencia presente. Así es como paso de «¡Soy uno con mi pareja!» a «¡Soy uno con la totalidad del mundo!», es decir, soy uno sin cabeza con todo. Así es también como el sentimiento del amor sexual recuerda, evoca e intensifica la textura de Un Solo Sabor, una Plenitud radical que se experimenta como una profunda Unidad Amorosa. Y, cuando la misma sensación del intenso abrazo sexual se expande de manera uniforme por toda mi conciencia, la unidad de la conciencia con todos y cada uno de los objetos a los que llega se experimenta inmediatamente como una Unidad amorosa erótica que abraza el universo entero en un estado de Amor exuberante. Y ese abrazo desbordante y la sorprendente intensidad e intimidad de una Unidad Amorosa que ya no puede estar más próxima es lo que se recuerda, evoca e intensifica cuando transfiero y expando todos esos sentimientos, desde el abrazo sexual hasta el clima mismo que acompaña a Un Solo Sabor.

Así es también como, donde antes había un «yo», es decir, una sensación separada de identidad que veía el «árbol que está ahí fuera», en Un Solo Sabor experimento la unidad de Yo-veo-el-árbol que es lo que ahora se ve *a sí mismo*, un estado sin cabeza, sin interior y sin exterior, «solo Esto», una Talidad o Esidad que irradia en todas direcciones un sutil sentimiento de Amor (que, dirigido inicialmente hacia mi pareja, ha ido expandiéndose hasta llegar a abrazar la totalidad del mundo en una unidad sin cabeza). Este ya no es un sentimiento de amor convencional que me lleve a amar especialmente a una persona o a una cosa *concreta*, sino un sentimiento de Amor infinito que me lleva a amarlo *todo* sin excepción. Este es, después de todo, un Amor infinito y eterno que se experimenta de un modo muy distinto al amor convencional. Y, por esa misma razón, la Gran Beatitud infinita y eterna puede sentir cosas que quedan muy lejos del alcance del éxtasis ordinario, razón por la cual la Gran Beatitud, aunque es una libertad última (y es, por tanto, *neti, neti*) puede experimentarse como *Ananda* o la Gran Beatitud. Ese es un punto muy importante que conviene recordar.

Así pues, ya no veo simplemente el árbol, sino que amo el árbol o, mejor dicho, el árbol y yo afloramos en ese Campo de Amor que es la Talidad misma y yo soy todo eso. Pero «todo eso» es más intenso en la medida en que se reconoce el Amor omnipresente que es su verdadera textura. Esto es precisamente lo que ocurre cuando dirijo los sentimientos sexuales de unidad amorosa que experimento por mi pareja hacia el campo de la Conciencia de Unidad. La Talidad de este momento presente empieza a intensificarse, irradiar y vibrar como el mismo Amor que mueve el sol y las demás estrellas. No hay ahora, literalmente hablando, nada en absoluto que surja en ningún lugar que quede fuera del abrazo de mi amor profundo.

¡Imagina una vida irradiando Amor en todas direcciones, un amor que, en su omnipresente avance, te impregna a ti y lo impregna todo! Este Amor emana de la unión con mi pareja porque su fuente es el Gran Amor que todo lo impregna y que es la Totalidad Espiritual misma, ese sentimiento de cálida unidad sexual que puede abrazarlo absolutamente Todo. Puede salir de mí y de mi pareja y llenar toda la habitación, salir de la habitación y llenar todo el edificio y salir del edificio y expandirse hasta la totalidad del planeta, del sistema solar y del universo mismo, y yo soy Eso. Yo soy solo Eso y desaparezco en ese Amor que todo lo impregna y que es el Espíritu.

En la medida en que mi Conciencia toca todas y cada una de las cosas y las conoce por ser una con ellas –por ser inmediatamente una con ellas (del mismo modo que sucede con la inmensa tarta azul que ocupa el lugar en el que antes solía estar mi cabeza)–, esa Unidad se reconoce cada vez más como el abrazo sutil de un Amor infinito. «Soy uno con la montaña» significa «amo la montaña que soy yo». Y lo mismo pasa con amo ese edificio, amo esos coches, amo a la gente que pasa, amo la lluvia, amo el viento y amo a ese sol abrasador. Y también –de manera quizás más sorprendente todavía– amo el agujero de ozono, amo el calentamiento global y amo ese ataque terrorista; amo a Hitler, amo a Stalin y amo a Mao Tse-Tung y amo esta ira, amo este dolor y amo esa angustiosa vergüenza. Este Amor es absolutamente *omniinclusivo*, abrazándolo absolutamente todo en el resplandeciente campo del Amor atemporal, conmoviéndome hasta la médula con su extático cuidado, su amable bondad y su Unidad perfectamente sentida (sin cabeza).

Y ello es así porque este Amor y esta Beatitud son nombres con los que se conoce al Fundamento último de Todo Ser del que se deriva absolutamente todo lo que existe (bueno y malo, correcto e incorrecto, Adolf Hitler y todo lo demás), porque, de no ser así, ni siquiera existirían. Este tipo de Amor es extraordinariamente «incondicional» porque, de hecho, lo acepta y lo ama todo, absolutamente todo, no solo el 95 % o el 99 %, sino el 100 %. No acepta absolutamente nada y no rechaza absolutamente nada, porque eso es exactamente lo que hace una conciencia de veras no-dual o una Unidad Última. No hay espacios vacíos en mi corazón, porque en él reside ahora el universo entero.

En la medida en que va profundizándose esa realización, en la medida en que empiezas a sentirte impregnado de la desbordante Plenitud del Gran Amor y en la medida en que reconoces las dimensiones infinitas del Gran Amor sin que ello mengue su superabundancia, ese Amor infinito acaba trascendiendo todas las limitaciones y obstáculos que acompañan a cualquier abrazo sexual finito. Y, cuando tal cosa ocurre, tiene lugar un cambio muy importante en el modo en que se aborda el sexo. Ya no se utiliza como un medio para el logro de algún fin (como forma de liberar la tensión o de expresar un amor personal pequeño), sino como gesto y manifestación pura del mismo Amor que mueve el sol y las demás estrellas. No es de extrañar que, llegados a este punto, haya quienes decidan dejar de tener orgasmos ordinarios porque les parecen demasiado limitados. Otros, sin embargo, seguirán usando el orgasmo como expresión pura de ese Amor que todo lo impregna. Pero, sea como fuere, la sexualidad ha dejado de verse ya como un obstáculo para el Espíritu.

La unidad última entre la beatitud y el amor

La cuestión fundamental es que, cada vez que tienes sexo, estás en un camino que conduce directa e inequívocamente a una realización espiritual y una Totalidad muy profundas. En tal caso experimentas una beatitud y un amor extáticos que te conectan directa e inmediatamente con la Gran Beatitud y el Gran Amor que son su propio origen divino. Y, del mismo modo que la beatitud y el amor sexual suelen estar muy unidos y aparecer juntos, la Gran Beatitud y el Gran Amor son, sobre todo cuando avanzan, coemergentes de nuestra Condición más profunda. En cuanto Beatitud Amorosa y Amor Beatífico resuenan profunda y directamente con la verdadera Talidad del Presente Permanente, texturas mismas de este Ahora atemporal.

Observa cómo encajan la Beatitud y el Amor y date cuenta de lo que cada una de ellas aporta a la unión. Cuando agrego Amor a la Beatitud para obtener una Beatitud Amorosa (o una Beatitud impregnada de Amor), la sensación de Beatitud –que incluye versiones diferentes, como, por ejemplo, la Alegría profunda o la Felicidad básica– se expande más allá de sí y empieza a abrazar el mundo entero. La Beatitud, hablando en términos generales, es completamente independiente del mundo, porque está conectada con el Testigo que también es completamente ajeno al mundo. Y lo mismo ocurre con la Gran Beatitud, que es asimismo feliz al margen de lo que ocurra en el mundo objetivo «frente» a ella porque, en última instancia, felicidad es felicidad. Esta liberación nirvánica es tan ajena al mundo exterior y al mundo interior que podría llegar a presenciar, sin parpadear siquiera, cómo su cuerpo se quema hasta convertirse en cenizas. La Beatitud inherente al Testigo, dicho en otras palabras, es completamente libre –es decir, es ajena e independiente– de todos los acontecimientos que ocurren en el mundo que la rodean.

Pero, cuando esa Beatitud (o esa Alegría o Felicidad) está impregnada de Amor, empieza a salir de sí para abrazar el mundo, porque lo ama y quiere que el mundo sea también feliz. La Beatitud *Amorosa* es una Beatitud que abraza, envuelve y engloba a todo el mundo, una Beatitud extática que está enamorada del mundo y de sus habitantes, con todos sus altibajos, con todas sus alegrías y sus tristezas, sus sonrisas y sus lágrimas. La Beatitud, cuando se une al Amor, ya no es impermeable y ajena, sino completamente omniabarcadora.

Comprueba esto imaginando ahora que eres muy feliz y que estás en un estado de Alegría y Beatitud resplandeciente. Y eso es algo que experimentas sin motivo alguno porque, al margen de lo que ocurra, esa Beatitud te desborda. Uno con el Testigo estás del todo desidentificado de un mundo que desfila simplemente «ante» ti, mientras rebosas una Felicidad Beatífica consciente y desidentificado por completo de todo lo que te rodea. Simplemente rebosas Beatitud, una Beatitud impregnada de Libertad y que no se ve afectada por nada de lo que ocurra en el mundo.

Imagina luego que el mundo entero empieza a afectar a tu Conciencia beatífica y ves cómo tu propia Felicidad Beatífica se expande y empieza a abrazar y envolver el mundo llenando todos sus rincones. Tu Beatitud resplandece y tu Felicidad se expande ahora a todo el mundo. Y todo surge ahora como un gesto de tu conciencia primordialmente Beatífica y tú eres eso, una Beatitud Amorosa que lo abraza todo.

La forma más sencilla de hacer esto consiste en apelar al ejercicio de vivir sin cabeza. Empieza contemplando el mundo (como algo completamente ajeno a ti) y date luego cuenta de que el mundo entero emerge «aquí dentro», de este lado de tu cara, en el mismo lugar en el que antes solía estar tu cabeza y de que eres realmente *uno* con el mundo. Tan solo date cuenta –hasta llegar a sentir directamente– que la unidad de ese estado sin cabeza es la sensación profunda que acompaña a una Unidad Omniabarcadora, un Amor genuino o, en este caso, una Beatitud Amorosa.

Y observa también que, en esta visualización, la Gran Beatitud, al haberse fundido con el mundo entero, no pierde su Libertad. Y, como esta Beatitud es una con el Amor y ambas están completamente unidas, cada una de ellas aporta a la unión sus rasgos distintivos (el Amor, su Unidad, y la Beatitud, su Libertad).

El Amor aporta a la Beatitud una sensación de Unidad, Plenitud y Totalidad y una conciencia Kósmica impregnada de Beatitud. Imagínalo como si se tratara de un universo recubierto de chocolate: todo el mundo, de hecho, es Un Solo Sabor y ese sabor es dichosa y deliciosamente Divino; como acabo de decir, de chocolate.

Cuando, por otra parte, la Beatitud se añade al Amor para obtener un Amor Beatífico (un Amor impregnado de Beatitud) sigue siendo cierto que el Amor empieza profundamente enamorado del mundo y *uno también con él*. Y, cuando ese Abrazo amoroso y esa Unidad infinita se convierten en un Amor *Beatífico*, la Beatitud le infunde un gozo infinito, un entusiasmo resplandeciente, una exuberancia, una felicidad y una beatitud sonriente que se irradian por doquier. Date cuenta de que, cuando las personas se enamoran, suelen experimentar, al comienzo, un gozo beatífico y una felicidad desbordante. En la medida, sin embargo, en que el amor avanza y aumenta su intensidad, pueden aparecer los celos, la ansiedad y hasta la suspicacia, porque el amor consiste en sentirse uno con el otro; independientemente de que esa unidad sea feliz o sea triste. Si de verdad amas a alguien, lo amas al margen de que esa persona esté feliz o triste. Y a menudo es triste, porque el amor genera estados de preocupación, tensión, contrariedad y hasta tragedia. Como dijo Woody Allen: «El amor genera tensiones que el sexo alivia».

Lo que alivia la tensión del amor, dicho en otras palabras, es la *beatitud* del sexo; es decir, la felicidad genuina de una verdadera Beatitud. Así pues, el Amor *Beatífico* se ve continuamente empujado al campo de la Felicidad. Independientemente de que, en el mundo, haya tristeza o alegría, la inclusión de la Libertad Beatífica libera al Amor de cualquier identificación o apego permanente y lo devuelve a la ecuanimidad de amarlo a todo por igual, junto a la alegría y el éxtasis que evoca. Este es un Amor Beatífico, un Amor feliz de ser la textura omnipresente de la plenitud de Un Solo Sabor. Y eso es lo que la Beatitud aporta al Amor, un Gozo o una Felicidad extática en medio de todo. No solo hay Totalidad (proporcionada por el Amor), sino la Totalidad *Feliz* de un Amor *Beatífico*.

Resumen

El tono afectivo que acompaña a la libertad del Testigo es la Beatitud, aunque también podríamos hablar de la alegría profunda, la felicidad continua o cualquier otro sentimiento (o *ananda*) parecido. Esta es la sensación que acompaña a la liberación profunda de un nirvana completamente ajeno al *samsara* y dispuesto a contemplar sin pestañear siquiera cómo tu cuerpo arde hasta convertirse en cenizas.

Pero, cuando el Testigo se trasciende (pero también se incluye) en la Totalidad mayor de Un Solo Sabor (que unifica nirvana y *samsara* en la Talidad no-dual), la Beatitud del Testigo libre se funde con el Amor pleno de Un Solo Sabor. Este sentimiento Amoroso es la resonancia profunda que acompaña a la conciencia de ser uno con todo lo que hay (manifestado o sin manifestar, con forma o sin ella, finito o infinito, negativo o positivo, claro u oscuro, feliz o triste, extático o miserable y alegre o desdichado). Nada hay entonces ajeno a la Plenitud de esta No-Dualidad. En la medida en que los «sentimientos» tienen, en este contexto, algún sentido, la Plenitud se experimenta como un amor, un abrazo, una unidad, una amplitud y una totalidad beatíficas. Las sensaciones de independencia y autonomía que acompañan a la beatitud, alegría y felicidad que constituyen el núcleo del nirvana y de la libertad nirvánica dan paso a sentimientos profundos que no se contraen y alejan del Kosmos, sino que se abren hasta abrazarlo, siendo el Amor Beatífico el más habitual de todos ellos.

Así es como el nirvana aislado y separado se funde con el mundo entero del *samsara* en una Talidad o Un Solo Sabor no-dual más profundo y la Beatitud da paso a un Amor que lo trasciende e incluye todo. Así es como surgen la Beatitud Amorosa y el Amor Beatífico. Comenzarás a sentir la emergencia simultánea de una Beatitud y un Amor cuya fusión se convierte en el tono afectivo dominante del Ahora atemporal último de tu Verdadera Naturaleza, el verdadero correlato afectivo que acompaña a la iluminación.

Y esto significa que, cuando experimentes esta Beatitud, no debes quedarte impasible en su disfrute autocontenido, sino que debes expandir su abrazo amoroso hasta abarcar la totalidad del mundo, de ahí que hablemos de Beatitud Amorosa. Y asegúrate también, cada vez que sientas Amor, de infundirle una verdadera Felicidad hasta que llegues a experimentar una Totalidad Feliz, una Plenitud Gozosa y un Amor Beatífico.

Esto es importante porque la Beatitud y el Amor son los correlatos afectivos que suelen acompañar a *turiya* y *turiyatita*, los estados de conciencia últimos y más elevados. Evocarlos simultáneamente es –aunque quizás habría que ser más exactos y decir que debería ser– una parte importante de nuestra vida.

Sigue, para unificar la Beatitud y el Amor, empleando el ejercicio sin cabeza, los siguientes pasos: sumérgete en la práctica del ejercicio sin cabeza en el que el mundo entero emerge «aquí» y eres completamente uno con el mundo. Luego toma esa unidad –que está justo donde antes solía estar tu cabeza– y reconoce que se trata de un sentimiento de Amor profundo que todo lo incluye. Y como ya estás completamente unido al mundo –justo ahí donde antes solía estar tu cabeza– dedícate tan solo a sentir esa unidad, toda ella, como un estado de Amor puro o de Unidad Amorosa. Esto no es difícil porque ya te sientes uno con la totalidad del mundo que emerge donde antes solía estar tu cabeza; tan solo siente esa unidad como una Unidad Amorosa completamente unida al mundo; tan solo experimenta esa unidad como una Unidad impregnada de Amor y enamórate simplemente de todo. Y añade ese sentimiento de Amor al estado de unidad presente para no limitarte a experimentar una Unidad, sino que tengas una Unidad saturada de Amor (o una Unidad que se sienta como un Amor completamente puro, una unidad impregnada de Amor).

Después de haber establecido esa Unidad Amorosa, inserta en ella el sentimiento de Beatitud feliz, y viceversa, inserta esa Beatitud en la Unidad Amorosa. Esto tiene que ver con tu capacidad para conectar con lo que estás sintiendo y de introducir sentimientos diferentes según sea necesario. Ya has introducido el Amor en tu unidad sin cabeza y ahora debes hacer lo mismo con un sentimiento de Beatitud, Felicidad o Gozo. Si agregas ahora una sensación de Beatitud a la unidad Amorosa con el Mundo entero, obtendrás una sensación de Amor Beatífico y sentirás la emergencia de este Amor Beatífico por el Mundo entero «aquí dentro», en este lado de tu cara donde antes solía estar tu cabeza.

Estos son los aspectos mecánicos necesarios para llegar a experimentar una-Beatitud-y-un-Amor por todo el mundo amontonando, por así decirlo, uno de esos sentimientos sobre el otro. La idea de emplear el tantra para ello contribuye a realizar e intensificar los sentimientos de Beatitud y Amor, pero usando un tantra más orgánico y un sexo orgánico real.

Haciéndolo así, utilizamos los sentimientos pasajeros de beatitud sexual y amor presentes para recordar, evocar, potenciar e intensificar la Gran Beatitud y el Gran Amor omnipresentes. Estos son los indicadores inconfundibles con los que cuentas cada vez que haces el amor. (No en vano, como ya hemos dicho, los místicos de todo el mundo emplean el amor sexual como metáfora de la unión espiritual). Y puedes llevar el recuerdo de este estado sexual beatífico y amoroso a la práctica cotidiana, donde seguirá recordándote, evocando y apuntando directamente a la Beatitud Amorosa y al Amor Beatífico que es tu condición más profunda y tu legado imperecedero. Y esto es algo a lo que puedes acceder cada vez que tienes sexo. ¡Sexo! ¿Quién acaba de morir y ha ascendido al cielo? ¡Parece que, con este tantra, todos lo hemos hecho!

En resumen, la Beatitud y el Amor del Espíritu puro dan lugar a la beatitud y el amor temporal del sexo; una manifestación en la dimensión terrenal del resplandor infinito de la dimensión luminosa. El sexo y el Espíritu, dicho en otras palabras, están estrechamente relacionados; y el sexo, lejos de ser un obstáculo para el Espíritu, es una manifestación directa –y, por tanto, un camino– que conduce directamente al Espíritu. Es por ello por lo que, en el tantra integral, empleamos los sentimientos de beatitud y amor tal como aparecen de manera espontánea durante la relación sexual para recordar, evocar e intensificar la Beatitud y el Amor que constituyen los sentimientos omnipresentes de nuestra Conciencia no-dual o del Espíritu real mismo.

Y, cuando empleamos los sentimientos de beatitud y amor que aparecen durante el sexo como camino directo hacia la realización espiritual, el sexo mismo se convierte en una forma de oración. Por ello te recomiendo que, junto al tantra integral, ores con frecuencia. Es imposible que, en este sentido, peques por exceso de modo que, si puedes, hazlo todos los días.

De hecho, utilizando el tantra integral, cuanto más ores, más probable será que despiertes a una Totalidad realmente espiritual.

Ora a menudo… vive mucho… y sigue adelante…

Y asegúrate, cuando accedas a la totalidad espiritual del despertar, de incluir esa totalidad a las totalidades de mostrar, crecer, limpiar y abrir para llegar a una auténtica Gran Totalidad. La buena noticia es que cada una de esas áreas está ya presente en tu conciencia en este mismo instante y que es precisamente por ello que ahora mismo puedes descubrir, en tu conciencia, un significado y un propósito profundos en medio de tu vida cotidiana. Comprométete en hacer, en tu experiencia y en tu mundo, espacio para todo, comprométete a llenarlo total y a estar tan satisfecho y pleno como sea posible. Ten en cuenta que, cuando descubras la Gran Totalidad que se oculta en el núcleo mismo de tu ser, *nunca más* te sentirás vacío, hueco, insignificante, inútil, absurdo o insatisfecho.

¡Aleluya y bienvenido a casa! He disfrutado mucho al compartir contigo este viaje y te deseo una vida plena y llena de sentido.

Epílogo

Estoy seguro de que, a estas alturas, serás consciente de que cuentas con diferentes vías de desarrollo (despertar, crecer, abrir, limpiar y mostrar) y de que, en este mismo instante, puedes tener una experiencia directa de todas ellas. Y también estoy seguro de que sabrás dónde puedes encontrar esas totalidades o, al menos, que sabrás dónde debes buscarlas. Y, con una clara idea de dónde encontrar las diferentes piezas que componen el rompecabezas de la Gran Totalidad de la que estamos hablando, estarás también en condiciones de empezar a incorporarla a tu vida.

Comenzamos hablando de la «incuestionable» realidad del despertar e insistimos en que, en este mismo instante, tienes la posibilidad de despertar a tu Realidad Última. Tratándose del componente «principal» de la Gran Totalidad volvimos a él al final del libro y dedicamos varios capítulos al logro de una Conciencia Kósmica o de una Conciencia de la Unidad Última.

Hablando luego del proceso del crecimiento advertimos que no es de extrañar que, tratándose de un proceso recientemente descubierto, las grandes tradiciones de sabiduría no lo hayan tenido en cuenta. La comprensión de los diferentes estadios que atraviesa este proceso nos permite advertir la gran diferencia existente entre las religiones tradicionales (que suelen derivar sus creencias de un estadio de desarrollo mágico egocéntrico o mítico-literal etnocéntrico) y las que se asientan en un estadio racional moderno (que, aunque tienda a reducirlo todo al materialismo científico, suele originarse en algún estadio de la razón universal mundicéntrica). Esto también nos ayudó a entender la gran diferencia que hay entre la *experiencia* espiritual (es decir, la experiencia directa de un auténtico despertar) y la *inteligencia* espiritual (es decir, el pensamiento espiritual o la respuesta religiosa que nos proporciona un determinado estadio del crecimiento).

Asimismo señalamos la existencia de una línea o inteligencia del desarrollo conocida como inteligencia espiritual que atraviesa los distintos estadios del crecimiento y nos ayuda a responder a los problemas que nos plantea el mundo finito y relativo (como «¿qué es, para mí, lo más real?» o «¿qué es, en última instancia, lo que más me interesa?»). Aunque, en los mundos moderno y postmoderno, la gente suela creer que la espiritualidad se origina exclusivamente en el mundo mítico-literal, lo cierto es que tal cosa solo ocurre en sus modalidades mágico-míticas, razón que justifica nuestra insistencia en que nuestro enfoque es «espiritual, pero no religioso» (en donde lo «espiritual» no tiene tanto que ver con las formas de crecer como con las formas de despertar).

La comprensión de los seis grandes estadios aproximados que atraviesa el proceso del crecimiento no solo nos permite identificar el estadio en que nos encontramos, sino que también nos muestra que estamos de camino a un estadio unificado, sistémico o integral. Así es también como podemos añadir a nuestra Gran Totalidad la comprensión proporcionada por los distintos estadios del desarrollo.

Luego pasamos a hablar de la totalidad proporcionada por el(los) proceso(s) inconsciente(s) de limpieza del material de la sombra generado en los distintos estadios del crecimiento (y del despertar). Este material está compuesto por todas las cosas que detestas (o, en el caso de la llamada sombra dorada, por todas las cosas que veneras), facetas de tu psique de las que, por razones muy diversas, te alejaste y acabaste enajenando. Y, para ello, aplicamos el proceso 3-2-1 a casi cualquier sombra para rescatar, de ese modo, el material escindido y añadir así a nuestra Gran Totalidad el holismo proporcionando por el proceso de limpiar.

A continuación nos ocupamos del mostrar y abrimos un espacio lo suficientemente amplio para que, en él, cupiesen todas las dimensiones/perspectivas importantes de nuestro mundo, incluyendo los cuatro cuadrantes. Recordemos, en este sentido, la existencia de dos cuadrantes de la izquierda (interiores o sujetos) y de dos cuadrantes de la derecha (exteriores u objetos), así como también de dos cuadrantes superiores (singular o individual) y dos cuadrantes inferiores (plural o colectivo). Estos cuatro cuadrantes nos permiten acceder al interior y al exterior tanto del individuo como del colectivo, cuatro dimensiones que garantizan una Gran e inclusiva Totalidad.

Después examinamos brevemente el tema de abrir nuestra conciencia a las diferentes inteligencias múltiples, es decir, a las líneas del desarrollo que crecen y evolucionan a través de los diferentes *niveles* o estadios del crecimiento. También hemos señalado que estas diferentes líneas o inteligencias han ido evolucionando para ayudarnos a responder a los problemas fundamentales que la vida iba planteándonos (la inteligencia moral, por ejemplo, se ocupa de «¿qué es lo correcto?»; la inteligencia emocional nos ayuda a responder a la pregunta «¿qué estoy sintiendo?»; la inteligencia cognitiva hace lo propio con «¿de qué soy consciente ahora?», y la inteligencia espiritual con «¿cuál es mi preocupación última?»). Los psicólogos consideran que hay una decena aproximada de líneas del desarrollo, pero son muchas las personas que las desconocen y que, en consecuencia, ni siquiera piensan en utilizarlas. La inclusión, por tanto, de esta dimensión no solo expande nuestra conciencia, sino que constituye una parte importante de la Gran Totalidad a la que enriquece con un extraordinario valor añadido.

Terminamos esta exposición regresando a nuestro punto de partida en el despertar no solo porque se trata del aspecto fundamental de cualquier Gran Totalidad, sino también porque su aspiración a unificar e integrar la totalidad del reino subjetivo con la totalidad del reino objetivo y llegar a una Conciencia de Unidad Última o una Conciencia Kósmica total la convierte en la más importante de todas estas dimensiones.

También hemos ilustrado con claridad la idea de que los estados de despertar o iluminación van acompañados de correlatos en las líneas del desarrollo cognitivo y emocional. La iluminación, dicho en otras palabras, tiene correlatos afectivos como la Beatitud (que es el sentimiento que acompaña a la Libertad del Testigo) y el Amor (que es el sentimiento que acompaña a la Plenitud de Un Solo Sabor). Estos son los rasgos distintivos de los dos últimos estados de la conciencia (*turiya*/Testigo y *turiyatita*/Un Solo Sabor) a los que, siendo omnipresentes o eternos, tenemos acceso en cualquier momento, incluido este. En este mismo instante, pues, puedes añadirlos a tu Gran Totalidad.

Finalmente hemos examinado de cerca, en relación con un auténtico despertar, la existencia de un tantra sexual integral tratando de destacar sus aspectos eternos y omnipresentes que pueden realizarse aquí y ahora. En ese sentido, hemos señalado que el tantra utiliza los sentimientos relativos generados por el sexo –es decir, el éxtasis beatífico y el sentimiento de unidad amorosa– para recordar, evocar e intensificar los sentimientos últimos omnipresentes de Beatitud y Amor que puedes añadir a tu sensación de Gran Totalidad.

Empezamos este libro señalando que cualquier enfoque que aspire a ser realmente «holístico» –es decir, que quiera tener realmente en cuenta la Unidad y Totalidad del universo– debe tener en cuenta las distintas dimensiones mencionadas. Pero lo cierto es que solo podrás tenerlas en cuenta si sabes dónde encontrarlas. Y, una vez que sabes dónde están, esas dimensiones resultan evidentes: las totalidades derivadas de crecer (evidente cuando incluyes todos los *niveles* importantes de tu vida), abrir (evidente cuando incluyes todas las *líneas* importantes), limpiar (evidente cuando incluyes todos los elementos de la *sombra*), despertar (evidente cuando incluyes todos los *estados*) y mostrar (evidente cuando incluyes todos los *cuadrantes*).

Creo que ahora estás en condiciones de entender que estas diferentes dimensiones de la totalidad no están ahí aguardando a que todo el mundo las vea y las descubra. Solo podremos descubrirlas si las buscas activamente y no bastará, para ello, con incluirlas en una totalidad holística, sino que será necesario que se trate de una Gran Totalidad expansiva y omniinclusiva.

Esta Gran Totalidad devolverá a tu vida todo su sentido. Y ello es así porque decir *sentido* es lo mismo que decir «totalidad», de modo que *tener sentido* significa «tener acceso a (o fundirse con) algo importante y significativo». No te extrañará, por tanto, que diga que el restablecimiento de una Gran Totalidad te revelará un Gran Sentido que abrirá, en tu vida, espacio suficiente para quepa todo y puedas recuperar, de ese modo, todas las dimensiones y aspectos de ti que, por razones muy diversas, habías desterrado y para restablecer, de ese modo, un sentido simultáneamente profundo y ultramundano. Toda tu experiencia se unifica para mostrarte este significado profundo en el que no solo recuperas el contacto con todos los aspectos importantes de tu ser, sino también con todo lo que hay en tu mundo. Nada, en ese momento, existe fuera de ti y tu mundo entero está profundamente imbuido de este Gran Sentido omnipresente que es la Conciencia de Unidad última. Todo lo que ves y todo lo que tocas tiene entonces, para ti, un significado y una importancia verdadera y profundamente valiosa.

Así es como se acaba con la arbitrariedad y miseria de una vida vivida en soledad, y así es como se pone fin también a la superficialidad y el terror de una vida despojada de esperanza e importancia. Cuando, en tu vida, cabe todo, todo adquiere un sentido y un propósito reales. Y justo aquí, en el centro mismo de tu vida cotidiana, ser uno con el mundo asume un nuevo significado y una nueva importancia.

Se trata de un significado que puedes descubrir aquí y ahora en medio de tu vida cotidiana. Olvídate, pues, de la tristeza y el infortunio que caracterizaban tu vida y da la bienvenida a un mundo lleno de gloria, de presencia, de significado, de valor, de promesa, de esplendor, de propósito y de valor. Y, cuando en tu conciencia cabe todo, el universo se abre ante ti como un manantial de sentido en el que puedes abrevar directamente. Si abres, en tu vida, el espacio suficiente para que quepa todo, nunca más tropezarás con nada extraño, ajeno, perturbador o aterrador.

De ese modo se abre ante ti un horizonte lleno de infinitas posibilidades. Y la puerta de acceso a ese mundo pasa por emprender ahora mismo un camino que tenga tan en cuenta despertar como crecer, abrir, limpiar y mostrar. Este es el extraordinario destino y la esplendorosa gloria que te aguarda; este es el horizonte eterno en el que te mueves, un camino que carece de comienzo y de final y cuya realización discurre fuera del tiempo.

Haz el favor de cuidarte.

Notas

Introducción

1. Debo aclarar al lector que, en este punto, estoy equiparando cuidadosamente los términos *Totalidad* y *Espíritu*. Pero en modo alguno me refiero, con ello, al panteísmo (que considera el Espíritu como la suma total del universo manifiesto). Utilizo el término *Totalidad* en el sentido general con el que Nagarjuna en Oriente y Plotino en Occidente se referían, respectivamente, a la *Vacuidad* y al *Uno*. Los dos subrayaban la naturaleza radicalmente incalificable de la Realidad Última (algo que también resulta, por cierto, aplicable a esta definición). Como dijo Nagarjuna: «No puede llamársele "Vacío" ni "no Vacío" aunque, para señalarlo, lo llamamos "Vacío"». En cualquier caso, el hecho es que las palabras, los conceptos y los símbolos no sirven para conocer la Realidad Última. Los místicos de todo el mundo, tanto de Oriente como de Occidente, coinciden en que el único modo de conocer la Realidad no consiste en tener una explicación de ella, sino una experiencia directa e inmediata, y los más sofisticados también coinciden en que esta realización es profundamente no-dual (o «no dos»), lo que significa que, en la medida en que se puede poner en palabras (lo que, por cierto, no es mucho), se trata de una no-dualidad, de una «unidad» o de una «totalidad» entre infinito y finito, sujeto y objeto, forma y no forma, manifestado y sin manifestar, espíritu y materia, cielo y tierra, nirvana y *samsara* y bien y mal. Esta no-dualidad es aplicable a cualquier par de opuestos que queramos mencionar (que, en la Realidad Última, son «no-dos», es decir, una *coincidentia oppositorum* o fusión de los opuestos). También se dice que están unificados y que son «Un Solo Sabor» porque buscamos el Fundamento de Todo Ser y «Todo Ser» significa precisamente eso, es decir, tanto la existencia como la no existencia y el ser como el no ser. No hay palabras que puedan expresar plenamente Eso que todo

lo abarca y todo lo incluye. Eso solo puede entenderse a través de un despertar y una realización directa de esta «totalidad» omniinclusiva y no-dual. Bien podríamos llamar a esta actitud «panenteísmo» si no fuera porque, tratándose también de una palabra o de un concepto, entra también en la categoría de explicación y no de experiencia directa (razón por la cual la pongo entre comillas). En este libro presentaremos varios ejercicios que pueden ayudarte a experimentar directamente esa «totalidad».

1. Introducción al despertar

1. El término griego *kosmos* (utilizado en expresiones como «conciencia kósmica») engloba al «mundo entero» –es decir, a la materia, el cuerpo, la mente, el alma y el espíritu–, aquello con lo que una verdadera conciencia kósmica es realmente una. Después de la reducción del mundo a mera materia llevada a cabo por la apisonadora del materialismo cientificista, el término *kosmos* acabó viéndose reemplazado por el término *cosmos*, cuyo significado se refiere exclusivamente al mundo material. Como, a partir de ese momento, se pensó que no había más realidad que la material, *cosmos* pasó a referirse a toda la realidad. Así fue como la *conciencia kósmica* acabó convertida en *conciencia cósmica*. A veces también utilizo esta grafía –como hice la primera vez que utilicé el término–, sobre todo si no tengo espacio para una nota como esta, que explica el significado que le doy a la expresión *conciencia kósmica*. Es innecesario decir que nosotros no hablamos simplemente de conciencia cósmica, sino de *conciencia kósmica*.
2. Transcripción de una charla de Jordan Peterson en YouTube, «Biblical Series VIII: The Phenomenology of the Divine», última consulta: 6 de junio de 2023, https://www.jordanbpeterson.com/transcripts/biblical-series-viii/
3. Jordan Peterson.
4. El lector interesado en este punto puede encontrar un tratamiento amplio de él en la obra de investigadores como Daniel P. Brown y Dustin DiPerna, así como también en mi propio trabajo.

5. Ludwig Wittgenstein, *Tractatus Logico-Philosophicus* (Mineola, NY: Dover Publications, 1998), prop. 6.4311. [*Tractatus logico-philosophicus*, Alianza Editorial, Madrid, 2012].
6. Erwin Schrödinger, *My View of the World* (Cambridge, Reino Unido: Cambridge University Press, 1964), 22. [*Mi concepción del mundo*, Tusquets, Barcelona, 1988].

2. ¿Por qué necesitamos crecer?

1. A algunos psicólogos les desagrada la idea de las inteligencias múltiples. Si este es también tu caso, debes saber que esto no supone ningún problema, porque puedes considerarlas como habilidades o capacidades diferentes –algo a lo que ningún psicólogo se opondrá–, sin que ello modifique un ápice lo que estoy diciendo. A fin de cuentas, el desarrollo de esas habilidades también tiene lugar a través de estadios, los mismos estadios que estamos describiendo.
2. Los diferentes modelos del desarrollo rastrean diferentes conjuntos de inteligencias, y muchos de ellos se centran en una determinada inteligencia (Piaget, por ejemplo, se centró en la línea del desarrollo cognitivo, Kohlberg en la del desarrollo moral, Loevinger en la del desarrollo del ego, Graves en la de los valores, Maslow en la de las necesidades, etcétera). Dependiendo del tipo de métrica o sistema de medición que empleemos obtendremos un resultado algo diferente de los porcentajes de población que se hallan en los diferentes niveles. Esto está bien y refleja la realidad de que diferentes líneas de desarrollo suelen alcanzar diferentes niveles de desarrollo. La métrica que utilizo aquí –aunque podría haber utilizado cualquier otra– es la que nos ofrece Robert Kegan, en *Desbordados. Cómo afrontar las exigencias psicológicas de la vida actual* (Bilbao, Desclée de Brouwer, 2003), según el cual el porcentaje de personas que alcanzan el estadio moderno (naranja) del desarrollo es inferior al 60% (es decir, menos de 3 de cada 5 personas).

4. Inteligencia espiritual versus experiencia espiritual

1. Es cierto que algunas personas utilizan la expresión *inteligencia espiritual* en un sentido muy amplio que incluye una vaga combinación entre despertar y crecer. Está muy bien definir la inteligencia espiritual como uno quiera y yo no cuestiono la sinceridad ni la sabiduría de quienes así lo hagan. Cuando califico esa definición como «muy amplia», me refiero al hecho de que, aunque apunten directamente a un verdadero despertar en el espíritu, casi ninguna de esas aproximaciones incluye una comprensión de los estadios del desarrollo, lo que acaba limitando considerablemente su visión. Es por ello por lo que, en mi definición, diferencio muy bien entre grado de despertar (es decir, la experiencia espiritual pura) y nivel de desarrollo (es decir, la inteligencia espiritual) para que no tengamos problema alguno en incluir ambos aspectos.
2. Quizás el término *experiencia* no sea el más adecuado, porque todas las experiencias se desarrollan en el tiempo y se mueven dentro del campo de la dualidad sujeto-objeto, cosa que no ocurre en el caso del despertar. Se trata más bien de la realización o el reconocimiento directo de algo que ya está plenamente presente de un modo no-dual o unificado, del despertar a una Realidad que, aunque subyace a toda experiencia, no es, en sí misma, ninguna experiencia, sino más bien la «apertura» o «claro» en que emerge toda experiencia. También debo decir que a menudo utilizo, para referirme a esta comprensión, la palabra *experiencia* porque refleja, al menos, la inmediatez y naturaleza no conceptual de esta conciencia.
3. Véase Ken Wilber, *Quantum Questions* (Boston: Shambhala Publications, 2001). [*Cuestiones cuánticas. Escritos místicos de los físicos más famosos del mundo.* Kairós, Barcelona, 1988].
4. Aunque estas estructuras existen dentro de la realidad interior o en primera persona de un individuo –lo que técnicamente llamamos «zona 2»–, no pueden verse (como ocurre con todas las estructuras de la zona 2) mirando dentro. Decimos que son realidades objetivas porque son universalmente verdaderas para todos los individuos (es decir, que nos proporcionan una visión objetiva de las estructuras subjetivas).

5. Los primeros estadios del desarrollo

1. Como ya he dicho, diferentes modelos nos ofrecen, según el grado de resolución que pretendamos, un número distinto de niveles o estadios (tanto en el despertar como en el crecimiento). Algunos modelos del crecimiento hablan de entre 4 a 5 niveles, otros de entre 7 a 9 y otros llegan a dar hasta más de una docena. El rango más habitual, como ya he dicho, es de entre 6 y 8. Mi propia metateoría incluye más de 16 estadios, aunque insisto en que ese número varía según el nivel de detalle que queramos. Para entender esto tomemos, por ejemplo, el estadio etnocéntrico, un estadio que posee las cualidades descritas en el texto, un estadio que puede subdividirse, según las necesidades, en 2, 3, 4 o incluso más subestadios, divisiones, todas ellas, exactas y basadas en la evidencia. La mayor parte de las veces, hablaré de entre 8 y 12 estadios. En este libro me he decidido por una presentación limitada a 6 grandes estadios (lo que, teniendo en cuenta que dos de ellos condensan información procedente de un par de estadios, nos da un total de 8 estadios). Estos 6 estadios son los más básicos y comunes y coinciden, además, con la investigación realizada al respecto por Fowler y recogen casi toda la información importante que conviene presentar en el menor espacio posible. En *La religión del futuro* hablé de 13 estadios y, en *Una visión integral de la psicología*, de 16. Todas estas divisiones son exactas, porque hay abundante evidencia que respalda su existencia, pero, conviene señalar que la elección del modelo depende simplemente del detalle deseado.
2. Alfred North Whitehead, *Process and Reality: An Essay in Cosmology*, ed. David Ray Griffin y Donald W. Sherburne (Nueva York: Free Press, 1978), 28. [*Proceso y realidad.* Atalanta, Girona, 2021].
3. William Blake, *The Marriage of Heaven and Hell* (Garden City, NY: Dover Publications, 1994). [*El matrimonio del cielo y el infierno*, José J. de Olañeta, 2022].
4. Permíteme abordar ahora algunas cuestiones técnicas. Como ya he dicho, a menudo he combinado dos estadios en uno. Graves, por ejemplo, habla de dos estadios (animismo mágico y egocéntrico), igual que hace

Loevinger (impulsivo y autoprotector), mientras que Maslow y Selman se refieren a uno solo (seguridad y egocéntrico, respectivamente). Esta situación refleja prácticamente casi todos los modelos del desarrollo existentes. En *Una visión integral de la psicología*, en donde presento los resultados de un metaanálisis que llevé a cabo teniendo en cuenta más de cien modelos diferentes del desarrollo, el número total de estudios incluidos oscila entre 4 y más de 20. El número promedio gira en torno a 6 y 8 (mi propio metamodelo en ese libro recoge 16 estadios, que es la cantidad más creíble respaldada por la evidencia). Mi opinión es que hay un único y muy amplio campo morfogenético del desarrollo y casi todos esos modelos están conectados a diferentes aspectos o niveles de ese campo. Así, aunque todos esos modelos tienen verdades que ofrecernos, también hay que recordar que todas ellas son «verdaderas pero parciales». Además, la mayoría de esos modelos no abordaron del mismo modo la misma línea del desarrollo o el tipo de inteligencia (Piaget se centró en el desarrollo cognitivo; Kohlberg, en el desarrollo moral; Loevinger, en el desarrollo del ego; Maslow, en el desarrollo de las necesidades; Graves, en el desarrollo de los valores y así sucesivamente). Eso no significa que uno de esos modelos sea correcto y todos los demás estén equivocados, porque bien podríamos decir que todos son «verdaderos pero parciales», es decir, que todos están conectados a un amplio campo morfogenético, un campo que se expresa de manera diferente en las diferentes líneas y hasta que la misma línea puede ser analizada de diferentes maneras. No habría que preocuparse mucho, por tanto, por el hecho de que diferentes modelos nos proporcionen un número diferente de estadios del desarrollo. Ya hemos visto un modelo simplificado de 4 estadios (egocéntrico, etnocéntrico, mundicéntrico e integral) que, todo hay que decirlo, sigue siendo muy exacto y abarca de un modo bastante adecuado el espectro completo del desarrollo. Repitamos diciendo que el número de estadios que considerar depende del grado de detalle que queramos. Jean Gebser, por ejemplo, habla de los estadios arcaico, mágico, mítico, racional, pluralista e integral. Hay evidencia convincente procedente de diferentes investigadores de que en realidad hay, entre estos estadios, otros subestadios importantes (como, por ejemplo, arcaico-mágico, mágico-mítico, mítico-racional, racional-pluralista y pluralista-integral) sobre los que también he escrito. No obstante, a menudo descubro que los 6 estadios de Gebser abarcan muchos de los puntos más importantes. Insisto en que esta es una cuestión de detalle ya que, cuanto más detalle queramos, más complejo será el modelo empleado. La pregunta que entonces debemos hacernos es cuánto detalle necesitamos para destacar los puntos que estamos tratando de subrayar en un determinado libro.

Menciono todo esto porque, si estás familiarizado con la metateoría integral, sabrás que, a veces, he presentado un número de estadios diferentes del desarrollo (4, 6, 10, 13 y 16). El estadio que ahora estamos abordando (poder mágico rojo) es uno que suelo presentar como un par de estadios, como puedes ver en la lista anterior (impulsivo-mágico magenta y poder mágico-mítico rojo, a los que a menudo he llamado también «mágico» y «mágico-mítico»). Aquí los estoy combinando y, para ser claro, estoy usando el nombre típico de un estadio (mágico) con el color típico del otro (rojo), aunque el color real del estadio mágico es magenta.

Por el momento, sin embargo, estamos hablando simplemente de los 6 estadios más comunes del desarrollo humano y de la evolución o del desarrollo en general y del desarrollo de la inteligencia espiritual en particular.

5. Como todo el mundo empieza su andadura evolutiva en la primera casilla, todos nos vemos obligados a atravesar esos tempranos estadios durante los primeros años de nuestro desarrollo. A diferencia, sin embargo, de lo que sucedía con las poblaciones indígenas *originales* de hace cincuenta mil o cien mil años –que, como todavía no había aparecido ningún estadio más elevado, no tuvieron más alternativa que quedarse estancadas en este estadio mágico–, todos nosotros, incluidos los habitantes de las tribus indígenas actuales, hemos podido seguir evolucionando hasta niveles superiores de conciencia y de cultura y hemos tenido la posibilidad de alcanzar los estadios mítico, racional, pluralista, etcétera. Independientemente, sin embargo, de su cultura,

cualquier persona actual cuya conciencia quede estancada, por la razón que fuera, en este estadio mágico temprano presentará, de hecho, los rasgos básicos (mágicos) que estamos describiendo y se verá afectada, en consecuencia, por diferentes supersticiones y creencias religiosas puramente mágicas, con los correspondientes problemas emocionales y psiconeurosis graves.

6. La dirección kósmica de un holón se refiere a las coordenadas de todos sus elementos compositivos OCON, donde OCON significa «omnicuadrante, omninivel, omnilínea, omniestado y omnitipo», que están, respectivamente, implicados en mostrar, crecer, abrir y despertar. Estas coordenadas nos proporcionan la «ubicación» o «dirección» que ocupa un determinado holón en el Kosmos. Y es que, como el multiverso carece de centro, el único modo de indicar la ubicación de un determinado holón consiste en indicar la relación que mantiene con todos los demás holones, que es, precisamente, lo que hace el concepto de dirección kósmica.
7. C.G. Jung, *Analytical Psychology: Theory and Practice* (Nueva York: Vintage, 1970), 110.
8. Como tanto los estados como las estructuras se presentan aquí como estadios en desarrollo, técnicamente se trata de «estadios de los estados» y de «estadios de las estructuras». Los estados no necesariamente aparecen en estadios, ya que es posible tener una «experiencia cumbre» en casi cualquier orden. Una persona, por ejemplo, puede hallarse en el estado ordinario y tener una experiencia cumbre de *turiya*, ya que todos estos estados están siempre presentes (porque todo el mundo está despierto, sueña y duerme). Las estructuras, por su parte, aparecen en estadios y aparecen secuencialmente, razón por la cual una persona no puede hallarse, por ejemplo, en el estadio moral 2 y tener una experiencia cumbre del estadio moral 5. Esto, como veremos, explica muchas cosas sobre la conciencia espiritual.
9. Aunque hay algunas celdas superiores a las que actualmente podría acceder el ser humano, porque, como indica la fila supraintegral de la figura 5.3, hay algunos estadios superiores del crecimiento y la evolución futura podría también revelarnos la existencia de estados del despertar

todavía más elevados, ninguno de ellos es lo suficientemente habitual como para incluirlo en mi presentación.

10. Roger Walsh, *The World of Shamanism* (Woodbury, MN: Llewellyn Publications, 2007).

6. El estadio mítico-literal (ámbar)

1. Clare Graves y la Dinámica Espiral describen este estadio como «santo», además de «absolutista». La palabra *santo* refleja con precisión la religión derivada de la naturaleza mítica y fundamentalista del estadio ámbar del desarrollo. Lamentablemente, Graves creía que toda espiritualidad se derivaba de este estadio y equiparó toda espiritualidad con uno de los niveles inferiores de la inteligencia espiritual, el nivel mítico (en el crecimiento), ignorando por completo la unidad de la experiencia espiritual (en el despertar). Así fue como soslayó la esencia de la verdadera espiritualidad, que incluye un auténtico despertar que puede ser interpretado por estadios de inteligencia espiritual que se hallan dos o tres niveles por encima del mítico-literal (como, por ejemplo, los niveles racional, pluralista e integral). En todos estos sentidos, Graves y la Dinámica Espiral se desentienden por completo de la auténtica espiritualidad.

   Pero este no es un error que se limite exclusivamente a Graves, sino que afecta a casi todos los occidentales cultos que creen que la espiritualidad es un tipo de fundamentalismo religioso derivado del estadio mítico. Este es un auténtico desastre para los mundos moderno y postmoderno que cualquier espiritualidad o verdadera religión del futuro deberá aprestarse a resolver.

   Es cierto que, de este estadio, se derivan el fundamentalismo y los aspectos mítico-literales de cualquier religión o espiritualidad. Y me parece muy adecuado el calificativo de «absolutista» con el que Graves denominó a este estadio, porque se trata de un estadio convencido de poseer la verdad absoluta, ya sea religiosa o no. La mayoría de la gente que habla de religión se refiere, en realidad, a este estadio mítico, razón por la cual las distintas variedades de realidad espiritual quedan reducidas a este bajo nivel de desarrollo. Es completamente comprensible, pues, que Graves calificase como «santo» a este estadio. Pero, si diferenciamos entre despertar y crecer –y admitimos la existencia de muchos estadios superiores de inteligencia espiritual (como, por ejemplo, el racional, el pluralista y el integral)–, contribuiremos a que cada religión supere el fundamentalismo absolutista y se expanda a sus dimensiones más verdaderas, profundas y elevadas. De ese modo, el estadio santo del sistema de Graves ya no se aplicaría a todas las religiones, sino tan solo a aquellas que hubiesen quedado estancadas en el temprano estadio mítico ámbar y no hubieran seguido creciendo y evolucionando.

7. El estadio racional-moderno (naranja)

1. Mary-Alice Jafolla y Richard Jafolla, *The Simple Truth* (Unity Village, MO: Unity, 1999).
2. Este puede ser un ejercicio útil. Como el proceso de desarrollo consiste en «trascender e incluir» –es decir, trascender el estado anterior incluyendo sus verdades–, cabe considerarlo como la acumulación lenta y gradual de los aspectos «verdaderos pero parciales» alcanzados por cada nuevo nivel. Cada estadio de desarrollo interactúa e interpreta el mundo de un modo característico y, en el estadio mítico, lo hace de un modo especialmente mítico y literal. Y, cuando esos aspectos «verdaderos pero parciales» propios del estadio mítico se ven posteriormente asumidos por el estadio racional, se ven, a su vez, interpretados racionalmente.

   Aunque las verdades propias de la visión mítico-literal del mundo carecen de sentido para la razón, una verdad mítica verdadera-pero-parcial sigue siendo una verdad parcial y, cuando se interpreta desde un nivel racional superior, puede ser útil (aunque solo sea por el hecho de que, como cada estadio «trasciende e incluye» a su estadio inferior, el desarrollo es la suma total de todas las verdades parciales acumuladas en los distintos estadios del desarrollo). Es por ello por lo que la interpretación racional profunda y cuidadosa de una verdad mítica inferior puede ser útil para los individuos que se encuentran en el nivel racional superior, siempre y cuando no confundamos la interpretación racional con la forma o el significado original del mito. Esto resulta especialmente cierto en las llamadas «verdades existenciales», es decir, en aquellas verdades que son ciertas para quienes se hallen en cualquier estadio del desarrollo (aunque, en cada estadio, se vean interpretadas de manera diferente). Así, por ejemplo, la verdad según la cual el hombre nace a imagen y semejanza de Dios es una verdad existencial profunda que, en el estadio mítico, se refiere exclusivamente al dios mítico. En el estadio racional, el «dios» al que se refiere esa verdad se referirá ahora a un ser racional, universal y mundicéntrico, un significado, por cierto, muy distinto al del estadio mítico. La afirmación del Génesis, por ejemplo, de que todos los seres humanos nacen a imagen y semejanza de dios no tiene, para el estadio racional, un significado realmente universal, porque el dios de los libros que siguen al Génesis recomienda la esclavitud, el asesinato, el genocidio, la violación y todo tipo de acciones etnocéntricas. Ese no es un dios naranja, sino un dios ámbar. Siempre hay un ligero cambio en el significado de una verdad existencial entre un estadio y el siguiente (y algo parecido ocurre cuando la verdad racional se ve reinterpretada por estadios de desarrollo integrales o basados en la visión-lógica y cuando se ve traducida posteriormente a términos integrales). En el texto ofrezco una interpretación integral de la interpretación racional del significado de este mito.

3. C.G. Jung, *Analytical Psychology: Its Theory and Practice* (Nueva York: Vintage, 1970), 110.
4. *Turiya* (o el cuarto estado) no es el estado más elevado, porque eso es algo que le corresponde a *turiyatita* (que literalmente significa «el estado que se encuentra más allá del cuarto»), y ello por la sencilla razón de que *turiya* no es, en realidad, completamente incalificable. *Turiya* es el hogar de los primeros dualismos que jalonan el inicio del reino manifiesto, un reino que, si se ve separado del Espíritu, no es más que ilusión, *maya* o sombras en la pared de la caverna. Las tradiciones sostienen que *turiya* o el Testigo es el hogar, la primera de las dualidades (sujeto-objeto), y se

trata de una Subjetividad Absoluta o Individualidad radical que contempla o atestigua objetos relativos como algo separado. La metateoría integral añade también que el Testigo es también el hogar del segundo gran dualismo (que separa lo individual de lo colectivo), dos dualidades que, recordémoslo, configuran los cuatro cuadrantes. De modo que, aunque *turiya* o el Testigo sea, en efecto, un estado absoluto o último, el hecho de estar teñido de Subjetividad (e individualidad) le impide ser el estado más elevado, un rango que le corresponde a *turiyatita*, que va más allá de ambas dualidades y es puramente no-dual. Para todo propósito práctico, sin embargo, *turiya* es incalificable y radicalmente omniinclusivo y es, por tanto, uno de los dos grandes «estados últimos».

5. El hecho de que el budismo sea una «religión racional» explica que tanta gente inteligente, moderna y postmoderna –de Silicon Valley, por ejemplo– haya adoptado el budismo y sus prácticas de mindfulness sin tener que avergonzarse de convivir con mitos embarazosos. Hasta el conocido nuevo ateo Sam Harris, que parece detestar todas las religiones mítico-literales, ha practicado meditación budista durante tres décadas y ha escrito incluso un libro al respecto titulado *Despertar*, un hecho que sus seguidores parecen olvidar con demasiada frecuencia.
6. El panteísmo es una cosmovisión espiritual que equipara el Espíritu o el Dios/Diosa a la suma total del universo manifiesto que a menudo se considera como «Gran Red de la Vida». Esta visión es la habitualmente adoptada por una inteligencia espiritual que ha superado la visión mítica (es decir, cuando el dios mítico se rechaza y su lugar se ve ocupado por una Naturaleza espiritual). Y esto también permite a los creyentes utilizar las ciencias de vanguardia (como la mecánica cuántica y la teoría de sistemas) para sostener su visión espiritual del mundo. El panteísmo suele asimilar la salvación al holismo y equiparar la vida alienada y «pecaminosa» a la fragmentación y la fractura, razón por la cual su objetivo general consiste en llegar a ver la totalidad de la Realidad como una Totalidad unificada.

La mayoría de los pensadores de orientación teológica rechazan enérgicamente el panteísmo porque no hace referencia al Fundamento inmanifestado, infinito y sin Fundamento de Todo Ser e *infinito*; para ellos, no se limita a la suma total de las cosas finitas, sino a algo que se encuentra más allá de lo finito, es decir, algo auténticamente trascendente. El panteísmo, en fin, no tiene en cuenta –y ni siquiera reconoce– la Ausencia de forma, la Vacuidad y la No-dualidad (de los estados causal, *turiya* y *turiyatita*, respectivamente). El espíritu del panteísmo no es trascendente, sino inmanente y, según sus críticos, no permite el acceso a ninguna trascendencia ni la libertad de las insuficiencias y limitaciones del universo manifiesto. Y es que difícilmente podría, tratándose de la suma total del universo manifiesto, proporcionarnos ninguna liberación de él.

Quienes, a diferencia del panteísmo, desean incluir tanto el Espíritu trascendente como el Espíritu inmanente suelen llamarse «panenteístas», un término que significa «Dios en todo» o «todo en Dios», una visión con la que, hablando en términos generales, yo estoy de acuerdo, pero con la importante salvedad de que no debe limitarse a creer o pensar en él, sino que debe aspirar a experimentarlo. No hay que olvidar que es posible tener una inteligencia espiritual naranja y abrazar el punto de vista filosófico panenteísta sin haber tenido la más mínima experiencia de despertar. Así pues, una vez que uno ha tenido un verdadero despertar, la inteligencia espiritual puede llevar a cabo una interpretación panenteísta (o panenteísta evolutiva o, mejor aún, panenteísta integral), especialmente cuando se lleva a cabo desde el estadio integral turquesa o superior.

Otra forma de establecer la diferencia entre panteísmo y panenteísmo consiste en señalar que el panteísmo no tiene en cuenta el despertar, sino que se limita a incluir las totalidades de crecer, abrir, limpiar y mostrar. Pero todas esas son verdades relativas, tomadas del reino finito y relativo (que el panteísmo equipara al Espíritu) y ninguna de ellas incluye la Verdad última que es, precisamente, lo que hace el despertar. De modo que, aunque estoy completamente de acuerdo con las verdades relativas sostenidas por el panteísmo, no puedo dejar de sumarme a la mayoría de sus críticos cuando dicen que carece de un despertar a la Verdad última del Fundamento de Todo Ser. O, dicho de otro modo, aunque esté de acuerdo con su verdad parcial, debo señalar que no llega lo suficientemente lejos como para incluir la Verdad más completa –y, de hecho, más total y exhaustiva– que es el panenteísmo.

7. Alfred North Whitehead, *Process and Reality: An Essay in Cosmology*, ed. David Ray Griffin y Donald W. Sherburne (Nueva York: Free Press, 1978), 28. [*Proceso y realidad.* Atalanta, 2021].
8. William James tomó prestado de su contemporáneo Peirce el término «pragmatismo» apenas este esbozó su filosofía. Sin embargo, a Peirce le molestaba que James «tomase prestadas» sus ideas y, como no le gustaba el modo en que James estaba llevando esto a cabo, no tuvo empacho alguno en cambiar el nombre de su filosofía de «pragmatismo» a «pragmaticismo», una palabra tan fea que, según dijo, «disuadiría a cualquier posible ladrón».

8. El estadio pluralista-postmoderno (verde)

1. Clare Graves afirmó que esta transición va acompañada de «un salto increíble de significado», un «salto trascendental» que yo resumo en la paráfrasis «un salto monumental de significado».

9. El estadio inclusivo-integral (turquesa)

1. Por «vanguardia de la evolución» me refiero a dos cuestiones generales parecidas, aunque ligeramente diferentes. En primer lugar, un estadio ocupa la vanguardia de la evolución cultural cuando el 10 % o más de la población de la cultura se encuentra en él, momento en el que se llega a un punto de inflexión donde sus valores tienden a verse absorbidos por toda la cultura, razón por la cual la época en cuestión suele ser conocida por el nombre de ese estadio. Eso fue lo que ocurrió, por ejemplo, en el momento en el que el 10 % de la cultura alcanzó los estadios racional naranja y postmoderno verde (conocidos, respectivamente, como «Era de la Razón» y «Era Postmoderna»).

En segundo lugar, utilizo el término «vanguardia» para referirme al estadio más elevado alcanzado por la evolución en un determinado momento sin haber llegado todavía a ese 10%. En este sentido, la vanguardia cultural la ocupan actualmente el estadio verde en la primera de las acepciones (con un 23%-25% de la población en verde) y el estadio integral (interparadigmático turquesa) y la vanguardia en la segunda de las acepciones la ocupa el estadio integral (entre un 0,5% y un 2,0% de la población).

2. Hanzi Freinacht, *The Listening Society-A Metamodern Guide to Politics, Book* One (s.l.: Metamoderna, 2017), 181.
3. Freinacht, 182.
4. Es por ello por lo que afirmamos que la única respuesta correcta a las preguntas «¿qué es el Espíritu?» o «¿existe Dios?» es: «experimenta un *satori* y averígualo por ti mismo». Y siempre podemos cambiar la expresión «experimenta el *satori*» por «instrucciones para señalar», es decir, descripciones de las cosas que debes hacer para experimentar directamente por ti mismo el Espíritu o la Conciencia de Unidad Última (es decir, tener tú mismo un *satori* y pasar así de las comprensiones puramente «metafóricas» a la experiencia directa). Este es exactamente el enfoque que adoptaremos más adelante en este libro cuando proporcionemos un conjunto de instrucciones para señalar.

10. Limpiar y la terapia de la sombra

1. Debemos mencionar también la existencia de modalidades de la sombra cuya creación no se atiene al proceso de disociación 1-2-3 y tampoco pueden resolverse, en consecuencia, mediante el proceso 3-2-1. Ejemplos de esto nos lo proporciona el material de la sombra creado en ambos extremos del espectro del desarrollo. Los trastornos límite y narcisista, por ejemplo, se han generado en un momento muy temprano del proceso original de formación de la frontera del yo y no puede resolverlos uno mismo, sino que requieren un tratamiento profesional especializado.

Por suerte, estos problemas son relativamente raros y lo más probable es que los problemas con los que tropecemos provengan de niveles en los que el proceso 3-2-1 funciona bastante bien. También conviene decir que esta no es más que una técnica de trabajo con la sombra que quizás quieras combinar con otras prácticas. Sea como fuere, la práctica 3-2-1 suele ser muy útil y puede resultar de gran ayuda.

2. También es posible generar material de la sombra en los estadios superiores del desarrollo, especialmente en el caso de que tengas problemas con la emergencia de un nuevo nivel (naranja, verde o incluso integral). Es bastante habitual que las personas proyecten sus cualidades naranja o verde, pero, sea como fuere, el trabajo que hay que realizar se atiene a las mismas instrucciones presentadas aquí.
3. No llegué a este proceso partiendo de las palabras utilizadas por Freud «donde estuvo el "ello" estará el "yo"» –aunque eso ayudó–, sino analizando las transcripciones publicadas de las sesiones de terapia de Fritz Perls, una gran estrella del Instituto Esalen, en donde impartía talleres utilizando un método terapéutico inventado por él llamado «terapia guestalt». Esta era una técnica muy efectiva y que funcionaba muy bien. Al parecer, Perls solía decir «en un cuarto de hora puedo curar cualquier neurosis», una afirmación con la que concuerdan muchos de sus críticos, porque, en su opinión, Perls era un auténtico genio de la terapia.

Revisé una copia de las transcripciones de sus sesiones en busca de indicios que me permitieran descubrir las claves de su funcionamiento. Así fue como descubrí que, en casi todos los casos, Perls hacía exactamente lo mismo: invitaba a sus pacientes a describir en tercera persona su queja (como, por ejemplo, el odio que sentían por su jefe, los problemas que tenían con su pareja o la ansiedad, la depresión profunda o la obsesión incontrolable que experimentaban). Luego les pedía que ubicasen el problema en una silla vacía frente a ellos y que hablasen directamente con ese problema como si se tratara de una persona, es decir, de un «tú». Así discurría la sesión pasando de una silla a la otra, y, en diez o quince minutos, todos los presentes eran conscientes de los aspectos que la persona había disociado y había enajenando para crear su neurosis, y, en nueve de cada diez casos, tenía lugar una clara e importante reducción de los síntomas. Al final, reconocí el proceso que estaba siguiendo (aunque no creo que él llegase a entenderlo explícitamente) y escribí un artículo académico al respecto llamándole «proceso 3-2-1». Eso ocurrió hace cuarenta años y fue mi primera publicación en una revista académica supervisada por pares. Es cierto que se trata de la descripción general de un proceso, pero, en ese sentido, todavía no he encontrado otro abordaje más adecuado.

4. Aunque el proceso de limpieza tiene un aspecto negativo que consiste en arreglar o curar algo que está roto, también hay un aspecto positivo (que forma parte de la llamada «psicología positiva»), en el que el objetivo no consiste en arreglar algo que está roto, sino en fortalecer y mejorar algo que funciona bien. Ambos enfoques forman parte del proceso de limpieza, pero, como los negativos son casi siempre los más urgentes, aquí nos centramos básicamente en ellos.

11. Mostrar

1. El «nosotros» se refiere a la primera persona del plural, pero, como siempre contiene un «tú» en segunda persona, a menudo los combino. Esto es algo que explico más detenidamente en la sección del presente capítulo titulada «Los cuadrantes en la vida cotidiana».
2. ¿Significa esto acaso que consideremos posible, al dejar atrás la dimensión material, alguna forma de existencia después de la vida, es decir, alguna forma de reencarnación? No exactamente. Casi todas las tradiciones sostienen la existencia, después de la vida, de estados de conciencia (en los cuadrantes de la Mano Izquierda) que van acompañados (en la Mano Derecha) de un *cuerpo sutil*, es decir, de un cuerpo hecho de energía sutil (o de materia/energía sutil). Existe un espectro de formas de energía sutil (desde la ordinaria hasta la sutil y la causal, que es donde *causal* se refiere a «la más sutil de todas las energías sutiles»). Y, como sucede con las formas del nivel ordinario, las formas que acompañan a esta energía sutil

siempre se perciben, en todos sus niveles, como algo externo u objetivo. Desde esta perspectiva, cualquier estado transmaterial de la conciencia (como una experiencia extracorporal, por ejemplo) tiene lugar en algún tipo de cuerpo sutil. La conciencia, dicho en otras palabras, siempre está encarnada (por el simple hecho de que, en los niveles ordinario, sutil o causal, cada suceso de la Mano Izquierda tiene un correlato de materia/energía en la Mano Derecha). Ten en cuenta, si crees en algo como la reencarnación, que mi afirmación de que la materia/energía acompaña a cada estado de conciencia significa que va acompañada de alguna forma de materia/energía sutil. El diagrama de los cuatro cuadrantes no se limita a mostrar los correlatos de materia/energía en el nivel ordinario, sino todas las correspondencias de materia/energía sutiles y causales (en los diferentes niveles del espectro de energía sutil). No olvidemos, pues, que cada suceso de los cuadrantes de la Mano Izquierda tiene algún tipo de correlato en los cuadrantes materiales o de la Mano Derecha (ordinario, sutil o causal).

3. El Espíritu último (con «E» mayúscula) no se encuentra en ninguno de los cuadrantes de las figuras 11.2 o 11.3, sino que está representado –de modo un tanto amplio– por el papel sobre el cual está dibujado el diagrama. Ese papel constituye la representación metafórica del Fundamento de Todo Ser o de la Realidad que está completamente presente «por debajo» o «dentro» de cada holón del diagrama. Los cuadrantes se encuentran en la realidad relativa y finita, mientras que el Fundamento del Ser es la Realidad Última infinita o su Totalidad o Talidad No-Dual. Este es un punto que quedará más claro a medida que avancemos.
4. Es decir, todas las células de su cuerpo –exceptuando las células sexuales– tienen cromosomas XY.
5. En las capas más elevadas de la figura 11.2 del cuadrante superior derecho podemos advertir las expresiones «EF1», «EF2» y «EF3» con las que nos referimos a «estructuras y funciones» superiores (que son holones) en la estructura cerebral y representan una generalización de Eros o del impulso autoorganizador del Kosmos (presente en los cuatro cuadrantes). Según Whitehead, los tres «principios últimos» necesarios para poner en marcha

un universo son: en primer lugar, «el Uno»; en segundo lugar, «los muchos» y, en tercer lugar –y el más interesante, por cierto–, «el avance creativo hacia la novedad». Y, como casi todos los fenómenos son holones –es decir, totalidades/parte o uno/muchos–, los dos primeros principios (es decir, el uno y los muchos) implican la realidad de los holones, con lo que su existencia está cubierta. Whitehead sostiene además que cada momento de existencia consiste en la aprehensión (o inclusión) de un momento pasado por el momento presente (algo que, en el sistema de Whitehead, es la causalidad) que, a su vez, se ve aprehendido por el siguiente momento futuro. Cada momento, dicho en otras palabras, trasciende e incluye al momento anterior (y la fuerza que alienta esa trascendencia es lo que la teoría integral denomina «Eros»). Esta es la razón y el modo en que el universo se mantiene realmente unido. La secuencia de EF se refiere a la serie de estructuras y funciones cerebrales que, como sucede con todos los fenómenos, trascienden e incluyen a sus predecesoras en grados de complejidad creciente. Esta secuencia EF recoge también la idea de una energía sutil que opera en todos los organismos vivos, de modo que, dentro de una estructura cerebral física ordinaria (como el neocórtex), puede haber una secuencia de muchas energías biosutiles superiores. Y la secuencia EF también refleja, por último, un aumento en el grado de Totalidad. en donde cada uno de sus niveles «trasciende e incluye» a sus predecesores, lo que resulta evidente, por ejemplo, en la secuencia que va desde los holones reptilianos hasta los mamíferos y los primates; y podemos advertirlo especialmente en cuestiones tales como la sincronización cerebral interhemisférica, un estado holístico por excelencia.

12. Abrir

1. Aunque muchos neurocientíficos cognitivos consideran que el CI es la única inteligencia básica con la que contamos (y que, a su vez, engloba dos inteligencias, la cognitiva y la verbal), hasta ellos admiten que eso solo explica el 25 % de la inteligencia total, dos afirmaciones que comparto

plenamente. Y también coincido en que la prueba estándar del CI es la más exacta de toda la psicología. Los psicólogos asimismo suelen decir que el análisis factorial de las distintas inteligencias múltiples propuestas nos ofrece una versión del CI coherente con lo que acabamos de comentar. Y esto está bien porque, cuando se hace un análisis factorial de la decena aproximada de tipos de inteligencia, solemos obtener alguna variación del CI (como, por ejemplo, cognitiva y verbal).

Pero eso no aclara las diferencias existentes entre un estado mental estético y otro emocional, moral o espiritual o cualquiera de las otras inteligencias múltiples. Los neurocientíficos cognitivos tienden a confundir una simple capacidad o habilidad con una verdadera inteligencia (como, por ejemplo, la capacidad moral con la inteligencia moral), algo que es probable que se deba al hecho de que la expresión *inteligencias múltiples* lleva a estos investigadores a creer que estas inteligencias múltiples están compitiendo directamente con el CI; y, estoy seguro de que, si se hace eso, todas ellas acabarán reduciéndose, si se someten a prueba, al CI. Sea como fuere, si un lector tiene problemas con la idea de las inteligencias múltiples puede pensar simplemente en ellas, ya lo he dicho, como habilidades, capacidades o perspectivas múltiples. Tengamos en cuenta que, cuando hablo de inteligencias múltiples, estoy haciendo referencia a lo que diferencia la moral de la estética, la música, las emociones, la espiritualidad, etcétera.

13. Los peligros que nos acechan

1. Véase, para una comprensión más detallada de esta crisis, Ernest R. May y Philip D Zelikow, eds., *The Kennedy Tapes: Inside the White House During the Cuban Missile Crisis* (Cambridge, MA: Harvard University Press, 1997). En este libro se basó la película *Trece días*, protagonizada por Kevin Costner y Bruce Greenwood, que me parece bastante buena y muy recomendable, porque transmite perfectamente la ansiedad y la locura que caracterizó a ese episodio de la historia.

2. Mítico-racional ámbar es el nombre de un estadio etnocéntrico avanzado de desarrollo ubicado a mitad de camino entre el estadio ámbar y el estadio racional-universal naranja. Ámbar está marcado por el hecho de que, cuando las ideas míticas se ven afectadas por vez primera por los impulsos racional-universales, tienden a universalizarse, normalmente a través de la expansión militar y la formación de imperios, una influencia que prosigue en la medida en que esos imperios evolucionan y se convierten en los primeros Estados-nación. Otro de sus rasgos distintivos es la racionalización de las estructuras míticas. Cada una de las ciudades-Estado griegas tenía, por ejemplo, sus propios dioses (cuyo rechazo provocó según parece el asesinato de Sócrates). Como su nombre indica, el estadio mítico-racional ámbar es lo que ocurre cuando la razón universal naranja empieza a pensar en las realidades míticas ámbar (una explicación en la que, en general, he seguido a Habermas).

   Algo parecido sucede, en lo que respecta a estas «estructuras intermedias», en el caso del estadio mágico-mítico; un estadio que se halla a mitad de camino entre la magia magenta y el mito ámbar y que se caracteriza por un pensamiento mítico que incluye realidades mágicas.
3. Robert Kegan, el brillante especialista en el desarrollo de la Harvard Graduate School of Education, ha llevado a cabo una amplia investigación en este sentido cuyas conclusiones indican que «3 de cada 5 personas de Estados Unidos no han llegado al estadio moderno [naranja] del desarrollo», lo que quiere decir que cerca del 60 % de la población no ha alcanzado los estadios universal-globales (Kegan, *In Over Our Heads* [*Desbordados. Cómo afrontar las exigencias psicológicas de la vida actual*, Bilbao, Desclée de Brouwer, 2003]). Un porcentaje ligeramente superior en el caso de la población mundial (que se ubica entre el 60 % y el 70 %).
4. La gravedad de la crisis climática depende de los expertos a los que consultemos. Por poner un ejemplo muy contraintuitivo –al menos para las personas que piensan que a la humanidad solo le quedan 12 años de vida–, los datos publicados por el IPCC (Panel Intergubernamental de Expertos sobre el Cambio Climático, un grupo de la ONU en el que participan los mejores expertos en climatología y que es el responsable

del Acuerdo de París sobre el clima, por ejemplo) confirman la realidad de un calentamiento global actualmente en curso causado por el ser humano. Pero ¿cuál es la gravedad de esa situación? Según el mismo IPCC, el coste real del calentamiento global será, en 2050, de entre el 0,2 % y el 2 % del PIB. ¡Menos del 2 %! ¡No parece tratarse de una gran catástrofe! Esta es la conclusión a la que ha arribado el IPCC de la ONU, que se considera el máximo órgano de consulta sobre la crisis climática. Sea como fuere, y aun en el caso de que eso significara que nos quedan bastante más de 12 años de vida, quiero subrayar que la crisis climática sigue debiéndose a una tecnología global centrada en el mundo de la Mano Derecha unida a una respuesta poco adecuada (menos que global) en la Mano Izquierda.

5. Robert Kegan y Lisa Laskow Lahey, *An Everyone Culture* (Boston: Harvard Business Review Press, 2016), 242.
6. Kegan y Laskow Lahey, 161.
7. Alan Watkins y Ken Wilber, *Wicked and Wise-How to Solve the World's Toughest Problems* (Chatham, Reino Unido: Urbane Publications, 2015).
8. La emergencia, en la línea cognitiva, del estadio naranja proporciona la capacidad de ser consciente de los sistemas y jalona el primer estadio mundicéntrico o global del desarrollo de la humanidad con un profundo interés en cuestiones como los derechos universales y el sistema de la Naturaleza. El estadio verde posibilita el acceso a un nivel superior de conciencia «metasistémica» que puede tener en cuenta «sistemas de sistemas», lo que le proporciona la capacidad de reflexionar en los sistemas de la modernidad naranja y adoptar, con respecto a ellos, una actitud crítica, posibilitando así la emergencia de la postmodernidad. La emergencia del segundo de los niveles integrales trae consigo la capacidad de tener en cuenta «sistemas de sistemas de sistemas», lo que le proporciona extraordinarias capacidades paradigmáticas e interparadigmáticas mucho más abarcadoras, inclusivas e integrativas.
9. No me preocupan mucho algunas formas de desigualdad de la riqueza. Es cierto que, cuando Steve Jobs «inventó» el ordenador personal y se hizo multimillonario, no lo hizo robando dinero, por ejemplo, al agricultor

local. De hecho, es muy probable que contribuyese a que, empleando el ordenador, el agricultor ganase más dinero. Como las personas nacen con una diversidad de capacidades e intereses y estas son variables relativamente innatas, solo es posible conseguir resultados iguales para todos reprimiendo la diversidad. Pero también es cierto que llega un momento en que la simple magnitud de las diferencias puede cobrar vida propia y convertirse, por sí sola, en un auténtico problema. Esa es una línea que, en mi opinión, se cruza cuando resulta que 5 personas del planeta acaban poseyendo la misma cantidad de dinero que posee el 50% más pobre del mundo.

14. La pesadilla de la modernidad

1. Arthur Lovejoy, *The Great Chain of Being* (Cambridge, MA: Harvard University Press), 26. [*La gran cadena del ser*, Icaria, Barcelona, 1950].
2. Lovejoy, 184.
3. Lovejoy, 211.
4. Pascal, citado en Lovejoy, *The Great Chain of Being*, 128.

15. El despertar

1. Técnicamente, no eres de la misma sustancia que la Imagen Total, porque la Imagen Total puede desvanecerse por completo en un estado informe y sin manifestar, en cuyo caso serías uno con *ese* estado, aunque la Imagen Total hubiese desaparecido objetivamente. Identificar la Imagen Total de lo manifestado con la Realidad Última no es dualismo, sino panteísmo. Pero el primer paso consiste en atestiguar plenamente esta Imagen Total que siempre está presente en el estado de vigilia.
2. Schrödinger, *My vision of the World* (Cambridge, Reino Unido: Cambridge University Press, 1964), 22. [*Mi concepción del mundo*, Tusquets, Barcelona, 1988].

3. Wittgenstein, *Tractatus*, prop. 6.4311. [*Tractatus logico-philosophicus*, Alianza Editorial, Madrid, 2012].
4. Desde un punto de vista estrictamente técnico, *turiyatita* –es decir, la conciencia despierta no-dual– es el único estado último y, por tanto, el único estado omnipresente, como también lo es su aspecto conocedor (o *turiya*), una dimensión intrínseca de la Conciencia no-dual. Aisladamente considerada, esta última es el Conocedor, el Testigo, el Yo Verdadero, es decir, *turiya* (el cuarto estado). Desde un punto de vista técnico, se trata de un estado que se halla un paso por debajo del quinto estado que podríamos concebir también como un estado relativo y no como un estado último. Pero ese elemento cognoscente es un componente, un aspecto o una dimensión intrínseca de la Conciencia No-dual que está tan presente como la misma Conciencia No-dual, razón por la cual las tradiciones han considerado a *turiya*, o el Testigo, como un estado tan absoluto o último como *turiyatita*. Pero no te equivoques porque, *en sí mismo*, el Testigo no es tan elevado como la Talidad o Un Solo Sabor no-dual. El verdadero estado último se reconoce cuando la sensación de identidad, es decir, cuando el «yo» (tanto con mayúscula como con minúscula) se desvanece en la unidad inconsútil de una Talidad no-dual, en la Totalidad del despertar. El Testigo y Un Solo Sabor (*turiya* y *turiyatita*) se consideran estados últimos porque sus fundamentos son, de hecho, omnipresentes y omniabarcantes. La única razón por la que se separan es que *turiya*, por el hecho de ser una condición del Yo y no un estado plenamente No-dual, puede ser experimentado, por ejemplo, en el estado del Testigo. No es de extrañar que la mayoría de las tradiciones espirituales previas a la aparición de las escuelas no-duales considerasen a *turiya* como el estado más elevado que podía alcanzarse. Con la emergencia de las tradiciones no-duales se dieron cuenta de que *turiya* era la parte cognoscente del estado de *turiyatita*, algo que no se comprendió mientras solo se era consciente de *turiya*.

16. Señalando al Testigo y a Un Solo Sabor

1. Erwin Schrödinger, *What Is Life? Mind and Matter* (Cambridge, Reino Unido: Cambridge University Press, 1967), 89. [*¿Qué es la vida? Mente y materia*, Tusquets, Barcelona, 2015].
2. Douglas E. Harding, *On Having No Head: Zen and the Rediscovery of the Obvious* (Carlsbad, CA: InnerDirections Publishing, 2002). [*Vivir sin cabeza. Una experiencia zen*, Kairós, Barcelona, 1994].
3. Chögyam Trungpa, *Journey Without Goal: The Tantric Wisdom of the Buddha* (Boston: Shambhala Publications, 1981), 136.

17. Los sentimientos de la iluminación

1. Abraham Maslow, *Religions, Values, and Peak Experiences* (Nueva York, Penguin, 1970), xi.18. [*Religiones, valores y experiencias cumbre*, Barcelona, La Llave, 2013].

19. La práctica del tantra sexual integral

1. Puedes encontrar descripciones de estos ejercicios en casi cualquier buen texto de tantra práctico. Recomiendo encarecidamente, en este sentido, los libros de David Deida, todos los cuales se derivan directamente de su iluminación muy asentada en el quinto estado.

Índice

Puede recibir información sobre
nuestros libros y colecciones inscribiéndose en:

www.editorialkairos.com
www.editorialkairos.com/newsletter.html

Numancia, 117-121 • 08029 Barcelona • España
tel. +34 934 949 490 • info@editorialkairos.com